国家社会科学基金重大项目资助

2021
中国进口发展报告

Report on Chinese Import 2021

魏 浩 ◇ 等著

中国经济出版社
CHINA ECONOMIC PUBLISHING HOUSE
北京

图书在版编目（CIP）数据

2021 中国进口发展报告 / 魏浩等著. -- 北京：中国经济出版社，2022.5
ISBN 978-7-5136-6927-6

Ⅰ. ①2… Ⅱ. ①魏… Ⅲ. ①进口贸易 - 贸易发展 - 研究报告 - 中国 - 2021 Ⅳ. ①F752.61

中国版本图书馆 CIP 数据核字（2022）第 078525 号

责任编辑　耿　园
责任印制　马小宾
封面设计　华子图文

出版发行　中国经济出版社
印 刷 者　北京力信诚印刷有限公司
经 销 者　各地新华书店
开　　本　787mm×1092mm　1/16
印　　张　21.5
字　　数　417 千字
版　　次　2022 年 5 月第 1 版
印　　次　2022 年 5 月第 1 次
定　　价　88.00 元
广告经营许可证　京西工商广字第 8179 号

中国经济出版社 网址 www.economyph.com 社址 北京市东城区安定门外大街 58 号 邮编 100011
本版图书如存在印装质量问题，请与本社销售中心联系调换（联系电话：010-57512564）

版权所有　盗版必究（举报电话：010-57512600）
国家版权局反盗版举报中心（举报电话：12390）　　服务热线：010-57512564

前　言

突如其来的新冠肺炎疫情给各国带来严重冲击，也给世界经济带来重创。在确保防疫安全的前提下，2020年第三届中国国际进口博览会（China International Import EXPO，以下简称"进博会"）、2021年第四届中国国际进口博览会在上海如期举办。如期举办中国国际进口博览会，不仅体现了中国同世界分享市场机遇、推动世界经济复苏、推动构建人类命运共同体的真诚愿望，也体现了中国坚定不移扩大开放的信心和决心。在新冠肺炎疫情影响下，中国积极扩大进口的步伐不仅没有停止，反而在加快。2020年，中国货物贸易进口增长率整体呈"V"形态势，显现出强劲的复苏势头，与其他国家相比，中国的表现一枝独秀。2021年，中国货物贸易进口增长21.5%。

我国提出要加快构建以国内大循环为主体、国内国际双循环相互促进的新发展格局。这是一项关系我国发展全局的重大战略任务，而积极扩大进口正是服务于这一重大战略任务的，在其中发挥着重要作用。早在2012年，我国就提出要积极扩大进口，到目前为止，已经颁布了一系列政策和指导意见，本意就是要增强进口在我国经济发展中的作用。积极扩大进口已经成为国家重大发展战略，也是新一轮高水平对外开放的主要举措。不管是国内大循环，还是国内国际双循环，进口都将在其中发挥十分重要的、不可替代的作用，而且，这种作用将进一步凸显。

新发展格局绝不是封闭的国内循环，而是更加开放的国内国际双循环。这不仅是中国自身发展的需要，而且将更好造福各国人民。在新发展格局中，"以国内大循环为主体"的本质含义是把国内经济做大做强，"国内国际双循环相互促进"的本质含义是，既要充分利用国际资源、国际市场服务国内经济发展，又要高度重视国内经济发展对开拓国际市场的促进作用。积极扩大进口将更有效率地实现内外市场联通、要素资源共享，通过进口的互补效应、成本效应、竞争效应、高质量效应，促进国内大循环发展，推动国内经济高质量发展。

当前，世界百年变局和世纪疫情交织，单边主义、贸易保护主义抬头，经济全球化遭遇逆流。世界各国更需要同舟共济、共克时艰。习近平主席在第四届进博会开幕式上的主旨演讲中指出，中国扩大高水平开放的决心不会变，同世界分享发展机遇的决心不会变，推动经济全球化朝着更加开放、包容、普惠、平衡、共赢方向发展的决心不会变；中国将坚定不移同世界共享市场机遇，更加注重扩大进口，促进贸易平衡发展，增设进口贸易促进创新示范区，优化跨境电商零售进口商品清单，推进边民互市贸易进口商品落地加工，增加自周边国家进口，推进内外贸一体化，加快建设国际消费中心城市，发展"丝路电商"，构建现代物流体系，提升跨境物流能力。另外，习近平主席在第三届进博会开幕式上的主旨演讲中还提出，中国将压缩《中国禁止进口限制进口技术目录》，为技术要素跨境自由流动创造良好环境。

《中国进口发展报告》是我国在进口贸易方面的首部综合性报告，是服务于积极扩大进口这一国家重大战略的，是服务于中国国际进口博览会这一重大活动的，是服务于构建新发展格局这一重大战略任务的。自 2018 年以来，我们连续多年撰写并发布《中国进口发展报告》，旨在让世界各国、国内各级政府和企业更好地了解中国进口的基本情况，以便世界各国积极参与中国进口、国内各级政府和企业主动扩大进口，以便世界各国通过参与中国进口更好地分享中国经济发展的成果，以便国内各级政府和企业通过主动扩大进口更好地推动当地经济发展，进而推动建设开放型世界经济，推动构建人类命运共同体。这个过程既是新发展格局形成的过程，也是中国实现高水平对外开放的过程。

《2021 中国进口发展报告》运用大量微观数据，对中国重点产品、重点地区的进口情况进行了统计分析。具体来看，主要包括：（1）对积极扩大进口与构建新发展格局的关系进行了理论分析；（2）对中国进口整体政策及其变化、产业进口政策、区域进口政策、进口平台等情况进行了全面梳理；（3）对重点产品、重点地区的进口情况进行了统计分析；（4）对新冠肺炎疫情对中国进口发展的影响进行了系统分析；（5）对中国进口发展作出了展望。

总的来看，《中国进口发展报告》的编写初衷就是弄清中国进口现实、讲好中国进口故事、总结中国进口经验、纠正中国进口认知、发挥中国进口作用，从而服务中国消费者、服务中国企业、服务中国、服务世界。

内容提要

《2021中国进口发展报告》在查找、整理大量原始资料和数据的基础上，对积极扩大进口与构建新发展格局的关系进行了理论分析，对中国进口政策、进口平台建设进行了全面梳理，对中国重点产品的进口情况、中国从重点国家和地区的进口情况、"入世"20年中国货物进口的发展情况、新冠肺炎疫情下中国整体进口的发展情况进行了全面、系统的统计分析。[①]

一、积极扩大进口对构建新发展格局的作用

进口在新发展格局中的作用将进一步凸显。不管是在国内大循环，还是在国内国际双循环中，进口都将发挥十分重要、不可替代的作用，而且这种作用将进一步凸显。具体来看，进口是国内大循环高质量发展的重要抓手，进口是国内大循环高质量发展的有利条件，进口是中国更高水平参与国际循环的重要保障，进口是连接国内循环和国际循环的重要战略纽带，进口是确保国内循环安全和国际循环安全的有效路径。

二、中国总体进口政策情况

党的十八大以来，党中央着眼于国际国内发展大局，坚定不移推动更高水平对外开放，明确提出"积极主动扩大进口"，通过大幅放宽市场准入、降低进口关税、增加特色优势产品进口、举办中国国际进口博览会等一系列务实举措，向世界释放中国扩大进口的积极信号。中国以进一步扩大进口为抓手，推动外贸领域深层次改革、高质量发展，既是推进贸易强国建设、实现"两个一百年"奋斗目标的应有之义，也是展现负责任大国担当、让发展成果和改革红利惠及全球的重要举措。

2011年11月，《中共中央关于制定国民经济和社会发展第十二个五年规划的建议》在部署对外开放的重点任务时，提出要"适应我国对外开放由出口和吸收外资为主转

---

① 中国贸易统计数据为中国关境数据，不含港澳台地区数据，因此，本书数据中涉及中国的，除特殊说明外，均不含港澳台地区。特此说明。

向进口和出口、吸收外资和对外投资并重的新形势"，"发挥进口对宏观经济平衡和结构调整的重要作用，促进贸易收支基本平衡"。

2012年至今，国务院先后出台了3个专门支持扩大进口的文件，分别是2012年的《国务院关于加强进口促进对外贸易平衡发展的指导意见》（国发〔2012〕15号）、2014年的《国务院办公厅关于加强进口的若干意见》（国办发〔2014〕49号）、2018年的《国务院办公厅转发商务部等部门关于扩大进口促进对外贸易平衡发展意见的通知》（国办发〔2018〕53号）。我国还陆续颁布了14项涉及进口的政策，涉及进口商品结构、进口通关便利化、进口市场结构等多个方面。2016年以来，我国多次主动下调进口关税，与此同时，积极推进进口贸易便利化政策，加入了2个贸易便利化协定，不断提高进口贸易便利化水平，进一步清理口岸收费。目前，我国现行货物进出口管理措施分为禁止、限制和自由三大类。

三、中国各行业、产业、区域进口政策情况

2001年以来，我国政府先后制定了12个涉及农业进口的政策文件。2013年以来，先后颁布了12个与机电设备产品进口相关的政策。2016年以来，又先后颁布了15个与能源、资源进口相关的政策，包括降低关税、调整进口优惠政策等措施，颁布了11个有利于扩大高新技术产业进口的政策，颁布了4个相关优惠关税政策以鼓励科研、教学以及科普用品的进口。近年来，我国政府多次大幅度降低消费品进口关税，多次下调医药行业进口关税，多举措鼓励汽车进口。另外，还制定跨境电商行业进口政策，进一步促进贸易便利化，全面深化服务贸易创新发展试点，逐渐完善边境贸易政策措施。

四、中国进口平台

我国高度重视进口渠道的拓展和培育，进口渠道逐渐向多元化和平台化转变。在公共服务平台方面，建立进口促进专门网站等公共服务平台，为进口贸易提供信息发布、政策介绍、贸易障碍投诉、知识产权保护等服务；在平台建设方面，拓展中国进出口商品交易会（China Import and Export Fair，简称"广交会"）、中国国际服务贸易交易会（China International Fair for Trade in Services，简称"服贸会"）等综合性展会功能，培育进口贸易促进创新示范区，搭建进口贸易平台等；培育跨境电商进口等贸易新业态，分批次创设跨境电子商务综合试验区，完善跨境电子商务零售进口管理模式和进口税收政策等。目前，中国进口平台主要包括中国国际进口博览会、中国进出口

商品交易会、中国国际服务贸易交易会、中国国际消费品博览会（China International Consumer Products EXPO，简称"消博会"）、海南自由贸易港、进口贸易促进创新示范区、自由贸易试验区。

五、中国重点产品的进口情况

（一）中国消费品的进口情况

2011—2020年，中国消费品的进口总额日益增长，中国消费品的进口规模从671.83亿美元增长到1703.61亿美元，2020年约为2011年的2.54倍。中国消费品贸易一直保持着巨额顺差，2011年，中国消费品贸易顺差为4691.05亿美元，2014年达到5952.48亿美元的顶峰，2020年为4835.41亿美元。中国消费品进口在中国进口中的地位不断提升，中国消费品进口占中国进口总额的比例由2011年的3.85%提高到2020年8.29%，提高了4.44个百分点。中国消费品进口在世界消费品进口中的地位有所提升，2011年中国消费品进口占世界消费品进口的份额为2.32%，2020年上升至5.85%。发达国家是我国消费品的主要进口来源地。2020年，美国为我国第一大消费品进口来源地，从美国进口的消费品占中国消费品进口总额的8.23%。法国、德国、日本、意大利分别是我国第二至第五大消费品进口来源地，从这四个国家进口的消费品占中国消费品进口总额的份额均高于5%，分别为7.35%、6.45%、6.39%和5.78%。

（二）中国农产品的进口情况

中国农产品进口规模整体表现为上升态势。2011—2020年，中国农产品进口总额从1107.65亿美元增长到1867.08亿美元，2020年约为2011年的1.69倍。中国农产品贸易逆差总体上有所扩大。2011—2020年，农产品贸易逆差由490.68亿美元扩大到947.7亿美元。2020年，中国农产品进口占中国总进口的份额有所上升，达到9.06%。中国农产品进口贸易的国际地位日益提升。一方面，中国占世界农产品进口总额的份额有所上升。2011—2020年，中国占世界农产品进口总额的份额从6.94%上升到12.45%，2020年约为2011年的1.79倍。另一方面，中国上升为世界第一大农产品进口国。2011—2017年，我国稳居世界第二大农产品进口国；2018—2020年，我国农产品进口连续三年稳居世界第一。

（三）中国粮食产品的进口情况

中国粮食产品进口规模总体有所增加，2011—2020年，中国粮食产品进口规模从

336.6亿美元增加至508.3亿美元。粮食产品进口在中国进口贸易中的份额基本保持稳定，2012—2020年，所占份额基本在2%~2.5%。中国在世界粮食产品进口贸易中的地位也比较稳定，2011—2019年，中国粮食产品进口总额占世界粮食产品进口总额的份额一直保持在24%左右，2020年这一份额增长到30.90%。2020年，巴西是中国粮食产品的第一大进口来源地，中国从巴西进口的粮食产品占中国粮食产品进口总额的比例为49.68%；美国是我国粮食产品第二大进口来源地，中国从美国进口的粮食产品占中国粮食产品进口总额的比例为26.19%。

（四）中国高技术产品的进口情况

2011—2020年，中国高技术产品进口总额总体呈上升趋势，从4917亿美元增长到6822亿美元。2020年，中国高技术产品进口占中国总进口的份额达到33.19%。中国在世界高技术产品进口中的地位大体稳定，2011—2020年，中国高技术产品进口份额基本保持在16%左右。2020年，日本是中国第一大高技术产品进口来源地，中国从日本进口的高技术产品占中国高技术产品进口总额的12.66%。2020年，中国高技术产品进口规模最大的三类行业是电子及通信设备制造业、医疗仪器设备及仪器仪表制造业、计算机及办公设备制造业。与2000年相比，2020年，中国高技术产品进口总额增长幅度最大的三类行业是医药制造业、医疗仪器设备及仪器仪表制造业、航空航天器及设备制造业，2020年这三类行业的高技术产品进口额分别是2000年的38.80倍、14.18倍、8.80倍。

（五）中国机电产品的进口情况

中国机电产品进口规模整体表现为上升态势。2011—2020年，中国机电产品进口总额由5502.68亿美元上升到7407.07亿美元。2020年，中国机电产品进口总额占世界机电产品进口总额的份额是15.55%。中国机电产品进口的增长主要是由集成电路产品的增长实现的，2020年，我国集成电路产品进口总额为3500.40亿美元，占机电产品进口总额的36.90%，成为拉动我国机电产品进口增长最主要的产品。日本和韩国是中国机电产品的主要进口来源地。2020年，韩国是中国机电产品第一大进口来源地，中国进口的机电产品中约有14.32%来自韩国；日本是中国机电产品第二大进口来源地，中国进口的机电产品中约有11.24%来自日本。

（六）中国服务的进口情况

2011—2020年，中国服务进口规模整体表现为上升的态势，中国服务进口规模从2476.54亿美元增长到4042.13亿美元。2020年，服务进口占中国进口总额的份额为19.66%。中国服务进口占世界服务进口总额的份额整体有所上升，2001年，中国服务进口占世界服务进口总额的份额为 5.26%，2020 年上升到 8.00%。电信、计算机和信息服务进口的增长带动了中国服务进口的增长，2020 年，中国电信、计算机和信息服务进口同比增长 22.5%。

（七）中国矿产品的进口情况

2011—2020 年，中国矿产品进口规模整体呈先上升，再下降，又上升的态势，中国矿产品进口规模从 4322.16 亿美元增长到 4544.59 亿美元。中国进口的矿产品主要是矿物燃料，矿物燃料进口额由 2000 年的 206.81 亿美元增长到 2020 年的 2680.00 亿美元，2020 年大约是 2000 年的 12.96 倍。中国矿产品进口在世界矿产品进口中的地位日益提升，2011 年，中国矿产品进口占世界矿产品进口的份额为 12.07%，2020 年这一份额提升至 25.34%。2020 年，澳大利亚是我国矿产品的第一大进口来源地，中国进口的矿产品中约有 21.32% 来自澳大利亚，巴西和俄罗斯分别是我国矿产品的第二大和第三大进口来源地，中国自巴西和俄罗斯进口的矿产品占比分别为 8.97% 和 8.12%。

（八）中国能源类产品的进口情况

2011—2020 年，中国能源类产品进口规模波动较大。2020 年我国能源类产品进口额为 2136.28 亿美元。石油是我国最主要的进口能源，2011 年，我国石油进口规模为 1967.71 亿美元，2020 年，我国石油进口规模为 1763.21 亿美元。中国能源类产品进口在世界能源类产品进口中的地位有所提升，2011 年，中国能源类产品进口占世界能源类产品进口的 10.61%，2020 年这一份额提升至 24.53%。我国能源类产品对前十大进口来源地的依赖程度较高，2020 年，前十大能源类产品进口来源地的进口额占据了我国能源类产品进口总额的 73% 左右。

（九）中国大宗商品的进口情况

2011—2020 年，中国大宗商品进口规模总体来说有所上升，从 4131.07 亿美元增加到 4773.98 亿美元。2020 年大宗商品进口额占中国进口总额的份额为 25.34%。中国在世界大宗商品进口贸易中的地位不断提升，2011 年，中国大宗商品进口占世界大宗商品进口总额的比例为 12.92%，2020 年这一比例提升至 22.72%。澳大利亚、俄罗斯、沙特阿拉伯、智利、安哥拉和印度尼西亚 6 个国家是我国主要的大宗商品贸易伙伴，2000 年、2010 年和 2020 年，这 6 个国家都位列我国大宗商品前十大进口来源地。2020 年，中国从前三大进口来源地进口的大宗商品合计占比 40.38%，澳大利亚为我国大宗商品第一大进口来源地，我国从澳大利亚进口的大宗商品占我国大宗商品进口总额的 18.47%。

六、中国从重点地区的进口情况

（一）中国从美国的进口情况

2001—2020 年，中国从美国的进口规模大幅增加，进口规模从 262.17 亿美元增加到 1359.97 亿美元。2001—2020 年，中国进口对美国总出口的贡献整体提升，中国进口占美国总出口的比例从 2.63% 增加至 8.72%，并于 2020 年达到历史最高值。与此同时，中国在美国出口市场中的排名有所上升，2001 年，中国是美国的第九大出口市场，到 2020 年已成为美国第三大出口市场。美国在中国总进口中的地位有所下降，2001—2020 年，中国从美国的进口占中国总进口的比例整体呈下降趋势，从 10.76% 下降至 6.62%。

（二）中国从日本的进口情况

2001—2020 年，中国从日本的进口总额大幅上升，从 427.87 亿美元增加到 1748.68 亿美元，2020 年大约是 2001 年的 4.09 倍。2020 年，中国从日本的进口占日本总出口的比例上升到 22.05% 的历史峰值。日本在中国进口市场中的地位有所下降，中国从日本的进口占中国总进口规模的比例整体呈现下降趋势，从 2001 年的 17.57% 下降至 2020 年的 8.51%。2001 年，日本是中国的第一大进口来源地，2020 年，日本下降为中国的第二大进口来源地。2020 年，机电产品在中国从日本的进口中占据"半壁江山"，机电产品进口占中国从日本进口总额的比例高达 47.59%。

（三）中国从韩国的进口情况

2001—2020 年，中国从韩国的进口规模整体有所增加，从 233.77 亿美元增加到 1727.56 亿美元，2020 年大约是 2001 年的 7.39 倍。2020 年，中国从韩国的进口占中国总进口的比例为 8.4%。中国进口为韩国出口作出了突出贡献，2001—2020 年，中国从韩国的进口占韩国总出口的比例大幅增加，从 12.09% 上升到 25.85%。2020 年，机电产品是中国从韩国进口的第一大类产品，机电产品进口占中国从韩国进口总额的比例高达 61.41%。2001 年和 2002 年，中国是韩国的第二大出口市场，仅次于美国；2003 年，中国超越美国成为韩国的第一大出口市场；截至 2020 年，中国已经连续 18 年稳居第一位。

（四）中国大陆从台湾地区的进口情况

2001—2020 年，中国大陆从台湾地区的进口规模大幅度提升，从 273.39 亿美元增加到 2006.65 亿美元，2020 年大约是 2001 年的 7.34 倍。机电产品在中国大陆从台湾地区的进口中占据重要位置，是 2020 年中国大陆从台湾地区进口的第一大产品，占中国大陆从台湾地区进口总额的比例高达 79.18%。2020 年，中国大陆从台湾地区的进口占中国大陆总进口的比例为 9.76%。2001—2020 年，中国大陆进口占台湾地区出口总额的比例大幅增加，从 3.87% 上升到 29.66%，2020 年大约是 2001 年的 7.66 倍。截至 2020 年，中国大陆已连续 17 年稳居台湾地区的第一大出口目的地。

（五）中国从澳大利亚的进口情况

2001—2020 年，中国从澳大利亚的进口规模整体增加，从 54.26 亿美元增加到 1148.37 亿美元，2020 年大约是 2001 年的 21.16 倍。2020 年，矿产品是中国从澳大利亚进口的第一大产品，进口额为 968.72 亿美元，占中国从澳大利亚进口总额的比例高达 84.36%，比 2001 年上升了 55.32%。中国从澳大利亚的进口占中国总进口的比例从 2001 年的 2.23% 增加到 2020 年的 5.59%，中国从澳大利亚的进口占澳大利亚总出口的比例整体呈上升的态势，从 2001 年的 6.19% 增加至 2020 年的 40.84%。2009 年，中国超越日本成为澳大利亚的第一大出口目的地；截至 2020 年，中国已连续 12 年稳居澳大利亚的第一大出口目的地。

（六）中国从印度的进口情况

2001—2020 年，中国从印度的进口规模整体有所扩大，从 16.99 亿美元增加到 208.58 亿美元，2020 年大约是 2001 年的 12.28 倍。2001 年，中国从印度的进口占中国总进口的比例为 0.7%，2020 年，中国从印度的进口占中国总进口的比例为 1.01%。2020 年，印度上升为中国第 19 大进口来源地。中国的进口占印度总出口的比例从 2001 年的 2.1% 上升到 2020 年的 6.9%，2020 年，中国上升为印度第二大出口目的地，仅次于美国。2020 年，矿产品、贱金属及制品、化工产品是中国从印度进口的前三大产品，进口额分别为 51.91 亿美元、38.71 亿美元、30.50 亿美元，这三大产品的进口额占中国从印度进口总额的比例高达 58.07%。

（七）中国从加拿大的进口情况

2001—2020 年，中国从加拿大的进口规模整体增加，从 40.28 亿美元增加到 218.79 亿美元，年均增长率为 9.32%，2020 年大约是 2001 年的 5.43 倍。2020 年，中国从加拿大的进口占中国总进口的比例为 1.06%，加拿大是中国第 18 大进口来源地。中国从加拿大的进口占加拿大总出口的比例整体呈上升的态势，从 2001 年的 1.06% 增加到 2020 年 4.83% 的历史最高值。2020 年，中国成为加拿大第二大出口市场，仅次于美国。2020 年，矿产品、植物产品、化工产品、纤维素浆和纸张、活动物是中国从加拿大进口的前五大产品，进口额分别为 47.04 亿美元、31.74 亿美元、27.28 亿美元、

26.24 亿美元、21.23 亿美元，这五大产品的进口额占中国从加拿大进口总额的比例高达 70.17%。

（八）中国从立陶宛的进口情况

立陶宛是中国在波罗的海三国中最大的贸易伙伴，中国是立陶宛在亚洲最大的贸易伙伴，农业是两国合作的最重要领域之一。2001—2020 年，中国从立陶宛的进口规模整体增加，从 0.04 亿美元增加到 4.88 亿美元，2020 年大约是 2001 年的 122 倍。2001 年，中国从立陶宛的进口占中国总进口的比例为 0.002%，2020 年，中国从立陶宛的进口占中国总进口的比例为 0.024%。中国从立陶宛的进口占立陶宛总出口的比例整体呈现上升的态势，从 2001 年的 0.04% 增加到 2020 年 1.09% 的历史最高值。2020 年，贱金属及制品、植物产品、化工产品、家具玩具杂项制品、光学钟表医疗设备是中国从立陶宛进口的前五大产品，这五大产品进口额占中国从立陶宛进口总额的比例为 72.4%。

七、中国从重点区域性贸易伙伴的进口情况

（一）中国从欧盟的进口情况

2001—2020 年，中国从欧盟的进口规模整体增加，从 357.14 亿美元增加到 2585.67 亿美元，2020 年大约是 2001 年的 7.24 倍。2020 年，中国从欧盟的进口规模有所下降，中国在欧盟出口目的地中的地位有所上升。中国从欧盟的进口占中国总进口的比例从 2001 年的 14.66% 下降至 2020 年的 12.58%。2001 年，中国从欧盟的进口占欧盟出口总额的比例仅为 1.17%，2020 年，中国从欧盟的进口占欧盟出口总额的比例上升到 4.35%。2020 年，机电产品、化工产品、运输设备、光学钟表医疗设备、贱金属及制品是中国从欧盟进口的前五大产品，进口额分别为 787.31 亿美元、431.58 亿美元、425.83 亿美元、194.88 亿美元、127.33 亿美元，这五大产品的进口额占中国从欧盟进口总额的比例高达 76.07%。

（二）中国从东盟的进口情况

2001—2020 年，中国从东盟的进口规模整体增加，从 232.15 亿美元增加到 3008.72 亿美元，2020 年大约是 2001 年的 12.96 倍。2001—2020 年，东盟在中国进口市场中的地位整体上升，中国从东盟的进口占中国进口总额的比例从 9.53% 增加到 14.64%。中国进口对东盟总出口的贡献显著提升，中国从东盟的进口占东盟总出口的比例大体呈直线形上升的态势，从 2001 年的 4.33% 增加到 2020 年 15.73% 的历史峰

值。越南和马来西亚是中国在东盟的前两大进口市场，2020年中国从越南和马来西亚的进口规模分别为784.75亿美元、747.33亿美元，占中国从东盟进口总额的比例分别为26.08%、24.84%。

（三）中国从"一带一路"沿线国家的进口情况

2014—2020年，中国从"一带一路"沿线64国的进口规模整体增加，从4834.42亿美元增加到5699.06亿美元。"一带一路"沿线64国在中国进口市场中的地位有所上升，中国从"一带一路"沿线64国的进口占中国进口总额的比例从2014年的24.68%增加到2020年的27.72%。中国进口对"一带一路"沿线64国总出口的贡献有所提升，中国的进口占"一带一路"沿线64国出口总额的比例整体保持增长的态势，从2014年的5.96%增加到2020年的9.23%。2019年，中国是"一带一路"沿线13个国家的第一大出口市场、9个国家的第二大出口市场、4个国家的第三大出口市场、3个国家的第四大出口市场、4个国家的第五大出口市场。

（四）中国从RCEP成员国的进口情况

《区域全面经济伙伴关系协定》（RCEP）是全球规模最大的自贸区，涵盖了全球约30%的人口、30%的经济总量和30%的对外贸易，发展前景广阔、潜力巨大。2012—2020年，中国从RCEP国家的进口规模整体增加，从6328.08亿美元增加到7753.96亿美元。中国从RCEP的进口占中国总进口的比例从2012年的34.8%增加到2020年的37.72%。中国从RCEP的进口占RCEP总出口的比例从2012年的17.33%增加到2020年21.39%的历史最高值。

（五）中国从金砖国家的进口情况

2006—2020年，中国从金砖国家的进口规模整体增加，从407.41亿美元增加到1827.14亿美元，2020年大约是2006年的4.48倍。金砖国家在中国进口市场中的地位有所提高，中国从金砖国家的进口占中国进口总额的比例从2006年的5.15%增加到2020年8.89%的历史峰值。中国进口对金砖国家总出口的贡献有所提升，中国从金砖国家的进口占金砖国家总出口的比例从2006年的5.71%上升至2019年13.91%的历史峰值。中国从金砖国家进口的矿产品占中国从金砖国家进口总额的比例高达50.35%。

（六）中国从中东欧国家的进口情况

2012年4月26日，首次中国—中东欧国家领导人会晤在波兰华沙举行，中国—中东欧国家合作正式启动。中国从中东欧的进口规模整体增加，2001—2020年，中国从中东欧的进口规模从6.33亿美元增加到267.25亿美元，2020年约是2001年的42.21

倍。中国从中东欧的进口占中国进口总额的比例从 2001 年的 0.26% 增加到 2020 年的 1.3%。中国从中东欧的进口占中东欧总出口的比例从 2001 年的 0.33% 增加至 2020 年 1.47% 的历史最高值。

（七）中国从非洲的进口情况

2001—2020 年，中国从非洲的进口规模整体增加，从 38.55 亿美元增加到 727.47 亿美元，2020 年大约是 2001 年的 18.87 倍。非洲在中国进口市场中的地位有所上升，中国从非洲的进口占中国总进口的比例从 2001 年的 1.58% 上升至 2020 年的 3.54%。中国进口对非洲总出口的贡献整体提升，中国从非洲的进口占非洲总出口的比例从 2001 年的 1.06% 增加到 2020 年的 12.22%。2020 年，南非、安哥拉、刚果民主共和国、刚果、赞比亚是中国在非洲的前五大进口来源地，中国从这五个国家的进口占中国自非洲进口总额的比例为 67.08%。2020 年，矿产品、贱金属及制品、贵金属及制品、植物产品、木及制品是中国从非洲进口的前五大产品，进口额分别为 449.80 亿美元、115.98 亿美元、81.84 亿美元、24.7 亿美元、14.14 亿美元，这五大产品的进口额占中国从非洲进口总额的比例高达 94.36%。其中，中国从非洲进口的矿产品占中国从非洲进口总额的比例高达 61.83%。

八、中国从周边国家的进口情况

2001—2020 年，中国从周边国家的进口规模整体有所增加，从 1167.66 亿美元增加到 10107.95 亿美元，2020 年大约是 2001 年的 8.66 倍。中国从地理接壤 20 国的进口规模始终高于中国从地理相邻 43 国的进口规模。2001—2020 年，中国从地理接壤 20 国的进口占中国从周边国家进口总额的比重大约为 70%，从地理相邻 43 国的进口约占 30%。中国从周边国家的进口占中国进口总额的比重相对稳定，一直保持在 50% 左右。中国的进口占周边国家出口总额的比重显著增加，从 2001 年的 6.02% 上升至 2019 年的 17.14%。2020 年，中国的进口在 5 个周边国家出口总额中的比重高于 20%，分别是澳大利亚（40.84%）、缅甸（31.75%）、新西兰（27.75%）、韩国（25.85%）和日本（22.05%）。

九、进口贸易新业态新模式的发展情况

数字贸易进口规模不断增大，2018 年，我国数字贸易进口额为 3934.6 亿元，2020 年达到 6658.2 亿元。数字贸易进口规模占服务进口总额的比重逐渐增大，2018 年，数字贸易进口额占服务进口总额的比重为 11.3%，2020 年增加到 25.3%。跨境电商进口

规模高速增长，2018—2020年，跨境电商进口交易额从1.9万亿元增长到2.8万亿元，跨境电商进口交易额占中国进口总额的比重从13.49%上升为19.55%。跨境电商零售进口规模不断增加，2017年，中国跨境电商零售进口规模为566亿元，2020年突破1000亿元。日本、美国、韩国和欧洲等发达国家或地区是我国跨境电商的主要进口来源地。

十、"入世"20年中国货物进口的发展情况

2021年是中国加入世界贸易组织20周年。自加入世界贸易组织以来，我国全面履行货物贸易领域开放承诺，大幅降低进口关税，显著削减非关税壁垒，大力发展进口贸易，进口规模整体表现为增加态势，在全球进口贸易中的地位显著提升，进口市场多元化趋势更加明显，进口贸易主体更加分散，进口产品结构发生一定调整，一般贸易进口的主导地位更加凸显。中国进口贸易的发展，不仅推动了自身经济的稳定发展，促进了自身产业结构的调整，扩大了国内就业规模，促进了出口增长，缓和了与其他经济体的贸易关系，提高了国内消费者的福利水平，也助推了世界经济增长，稳定了世界市场，为世界各国创造了就业岗位。

十一、新冠肺炎疫情对中国进口的影响

新冠肺炎疫情对我国货物进口产生强烈的负面冲击；但与货物进口相比，对我国服务进口贸易的负面冲击更大。2020年，受新冠肺炎疫情冲击，中国进口产品价格呈现两极分化走势；私营企业进口具有较大的韧性，整体保持正向增长；从美国的进口增加，自东盟等地区的进口在中国总进口中的份额提升。新冠肺炎疫情不但加速了我国数字贸易特别是跨境电商进口的发展，推动了我国进口贸易区域化发展；而且部分国际订单转移到我国，促使我国进口规模大幅增加，有利于我国企业拓展新的进口来源地。但与此同时，新冠肺炎疫情也带来了我国进口面临的不确定性增加、进口结构可能面临重大调整、缺供断供等风险问题日益凸显、进口运输成本增加等新挑战。

十二、中国进口展望

从长期来看，中国进口将成为支撑世界经济发展的有力因素。具体来看：（1）中国积极扩大进口的基本政策不变。对外开放是我国的基本国策，我国对外开放的大门将越开越大，这就为积极扩大进口提供了政策保障。（2）中国积极扩大进口是长期持续行为。中国真诚向世界各国开放市场，中国主动扩大进口，不是权宜之计，而是面

向世界、面向未来、促进共同发展的长远考量。(3) 中国积极扩大进口的市场潜力巨大。在生产性进口稳定发展的同时，服务国内市场的消费性进口将会大大增加，这就是潜在进口的源泉之一。由于中国国内市场具有超大规模优势，因此，进口具有很大的潜在增长空间。(4) 中国积极扩大进口的举措持续推进。中国将进一步降低关税，继续削减进口环节制度性成本，持续提高进口贸易便利化水平，加快改善国内营商环境，积极支持跨境电商零售进口业务，继续办好中国国际进口博览会，大力培育一批国家进口贸易促进创新示范区，加快自由贸易试验区深化改革，加快海南自由贸易港建设。(5) 中国积极扩大进口的展会平台增多。中国进出口商品交易会、中国国际服务贸易交易会、中国国际进口博览会和中国国际消费品博览会是我国目前四大国家级展会平台。这四大展会平台涉及了货物贸易进口、服务贸易进口、生活消费品进口、生产性产品进口，共同构成了中国不同类型产品进口的支撑平台。

目 录

第一章 积极扩大进口与构建新发展格局 1
 一、构建新发展格局的内涵 1
 二、构建新发展格局与对外开放 3
 三、进口与构建新发展格局 4
 四、积极扩大进口加快构建新发展格局 7

第二章 中国总体进口政策 9
 一、国家进口政策 9
 二、进口关税政策 13
 三、非关税进口政策 18
 四、进口贸易便利化政策 20

第三章 中国各行业、产业、区域进口政策 22
 一、农业 22
 二、能源资源行业 24
 三、机电设备产品 26
 四、高新技术产业 28
 五、科教科普产品 30
 六、医药行业 31
 七、跨境电商行业 33
 八、一般消费品 35
 九、汽车产品 37
 十、服务贸易 39
 十一、边境贸易 41

第四章　中国进口平台 ········· 43

　　一、中国国际进口博览会 ········· 43
　　二、中国进出口商品交易会 ········· 45
　　三、中国国际服务贸易交易会 ········· 47
　　四、中国国际消费品博览会 ········· 48
　　五、海南自由贸易港 ········· 49
　　六、进口贸易促进创新示范区 ········· 53
　　七、自由贸易试验区 ········· 53

第五章　中国重点产品的进口 ········· 62

　　一、消费品进口 ········· 62
　　二、农产品进口 ········· 66
　　三、粮食产品进口 ········· 73
　　四、高技术产品进口 ········· 78
　　五、机电产品进口 ········· 83
　　六、服务进口 ········· 88

第六章　中国资源能源类产品的进口 ········· 92

　　一、矿产品进口 ········· 92
　　二、能源类产品进口 ········· 96
　　三、大宗商品进口 ········· 102

第七章　中国从重点国家的进口 ········· 106

　　一、中国从美国的进口情况 ········· 106
　　二、中国从日本的进口情况 ········· 115
　　三、中国从韩国的进口情况 ········· 125

第八章　中国从其他代表性国家或地区的进口 ········· 136

　　一、中国大陆从台湾地区的进口情况 ········· 136
　　二、中国从澳大利亚的进口情况 ········· 142
　　三、中国从印度的进口情况 ········· 149

四、中国从加拿大的进口情况 ········· 155

五、中国从立陶宛的进口情况 ········· 161

第九章　中国从重点区域性贸易伙伴的进口 ········· 167

一、中国从欧盟的进口情况 ········· 167

二、中国从东盟的进口情况 ········· 172

三、中国从"一带一路"沿线国家的进口情况 ········· 177

四、中国从RCEP的进口情况 ········· 184

五、中国从金砖国家的进口情况 ········· 189

六、中国从中东欧国家的进口情况 ········· 193

七、中国从非洲的进口情况 ········· 198

第十章　中国从周边国家的进口情况 ········· 205

一、中国周边国家的界定 ········· 205

二、中国从周边国家的进口规模和进口地位 ········· 206

三、中国从周边国家的进口地区结构 ········· 215

第十一章　进口贸易新业态新模式的发展情况 ········· 224

一、数字贸易进口 ········· 224

二、跨境电商进口 ········· 228

第十二章　"入世"20年中国货物进口发展及其影响 ········· 234

一、"入世"20年中国进口政策的演变 ········· 234

二、"入世"20年中国进口发展的基本情况 ········· 236

三、"入世"20年中国进口对国内经济的贡献 ········· 245

四、"入世"20年中国进口对世界经济的贡献 ········· 248

第十三章　新冠肺炎疫情背景下中国进口发展的新机遇和新挑战 ········· 250

一、新冠肺炎疫情对世界进口的影响 ········· 250

二、新冠肺炎疫情对中国进口的影响 ········· 256

三、新冠肺炎疫情背景下中国进口贸易面临的新机遇 ········· 265

四、新冠肺炎疫情背景下中国进口贸易面临的新挑战 ········· 268

第十四章　中国积极扩大进口的政策建议与展望 …… 271
　　一、中国积极扩大进口的政策建议 …… 271
　　二、中国进口展望 …… 273

附录1　2019中国进口排行榜 …… 278
　　一、2019中国省份进口排行榜 …… 278
　　二、2019中国城市进口排行榜 …… 280
　　三、2019中国进口来源地排行榜 …… 282
　　四、2019中国行业进口排行榜 …… 284
　　五、2019中国直属海关进口排行榜 …… 288
　　六、2019中国高新技术产业开发区进口排行榜 …… 289
　　七、2019中国经济技术开发区进口排行榜 …… 291
　　八、2019中国保税区进口排行榜 …… 294

附录2　2020中国进口排行榜 …… 295
　　一、2020中国省份进口排行榜 …… 295
　　二、2020中国城市进口排行榜 …… 297
　　三、2020中国进口来源地排行榜 …… 299
　　四、2020中国行业进口排行榜 …… 301
　　五、2020中国直属海关进口排行榜 …… 306
　　六、2020中国高新技术产业开发区进口排行榜 …… 307
　　七、2020中国经济技术开发区进口排行榜 …… 309
　　八、2020中国保税区进口排行榜 …… 312

参考文献 …… 314

后记 …… 323

第一章　积极扩大进口与构建新发展格局

2020年10月26日至29日在北京召开的党的十九届五中全会审议通过了《中共中央关于制定国民经济和社会发展第十四个五年规划和二〇三五年远景目标的建议》，明确提出了"加快形成以国内大循环为主体、国内国际双循环相互促进的新发展格局"。这是党中央立足于世界正经历百年未有之大变局、新一轮科技革命和产业变革蓬勃兴起的大背景，根据我国经济发展面临的新阶段、新环境和新挑战，结合改革开放四十多年的历史经验，围绕我国经济发展的中长期目标作出的重大战略抉择，是积极应对当前外部环境严峻变化和推进国内经济高质量发展的一项重大举措。2020年12月16日至18日召开的中央经济工作会议进一步指出，构建新发展格局，必须构建高水平社会主义市场经济体制，实行高水平对外开放，推动改革和开放相互促进。

一、构建新发展格局的内涵

（一）构建新发展格局是构建新经济发展模式

构建新发展格局是对"十四五"和未来更长时期我国经济发展战略、路径作出的重大调整和完善，是着眼于我国长远发展和长治久安的重大战略部署，目的是实现更高质量、更有效率、更加公平、更可持续、更为安全的经济发展。改革开放以来，在经济全球化日益发展的背景下，我国主要以开放要素市场、大力发展外资外贸的方式积极参与全球化，取得了巨大的成功，但是，这种发展模式具有"大进大出"、市场和资源"两头在外"的特点。在当前保护主义上升、世界经济低迷、全球市场萎缩的外部环境下，"两头在外"的发展模式难以持续，必须构建新的经济发展模式。新经济发展模式必须高度重视国内市场，特别是国内产品市场，把国内产品市场做大做强，使中国国内市场成为国内企业的主要销售场所、外国企业的主要出口目的地，从而使中国市场成为中国经济、世界经济发展的内在动力。

（二）构建新发展格局是中国经济自身发展的内在需要

加快构建新发展格局，是以习近平同志为核心的党中央根据我国新发展阶段、新历史任务、新环境条件作出的重大战略决策，是习近平新时代中国特色社会主义经济思想的又一重大理论成果，是根据大国经济发展规律作出的重大理性选择。与小国经济不同，大国经济的重要特征，就是必须拥有自主可控的核心技术，必须拥有巨大的国内产品市场，必须拥有提供高质量产品的能力，必须拥有带动世界各国共同发展的能力。从我国国内情况来看，部分关键技术和核心技术缺失、部分产业的价值链供应链不完整、产业转型升级缓慢困难、国内日益增长的市场需求得不到有效满足、国内经济受国际市场影响较大等问题，严重制约了我国经济的高质量发展，不利于我国经济安全发展，也不利于发挥我国经济对世界经济增长的带动作用。以国内大循环为主体，大力扩大内需，做大做强国内市场，与此同时，使内市场和国际市场更好地联通和融合，是促进经济高质量发展和确保经济安全发展的有效手段，也是我国迈向经济强国的必由之路。

（三）构建新发展格局强调国内国际双循环的相互融合和相互促进

新发展格局不是封闭的国内循环，也不是放弃参与国际循环，而是更加开放的国内国际双循环，特别是要加强国内循环和国际循环的相互融合、相互促进。也就是说，在坚定不移继续积极参与国际循环、提高参与国际循环的深度和广度的同时，要高度重视并充分发挥国际循环对国内循环的促进作用。以往我国主要是以出口的形式参与国际循环的，形成了服务出口的产业体系和服务国内市场的产业体系，这两个产业体系之间更多地表现为平行和割裂的关系，导致国际循环对国内循环的促进作用没有充分发挥出来，不利于产业的整体发展。因此，构建新发展格局必须高度重视国内循环和国际循环的融合，只有提高融合程度，才能更好、更加充分地发挥相互促进的作用。

（四）构建新发展格局强调今后经济增量和潜在增长点更多地来自中国国内市场

新冠肺炎疫情对世界经济的影响广泛、深远，逆全球化趋势更加明显，世界经济可能持续低迷，中国出口市场面临扩张困难甚至收缩的可能性。在这样的国际环境背景下，片面强调出口已经与新的发展形势不符，必须提前应对可能面临的外部市场不稳定问题。在千方百计保住已有出口市场份额、积极开拓新国际市场的同时，要把经济增量和新增长点的重心转移到国内市场，寻求新的增长空间。在外部环境不确定的背景下，我国加大对国内市场的挖掘力度，有利于争取后续发展的主动权。企业将业务重心放到不确定因素更少、潜力更可期的国内市场，更符合企业的长远利益，会显著改善企业的业务结构，增强企业的抗风险能力。这既是中国的理性选择，也是中国的战略性选择。

二、构建新发展格局与对外开放

（一）构建新发展格局强调实行高水平对外开放

构建新发展格局不是要"自给自足"，而是要实行高水平对外开放。如果把"以国内大循环为主体"片面地理解为中国经济发展将强调"自给自足"，将对在华外资企业以及有意愿在中国投资的外资企业产生负面影响，这是必须防范的风险。其实，在产品内分工、价值链分工时代，国家之间是你中有我、我中有你的网络关系，我国在全球贸易网络、全球经济网络中的地位日益重要，日益处于中心枢纽地位，因此，我国的国内大循环绝不能关起门来封闭运行，也绝不是关起门来的自我发展。我国国内部分产业的价值链、供应链是不完整的，需要众多国外资源参与和支持，国内大循环强调的是最终产品的销售是在国内市场，以国内大循环为主体强调的是充分发挥国内超大规模市场优势，大力扩大内需，让更多的国外要素和产品进入中国市场，从而更好地服务中国经济发展、满足中国市场需要。可见，新发展格局不是强调"自给自足"，不是放弃国际市场，也不是放弃国际资源，恰恰相反，是强调继续扩大对外开放、实行高水平对外开放，增加从国外的进口规模。

（二）高水平对外开放将导致对外开放内容发生变化

在构建新发展格局的背景下，我国的对外开放将会发生一定的变化。新发展格局不仅是对外开放，还是对内改革。对外开放将提高产品市场的开放水平，对内改革将着力打通国内生产、分配、流通、消费的各个环节，对外开放将倒逼对内改革，对内改革将促进和提升对外开放的水平和层次。我国经济持续快速发展的一个重要动力就是对外开放。对外开放是我国的基本国策，开放是我国繁荣发展的必由之路，我们要全面提高对外开放水平，建设更高水平开放型经济新体制，形成国际合作和竞争新优势。"以国内大循环为主体"的重点是做大做强国内市场，毫无疑问，这将使我国对外开放的目的、路径、方式都发生一定的变化。我国在对外开放中将不再过度强调出口、强调贸易利益，而会更加重视国内产业价值链、供应链、创新链的完整性和安全性，将会在要素市场开放的基础上继续开放国内产品市场，让更多国外的消费品直接进入中国市场。

（三）高水平对外开放将导致制度政策发生变革

对外开放的目的和方式发生变化，将会导致对外开放的制度政策发生变化。例如，我国利用外资的部分标准将会发生变化，考察外资的部分标准将从出口创造能力转变为服务国内产业创新链、提高国内产业价值链、完善国内产业供应链的能力；我国外贸政策重点也将发生变化，外贸政策重点将从强调出口转变为出口和进口并重，积极扩大进口的目的将从服务企业出口转变为服务国内产业高质量发展和满足国内消费市场。消费品进口规模的扩大将导致相关制度政策进行修订和调整，企业国内业务和国际业务的融合和统一也将导致相关法律法规进行全面修订。以服务国内大循环为主的新型外资外贸的增加，将会给我国各地区特别是中西部地区的经济发展提供新机遇，中西部地区发展新型外资外贸的优势可能更加凸显。此外，我国对外开放的地理范围、行业领域将日益扩大，市场准入的门槛将持续降低，营商环境也将进一步优化。

三、进口与构建新发展格局

积极扩大进口是高水平对外开放的主要举措。国家政府早在 2012 年就提出要积极扩大进口，颁布了一系列的政策和指导意见，本意就是要加强进口在我国经济发展中的作用。积极扩大进口已经成为国家重大发展战略，也是新一轮高水平对外开放的主要举措。积极扩大进口将更有效率地实现国内外市场联通、要素资源共享，通过发挥进口的互补效应、成本效应、竞争效应、高质量效应促进国内循环发展、国内经济高质量发展。

进口在新发展格局中的作用将进一步凸显。在新发展格局中，以国内大循环为主体的本质含义是把国内经济做大做强，国内国际双循环相互促进的本质含义是，既要充分利用国际资源、国际市场服务国内经济发展，又要高度重视国内经济发展对开拓国际市场的促进作用。积极扩大进口是我国新一轮高水平对外开放的重要内容。不管是国内大循环，还是国内国际双循环相互促进，进口都将在其中发挥十分重要的、不可替代的作用，而且这种作用将进一步凸显。

（一）进口是国内大循环高质量发展的重要抓手

国内大循环是要把国内经济做大做强，不仅要扩大内需，还要提高国内经济的运行效率和质量，切实完善国内经济的运行体系；不仅要着力打通国内生产、分配、流通、消费各个环节之间的堵点、痛点，还要提高各个环节的质量、效率。也就是说，以国内大循环为主体不仅仅意味着扩大内需、拉动经济的短期行为，还代表着结构性的转变，涉及技术转型、商业模式创新、产业结构提升等很多方面。

进口是一个广义的概念，不仅包括货物进口，还包括服务进口、生产要素进口。人（国际人才）、财（外资）、物（货物）、服（服务）都可以进口，吸引国际人才就是高端劳动力要素的进口，利用外资就是资本要素的进口，从国外购买先进的机器设备就是货物的进口。一般来说，人、财、物、服的进口，不仅不会出现不利于国内经济发展的局面，还会有利于国内经济做大做强、提升国际竞争力，有利于国内生产、分配、流通、消费各个环节的发展。积极扩大进口有利于解决国内大循环中存在的各种堵点、痛点。积极扩大进口可以通过关键零部件、先进机器设备的进口提高国内生产质量、生产效率，可以通过增加国内供给影响商品价格进而影响分配，可以通过提高进口便利化程度优化国内流通环节，可以通过增加高质量进口产品供给创造新需求、引领新需求。从国外引进国际高端专业人才、国际高端生产性服务、国外先进经验和管理模式都可以提高国内经济各个环节的质量和效率。

（二）进口是国内大循环高质量发展的有利条件

进口会提高国内要素市场和产品市场的一体化程度。企业是经济活动的主体，也是国内大循环的市场主体。企业发展涉及要素市场和产品市场。要素市场范围影响企业配置资源的能力，企业配置资源的能力又是影响企业发展、企业竞争力的重要因素。一般来说，企业配置要素的区域范围越大，越有利于企业的发展。企业进口中间品和原材料，既直接扩大了企业配置要素的区域范围，又加剧了国内同类要素市场的竞争程度，有利于降低国内要素市场的地方保护主义，消除歧视性、隐蔽性的地方市场壁垒，进而提高各类生产要素自由流动的程度，加快形成国内一体化的要素市场。国内产品市场一体化程度直接影响企业的销售业绩，企业进口产品特别是消费品会直接增加当地同类产品、间接增加关联性产品的市场竞争程度，进而有利于打破行政性垄断、破除地方保护主义，降低地区之间的产品市场分割程度，提高国内产品市场一体化程度。

也就是说，进口可以让国内某一地区的要素在更大的地理范围畅通流动，有利于发挥全国各地区的比较优势，在全国范围内实现更合理的分工，企业生产的产品可以在更大的地理范围、以更低价格进行销售。这个过程就是高效规范、公平竞争、充分开放的全国统一大市场形成的过程，也是国内大循环高质量发展形成的过程。

（三）进口是中国更高水平参与国际循环的重要保障

中国参与国际循环的形式主要是出口和对外投资。从历史来看，我国出口产品中包含大量的进口产品，主要是中间品、关键零部件以及重要原材料，即我国很多进口是为出口服务的。我国企业在世界各国投资，部分企业主要通过出口的形式开拓投资目的地的当地产品市场。这种形式的出口产品中包含了一定的进口中间品、关键零部件以及重要原材料。部分对外投资企业是资源能源寻求型、原材料寻求型的，这些企业的对外投资是为国内生产服务的，主要是通过进口促进国内经济发展。可见，进口与对外投资是紧密相关的。总的来看，进口是影响我国出口和对外投资的重要因素，积极扩大进口则是提高出口产品质量、实现更高水平对外投资的有效途径。

（四）进口是连接国内循环和国际循环的重要战略纽带

新发展格局肩负着双重任务，既要为中国经济发展开辟空间，又要为世界经济复苏和增长增添动力。国家政府明确指出，新发展格局绝不是封闭的国内循环，而是开放的国内国际双循环。以国内大循环为主体，不是关起门来封闭运行，而是通过更好发挥国内需求的巨大潜力，使国内市场和国际市场更好地联通，更好地利用国际国内两个市场、两种资源，使中国成为吸引国际商品和要素资源的巨大引力场，为其他国家提供更广阔的市场机会，使我国同世界经济的联系更加紧密，从而实现中国经济和世界经济共同、更加强劲、可持续的发展。

国内国际双循环相互促进是需要纽带的，在目前的大背景下，进口就是一个具有战略意义的纽带，通过进口把国内循环和国际循环有机地连接起来。①以进口促进国内生产的发展。以进口带动国际要素市场与国内生产的融合，通过进口国际资源服务国内生产，进而促进出口。②以进口缓解国内部分消费品供给不足，通过进口国际高端消费品满足国内需求升级需要。③积极引进国际人才，既可以为国内循环提供高端人才，助力国内循环高质量发展，又可以充分发挥国际人才网络的作用，加强国内国际双循环之间的关联性。

（五）进口是确保国内循环安全和国际循环安全的有效路径

越开放，越要重视安全，越要统筹好发展和安全两件大事。今后一个时期，我国将面对更多逆风逆水的外部环境，必须做好应对一系列新风险挑战的准备。我国面临的新风险是多方面的，有外部风险，也有内部风险，有一般风险，也有重大风险。国内循环安全就是化解重大内部风险，国际循环安全就是化解重大外部风险。随着经济全球化向纵深发展，国际分工日益细化，早已从产业间分工、产业内分工发展为产品内分工、价值链分工，产品的不同生产工序分布在不同的国家和地区。也就是说，不同的国家和地区承担着产品生产的不同工序，某一个国家和地区只是整个产品价值链上的一部分，产品品牌是一国的，产品生产是由多国协作完成的。在这样的国际分工背景下，进口就是确保产品生产国内部分工序安全的必要环节。没有上游环节国外生产的零部件、半制成品，下游环节的国内生产就无法正常进行，进口是保障国内产业链、供应链安全稳定的重要环节。

在当前保护主义抬头、世界经济低迷、全球市场萎缩的外部环境下，我国单纯以扩大出口的方式参与国际循环的做法遇到了巨大挑战；在"逆全球化"倾向和新冠肺炎疫情全球蔓延的背景下，我国与世界经济面临着巨大的脱钩风险。积极扩大进口是应对脱钩风险最有效的策略，通过进口，国内企业与国外企业的交融将达到前所未有的深度，从而提高我国参与国际循环的安全性。

四、积极扩大进口加快构建新发展格局

（一）各级政府要充分正确认识并大力宣传积极扩大进口的重大意义

目前，国内部分地方政府宣传部门以及媒体对进口认识不准确、不全面，对积极扩大进口的宣传不够重视，甚至"谈进口而色变"，认为进口就是对国内生产的替代，是对国内市场的冲击，在国内经济形势不好的时候更不能提进口。这些观点和看法都是狭隘的、片面的，缺乏大局观，会严重阻碍国内经济发展和中国的对外开放。在改革开放初期以及中国加入WTO初期，也存在类似的观点。但是，中国对外开放的历史事实表明，每一次我国提高对外开放程度之后，中国企业不仅没有被外来竞争打败，反而变得更大更强，中国人民的生活水平也变得越来越好。以积极扩大进口为主要内容的更高水平的对外开放也必将让中国变得更好。第三届、第四届进博会的如期举办，也表明了国家政府坚决积极扩大进口的态度。因此，各级媒体特别是主流媒体要加大对进口的宣传力度，纠正部分人对进口的片面认知和错误观念，为国家积极扩大进口工作承担应尽的义务和责任。

（二）高度重视中国国际进口博览会的战略作用

为了切实做好积极扩大进口工作，就要充分发挥进博会的战略性作用。参展企业的产品属于专（业）精（品）尖（端）特（色）产品，意味着是中国在挑选展销商。这就为我国进口产品质量提供了保障。为了更好服务双循环新发展格局，进博会的着力点在于进一步提高参展产品的质量，寻找更多的高质量产品提供给国内企业。与此同时，要尽快建设中国国际进口博览会信息数据公共平台。进博会是我国积极扩大进口的重要平台，在积极推进线下业务的同时，要加快建设进博会信息数据公共平台，将历届进博会的参展商、采购商、参展产品等信息电子化、图形化、可视化，供国内外企业长期可查可用，从而把进博会效应日常化、长期化、持续化，以最大化服务中国进口企业。通过建设信息数据公共平台放大进博会的溢出效应和辐射效应，给中国进口企业带来更多机会。

（三）积极扩大消费品进口规模

在新时期，我国对外开放的趋势之一就是在继续扩大要素市场开放的同时，进

一步提高产品市场的开放，让更多种类的优质消费品进入中国市场。这样不仅可以让中国消费者的境外消费回流，境外消费回流后期还可能带来新的外商投资，不仅满足国内消费者的现实需求，还可能创造并引领国内新一轮的消费升级。因此，不仅要扩大消费品的进口规模，还要提高消费品进口在我国总进口中的比例，在满足中国市场需求的同时，激发中国市场的潜力，做大做强中国市场，促进中国由"世界工厂"向"世界市场"转变，从而构建起以国内大循环为主体的新发展格局。

（四）尽快成立国家进口安全工作领导小组

中国部分产业的高端设备与关键零部件严重依赖进口，面临的"卡脖子"问题正日益凸显，一旦遭遇外国断供或制裁，相关产业及其企业将面临重大危机。与此同时，我国部分行业或者产品的大量进口是否对国内相关产业产生了较大的损害也是值得关注的问题。为了防范进口规模大幅下降或者进口中断的风险，我国应该积极扩大进口规模，针对关键零部件、不可替代原材料、国内缺乏且生产需要的其他重要生产性物资、部分民生必需品等进行战略性物资储备。进口贸易行为和过程，不仅涉及进口企业，还涉及很多政府部门以及其他机构。因此，建议由国务院牵头，联合商务部、海关总署、中国人民银行外汇管理局、各类战略性物资产品的进出口商会和进口龙头企业、相关驻外机构等，共同参与到进口安全工作中来，形成主管部门、进口企业、支持单位联动的机制，成立国家进口安全工作领导小组。

（五）积极扩大进口要与国家战略有机结合起来

积极扩大进口的根本目的是服务国家经济发展，积极扩大进口的定位和发展方向要与国家重大发展战略有机衔接起来，要与中国实施的对内对外重要政策保持高度一致。例如，把积极扩大进口与推进"一带一路"建设、推进与有关国家和地区的自贸区谈判、落实相关国际合作协议、建设自由贸易试验区、实施国家区域协调发展战略等问题相统筹，以扩大进口促进国内各项政策特别是重大战略的联通和互动，从而获得协同效应，使各项工作取得事半功倍的效果。

总的来看，弄清中国进口现实、讲好中国进口故事、总结中国进口经验、纠正中国进口认知、发挥中国进口作用，让世界和国内各级政府更好地了解中国进口政策以及进口的基本情况，有利于世界各国积极参与中国进口、国内各级政府和企业积极主动扩大进口。世界各国通过参与中国进口能更好地分享中国经济发展的成果，国内各级政府和企业通过主动扩大进口能更好地服务当地经济发展。这个过程就是新发展格局形成的过程，也是中国实现高水平对外开放的过程。

第二章 中国总体进口政策

加入世界贸易组织以来，为适应对外贸易发展的新形势和 WTO 有关规则，我国逐步形成了一套符合中国国情的进口管理体制。党的十八大以来，党中央着眼于国际国内发展大局，坚定不移推动更高水平对外开放，明确提出"积极主动扩大进口"，通过大幅放宽市场准入、降低进口关税、增加特色优势产品进口、举办中国国际进口博览会等一系列务实举措，向世界释放中国扩大进口的积极信号。本章主要从 4 个方面介绍中国总体进口政策，分别是国家进口政策、进口关税政策、非关税进口政策、进口贸易便利化政策。

一、国家进口政策

2011 年 11 月，《中共中央关于制定国民经济和社会发展第十二个五年规划的建议》在部署对外开放的重点任务时，提出要"适应我国对外开放由出口和吸收外资为主转向进口和出口、吸收外资和对外投资并重的新形势"，"发挥进口对宏观经济平衡和结构调整的重要作用，促进贸易收支基本平衡"。此后，国务院先后出台了 3 个专门支持扩大进口的文件，主要内容如表 2-1 所示。

表 2-1 支持扩大进口的文件汇总

序号	发布日期	政策文件	相关内容
1	2012-04-30	国务院关于加强进口促进对外贸易平衡发展的指导意见（国发〔2012〕15 号）	①加大财税政策支持力度。调整商品进口关税；增加进口促进资金规模。 ②加强和改善金融服务，完善进口信用保险体系和贸易结算制度。 ③完善管理措施，加强组织领导。优化进口环节管理；推动进口与国内流通衔接；完善产业损害和进口商品质量安全预警机制，完善进口公共服务。 ④提高贸易便利化水平，提高通关效率。

续表

序号	发布日期	政策文件	相关内容
2	2014-10-23	国务院办公厅关于加强进口的若干意见（国办发〔2014〕49号）	①继续鼓励先进技术设备和关键零部件等进口，稳定资源性产品进口，合理增加一般消费品进口，大力发展服务贸易进口。 ②进一步优化进口环节管理，提高进口贸易便利化水平，在上海自贸区开展汽车平行进口试点工作，适时调整自动进口许可货物种类，加快自动进口许可管理商品无纸化通关试点；加快全国海关通关一体化改革工作。 ③大力发展进口促进平台，加大对进口贸易促进创新示范区的政策支持，支持大宗商品交易平台建设、跨境电子商务发展和进口展览会、洽谈会的举办。 ④积极参与多双边合作，鼓励企业到"一带一路"沿线国家投资加工生产并扩大加工产品进口。
3	2018-07-02	国务院办公厅转发商务部等部门关于扩大进口促进对外贸易平衡发展意见的通知（国办发〔2018〕53号）	①优化进口结构促进生产消费升级，支持关系民生的产品进口，增加有助于转型发展的技术装备进口，增加农产品、资源性产品进口。 ②优化国际市场布局，加强"一带一路"国际合作；加快实施自贸区战略；落实最不发达国家进口货物及服务优惠安排。 ③积极发挥多渠道促进作用，办好中国国际进口博览会，创新进口贸易方式，推进跨境电子商务发展、汽车平行进口试点，支持边境贸易发展。 ④改善贸易自由化便利化条件，大力培育进口促进平台和国家进口贸易促进创新示范区；优化进口通关流程，加快实施WTO的《贸易便利化协定》，推进全国通关一体化改革，打造高水平的国际贸易"单一窗口"；降低进口环节制度性成本，清理进口环节不合理收费。

此外，我国还陆续颁布了一系列其他进口政策，涉及进口商品结构、进口通关便利化、进口市场结构等方面。2020年以来，面对新冠肺炎疫情的蔓延，政府为积极做好"稳外贸""稳外资"工作也颁布了一些相关政策。表2-2按政策发布时间整理了涉及进口的相关政策内容。

一系列积极的进口政策，有助于促进我国对外贸易平衡发展，更好发挥进口在满足人民群众消费升级需求、加快体制机制创新、推动经济结构升级、提高国际竞争力等方面的积极作用，同时以共商、共建、共享的理念，推动全球经济朝着开放、包容、普惠、平衡、共赢的方向发展。

表2-2 我国涉及进口的相关政策

序号	发布日期	政策文件	涉及进口的主要内容
1	2013-07-26	国务院办公厅关于促进出口稳增长、调结构的若干意见（国办发〔2013〕83号）	①提高贸易便利化水平，加快通关速度，减少自动进出口许可货物种类，简化申领程序，整顿进出口环节经营性收费，减少行政事业性收费。②支持民营外贸企业加快发展。③扩大进口贴息产品范围，增加进口贴息资金规模。④鼓励企业进口先进设备和技术；逐步扩大服务进口。⑤赋予符合标准的原油加工企业原油进口及使用资质，推进天然气国际合作。
2	2014-05-04	国务院办公厅关于支持外贸稳定增长的若干意见（国办发〔2014〕19号）	进一步加强进口。继续深化外贸管理体制改革，进一步减少自动进口许可货物种类。加快培育国家进口贸易促进创新示范区，充分发挥进口贸易集聚区对扩大进口的示范和带动作用。积极支持数字化、智能化等先进技术设备、关键零部件进口。扩大国内短缺资源进口，合理增加与群众生活密切相关、必要的一般消费品进口。结合淘汰落后产能，赋予符合条件的原油加工企业原油进口和使用资质，扩大原油进口渠道。加快实施自贸区战略。逐步扩大服务进口。
3	2015-07-22	国务院办公厅关于促进进出口稳定增长的若干意见（国办发〔2015〕55号）	①继续加强进口工作。扩大优惠利率进口信贷覆盖面，将《鼓励进口技术和产品目录》纳入支持范围。2015年7月底前调整出台《鼓励进口技术和产品目录》，相应调整进口贴息政策支持范围，促进国内产业升级。完善消费品进口相关政策，对部分国内需求较大的日用消费品开展降低进口关税试点，适度增设口岸进境免税店，合理扩大免税品种，增加一定数量的免税购物额，丰富国内消费者购物选择。②坚决清理和规范进出口环节收费，加强督察力度。
4	2016-03-25	国务院关于落实《政府工作报告》重点工作部门分工的意见（国发〔2016〕20号）	降低部分消费品进口关税，增设免税店。实施更加积极的进口政策。扩大先进技术设备、关键零部件及紧缺能源原材料进口。
5	2016-12-26	对外贸易发展"十三五"规划（商贸发〔2016〕484号）	①鼓励紧缺性资源类产品进口，稳定资源性产品进口；鼓励先进技术设备和关键零部件进口；合理增加一般消费品进口。切实推进汽车平行进口试点，促进汽车进口多元化发展。②鼓励企业以进口、境外并购、国际招标、招才引智等方式引进先进技术，促进消化吸收再创新，培育外贸竞争新优势。③扩大自"一带一路"沿线国家进口，促进贸易平衡。④培育一批带动功能强、服务优质的进口促进平台。⑤加强组织领导，完善进口公共服务，发挥行业中介组织作用。
6	2017-03-22	国务院关于落实《政府工作报告》重点工作部门分工的意见（国发〔2017〕22号）	推广国际贸易"单一窗口"，实现全国通关一体化。增加先进技术、设备和关键零部件进口，促进贸易平衡发展和国内产业加快升级。

续表

序号	发布日期	政策文件	涉及进口的主要内容
7	2018-04-01	国务院关于落实《政府工作报告》重点工作部门分工的意见（国发〔2018〕9号）	①积极扩大进口，办好首届中国国际进口博览会，下调汽车进口关税，对部分市场热销日用消费品及药品，较大幅度降低进口税率，抗癌药品力争降到零税率。以更大力度的市场开放，促进产业升级和贸易平衡发展，为消费者提供更多选择。 ②对境外已上市销售的药品，研究简化进口使用的审批手续，更好地保障群众用药可及。
8	2019-11-19	中共中央 国务院关于推进贸易高质量发展的指导意见	①进一步降低进口关税和制度性成本。 ②优化进口结构。扩大先进技术、设备和零部件进口，鼓励国内有需求的资源性产品进口，支持日用消费品、医药和康复、养老护理等设备进口，推动优质农产品、制成品和服务进口，促进研发设计、节能环保、环境服务等生产性服务进口，完善技术进出口管理制度，严格控制高污染、高耗能产品进出口。 ③推进贸易促进平台建设。培育若干具有国际影响力的境内外展会；培育国家进口贸易促进创新示范区，带动周边地区增强进口能力。 ④完善跨境电子商务零售进出口管理模式。
9	2020-02-18	商务部关于应对新冠肺炎疫情做好稳外贸稳外资促消费工作的通知（商综发〔2020〕30号）	①支持企业有序复工复产，稳妥有序推进共建"一带一路"重大项目。 ②鼓励外贸企业增加国内紧缺的医用物资和农产品进口。 ③引导企业无纸化申领进出口许可证件。
10	2020-04-20	关于当前更好服务稳外贸工作的通知（交水明电〔2020〕139号）	①促进外贸运输便利化。深化国际贸易"单一窗口"建设；简化进出口环节监管手续；推动上海港、天津港等开展进口货物"船边直提"等作业模式试点，复制推广到集装箱干线港，加快港口货物周转。 ②降低进出口环节收费：落实阶段性免征进出口货物港口建设费，引导企业进口选择离岸价格FOB结算；鼓励港航企业与进出口企业深化互助合作，引导大型港口企业、国际班轮公司继续给予进出口企业费用优惠。
11	2020-05-11	中共中央 国务院关于新时代加快完善社会主义市场经济体制的意见	办好中国国际进口博览会，更大规模增加商品和服务进口，降低关税总水平，努力消除非关税贸易壁垒，大幅削减进出口环节制度性成本，促进贸易平衡发展。
12	2020-08-28	关于调整部分进出境货物监管要求的公告（海关总署公告2020年第99号）	落实"六稳""六保"工作任务，持续优化口岸营商环境，减轻企业负担，海关总署调整了部分进出境货物监管要求，其中涉及进口货物包括： ①取消进境栽培介质办理检疫审批时提供有害生物检疫报告和首次进口栽培介质开展风险评估样品检验的监管要求。 ②取消对收货人或者其代理人向进口口岸海关提交进口水产品的原产地证书的监管要求。 ③进口化妆品在办理报关手续时应声明取得国家相关主管部门批准的进口化妆品卫生许可批件，免于提交批件凭证。

续表

序号	发布日期	政策文件	涉及进口的主要内容
13	2020-10-25	国务院办公厅关于推进对外贸易创新发展的实施意见（国办发〔2020〕40号）	①扩大东北地区对外开放，支持东北地区开展大宗资源性商品进出口贸易。 ②发挥行业龙头企业引领作用，探索组建企业进出口联盟。 ③优化进口结构。适时调整部分产品关税，发挥《鼓励进口技术和产品目录》引导作用，扩大先进技术、重要装备和关键零部件进口，支持能源资源产品进口，鼓励优质消费品进口，增加国内紧缺和满足消费升级需求的农产品进口；扩大知识技术密集型服务进口和旅游进口。 ④制订边民互市进口商品负面清单，开展边民互市进口商品落地加工试点。 ⑤办好进博会、广交会等综合展会；培育进口贸易促进创新示范区，发挥示范区在促进进口、服务产业、提升消费等方面的示范引领作用。 ⑥扩大跨境电商零售进口试点。 ⑦发挥自由贸易试验区、自由贸易港制度创新作用；不断提升贸易便利化水平；完善大宗商品进出口管理；充分发挥进出口信贷作用。
14	2021-04-07	国务院办公厅关于服务"六稳""六保"进一步做好"放管服"改革有关工作的意见（国办发〔2021〕10号）	①继续扩大跨境电商零售进口试点城市范围，调整扩大跨境电商零售进口商品清单。 ②持续推进通关便利化。推动国际贸易"单一窗口"同港口、铁路、民航等信息平台及银行、保险等机构对接，深入推进进出口商品检验监管模式改革。
15	2021-07-02	国务院办公厅关于加快发展外贸新业态新模式的意见（国办发〔2021〕24号）	①运用数字技术和数字工具，推动外贸全流程各环节优化提升。 ②优化跨境电商零售进口商品清单；稳步开展跨境电商零售进口药品试点工作。
16	2021-08-02	关于推进自由贸易试验区贸易投资便利化改革创新若干措施的通知（国发〔2021〕12号）	①开展进口贸易创新。支持自贸试验区所在地培育进口贸易促进创新示范区，综合利用提高便利化水平、创新贸易模式、提升公共服务等多种手段，推动进口领域监管制度、商业模式、配套服务等多方面创新。 ②提升医药产品进口便利度。允许具备条件的自贸试验区开展跨境电商零售进口部分药品及医疗器械业务。支持符合条件的自贸试验区增设首次进口药品和生物制品口岸。

二、进口关税政策

关税总水平是我国货物贸易领域开放程度的重要指标之一。我国加入 WTO 以来,认真履行进口关税减让承诺,大幅降低进口关税水平,平均关税从 2001 年的 15.3% 降低至 2010 年的 9.8%,我国的"入世"降税承诺全部履行完毕。2020 年,我国平均关税水平为 7.5%,处于中等偏低水平,接近发达国家、发达市场关税水平,低于大多数发展中国家关税水平,与我国发展中国家的地位和发展阶段基本匹配。

为贯彻落实中共中央、国务院关于扩大开放、主动扩大进口重大举措,近年来,我国多次主动下调进口关税,激发进口潜力。主动下调关税、扩大进口有利于更好统筹利用国际国内两个市场、两种资源,促进国内供给体系质量提升,促进国民经济良性循环,满足人民群众消费升级需要。

(一)最惠国税率、最惠国暂定税率

最惠国税率是某国的来自其最惠国的进口产品享受的关税税率。根据最惠国待遇原则,最惠国税率一般不得高于现在或将来来自第三国同类产品所享受的关税税率。根据《中华人民共和国进出口税则》,适用最惠国税率的货物范围包括:原产于共同适用最惠国待遇条款的世界贸易组织成员的进口货物,原产于与我国签订含有相互给予最惠国待遇条款的双边贸易协定的国家或者地区的进口货物,以及原产于我国境内的进口货物。

暂定税率是在海关进出口税则规定的进口优惠税率和出口税率的基础上,对进口的某些重要的工农业生产原材料和机电产品关键部件(但只限于从与中国订有关税互惠协议的国家和地区进口的货物)以及出口的部分资源性产品实施的更为优惠的关税税率。这种税率一般按照年度制订,并且随时可以根据需要恢复按照法定税率征税。

表 2-3 梳理了 2016 年以来我国有关最惠国税率和最惠国暂定税率的相关政策。

表 2-3 2016 年以来我国最惠国税率和最惠国暂定税率政策汇总

年份	政策内容
2016	①自 2016 年 1 月 1 日起,对冻格陵兰庸鲽鱼等部分进口商品实施暂定税率,对冻的整只鸡等 46 种商品继续实施从量税或复合税,其他最惠国税率维持不变。 ②自 2016 年 9 月 15 日起,对《中华人民共和国加入世界贸易组织关税减让表修正案》附表所列 201 项信息技术产品的最惠国税率实施首次降税。
2017	①自 2017 年 1 月 1 日至 2017 年 6 月 30 日,对《中华人民共和国加入世界贸易组织关税减让表修正案》附表所列信息技术产品最惠国税率继续实施首次降税,自 2017 年 7 月 1 日起实施第二次降税。 ②自 2017 年 1 月 1 日起,对 822 项进口商品实施暂定税率,自 2017 年 7 月 1 日起,实施进口商品暂定税率的商品范围调减至 805 项。

续表

年份	政策内容
2018	①自2018年1月1日起，对948项进口商品实施暂定税率，其中27项信息技术产品的暂定税率实施至2018年6月30日止。 ②自2018年1月1日至2018年6月30日，对《中华人民共和国加入世界贸易组织关税减让表修正案》附表所列信息技术产品的最惠国税率，继续实施第二次降税，自2018年7月1日起实施第三次降税。降税后我国的关税总水平由上年的9.8%降至7.5%。调整后的关税总水平略高于欧盟，低于大多数发展中国家，处于中等偏低水平。 ③自2018年7月1日起，对碎米（税号：10064010、10064090）实施10%的最惠国税率。 ④自2018年11月1日起，降低1585个税目商品的最惠国税率，具体包括机电设备、纺织品、建材等，涵盖人民生产生活所需的众多工业品等。
2019	①自2019年1月1日起，对706项商品实施进口暂定税率；包括新增对杂粮和部分药品生产原料实施零关税，适当降低棉花滑准税和部分毛皮进口暂定税率，取消有关锰渣等4种固体废物的进口暂定税率，取消氯化亚砜、新能源汽车用锂离子电池单体的进口暂定税率，恢复执行最惠国税率。继续对国内发展亟须的航空发动机、汽车生产线焊接机器人等先进设备、天然饲草、天然铀等资源性产品实施较低的进口暂定税率。 ②自2019年4月1日起，调整进境物品进口税（行邮税）。一是将税目1、2的税率分别由现行15%、25%调降为13%、20%；二是将税目1"药品"的注释修改为，对国家规定减按3%征收进口环节增值税的进口药品，按照货物税率征税。 ③自2019年7月1日起，取消14项信息技术产品进口暂定税率。 ④自2019年7月1日起对《中华人民共和国加入世界贸易组织关税减让表修正案》附表所列298项信息技术产品最惠国税率实施第四次降税。
2020	①自2020年1月1日起，对859项商品（不含关税配额商品）实施进口暂定税率。 ②自2020年7月1日起，取消7项信息技术产品进口暂定税率。 ③自2020年7月1日起，对《中华人民共和国加入世界贸易组织关税减让表修正案》附表所列信息技术产品最惠国税率实施第五步降税。 ④自2020年7月1日起，在进出口关税方面给予基里巴斯共和国最惠国待遇，对原产于基里巴斯共和国的进口货物适用最惠国税率。
2021	①自2021年1月1日起，对883项商品实施低于最惠国税率的进口暂定税率。其中，对飞机发动机用燃油泵等航空器材实行较低的进口暂定税率；降低柴油发动机排气过滤及净化装置、废气再循环阀等商品进口关税；降低木材和纸制品、非合金镍、未锻轧铌等商品的进口暂定税率，并适度降低棉花滑准税。 ②自2021年7月1日起，取消9项信息技术产品进口暂定税率，并对176项信息技术产品的最惠国税率实施第六步降税。

（二）关税配额税率

实行关税配额管理的进口货物，关税配额内的进口，适用较低水平的关税配额税率，关税配额外的进口，依照《中华人民共和国进出口关税条例》有关规定执行相对较高水平的关税税率。在公历年度内，根据中国加入世界贸易组织货物贸易减让表所承诺的配额量，确定实时监控关税配额管理产品的年度市场准入数量。依据《中华人民共和国对外贸易法》《中华人民共和国货物进出口管理条例》和"入世"承诺，我国主要对小麦（包括其粉、粒）、玉米（包括其粉、粒）、大米（包括其粉、粒）、棉花、食糖、羊毛、毛条、化肥等关系国计民生的重要商品实施关税配额税率。表2-4梳理了2016年以来我国关税配额税率的相关政策。

表2-4 2016年以来我国关税配额税率政策汇总

年份	政策内容
2016	—
2017	继续对小麦等8类商品实施关税配额管理，税率不变。其中，对尿素、复合肥、磷酸氢铵3种化肥的配额税率继续实施1%的暂定税率。继续对配额外进口的一定数量棉花实施滑准税。
2018	继续对小麦等8类商品实施关税配额管理，税率不变。其中，对尿素、复合肥、磷酸氢铵3种化肥的配额税率继续实施1%的暂定税率。继续对配额外进口的一定数量棉花实施滑准税。
2019	继续对小麦等8类商品实施关税配额管理，税率不变。其中，对尿素、复合肥、磷酸氢铵3种化肥的关税配额税率继续实施1%的进口暂定税率。继续对配额外进口的一定数量棉花实施滑准税，并进行适当调整。
2020	继续对小麦等8类商品实施关税配额管理，税率不变。其中，对尿素、复合肥、磷酸氢铵3种化肥的配额税率继续实施1%的暂定税率。继续对配额外进口的一定数量棉花实施滑准税。
2021	继续对小麦等8类商品实施关税配额管理，配额税率不变。其中，对尿素、复合肥、磷酸氢铵3种化肥的配额税率继续实施1%的暂定税率。继续对配额外进口的一定数量棉花实施滑准税，并进行适当调整。

（三）协定税率

协定税率是一国根据其与别国签订的贸易条约或协定而制订的关税税率。协定税率是相对于国定税率而言的，不仅适用于协定的签订国，且适用于享有最惠国待遇的国家。协定关税是两个或两个以上的国家之间，通过缔结关税贸易协定而制定的关税税则。根据《中华人民共和国进出口税则》，适用协定税率的货物范围包括：原产于与我国签订含有关税优惠条款的区域性贸易协定的国家或者地区的进口货物。

我国积极融入多双边体制，与贸易伙伴国家和地区签署自由贸易协定或区域贸易优惠安排。2002年，我国与东盟签订了我国第一个自由贸易协定。截至2021年8月，我国已经达成了19个自由贸易协定，和26个国家和地区签署了这些协定[①]。表2-5梳理了2016年以来我国协定税率的相关政策。

---

① 我国已与26个国家和地区签署19个自贸协定［EB/OL］. 中国自由贸易区服务网，［2021-08-24］. http://fta.mofcom.gov.cn/article/fzdongtai/202108/45627_1.html.

表 2-5　2016 年以来我国协定税率政策汇总

年份	政策内容
2016	根据我国与有关国家或地区签署的贸易或关税优惠协定，对有关国家或地区实施协定税率，自 2016 年 1 月 1 日起，中国与冰岛、秘鲁、哥斯达黎加、瑞士、新西兰的自贸协定以及《内地与香港关于建立更紧密经贸关系的安排》（CEPA）项下的部分商品的协定税率进一步降低。
2017	根据我国与有关国家或地区签署的贸易或关税优惠协定，对有关国家或地区继续实施协定税率，自 2017 年 1 月 1 日起，中国与澳大利亚、巴基斯坦、瑞士、哥斯达黎加、冰岛、韩国、新西兰、秘鲁的自贸协定以及《内地与香港关于建立更紧密经贸关系的安排》（CEPA）项下的部分商品的协定税率进一步降低；中国与东盟、智利、新加坡的自贸协定、亚太贸易协定以及海峡两岸经济合作框架协议（ECFA）项下的商品继续实施协定税率，商品范围和税率水平均维持不变。
2018	根据我国与有关国家或地区签署的贸易或关税优惠协定，除此前已报经国务院批准的协定税率降税方案继续实施外，自 2018 年 1 月 1 日起，中国与格鲁吉亚自贸协定项下的部分产品开始实施协定税率；中国与东盟、巴基斯坦、韩国、冰岛、瑞士、哥斯达黎加、秘鲁、澳大利亚、新西兰的自贸协定以及《内地与香港关于建立更紧密经贸关系的安排》（CEPA）项下部分商品的协定税率进一步降低；中国与智利、新加坡的自贸协定、亚太贸易协定以及海峡两岸经济合作框架协议（ECFA）项下的商品继续实施协定税率，商品范围和税率水平均维持不变。
2019	①根据我国与有关国家或地区签署的贸易或关税优惠协定，除此前已报经国务院批准的协定税率降税方案继续实施外，自 2019 年 1 月 1 日起，对原产于 23 个国家或地区的部分商品实施协定税率，其中进一步降低的有中国与新西兰、秘鲁、哥斯达黎加、瑞士、冰岛、韩国、澳大利亚、格鲁吉亚以及亚太贸易协定国家；除中国内地在有关国际协议中有特殊承诺的产品外，对原产于中国香港、中国澳门的产品全面实施零关税。 ②自 2019 年 3 月 1 日起，对原产于智利的部分进口货品适用协定税率。
2020	①根据我国与有关国家或地区签署的贸易协定或关税优惠安排，除此前已经国务院批准实施的协定税率外，自 2020 年 1 月 1 日起，进一步降低对我国与新西兰、秘鲁、哥斯达黎加、瑞士、冰岛、新加坡、澳大利亚、韩国、智利、格鲁吉亚、巴基斯坦的双边贸易协定以及亚太贸易协定的协定税率。 ②自 2020 年 7 月 1 日起，按照我国与瑞士的双边贸易协定和亚太贸易协定规定，进一步降低有关协定税率。
2021	①根据我国与有关国家或地区签署的贸易协定或关税优惠安排，除此前已经国务院批准实施的协定税率外，自 2021 年 1 月 1 日起，进一步下调中国与新西兰、秘鲁、哥斯达黎加、瑞士、冰岛的双边贸易协定和亚太贸易协定的协定税率；原产于蒙古的部分进口商品适用亚太贸易协定税率，遵循亚太贸易协定原产地规则；《中华人民共和国政府和毛里求斯共和国政府自由贸易协定》正式实施，对原产于毛里求斯的部分商品实施协定税率。 ②自 2021 年 7 月 1 日起，按照中国与瑞士的双边贸易协定和亚太贸易协定规定，进一步降低有关协定税率。

（四）特惠税率

根据《中华人民共和国进出口税则》，适用特惠税率的货物范围包括：原产于与中华人民共和国签订含有特殊关税优惠条款的贸易协定的国家或者地区的进口货物。表 2-6 梳理了 2016 年以来我国执行特惠税率的情况。

表 2-6　2016 以来我国特惠税率政策汇总

年份	政策内容
2016	根据我国与有关国家或地区签署的贸易或关税优惠协定、双边换文情况以及国务院有关决定，对有关国家继续实施特惠税率，特惠税率的商品范围和税率水平维持不变。
2017	对有关最不发达国家继续实施特惠税率，商品范围和税率水平维持不变。 自 2017 年 12 月 1 日起，对原产于冈比亚共和国、圣多美和普林西比民主共和国的 97% 税目产品实施最不发达国家零关税。
2018	自 2018 年 1 月 1 日起，对有关最不发达国家继续实施特惠税率，商品范围和税率水平维持不变。 自 2018 年 9 月 1 日起，对原产于布基纳法索的 97% 税目产品实施最不发达国家零关税。
2019	根据亚太贸易协定规定，对亚太贸易协定项下的孟加拉国和老挝两国特惠税率进一步降低。
2020	自 2020 年 1 月 1 日起，对与我建交并完成换文手续的其他最不发达国家继续实施特惠税率；赤道几内亚停止享受零关税特惠待遇。 自 2020 年 7 月 1 日起，对原产于孟加拉人民共和国的 97% 税目产品，适用税率为零的特惠税率。 自 2020 年 8 月 1 日起，对原产于基里巴斯共和国的 97% 税目产品，适用税率为零的特惠税率。 自 2020 年 12 月 1 日起，对原产于老挝人民民主共和国的 97% 税目产品，适用税率为零的特惠税率。
2021	自 2021 年 1 月 1 日起，继续对与我建交并完成换文手续的最不发达国家实施特惠税率，适用商品范围和税率维持不变。 自 2021 年 2 月 1 日起，对原产于所罗门群岛的 97% 税目产品，适用税率为零的特惠税率。 自 2021 年 5 月 1 日起，对原产于贝宁共和国的 97% 税目产品，适用税率为零的特惠税率。

上述进口关税政策和措施有利于更好地吸引全球资源要素满足国内需求，提升我国产业技术发展水平，促进形成宏大顺畅的国内经济循环；有利于发挥我国超大规模市场优势，为世界各国提供更加广阔的市场机会，打造我国国际合作和竞争新优势；有利于构建面向全球的高标准自由贸易区网络，更好联通国内市场和国际市场，更好促进中国经济与世界经济共同发展，推动合作共赢。

三、非关税进口政策

非关税措施包括数量限制措施和其他对贸易造成障碍的非关税措施。随着关税的大幅度下降，WTO 各成员方越来越多地借助非关税贸易壁垒作为贸易保护措施。因此，在 WTO 货物贸易多边协定中，有一些协议专门处理可能对贸易造成障碍的非关税措施问题，主要包括《技术性贸易壁垒协议》《进口许可程序协议》《原产地规则协议》《装运前检验协议》《与贸易有关的投资措施协议》等。

我国加入世界贸易组织以来，为适应经济全球化进程、维护多边贸易体制和推动对外贸易持续健康发展，按照世界贸易组织协定和对外谈判承诺，以非歧视、公平贸易和透明度为基本原则，完成了对涉外经贸法律、行政法规和规章的修订、制定，逐步形成了以《中华人民共和国对外贸易法》为一级法、《中华人民共和国货物进出口管理条例》为二级法、《出口商品配额管理办法》《货物进口许可证管理办法》《货物出口许可证管理办法》《机电产品进口管理办法》等配套的部门规章为三级法的进出口商品管理法律框架体系，以及与世界贸易组织协定及纪律相协调、程序规范、法治完备的货物进出口管理制度。

依据上述法律、行政法规的规定和我国加入世界贸易组织的承诺，现行货物进出口管理措施可分为禁止、限制和自由三大类。其中，禁止类货物管理措施主要是为了维护国家安全、公共利益和公共道德，保护人的健康或安全，保护动植物的生命或健康，保护环境，保障特定产业安全，以及履行我国缔结或参加的国际条约、协定，禁止部分货物进出口。

限制类货物管理措施是基于维护国家安全、公共利益或公共道德，保护人和动植物的生命或健康，保护环境，保障特定产业安全，保障国际金融地位和国际收支平衡，维护正常贸易秩序，以及履行缔结或参加的国际条约、协定等目的，对部分货物流向进行限制与调控。

（一）禁止进口

禁止进口商品是指根据有关部门依法制定、调整并公布的禁止进口货物目录，以及其他法律、行政法规规定禁止进口的商品，包括国家规定停止进口的商品等，对某些特定商品完全禁止进口。我国目前已公布了六批《禁止进口货物目录》和《禁止进口固体废物目录》。

（二）限制进口

1. 进口许可证管理

进口许可证管理指一国政府为了禁止、控制或统计某些进口商品的需要，规定只有从指定的政府机关申办并领取进口许可证，商品才允许进口。进口许可证制度是我国及世界各国普遍采用的对外贸易管制手段之一，要求进口商向有关行政管理机构呈交申请书或其他文件，作为货物进口的先决条件。我国从维护国家安全和公共利益、保护人的健康和安全、保护环境等角度出发，对一些资源性产品实施有效管理，对消耗臭氧层物质和重点旧机电产品实施进口许可证管理。

2. 国营贸易

根据 1994 年乌拉圭回合中达成的《关于解释关税与贸易总协定第 17 条的谅解》，国营贸易企业是指："被授予包括法定或宪法权利在内的专有权、特殊权利或特权的政府和非政府企业，包括销售局，在行使这些权利时，他们通过其购买或销售影响进出口的水平或方向。"国营贸易的实质是国家通过对进出口经营范围的管理，使国家能够对关系国计民生的重要进出口商品实行有效的宏观管理。根据中国加入 WTO 议定书，我国对粮食（包括大米、小麦和玉米）、食糖、烟草、原油、成品油、煤炭、化肥和棉花等大宗商品的进口实行国营贸易管理。

四、进口贸易便利化政策

（一）加入《贸易便利化协定》

2015 年 9 月 4 日，中国国务院正式接受世界贸易组织的《贸易便利化协定》。这是中国加入世界贸易组织后参与并达成的首个多边货物贸易协定。我国作为全球第一大货物贸易国，《贸易便利化协定》的生效和实施不仅有助于我国口岸综合治理体系现代化，还将普遍提高我国主要贸易伙伴的贸易便利化水平。自该协定实施以来，商务部会同相关部门在深入开展进出口环节"放管服"改革、制定出台法律法规和政策文件、推动建设国际贸易"单一窗口"、加强国际合作等方面取得了积极的成效。按照《贸易便利化协定》要求，中国将确定和公布货物平均放行时间、单一窗口、信息交换和信息提供等四项确认为 B 类措施，定于该协定生效后 3 年内（2020 年 2 月 22 日前）实施。其余条款均为 A 类措施，并已于该协定生效后实施，A 类措施比重达 94.5%。目前，4 项 B 类措施已分别于 2019 年 7 月、12 月和 2020 年 1 月完成实施。2019 年 10 月，世界银行发布了《世界营商环境报告 2020》，报告显示中国的总体排名比上年上升 15 位，列第 31 位，是世界银行世界营商环境报告发布以来中国的最好名次。

2021 年 2 月 21 日，由联合国亚洲及太平洋经济社会委员会倡导发起的《亚洲及太平洋跨境无纸贸易便利化框架协定》正式生效。这是联合国框架下跨境无纸贸易领域的第一个多边协定，为各成员开展跨境无纸贸易合作提供了共同的行动框架和纲领，是亚太地区落实《贸易便利化协定》的有效举措。该协定共有 25 个条款，主要涵盖国家贸易便利化政策框架和有利的国内法律环境、跨境无纸贸易便利化和发展单一窗口系统、电子形式贸易数据和文件的跨境互认、电子形式贸易数据和文件交换的国际标准等，旨在通过促进电子形式的贸易数据和文件的交换与互认，加强国家和次区域单一窗口和其他物质贸易系统之间的兼容性，促进跨境无纸贸易，从而提高国际贸易的效率和透明度，并营造良好的法律规制环境。中国于2017年8月签署该协定，并于2020年完成国内核准程序。加入该协定是中国以"共商、共建、共享"原则推动共建"一带一路"高质量发展的生动范例，将进一步提高我国贸易便利化水平，助力国内改革发展，对于我国以高水平对外开放打造国际合作和竞争新优势具有重要意义。

（二）着力提升进口贸易便利化水平

中国全面深化"放管服"改革，不断提高贸易便利化水平、改善营商环境，致力于降低制度性成本，促进贸易便利化。一是简政放权，减少进出口环节审批监管事项。精简进出口环节监管证件，优化监管证件办理程序。二是优化口岸通关流程和作业方式。深化全国通关一体化改革，推广应用"提前申报"模式。进一步深化"双随机、一公开"，所有能公开的事项一律公开。三是提升口岸管理信息化智能化水平。深化国际贸易"单一窗口"建设，推动口岸通关全流程无纸化、电子化，加快智慧口岸建设，提升通关效率。

贸易便利化措施已取得积极成效。2021年8月，进出口环节需要验核的监管证件已从2018年的86种精简至41种，减少了52.3%。"单一窗口"实现与25个部门系统对接和数据共享。全国进口通关时间大幅缩短。据统计，2021年6月，全国进口整体通关时间为36.68小时，较2017年压缩了62.34%[①]。

（三）进一步清理口岸收费

2018年，财政部牵头，商务部、海关总署、国家发展改革委、交通运输部、国家市场监管总局共同参与，统筹推进口岸降费工作，推动降低进出口环节的合规成本。商务部、交通运输部督促主要国际班轮运输公司、国际货代公司，切实落实降费措施。2019年，除保密安全等特殊情况外，全部实现进出口环节监管证件网上申报和办理，提前一年实现国务院提出的"全面网上申报，网上办理"的目标。沿海口岸实现企业在互联网上办理集装箱设备交接、提箱作业计划申报、费用结算等主要业务应用率100%。2020年全国免收港口建设费约150亿元，减收货物港务费和港口设施保安费9.6亿元。为应对疫情影响，海关总署出台了延期缴纳税款和减免滞报金、滞纳金等措施。2020年海关共执行各类政策减（退）税2687.7亿元，大宗矿产品"先放后检"改革措施实施以来，为企业节约堆存费等费用36亿元[②]。

2021年7月21日，国务院总理李克强主持召开国务院常务会议，确定了要进一步降低进出口环节费用，落实口岸收费清单公示制度，降低沿海港口引航费标准。

---

①② http://www.customs.gov.cn//customs/xwfb34/mtjj35/3795244/index.html.

第三章　中国各行业、产业、区域进口政策

本章将主要介绍11个领域的进口政策，分别是农业、能源资源行业、机电设备产品、高新技术产业、科教科普产品、医药行业、跨境电商行业、一般消费品、汽车产品、服务贸易、边境贸易。

一、农业

长期以来，我国对进口种子（苗）、种畜（禽）、鱼种（苗）和种用野生动植物种源免征进口环节增值税，支持引进和推广良种，加强物种资源保护，丰富我国动植物资源，发展优质、高产、高效农林业。2020年取消免税额度管理，进一步推动相关单位根据市场情况合理确定进口规模，促进农林业发展。表3-1梳理了我国农业进口相关政策。

表3-1　农业进口相关政策

序号	发布日期	政策文件	相关内容
1	2001-08-14	财政部 国家税务总局关于免征饲料进口环节增值税的通知（财税〔2001〕82号）	对《进口饲料免征增值税范围》所列进口饲料范围免征进口环节增值税。序号1~13的商品，自2001年1月1日起执行；序号14~15的商品，自2001年8月1日起执行。
2	2003-01-07	财政部关于对外国政府（地区）和香港、澳门特别行政区返还濒危野生动植物及其产品税收问题的通知（财税〔2003〕8号）	对外国政府（地区）和中国香港、中国澳门特别行政区政府返还的，并由国家濒危物种进出口办公室接收的在《濒危野生动植物种国际贸易公约》附录中列名的濒危野生动植物及其产品，自2002年1月1日起免征进口关税和进口环节增值税。对免税进口的濒危野生动植物及其产品，原则上交由中国科学院动物所和植物所妥善安置，确保野生动植物保护和公益性用途。
3	2006-12-12	财政部 国家税务总局关于矿物质微量元素舔砖免征进口环节增值税的通知（财关税〔2006〕73号）	自2007年1月1日起，对进口的矿物质微量元素舔砖（税号：ex38249090）免征进口环节增值税。

续表

序号	发布日期	政策文件	相关内容
4	2007-03-20	财政部 国家税务总局关于明确生皮和生毛皮进口环节增值税税率的通知（财关税〔2007〕34号）	自2007年4月1日起，对生皮、生毛皮等动物皮张类商品的进口环节增值税按13%的税率计征。
5	2016-11-24	关于"十三五"期间进口种子种源税收政策管理办法的通知（财关税〔2016〕64号）	在"十三五"期间，即2016年1月1日至2020年12月31日，继续对进口种子（苗）、种畜（禽）、鱼种（苗）和种用野生动植物种源免征进口环节增值税。
6	2017-11-14	关于干玉米酒糟进口环节增值税政策有关问题的通知（财关税〔2017〕32号）	自2017年12月20日起，对干玉米酒糟（税号：ex23033000）免征进口环节增值税。
7	2019-11-19	中共中央 国务院关于推进贸易高质量发展的指导意见	拓宽贸易领域，拓宽贸易领域，推动优质农产品进口。
8	2020-02-18	商务部关于应对新冠肺炎疫情做好稳外贸稳外资促消费工作的通知（商综发〔2020〕30号）	支持企业有序复工复产，鼓励外贸企业增加国内紧缺的医用物资和农产品进口。
9	2020-02-18	关于取消"十三五"进口种子种源税收政策免税额度管理的通知（财关税〔2020〕4号）	自印发之日起，取消"十三五"进口种子种源税收政策的免税额度管理。
10	2020-10-25	国务院办公厅关于推进对外贸易创新发展的实施意见（国办发〔2020〕40号）	优化进口结构。适时调整部分产品关税，增加国内紧缺和满足消费升级需求的农产品进口。
11	2021-04-12	关于"十四五"期间种用野生动植物种源和军警用工作犬进口税收政策的通知（财关税〔2021〕28号）	自2021年1月1日至2025年12月31日，对具备研究和培育繁殖条件的动植物科研院所、动物园、植物园、专业动植物保护单位、养殖场、种植园进口的用于科研、育种、繁殖的野生动植物种源，以及军队、公安、安全部门（含缉私警察）进口的军警用工作犬、工作犬精液及胚胎，免征进口环节增值税。
12	2021-04-21	关于"十四五"期间种子种源进口税收政策的通知（财关税〔2021〕29号）	自2021年1月1日至2025年12月31日，对符合《进口种子种源免征增值税商品清单》的进口种子种源免征进口环节增值税。

二、能源资源行业

近年来,我国为完善能源产供储销体系,加强国内能源的勘探开发,支持能源的进口利用,同时为更好保障钢铁等资源的供应,降低进口成本,推动相关行业转型升级和高质量发展,颁布了一系列与能源、资源进口相关的政策,如表3-2所示。

表3-2 能源资源行业进口相关政策

序号	发布日期	政策文件	相关内容
1	2016-03-25	国务院关于落实《政府工作报告》重点工作部门分工的意见（国发〔2016〕20号）	扩大紧缺能源原材料进口。
2	2016-10-21	关于调整享受税收优惠政策的天然气进口项目的通知（财关税〔2016〕50号）	新增加广西液化天然气项目享受优惠政策。该项目进口规模为300万吨/年,进口企业为中国石油化工股份有限公司天然气分公司广西天然气销售营业部,享受政策起始时间为2016年3月25日。
3	2016-12-29	关于"十三五"期间在我国陆上特定地区开采石油（天然气）进口物资税收政策的通知（财关税〔2016〕68号）	自2016年1月1日至2020年12月31日,对符合通知规定的在我国领土内的沙漠、戈壁荒漠进行石油（天然气）开采作业的自营项目,进口国内不能生产或性能不能满足要求,并直接用于开采作业的设备、仪器、零附件、专用工具,免征进口税。 对经国家批准的路上石油（天然气）中标区块内进行石油（天然气）开采作业的中外合作项目,符合该通知规定的物资,免征进口关税和进口环节增值税。
4	2018-08-30	国务院关于促进天然气协调稳定发展的若干意见（国发〔2018〕31号）	健全天然气多元化海外供应体系。加快推进进口国别（地区）、运输方式、进口通道、合同模式以及参与主体多元化。天然气进口贸易坚持长约、现货两手抓,在保障长期供应稳定的同时,充分发挥现货资源的市场调节作用。加强与重点天然气出口国多双边合作,加快推进国际合作重点项目。在坚持市场化原则的前提下,在应急保供等特殊时段加强对天然气进口的统筹协调,规范市场主体竞争行为。建立天然气供需预测预警机制,及时对可能出现的国内供需问题及进口风险作出预测预警,健全信息通报和反馈机制,确保供需信息有效对接。
5	2018-09-30	国务院关税税则委员会关于降低部分商品进口关税的公告（税委会公告2018年第9号）	自2018年11月1日起,降低部分资源性商品及初级加工品进口关税。包括非金属矿、无机化学品、木材及纸制品、宝玉石等,共390个税目,平均税率由6.6%降至5.4%。降低在国内有相当生产能力和水平的商品进口关税。包括建材、贱金属制品、钢材等,共677个税目,平均税率由11.5%降至8.4%。

续表

序号	发布日期	政策文件	相关内容
6	2018-09-30	国务院关税税则委员会发布关税调整方案	自2018年11月1日起,降低部分资源性商品及初级加工品进口关税,包括钢材、贱金属制品、非金属矿、无机化学品、宝玉石等,共390个税目,平均税率由6.6%降至5.4%。
7	2018-10-17	关于调整享受税收优惠政策天然气进口项目的通知(财关税〔2018〕35号)	新增加浙江舟山液化天然气项目享受优惠政策。该项目进口规模为300万吨/年,进口企业为新奥(舟山)天然气销售有限公司,享受政策起始时间为2018年8月7日。自2017年1月1日起,将山东液化天然气项目可享受政策的进口规模由300万吨/年调整为600万吨/年。
8	2018-10-17	关于调整天然气进口税收优惠政策有关问题的通知(财关税〔2018〕36号)	自2018年7月1日起,将液化天然气销售定价调整为28.06元/吉焦,将管道天然气销售定价调整为0.99元/立方米。2018年4—6月,液化天然气销售定价适用27.35元/吉焦,管道天然气销售定价适用0.97元/立方米。
9	2019-03-21	关于调整部分项目可享受返税政策进口天然气数量的通知(财关税〔2019〕12号)	自2019年1月1日起,将浙江液化天然气项目可享受政策的进口规模调整为700万吨/年,将唐山液化天然气项目、天津液化天然气项目、广西液化天然气项目、天津浮式液化天然气项目、上海液化天然气项目可享受政策的进口规模调整为600万吨/年。浙江液化天然气项目、唐山液化天然气项目、天津浮式液化天然气项目、上海液化天然气项目可享受政策的2018年度进口量分别为547.2万吨、546.6万吨、353.5万吨、398.5万吨。
10	2020-03-20	关于取消陆上特定地区石油(天然气)开采项目免税进口额度管理的通知(财关税〔2020〕6号)	取消陆上特定地区石油(天然气)开采项目免税进口额度管理。
11	2020-03-20	关于取消海洋石油(天然气)开采项目免税进口额度管理的通知(财关税〔2020〕5号)	取消海洋石油(天然气)开采项目免税进口额度管理。
12	2020-10-25	国务院办公厅关于推进对外贸易创新发展的实施意见(国办发〔2020〕40号)	适时调整部分产品关税,支持能源资源产品进口。

续表

序号	发布日期	政策文件	相关内容
13	2021-04-12	关于"十四五"期间能源资源勘探开发利用进口税收政策的通知（财关税〔2021〕17号）	自2021年1月1日至2025年12月31日，对符合通知规定的在我国进行石油（天然气）、煤气层勘探开发作业项目，进口国内不能生产或性能不能满足需求的并直接用于勘探开发作业或应急救援的设备、仪器、零附件、专用工具，免征进口关税和进口环节增值税；对经国家批准建设的天然气管道和进口液化天然气接收储运装置项目，以及经省级政府核准的进口液化天然气接收储运装置扩建项目进口的天然气，按一定比例返还进口环节增值税。
14	2021-04-27	关于调整部分钢铁产品关税的公告（税委会公告〔2021〕4号）	自2021年5月1日起，调整部分钢铁产品关税。其中，对生铁、粗钢、再生钢铁原料、铬铁等产品实行零进口暂定税率。
15	2021-05-12	关于对部分成品油征收进口环节消费税的公告（财关税公告2021年第19号）	自2021年6月12日起，对归入税则号列27075000，且200℃以下时蒸馏出的芳烃以体积计小于95%的进口产品，视同石脑油按1.52元/升的单位税额征收进口环节消费税。对归入税则号列27079990、27101299的进口产品，视同石脑油按1.52元/升的单位税额征收进口环节消费税。对归入税则号列27150000，且440℃以下时蒸馏出的矿物油以体积计大于5%的进口产品，视同燃料油按1.2元/升的单位税额征收进口环节消费税。

三、机电设备产品

近年来，为适应产业升级、降低企业成本，我国积极扩大先进技术设备和关键零部件进口，多次降低部分机电设备的进口关税，相关政策整理如表3-3所示。

表3-3 机电设备产品进口相关政策

序号	发布日期	政策文件	相关内容
1	2013-08-29	关于调整进口飞机有关增值税政策的通知（财关税〔2013〕53号）	自2013年8月30日起，对按此前规定所有减按4%征收进口环节增值税的空载重量在25吨以上的进口飞机，调整为按5%征收进口环节增值税。
2	2014-05-13	关于租赁企业进口飞机有关税收政策的通知（财关税〔2014〕16号）	2014年1月1日起，租赁企业一般贸易项下进口飞机并租给国内航空公司使用的，享受与国内航空公司进口飞机同等税收优惠政策，即进口空载重量在25吨以上的飞机减按5%征收进口环节增值税。自2014年1月1日以来，对已按17%税率征收进口环节增值税的上述飞机，超出5%税率的已征税款，尚未申报增值税进项税额抵扣的，可以退还。

续表

序号	发布日期	政策文件	相关内容
3	2016-03-25	国务院关于落实《政府工作报告》重点工作部门分工的意见（国发〔2016〕20号）	扩大先进技术设备、关键零部件进口。
4	2017-03-22	国务院关于落实《政府工作报告》重点工作部门分工的意见（国发〔2017〕22号）	增加先进技术、设备和关键零部件进口，促进贸易平衡发展和国内产业加快升级。
5	2018-11-14	财政部等六部门关于调整重大技术装备进口税收政策有关目录的通知（财关税〔2018〕42号）	自2019年1月1日起，开始执行《国家支持发展的重大技术装备和产品目录（2018年修订）》《重大技术装备和产品进口关键零部件、原材料商品目录（2018年修订）》《进口不予免税的重大技术装备和产品目录（2018年修订）》，符合规定条件的国内企业为生产所需装备或产品而确有必要进口商品，免征关税和进口环节增值税。
6	2018-09-30	国务院关税税则委员会关于降低部分商品进口关税的公告（税委会公告2018年第9号）	自2018年11月1日起，降低部分机电设备进口关税。包括纺织、轻工、工程、通用、金属加工及动力机械，农机、输变电设备、电工器材、仪器仪表及相关设备零部件等，共396个税目，平均税率由12.2%降至8.8%。
7	2018-12-26	公布禁止进口的旧机电产品目录调整有关事项（商务部 海关总署公告2018年第106号）	对禁止进口的旧机电产品目录进行了调整，进一步完善进口制度。
8	2019-11-26	财政部等五部门关于调整重大技术装备进口税收政策有关目录的通知（财关税〔2019〕38号）	自2020年1月1日起，执行《国家支持发展的重大技术装备和产品目录（2019年修订）》《重大技术装备和产品进口关键零部件、原材料商品目录（2019年修订）》《进口不予免税的重大技术装备和产品目录（2019年修订）》。符合规定条件的国内企业为生产所用的装备或产品而确有必要进口的商品，免征关税和进口环节增值税。《财政部 发展改革委 工业和信息化部 海关总署 税务总局 能源局关于调整重大技术装备进口税收政策有关目录的通知》（财关税〔2018〕42号）予以废止。
9	2019-12-18	国务院关税税则委员会关于2020年进口暂定税率等调整方案的通知（税委会〔2019〕50号）	降低高压涡轮间隙控制阀门、自动变速箱用液力变矩器和铝阀芯、铌铁、多元件集成电路存储器、培养基等机电产品进口暂定税率。

续表

序号	发布日期	政策文件	相关内容
10	2020-01-08	财政部等五部门关于印发《重大技术装备进口税收政策管理办法》的通知（财关税〔2020〕2号）	为继续支持我国重大技术装备制造业发展，财政部会同工业和信息化部、海关总署、税务总局、能源局制定了《重大技术装备进口税收政策管理办法》，明确重大技术装备进口的税收政策。
11	2020-07-02	中共中央 国务院关于新时代推进西部大开发形成新格局的指导意见	对西部地区鼓励类产业项目在投资总额内进口的自用设备，在政策规定范围内免征关税。
12	2020-10-25	国务院办公厅关于推进对外贸易创新发展的实施意见（国办发〔2020〕40号）	适时调整部分产品关税，发挥《鼓励进口技术和产品目录》引导作用，扩大先进技术、重要装备和关键零部件进口。

四、高新技术产业

为推进新常态下信息技术产业实体经济发展，促进产业结构优化升级，支持国内高新技术企业降低税费成本，更好地参与国际竞争，国家颁布了一系列有利于扩大高新技术产业进口的政策，汇总如表3-4所示。

表3-4 高新技术产业进口相关政策

序号	发布日期	政策文件	相关内容
1	2016-06-01	关于新型显示器件项目进口设备增值税分期纳税政策的通知（财关税〔2016〕30号）	对新型显示器件项目于2015年1月1日至2018年12月31日期间进口的关键新设备，准予在首台设备进口之后的6年内，分期缴纳进口环节增值税。
2	2016-09-09	国务院关税税则委员会关于调整部分进口信息技术产品最惠国税率的通知（税委会〔2016〕24号）	自2016年9月15日起，对《中华人民共和国加入世界贸易组织关税减让表修正案》附表所列201项信息技术产品的最惠国税率实施首次降税。具体包括新一代多元件集成电路、触摸屏、半导体及其生产设备、视听产品及仪器仪表、生产信息技术产品所需的专用零附件及原材料等。

续表

序号	发布日期	政策文件	相关内容
3	2016-12-05	关于扶持新型显示器件产业发展有关进口税收政策的通知（财关税〔2016〕62号）	自2016年1月1日至2020年12月31日，新型显示器件生产企业进口国内不能生产的自用生产性（含研发用）原材料和消耗品，免征进口关税，照章征收进口环节增值税；进口建设净化室所需国内尚无法提供的配套系统以及维修进口生产设备所需零部件免征进口关税和进口环节增值税；对符合国内产业自主化发展规划的属于新型显示器件产业上游的关键原材料、零部件的生产企业进口国内不能生产的自用生产性原材料、消耗品，免征进口关税。
4	2018-12-26	关于调整新型显示器件及上游原材料、零部件、生产企业进口物资清单的通知（财关税〔2018〕60号）	根据国内新型显示器件产业及相关产业，确定调整后的物资进口清单。
5	2019-12-16	关于有源矩阵有机发光二极管显示器件项目进口设备增值税分期纳税政策的通知（财关税〔2019〕47号）	对有源矩阵有机发光二极管（AMOLED）显示器件项目于2019年1月1日至2020年12月31日期间进口的关键新设备，准予在首台设备进口之后的6年期限内，分期缴纳进口环节增值税。
6	2020-01-08	财政部 工业和信息化部 海关总署 税务总局 能源局关于印发《重大技术装备进口税收政策管理办法》的通知（财关税〔2020〕2号）	对符合规定条件的企业及核电项目业主为生产国家支持发展的重大技术装备或产品而确有必要进口的部分关键零部件及原材料，免征关税和进口环节增值税。
7	2020-07-27	国务院关于印发新时期促进集成电路产业和软件产业高质量发展若干政策的通知（国发〔2020〕8号）	①在一定时期内，对符合规定的集成电路生产企业进口自用生产性原材料、消耗品，净化室专用建筑材料、配套系统和集成电路生产设备零配件，免征进口关税。 ②在一定时期内，对集成电路重大项目进口新设备，准予分期缴纳进口环节增值税。 ③在一定时期内，国家鼓励的重点集成电路设计企业和软件企业需临时进口的自用设备、软硬件环境、样机及部件、元器件，符合规定的可办理暂时进境货物海关手续。
8	2020-12-21	国务院关税税则委员会关于2021年关税调整方案的通知（税委会〔2020〕33号）	①自2020年1月1日起，将新增或降低半导体检测分选编带机、高压涡轮间隙控制阀门、自动变速箱用液力变矩器和铝阀芯、铌铁、多元件集成电路存储器、大轴胶片原料、光刻胶用分散液、培养基等商品进口暂定税率；降低燃料电池循环泵、铝碳化硅基板、砷烷等新基建或高新技术产业所需部分设备、零部件、原材料的进口关税。 ②自2020年7月1日起，我国还将对176项信息技术产品的最惠国税率实施第五步降税，同时与此相衔接，相应调整其中部分信息技术产品的进口暂定税率。

续表

序号	发布日期	政策文件	相关内容
9	2021-03-16	关于支持集成电路产业和软件产业发展进口税收政策的通知（财关税〔2021〕4号）	①对符合规定条件的进口集成电路相关的自用设备、零配件、原材料等免征进口关税，对符合条件的企业进口新设备涉及的进口环节增值税实施分期纳税。②承建集成电路重大项目的企业期间进口新设备，准予在首台设备进口之后的6年期限内分期缴纳进口环节增值税。
10	2021-03-31	关于2021—2030年支持新型显示产业发展进口税收政策的通知（财关税〔2021〕19号）	①对新型显示器件生产企业进口国内不能生产或性能不能满足需求的自用生产性原材料、消耗品和净化室配套系统、生产设备零配件，对新型显示产业的关键原材料、零配件生产企业进口国内不能生产或性能不能满足需求的自用生产性原材料、消耗品，免征进口关税。②承建新型显示器件重大项目的企业进口符合该通知规定的新设备，准予在首台设备进口之后的6年期限内分期缴纳进口环节增值税。
11	2021-03-31	关于2021—2030年支持民用航空维修用航空器材进口税收政策的通知（财关税〔2021〕15号）	自2021年1月1日至2030年12月31日，对民用飞机整机设计制造企业、国内航空公司、维修单位、航空器材分销商进口国内不能生产或性能不能满足需求的维修用航空器材，免征进口关税。

五、科教科普产品

国家积极鼓励科教、科普事业发展，近年来颁布了相关优惠关税政策以鼓励科研、教学以及科普用品的进口，相关政策整理如表3-5所示。

表3-5 科教科普产品进口相关政策

序号	发布日期	政策文件	相关内容
1	2016-02-04	关于鼓励科普事业发展进口税收政策的通知（财关税〔2016〕6号）	自2016年1月1日至2020年12月31日，对公众开放的科技馆、自然博物馆、天文馆（站、台）和气象台（站）、地震台（站）、高校和科研机构对外开放的科普基地，从境外购买自用科普影视作品播映权而进口的拷贝、工作带，免征进口关税和进口环节增值税；对上述科普单位以其他形式进口的自用影视作品，免征进口关税和进口环节增值税。
2	2016-12-27	关于"十三五"期间支持科技创新进口税收政策的通知（财关税〔2016〕70号）	自2016年1月1日至2020年12月31日，对科学研究机构、技术开发机构、学校等单位进口国内不能生产或者性能不能满足需要的科学研究、科技开发和教学用品，免征进口关税和进口环节增值税、消费税；对出版物进口单位为科研院所、学校进口用于科研、教学的图书、资料等，免征进口环节增值税。

续表

序号	发布日期	政策文件	相关内容
3	2021-04-09	"十四五"期间支持科普事业发展进口税收政策（财关税〔2021〕26号）	自2021年1月1日至2025年12月31日，对科技馆、自然博物馆等科普单位进口科普影视作品及国内不能生产或性能不能满足需求的科普仪器设备等科普用品，免征进口关税和进口环节增值税。
4	2021-04-15	关于"十四五"期间支持科技创新进口税收政策的通知（财关税〔2021〕23号）	自2021年1月1日至2025年12月31日，对科学研究机构、技术开发机构、学校、党校（行政学院）、图书馆进口国内不能生产或性能不能满足需求的科学研究、科技开发和教学用品，免征进口关税和进口环节增值税、消费税。对出版物进口单位为科研所、学校、党校（行政学院）、图书馆进口用于科研、教学的图书、资料等，免征进口环节增值税。

六、医药行业

为减轻广大患者特别是癌症患者的药费负担，增加患者用药选择，国家近年来多次降低进口药品关税。同时，为了落实世界贸易组织框架下扩大信息技术协议产品范围谈判成果，我国从2016年开始多次降低医疗器械进口关税。2020年，新冠肺炎疫情暴发，为应对紧急需求，我国对国外捐赠用于防控新型冠状病毒感染的肺炎疫情的进口物资免征进口关税和进口环节增值税、消费税。表3-6汇总了近年来医药行业的进口相关政策。

表3-6 医药行业进口相关政策

序号	发布日期	政策文件	相关内容
1	2016-09-09	国务院关税税则委员会关于调整部分进口信息技术产品最惠国税率的通知（税委会〔2016〕24号）	自2016年9月15日起，对201项产品的最惠国税率实施首次降税，其中包括30多种医疗器械产品。
2	2016-12-19	国务院关税税则委员会关于2017年关税调整方案的通知（税委会〔2016〕31号）	自2017年1月1日起，调整方案将调整部分商品的进出口关税，其中包括多项医疗器械产品。
3	2018-04-01	国务院关于落实《政府工作报告》重点工作部门分工的意见（国发〔2018〕9号）	对部分市场热销药品，较大幅度降低进口税率，抗癌药品力降到零税率。以更大力度的市场开放，促进产业升级和贸易平衡发展，为消费者提供更多选择。对境外已上市销售的药品，研究简化进口使用的审批手续，更好地保障群众用药可及。

续表

序号	发布日期	政策文件	相关内容
4	2018-04-23	国务院关税税则委员会关于降低药品进口关税的公告（税委会公告〔2018〕2号）	自2018年5月1日起，以暂定税率方式将包括抗癌药在内的所有普通药品、具有抗癌作用的生物碱类药品及有实际进口的中成药进口关税降为零，取消28项药品的进口关税。调整后，除安宫牛黄丸等我国特产药品、部分生物碱类药品等少数品种外，绝大多数进口药品，特别是有实际进口的抗癌药均将实现零关税。
5	2018-09-30	国务院关税税则委员会关于调整进境物品进口税有关问题的通知（税委会〔2018〕49号）	自2018年11月1日起，将药品列入进境物品进口税税目1，适用15%的税率。其中对按国家规定减按3%征收进口环节增值税的进口抗癌药品，按货物税率征税。将进境物品进口税税目2、3的税率分别调整为25%、50%。
6	2019-02-20	关于罕见病药品增值税政策的通知（财税〔2019〕24号）	自2019年3月1日起，对进口罕见病药品，减按3%征收进口环节增值税。
7	2019-03-29	国务院关于落实《政府工作报告》重点工作部门分工的意见（国发〔2019〕8号）	优化进口结构，积极扩大进口。办好第二届中国国际进口博览会。发挥好综合保税区作用。加快提升通关便利化水平。
8	2019-04-08	国务院关税税则委员会关于调整进境物品进口税有关问题的通知（税委会〔2019〕17号）	自2019年4月9日起，将税目1"药品"的注释修改为，对国家规定减按3%征收进口环节增值税的进口药品（目前包括抗癌药和罕见病药），按照货物税率征税，扩大按较低税率（货物税率）征税的药品范围。
9	2019-12-18	国务院关税税则委员会关于2020年进口暂定税率等调整方案的通知（税委会〔2019〕50号）	自2020年1月1日起，我国将对859项商品实施低于最惠国税率的进口暂定税率。其中，对用于治疗哮喘的生物碱类药品和生产新型糖尿病治疗药品的原料实施零关税。
10	2020-02-01	关于防控新型冠状病毒感染的肺炎疫情进口物资免税政策的公告（财政部 海关总署 税务总局公告2020年第6号）	自2020年1月1日至3月31日，实行更优惠的进口税收政策。适度扩大2016年4月施行的《慈善捐赠物资免征进口税收暂行办法》中规定的免税进口物资范围、免税主体范围等，对捐赠用于防控新型冠状病毒感染的肺炎疫情的进口物资免征进口关税和进口环节增值税、消费税。对卫生健康主管部门组织进口的直接用于防控疫情物资免征进口关税，已征收的免税进口物资的应免税款予以退还。
11	2020-02-18	商务部关于应对新冠肺炎疫情做好稳外贸稳外资促消费工作的通知（商综发〔2020〕30号）	支持企业有序复工复产，鼓励外贸企业增加国内紧缺的医用物资进口。

续表

序号	发布日期	政策文件	相关内容
12	2020-06-06	国务院关于落实《政府工作报告》重点工作部门分工的意见（国发〔2020〕6号）	降低进出口合规成本，加快跨境电商等新业态发展，提升国际货运能力。筹办好第三届进博会，积极扩大进口，发展更高水平面向世界的大市场。
13	2020-11-02	关于因新冠肺炎疫情不可抗力出口退运货物税收规定的公告（财政部 海关总署 税务总局公告2020年第41号）	对自2020年1月1日起至2020年12月31日申报出口，因新冠肺炎疫情不可抗力原因，自出口之日起1年内原状复运进境的货物，不征收进口关税和进口环节增值税、消费税，出口时已征收出口关税的，退还出口关税。
14	2020-12-21	国务院关税税则委员会关于2021年关税调整方案的通知（税委会〔2020〕33号）	2021年1月1日起，对第二批抗癌药和罕见病药品原料、特殊患儿所需食品等实行零关税，降低人工心脏瓣膜、助听器等医疗器材的进口关税。
15	2021-03-29	关于2021—2030年抗艾滋病病毒药物进口税收政策的通知（财关税〔2021〕13号）	自2021年1月1日至2030年12月31日，对卫生健康委托进口的抗艾滋病病毒药物，免征进口关税和进口环节增值税。

七、跨境电商行业

为进一步优化营商环境、促进贸易便利化，推动跨境电子商务健康快速发展，国家近年来出台了一系列有关跨境电子商务零售进口的相关政策规定，如表3-7所示。

表3-7 跨境电商行业进口相关政策

序号	发布日期	政策文件	相关内容
1	2015-06-16	国务院办公厅印发《关于促进跨境电子商务健康快速发展的指导意见》（国办发〔2015〕46号）	按照有利于拉动国内消费、公平竞争、促进发展和加强进口税收管理的原则，制订跨境电子商务零售进口税收政策。通过跨境电子商务，合理增加消费品进口。关于跨境电子商务零售进口税收政策，由财政部按照有利于拉动国内消费、公平竞争、促进发展和加强进口税收管理的原则，会同海关总署、税务总局另行制订。
2	2016-03-24	关于跨境电子商务零售进口税收政策的通知（财关税〔2016〕18号）	自2016年4月8日起，跨境电子商务零售进口商品的单次交易限值为人民币2000元，个人年度交易限值为人民币20000元。限值以内进口的跨境电子商务零售进口商品，关税税率暂设为0；进口环节增值税、消费税取消免征税额，暂按法定应纳税额的70%征收。超过单次限值、累加后超过个人年度限值的单次交易，以及完税价格超过2000元限值的单个不可分割商品，均按照一般贸易方式全额征税。

续表

序号	发布日期	政策文件	相关内容
3	2016-04-06	财政部等11个部门关于公布跨境电子商务零售进口商品清单的公告（财政部公告2016年第40号）	公布《跨境电子商务零售进口商品清单》。
4	2016-04-15	财政部等13个部门关于公布跨境电子商务零售进口商品清单（第二批）的公告（财政部公告2016年第47号）	公布《跨境电子商务零售进口商品清单（第二批）》，自2016年4月16日起实施。
5	2018-11-20	财政部等13个部门关于调整跨境电商零售进口商品清单的公告（财政部公告2018年第157号）	公布《跨境电子商务零售进口商品清单（2018年版）》，自2019年1月1日起实施。
6	2018-11-28	关于完善跨境电子商务零售进口监管有关工作的通知（商财发〔2018〕486号）	2018年我国开始实施跨境电商零售进口试点，明确对跨境电商零售进口商品按个人自用进境物品监管，不执行首次进口许可批件、注册或备案要求，并在实践中扩大试点范围。
7	2018-11-29	关于完善跨境电子商务零售进口税收政策的通知（财关税〔2018〕49号）	自2019年1月1日起，调整跨境电商零售进口税收政策，提高享受税收优惠政策的商品限额上限，扩大清单范围。一是将年度交易限值由每人每年20000元提高至26000元。二是将单次交易限值提高至5000元，同时明确完税价格超过单次交易限值但低于年度交易限值，且订单下仅一件商品时，可以自跨境电商零售渠道进口，按照货物税率全额征收关税和进口环节增值税、消费税，交易额计入年度交易总额。三是明确已经购买的跨境电商零售进口商品不得进入国内市场再次销售。
8	2018-12-10	关于跨境电子商务零售进出口商品有关监管事宜的公告（海关总署公告2018年第194号）	自2019年1月1日起，对跨境电子商务企业、消费者（订购人）通过跨境电子商务交易平台实现零售进出口商品交易，并根据海关要求传输相关交易电子数据的，制定了企业管理，通关管理，税收征管，场所管理，检疫、查验和物流管理以及退货管理等规定。
9	2019-12-24	财政部等13个部门关于调整扩大跨境电子商务零售进口商品清单的公告（财政部公告2019年第96号）	公布《跨境电子商务零售进口商品清单（2019年版）》，自2020年1月1日起实施。

续表

序号	发布日期	政策文件	相关内容
10	2020-03-28	关于跨境电子商务零售进口商品退货有关监管事宜的公告（海关总署公告2020年第45号）	自2020年3月28日公布之日起，在跨境电子商务零售进口模式下，跨境电子商务企业境内代理人或其委托的报关企业可向海关申请开展全部或部分商品退货业务，并承担相关法律责任。
11	2020-04-27	国务院关于同意在雄安新区等46个城市和地区设立跨境电子商务综合试验区的批复（国函〔2020〕47号）	同意在雄安新区、大同市、满洲里市、营口市、盘锦市、吉林市、黑河市、常州市、连云港市、淮安市、盐城市、宿迁市、湖州市、嘉兴市、衢州市、台州市、丽水市、安庆市、漳州市、莆田市、龙岩市、九江市、东营市、潍坊市、临沂市、南阳市、宜昌市、湘潭市、郴州市、梅州市、惠州市、中山市、江门市、湛江市、茂名市、肇庆市、崇左市、三亚市、德阳市、绵阳市、遵义市、德宏傣族景颇族自治州、延安市、天水市、西宁市、乌鲁木齐市等46个城市和地区设立跨境电子商务综合试验区，名称分别为中国（城市或地区名）跨境电子商务综合试验区。研究将具备条件的综合试验区所在城市纳入跨境电子商务零售进口试点范围，支持企业共建共享海外仓。
12	2021-03-18	关于扩大跨境电商零售进口试点、严格落实监管要求的通知（商财发〔2021〕39号）	将跨境电商零售进口试点扩大至所有自贸试验区、跨境电商综试区、综合保税区、进口贸易促进创新示范区、保税物流中心（B型）所在城市（区域），今后相关城市（区域）经所在地海关确认符合监管要求后，即可按照相关要求，开展网购保税进口。跨境电商零售进口实行正面清单管理，财政部会同有关部门已两次调整清单，目前清单内商品税目已超过1400个。
13	2021-09-10	海关总署关于全面推广跨境电子商务零售进口退货中心仓模式的公告（海关总署公告2021年第70号）	全面推广"跨境电子商务零售进口退货中心仓模式"，便捷跨境电子商务零售进口商品退货。

八、一般消费品

根据国务院要求，自2015年以来，为满足居民消费升级需要，合理增加与人民生活密切相关的一般消费品进口，推动供给侧结构性改革，主动扩大开放，我国近年来多次降低部分进口日用消费品的关税，相关政策整理如表3-8所示。

表 3-8　一般消费品进口相关政策

序号	发布日期	政策文件	相关内容
1	2015-05-21	国务院关税税则委员会关于调整部分日用消费品进口关税的通知（税委会〔2015〕6号）	对部分日用消费品开展降低进口关税试点，自2015年6月1日起，以暂定税率方式降低护肤品、西装、短统靴、纸尿裤等产品的进口关税。
2	2016-03-25	国务院关于落实《政府工作报告》重点工作部门分工的意见（国发〔2016〕20号）	降低部分消费品进口关税，增设免税店。实施更加积极的进口政策。
3	2016-09-30	关于调整化妆品进口环节消费税的通知（财关税〔2016〕48号）	自2016年10月1日起，将进口化妆品征收范围调整为高档美容修饰类化妆品、高档护肤类化妆品。高档美容修饰类和高档护肤类化妆品界定标准为进口完税价格在10元/毫升（克）或15元/片（张）及以上。将进口环节消费税税率由30%下调为15%。
4	2017-11-22	国务院关税税则委员会关于调整部分消费品进口关税的通知（税委会〔2017〕25号）	自2017年12月1日起，以暂定税率方式降低部分消费品进口关税。
5	2018-04-01	国务院关于落实《政府工作报告》重点工作部门分工的意见（国发〔2018〕9号）	对部分市场热销日用消费品较大幅度降低进口税率，为消费者提供更多选择。
6	2018-05-31	国务院关税税则委员会关于降低日用消费品进口关税的公告（税委会公告〔2018〕4号）	自2018年7月1日起，降低部分进口日用消费品的最惠国税率，涉及1449个税目。取消210项进口商品最惠国暂定税率。
7	2018-09-30	国务院关税税则委员会关于降低部分商品进口关税的公告（税委会公告〔2018〕9号）	自2018年11月1日起，降低部分商品的最惠国税率，涉及1585个税目，其中包括纺织品。

续表

序号	发布日期	政策文件	相关内容
8	2019-04-08	国务院关税税则委员会关于调整进境物品进口税有关问题的通知（税委会〔2019〕17号）	自2019年4月1日起，重点下调了日用消费品的行邮税率，对食品、饮料、家具、玩具、游戏品等归入税目1的物品税率由15%降至13%，降幅13%，对运动用品（不含高尔夫球及球具）纺织制成品、电视和相机及其他电器用具、自行车等归入税目2的物品税率由25%降至20%，降幅20%。
9	2019-12-18	国务院关税税则委员会关于2020年进口暂定税率等调整方案的通知（税委会〔2019〕50号）	自2020年1月1日起，对859项商品实施低于最惠国税率的进口暂定税率，其中包括冻猪肉、冷冻鳄梨、腰果、碧根果、果汁以及纸扇等居民一般消费品。
10	2020-08-05	财政部 海关总署 税务总局关于不再执行20种商品停止减免税规定的公告（财政部公告2020年第36号）	自2020年8月5日起，不再执行《国务院批转关税税则委员会、财政部、国家税务总局关于第二步清理关税和进口环节税减免规定意见的通知》（国发〔1994〕64号）中关于20种商品"无论任何贸易方式、任何地区、企业、单位和个人进口，一律停止减免税"的规定。20种商品包括电视机、摄像机、录像机、放像机、音响设备、空调器、电冰箱和电冰柜、洗衣机、照相机、复印机、程控电话交换机、微型计算机及外设、电话机、无线寻呼系统、传真机、电子计算器、打字机及文字处理机、家具、灯具、餐料（指调味品、肉禽蛋菜、水产品、水果、饮料、酒、乳制品）。
11	2020-10-25	国务院办公厅关于推进对外贸易创新发展的实施意见（国办发〔2020〕40号）	优化进口结构：适时调整部分产品关税，鼓励优质消费品进口，增加国内紧缺和满足消费升级需求的农产品进口；扩大知识技术密集型服务进口和旅游进口。

九、汽车产品

为促进产业升级和贸易平衡，为消费者提供更多选择，国家近年对汽车进口关税进行调整。此外，国家积极推进汽车平行进口试点工作，要求试点地区在积极探索的同时加强监管。相关政策整理如表3-9所示。

表3-9 汽车产品进口相关政策

序号	发布日期	政策文件	相关内容
1	2008-08-11	财政部 国家税务总局关于调整部分乘用车进口环节消费税的通知（财关税〔2008〕73号）	2008年9月1日起，对部分乘用车进口环节消费税进行调整，将气缸容量1.0升以下（含1.0升）的乘用车进口环节消费税税率由3%下调至1%；将气缸容量3.0升以上（不含3.0升）4.0升以下（含4.0升）的乘用车进口环节消费税税率由15%上调至25%；将气缸容量4.0升以上的乘用车进口环节消费税税率由20%上调至40%。

续表

序号	发布日期	政策文件	相关内容
2	2016-02-22	商务部等8部门关于促进汽车平行进口试点的若干意见（商建发〔2016〕50号）	简化汽车自动进口许可证申领管理制度；深化平行进口汽车强制性产品认证改革；进一步提高汽车平行进口贸易便利化水平；提高通关效率，降低通关成本；积极推动平行进口汽车环保和维修信息公开；加强平行进口汽车注册登记管理服务；重点加强质量追溯和售后服务体系建设；切实加强监管。
3	2016-03-16	商务部办公厅关于加强汽车平行进口试点工作的通知（商办建函〔2016〕114号）	规范天津市、上海市、福建省、广东省以及深圳市商务主管部门试点平行进口汽车的工作，严格慎选试点企业，并加强试点企业监管。
4	2016-11-30	关于调整小汽车进口环节消费税的通知（财关税〔2016〕63号）	自2016年12月1日起，对我国驻外使领馆工作人员、外国驻华机构及人员、非居民常住人员、政府间协议规定等应税进口自用，且完税价格130万元及以上的超豪华小汽车消费税，按照生产（进口）环节税率和零售环节税率（10%）加总计算。
5	2018-01-30	商务部等八部门关于内蒙古等地区开展汽车平行进口试点有关问题的复函（商建函〔2018〕48号）	①支持在内蒙古自治区满洲里口岸、江苏省张家港保税港区、河南省郑州铁路口岸、湖南省岳阳城陵矶港、广西壮族自治区钦州保税港区、海南省海口港、重庆铁路口岸、青岛前湾保税港区开展汽车平行进口试点。 ②各试点地区要加强平行进口汽车入境检验和销售管理，严格试点企业监管，建立试点企业退出机制。试点企业严格按规定申领自动进口许可证，不得买卖、非法转让。
6	2018-04-01	国务院关于落实《政府工作报告》重点工作部门分工的意见（国发〔2018〕9号）	下调汽车进口关税，促进产业升级和贸易平衡发展，为消费者提供更多选择。
7	2018-05-22	国务院关税税则委员会关于降低汽车整车及零部件进口关税的公告（税委会公告〔2018〕3号）	自2018年7月1日起，降低汽车整车及零部件进口关税。将汽车整车税率为25%的135个税号和税率为20%的4个税号的税率降至15%，将汽车零部件税率分别为8%、10%、15%、20%、25%的共79个税号的税率降至6%。
8	2019-08-19	关于进一步促进汽车平行进口发展的意见（商建函〔2019〕462号）	允许探索设立平行进口汽车标准符合性整改场所；进一步提高汽车平行进口贸易便利化水平；加强平行进口汽车产品质量把控，规范平行进口汽车登记管理，推进汽车平行进口工作常态化制度化。

十、服务贸易

2020年受新冠肺炎疫情等多种因素影响，我国服务进口总额为26286亿元，比2019年下降了24%，但是，占世界服务进口总额的份额仍达到8.0%，位居世界第二。2020年我国的服务贸易逆差为6929.3亿元，比2019年下降了53.9%。其中，知识密集型服务进口9629.8亿元，同比增长8.7%，占服务进口总额比重达到36.6%，提升11个百分点；进口增长较快的领域是金融服务、电信计算机和信息服务，分别增长28.5%、22.5%，下降幅度较大的是旅行服务进口，比2019年下降47.7%[①]。

在2020年11月第三届中国国际进口博览会上，商务部发布《中国服务进口报告2020》[②]（以下简称《报告》）。《报告》显示，自2001年底加入世界贸易组织以来，中国累计服务进口达4.7万亿美元，年均增长15.2%，远高于同期全球7.7%的平均水平，对全球服务进口增长的贡献率达10.8%，已成为全球服务进口增长的第一大推动力量。据世界银行及联合国相关组织测算，2019年，中国服务进口为相关贸易伙伴提供了超过1800万个就业机会。其中，为非洲国家创造就业岗位近40万个，为"一带一路"沿线国家创造就业岗位近300万个[③]。

近年来，我国主动扩大服务贸易领域对外开放，推进服务贸易创新发展试点开放平台建设，推动取消或放宽跨境服务贸易限制措施，不断扩大优质服务进口。为减少服务进口限制，进一步改善技术贸易营商环境，为技术要素跨境自由流动创造良好环境，2020年，我国在第三届进博会上宣布，将压缩《中国禁止进口限制进口技术目录》[④]，除了保留涉及国家安全、环境安全等必要的技术条目外，突出市场调节作用，对禁止进口和限制进口的技术条目进行压缩。表3-10整理了与服务贸易进口相关的主要政策。

---

① 王俊岭. 2020年中国服务进出口总额达45642.7亿元［EB/OL］. 中国政府网，［2021-02-09］. http://www.gov.cn/xinwen/2021-02/09/content_5586245.htm.
② 中华人民共和国商务部. 中国服务进口报告2020［R/OL］. 商务部，［2020-11］. http://images.mofcom.gov.cn/aqygzj/202012/20201208091427471.pdf.
③ 吴宇，刘欣. 商务部：未来五年中国服务进口有望达2.5万亿美元［EB/OL］. 中国政府网，［2020-11-06］. http://www.gov.cn/xinwen/2020-11/06/content_5558435.htm.
④ 2001年首次公布实施，2007年进行了修订。

表 3-10 服务贸易进口相关政策

序号	发布日期	政策文件	涉及进口的主要内容
1	2015-01-28	国务院关于加快发展服务贸易的若干意见（国发〔2015〕8号）	①扩大服务贸易进口规模，满足国内需求。 ②加大资本技术密集型服务进口力度。 ③培育服务贸易市场主体，力争规模以上服务业企业有进出口实绩。 ④积极与主要服务贸易合作伙伴和"一带一路"沿线国家签订服务贸易合作协议，在双边框架下开展务实合作。
2	2016-02-22	国务院关于同意开展服务贸易创新发展试点的批复（国函〔2016〕40号）	服务贸易创新试点地区为天津、上海、海南、深圳、杭州、武汉、广州、成都、苏州、威海等10个城市和哈尔滨新区、江北新区、两江新区、贵安新区、西咸新区等5个国家级新区。试点期为2年。对试点地区进口国内急需的研发设计、节能环保和环境服务等给予贴息支持。
3	2018-06-01	国务院关于同意深化服务贸易创新发展试点的批复（国函〔2018〕79号）	在北京、天津、上海、海南、深圳、哈尔滨、南京、杭州、武汉、广州、成都、苏州、威海和河北雄安新区、重庆两江新区、贵州贵安新区、陕西西咸新区等省市（区域）深化服务贸易创新发展试点。深化试点期限为2年，自2018年7月1日起至2020年6月30日止。 ①修订完善《服务出口重点领域指导目录》等服务贸易领域相关目录，充分利用现有资金渠道，积极开拓海外服务市场，鼓励新兴服务出口和重点服务进口。 ②提高与服务贸易相关货物暂时进口便利度，拓展ATA单证册适用范围。 ③鼓励新兴服务出口和重点服务进口。及时调整《鼓励进口服务目录》，对试点地区进口国内急需的研发设计、节能环保、环境服务和咨询等技术密集型、知识密集型服务给予贴息支持。
4	2019-11-19	中共中央 国务院关于推进贸易高质量发展的指导意见	①促进研发设计、节能环保、环境服务等生产性服务进口。 ②拓宽贸易领域，推动优质服务进口，促进贸易平衡发展。发展特色服务贸易。
5	2020-08-02	国务院关于同意全面深化服务贸易创新发展试点的批复（国函〔2020〕111号）	同意在北京、天津、上海、重庆（涪陵区等21个市辖区）、海南、大连、厦门、青岛、深圳、石家庄、长春、哈尔滨、南京、苏州、杭州、合肥、济南、威海、武汉、广州、成都、贵阳、昆明、西安、乌鲁木齐和河北雄安新区、贵州贵安新区、陕西西咸新区等28个省、市（区域）全面深化服务贸易创新发展试点。全面深化试点期限为3年，自批复之日起算。 ①全面探索提升服务贸易便利化水平，构建有利于服务贸易自由化便利化的营商环境。实行进口研发（测试）用未注册医疗器械分级管理。 ②对信用记录良好、追溯体系完善、申报批次较多的进口产品CCC免办企业，探索实施自我承诺便捷通道，提升服务贸易便利化水平。

十一、边境贸易

边境贸易是推动我国边境地区经济社会发展的重要力量和对外开放、兴边富民的重要抓手。党中央、国务院高度重视边境地区发展和边境贸易工作，就推动边境贸易创新发展和优化边境贸易营商环境等提出明确要求，强调要从推进沿边开发开放和"一带一路"国际合作的战略高度，着眼于实现稳边安边兴边，针对发展活力不足、政策法规滞后等边境贸易发展瓶颈和短板问题精准施策，发展符合地方实际需要的边境贸易。参照国际通行规则，目前我国边境贸易由"边民互市贸易"和"边境小额贸易"两种形式组成。边境地区居民通过边民互市贸易进口的生活用品（列入边民互市进口商品不予免税清单的除外），每人每日在价值人民币8000元以下的，免征进口关税和进口环节税。超过人民币8000元的，对超出部分按照有关规定征收进口关税和进口环节税。边民互市贸易进口税收优惠政策的适用范围仅限生活用品（不包括天然橡胶、木材、农药、化肥、农作物种子等），在生活用品的范畴内，不予免税的商品严格按《关于边民互市进出口商品不予免税清单的通知》（财关税〔2010〕18号）规定执行，主要包括烟、酒、化妆品、粮食、机电产品等商品。对于国家禁止进出境的物品，海关均不予放行；对国家限制进出口和实行许可证管理的商品，按国家有关规定办理。

为加快推进边境贸易创新发展，加强和改进边民互市贸易管理，鼓励发展边民互市贸易，深入推进兴边富民行动计划，近年来我国发布多项支持边境贸易的相关政策，其中涉及进口的相关政策内容整理如表3-11所示。

表3-11 边境贸易进口相关政策

序号	发布日期	政策文件	涉及进口的主要内容
1	2008-10-30	财政部、海关总署、国家税务总局关于促进边境贸易发展有关财税政策的通知（财关税〔2008〕90号）	自2008年11月1日起，提高边境地区边民互市进口免税额度。边民通过互市贸易进口的生活用品，每人每日价值在人民币8000元以下的，免征进口关税和进口环节税。为加强管理，由财政部会同有关部门研究制定边民互市进出口商品不予免税的清单，有关部门应对政策执行情况进行及时跟踪、分析。以边境小额贸易方式进口的商品，进口关税和进口环节税照章征收。
2	2010-04-16	关于边民互市进出口商品不予免税清单的通知（财关税〔2010〕18号）	自2010年5月1日起，边民通过互市贸易进口的商品应以满足边民日常生活需要为目的，边民互市贸易进口税收优惠政策的适用范围仅限生活用品（不包括天然橡胶、木材、农药、化肥、农作物种子等）。在生活用品的范畴内，除国家禁止进口的商品不得通过边民互市免税进口外，对其他列入边民互市进口不予免税清单的商品做了详细规定。

续表

序号	发布日期	政策文件	涉及进口的主要内容
3	2015-12-24	国务院关于支持沿边重点地区开发开放若干政策措施的意见（国发〔2015〕72号）	①支持沿边重点地区开展加工贸易，对开展加工贸易涉及配额及进口许可证管理的资源类商品，在配额分配和有关许可证办理方面给予适当倾斜。支持具有比较优势的粮食、棉花、果蔬、橡胶等加工贸易发展，对以边贸方式进口、符合国家《鼓励进口技术和产品目录》的资源类商品给予进口贴息支持。②加强边民互市点建设，修订完善《边民互市贸易管理办法》《边民互市进口商品不予免税清单》，严格落实国家规定范围内的免征进口关税和进口环节增值税政策。③支持在沿边重点地区优先布局进口能源资源加工转化利用项目和进口资源落地加工项目。④国家在沿边重点地区鼓励发展的内外资投资项目，进口国内不能生产的自用设备及配套件、备件，继续在规定范围内免征关税。
4	2017-05-28	国务院办公厅关于印发兴边富民行动"十三五"规划的通知（国办发〔2017〕50号）	加强边民互市点建设，修订《边民互市贸易管理办法》和《边民互市进口商品不予免税清单》，严格落实国家规定范围内的免征进口关税和进口环节增值税政策。
5	2020-05-15	边民互市贸易进口商品负面清单（商贸函〔2020〕158号）	明确了除清单所列商品外，边民均可通过互市贸易方式进口，扩大了进口商品范围。
6	2020-05	边民互市贸易进口商品落地加工试点方案（商办贸函〔2020〕180号）	确定13个边境县市作为首批落地加工试点，支持边境地区打造特色优势产业，带动试点县市边民增收。
7	2020-10-25	国务院办公厅关于推进对外贸易创新发展的实施意见（国办发〔2020〕40号）	制订边民互市进口商品负面清单，开展边民互市进口商品落地加工试点。

第四章 中国进口平台

我国高度重视进口渠道的拓展和培育，进口贸易渠道逐渐向多元化和平台化转变。在公共服务平台方面，建立进口促进专门网站等公共服务平台，为进口贸易提供信息发布、政策介绍、贸易障碍投诉、知识产权保护等服务；在平台建设方面，拓展中国进出口商品交易会、中国国际服务贸易交易会等综合性展会功能，培育进口贸易促进创新示范区，搭建进口贸易平台等；培育跨境电商进口等贸易新业态，分批次创设跨境电子商务综合试验区，完善跨境电子商务零售进口管理模式和进口税收政策等。

本章主要介绍 7 个进口平台，分别是中国国际进口博览会、中国进出口商品交易会、中国国际服务贸易交易会、中国国际消费品博览会、海南自由贸易港、进口贸易促进创新示范区、自由贸易试验区。

一、中国国际进口博览会

中国国际进口博览会由商务部和上海市人民政府主办，中国国际进口博览局、国家会展中心（上海）承办，是世界上第一个以进口为主题的国家级展会。进博会由习近平主席亲自谋划、亲自提出、亲自部署、亲自推动，自 2018 年开始举办，展览面积逐年扩大，意向成交金额逐年提升，参展国家逐年增加，国际影响力也逐年扩大，已成为国际采购、投资促进、人文交流、开放合作的四大平台以及全球共享的国际公共产品。

2020 年 11 月 4 日至 10 日，第三届中国国际进口博览会在上海成功举办，成为疫情防控常态化条件下中国举办的一场规模最大、参展国别最多、线上线下相结合的展会，共吸引 124 个国家（地区）的企业参展，注册专业观众人数近 40 万，展览总面积近 36 万平方米，共展示新产品、新技术、新服务 411 项，其中全球首发 73 项。世界500 强及行业龙头企业参展回头率超过 70%。按一年计，第三届进博会累计意向成交726.2 亿美元，比第二届增长 2.1%。第三届进博会的信息总量倍增，2020 年 1—11 月的监测期内总传播量逾 370 万，展会期间传播量超 200 万，与前两届进博会相比，实现历史性重大突破。线下展览传播方面，第三届进博会企业商业展设有食品及农产品、汽车、技术装备、消费品、医疗器械及医药保健、服务贸易等六大展区，新设公共卫生防疫专区、智慧出行专区、节能环保专区和体育用品及赛事专区等四大专区。其中消费品展区、食品及农产品展区和技术装备展区是前三大最受欢迎的展区，公共卫生防疫专区是热度最高的专区①。此外，进博会还设有365天常年交易服务平台。采购商共组建39个交易团，近600个分团，注册单位11.2万家，注册人数近40万人。

表4-1和表4-2分别梳理了三届进博会参展情况和进口展品税收优惠政策。

表4-1　2018—2020年三届进博会概况

年份	届次	参展情况		"一带一路"沿线国家参展情况		成交金额/亿美元
		国家或地区数/个	企业数/家	国家或地区数/个	企业数/家	
2018	一	151	3617	58	1153	578.3
2019	二	181	3800+	56	1155	711.3
2020	三	124	3600+	47	543	726.2

数据来源：根据历届进口博览会展后报告整理。

表4-2　2018—2020年三届进博会进口展品税收优惠政策

序号	发布日期	政策文件	相关内容
1	2018-11-02	关于首届中国国际进口博览会展期内销售的进口展品税收优惠政策的通知（财关税〔2018〕43号）	对首届进口博览会展期内销售的合理数量的进口展品（不包括国家禁止进口商品、濒危动植物及其产品、国家规定不予减免税的20种商品和汽车）免征进口关税，进口环节增值税、消费税按应纳税额的70%征收。
2	2019-11-14	关于第二届中国国际进口博览会展期内销售的进口展品税收优惠政策的通知（财关税〔2019〕36号）	对第二届进口博览会展期内销售的合理数量的进口展品（不包括国家禁止进口商品、濒危动植物及其产品、国家规定不予减免税的20种商品和汽车）免征进口关税，进口环节增值税、消费税按应纳税额的70%征收。

---

① 中国国际进口博览局.2020（第三届）中国国际进口博览会企业商业展展后报告［R/OL］.中国国际进口博览会，［2020-11-10］.https://www.ciie.org/resource/static/zbh/default/assets-2019/download/Report_on_the_Business_Exhibition_ZH.pdf.

续表

序号	发布日期	政策文件	相关内容
3	2020-10-12	关于中国国际进口博览会展期内销售的进口展品税收优惠政策的通知（财关税〔2020〕38号）	对第三届进博会展期内销售的合理数量的进口展品免征进口关税、进口环节增值税和消费税（不包括国家禁止进口商品，濒危动植物及产品，烟、酒、汽车以及列入《进口不予免税的重大技术装备和产品目录》的商品）。

进博会在2021年8月商务部印发的《"十四五"商务发展规划》中被明确列为"创新发展对外贸易"的重点举措之一，将在进一步扩大开放、发挥重要展会平台作用、增加优质产品进口、促进形成强大国内市场、深化与各经济体贸易合作等多个方面，助力"十四五"时期中国商务高质量发展。

举办中国国际进口博览会是中国着眼于推动新一轮高水平对外开放作出的重大决策，是我国扩大进口、促进贸易平衡发展的具体行动，是中国政府坚定支持贸易自由化和经济全球化、主动向世界开放市场的重大举措。中国正在践行习近平主席在首届进博会上作出的庄严承诺，真诚向各国开放市场，中国国际进口博览会不仅要年年办下去，而且要办出水平、办出成效、越办越好。

二、中国进出口商品交易会

中国进出口商品交易会创办于1957年4月25日，每年春秋两季在广州举办，因此又称"广交会"，根据举办时间又分别称为"春交会"和"秋交会"。广交会由商务部和广东省人民政府联合主办，中国对外贸易中心承办，是中国目前历史最长、层次最高、规模最大、商品种类最全、到会采购商最多且分布国别地区最广、成交效果最好、信誉最佳的综合性国际贸易盛会，被誉为"中国第一展"，已成为中国重要的贸易促进平台，是国际国内双循环的重要节点，在构建新发展格局中具有独特地位。

为更好地促进贸易平衡，2007年春季第101届广交会开始，广交会由"中国出口商品交易会"更名为"中国进出口商品交易会"，增设进口展，由单向出口平台转变为进出口融合的双向贸易平台，为促进中国进口贸易的发展和全球贸易增长作出了积极贡献。2014年，第116届广交会试点进出口融合，甄选部分境外电子家电、家纺类企业与中国同题材参展企业同馆展出，形成境内外联动发展的局面。此后进口展进一步发展为六个展区，分别涉及电子及家电、建材及五金、机械设备、食品及饮料、家居用品以及面料及家纺。

广交会进口展设立十余年来,吸引了超过 100 个国家和地区的逾万家企业参展,其中韩国、马来西亚、埃及、土耳其、泰国、印度等国家展团和中国澳门、中国台湾展团长期参展①,与全球 140 多个国际贸易机构建立了长效稳定的沟通机制,国际影响力与日俱增。并且,自 2013 年"一带一路"倡议提出以来,广交会积极发挥展会平台作用,大力推动中国与"一带一路"沿线国家的经贸合作,来自"一带一路"沿线国家和地区的企业累计参展逾 8000 家次,已成为进口展最大的参展主体。表 4-3 统计了 2016—2019 年广交会进口展整体及"一带一路"沿线国家的情况。

表 4-3 2016—2019 年广交会进口展情况

时间	届次	整体			"一带一路"沿线国家		
		国家数/个	企业数/家	展位数/个	国家数/个	企业数/家	展位数/个
2016 年春	119	48	610	990	33	374	654
2016 年秋	120	40	615	998	—	361	—
2017 年春	121	42	620	998	24	364	616
2017 年秋	122	33	620	983	17	341	583
2018 年春	123	34	617	—	21	382	626
2018 年秋	124	34	636	998	17	381	615
2019 年春	125	38	650	1000	21	383	630
2019 年秋	126	38	642	—	21	367	—

数据来源:根据商务部网站、人民网、新华网、央广网综合整理。
注:"—"表示暂未收集到公开信息。

根据表 4-3 的数据,2016—2019 年历届进口展的参展国家数量在 33~48 个,参展企业数均在 600 家以上,展位数接近 1000 个,其中,来自"一带一路"沿线国家的参展企业数占总参展企业数的六成左右,展位数也占总展位数的六成左右。

2020 年,受新冠肺炎疫情的影响,广交会开始在网上举办。第 127 届和第 128 届广交会分别于 2020 年春季和秋季举办,均有约 2.6 万家参展企业通过"云端"参展。其中第 127 届首次云端广交会上,来自"一带一路"沿线国家的参展企业和参展产品数量占比分别为 72% 和 83%,高于历年水平②。第 128 届广交会则有来自 226 个国家和地区的采购商注册观展,采购商国别数创历史新高,企业累计上传展品超过 247 万件,

---

① 周强,徐弘毅. 第 124 届广交会开幕 进口展水平稳步提升 [EB/OL]. 中国政府网, [2018-10-15]. http://www.gov.cn/xinwen/2018-10/15/content_ 5330880. htm.
② 邱海峰. "云端"广交会,魅力依然足 [EB/OL]. 人民网, [2020-06-23]. http://society.people.com.cn/n1/2020/0623/c1008-31756015. html.

其中新产品 73 万件，比上届增加 13 万件，进口参展企业云展厅累计访问量达 6.62 万次。共有来自 16 个"一带一路"沿线国家和地区的企业参加第 128 届广交会进口展，约占参展企业总数的 80%，是进口展最大的参展群体。这些企业共上传展品 7200 件，占进口展企业上传产品总数的 85%[①]。在 2021 年春季举办的第 129 届广交会上，参展国家和地区共 28 个，参展企业共 340 余家，来自"一带一路"沿线国家的企业占比 70%，其中企业数量占比最高的国家为土耳其，达到 51%，其次为韩国，占 15%，接着是马来西亚和印度，各占 12%。此次进口展共吸引境内观众 62.87 万余人，境内采购商涵盖境内 29 个省区市，进口展整体转化率 18.35%，即时沟通转化率 16.81%，高于其他地区的转化率[②]。

在全球新冠肺炎疫情肆虐、线下商贸活动大受打击的背景下，广交会的"云端"进口展为境外企业提供了更广泛的境外展品准入范围，让境外参展商找到了更多的合作伙伴，为境外参展企业开拓中国乃至全球市场搭建了重要平台，也展示了中国政府改善贸易平衡的诚意和为此所做的努力。

三、中国国际服务贸易交易会

中国国际服务贸易交易会原名"中国（北京）国际服务贸易交易会"，自 2012 年开始举办，是由中华人民共和国商务部和北京市人民政府共同举办的国家级、国际性、综合型展会，是全球首个服务贸易领域综合型展会，涵盖服务贸易 12 大领域（包括商务服务，通信服务，建筑及相关工程服务，金融服务，旅游与旅行相关服务，娱乐、文化与体育服务，运输服务，健康与社会服务，教育服务，分销服务，环境服务，其他服务）。服贸会是国家级、国际性、综合型展会，是全球服务贸易领域规模最大的综合性展会，同广交会、进博会一起成为中国对外开放的三大展会平台。

2020 年 9 月 4 日，财政部、海关总署和税务总局发布《关于 2020 年中国国际服务贸易交易会展期内销售的进口展品税收优惠政策的通知》（财关税〔2020〕36 号），规定对在 2020 年服贸会展期内销售的限额内的进口展品（不包括国家禁止进口商品、濒危动植物及其产品、烟、酒和汽车）免征进口关税、进口环节增值税和消费税；对展期内销售的超出规定数量或金额上限的展品，以及展期内未销售且在展期结束后又不退运出境的展品，按照国家有关规定照章征税。

---

① 冯其予，郑杨. 第 128 届网上广交会落幕云上办会尽显外贸活力［EB/OL］. 中国政府网，［2020-10-25］. http://www.gov.cn/xinwen/2020-10/25/content_5553974.htm.
② 第 129 届广交会进口展展后报告［R/OL］. 中国进出口商品交易会，2021. https://cief.cantonfair.org.cn/cn/international/postshowreport129.pdf?_ga=2.69596051.2072309114.1630827508-1212956853.163014057.

2021年9月3日，财政部、海关总署和税务总局联合发布《关于中国国际服务贸易交易会展期内销售的进口展品税收政策的通知》（财关税〔2021〕42号），继续对服贸会每个展商在展期内销售的进口展品，按规定数量或金额上限，免征进口关税、进口环节增值税和消费税。2021年服贸会的展会领域和规模进一步拓展，国际化水平进一步提升，更加突出数字服务和绿色低碳，共有来自153个国家和地区的1万余家企业参展参会。习近平主席在2021年服贸会全球服务交易峰会上致辞表示"将在全国推进实施跨境服务贸易负面清单，探索建设国家服务贸易创新示范区，支持中小企业创新发展，设立北京证券交易所"，昭示中国将以更加开放的姿态推动服务贸易高质量发展。

服贸会是进一步扩大服务领域对外开放的重要平台和推动服务贸易加快复苏增长的重要抓手，能帮助企业多方面开拓商机，对冲疫情影响，充分展现经济数字化、网络化、智能化发展的巨大潜力，也将更好地激活服务贸易增长动能，促进国内国际双循环，助力加快构建新发展格局。

四、中国国际消费品博览会

中国国际消费品博览会由商务部和海南省人民政府共同举办，是国内首个以消费品为主题的国家级展会，与广交会、进博会和服贸会一道，组成中国主动与世界分享发展机遇的国家级"会展矩阵"，成为中国对外开放的重要公共服务平台。

2020年6月1日，中共中央、国务院印发《海南自由贸易港建设总体方案》，提出举办中国国际消费品博览会，境外展品在展期内进口和销售享受免税政策。

首届中国国际消费品博览会于2021年5月7日至10日在海南省海口市国际会展中心成功举办。博览会展览总面积8万平方米，分为时尚生活展区、珠宝钻石展区、旅居生活展区、高端食品保健品展区、综合服务展区、各省区市展区。共有来自70个国家和地区（含中国）的1505家企业参加，2628个消费精品品牌参展，新品发布超过550个，国际品牌占比达51.9%，各类采购商和专业观众数量超过3万人，进场观众超过24万人次。其中，国际展区6万平方米，参展企业648家，参展品牌1365个，来自69个国家和地区。参展品牌最多的国家依次为韩国（124个品牌）、法国（99个品牌）、日本（89个品牌）、美国（68个品牌）以及意大利（56个品牌）。国内展区2万平方米，参展企业857家，参展品牌1263个，包括华为、格力、海康、科大讯飞、一汽红旗、比亚迪、茅台等众多国内知名品牌。

消博会是中国唯一以国际消费品进口为主题的国家级展会，展会70%以上为境外展品。2021年，国家发布《关于中国国际消费品博览会展期内销售的进口展品税收优惠政策的通知》（财关税〔2021〕32号）规定：全岛封关运作前，对消博会展期内销售的规定上限以内的进口展品（除国家禁止进口商品、濒危动植物及其产品、烟、酒和汽车）免征进口关税、进口环节增值税和消费税。在税收优惠支持下，海南自贸港进口增长迅速，海关总署的统计数据显示，2021年第一季度，海南自贸港免税品进口增长162.5%。

作为《海南自由贸易港建设总体方案》的一项重要指示，举办消博会是落实中央支持海南全面深化改革开放、推进中国特色自由贸易港建设的一项重要举措，是构建新发展格局的新载体、满足人民美好生活需要的新平台和实行高水平对外开放的新窗口。借助自贸港政策优势、生态环境优势、营商环境优势和独特区位优势，消博会将有效集聚高端商品、资金、人才等各类生产要素，吸引相关产业链落地海南，促进海南产业转型升级，并有力带动海南会展、现代物流、商贸、流通、设计等现代服务业发展，为海南全面深化改革开放注入新动力，强力推动海南自由贸易港的高质量高标准建设，推动更高水平开放。

五、海南自由贸易港

2018年4月13日，习近平主席在庆祝海南建省办经济特区30周年大会上郑重宣布，党中央决定支持海南全岛建设自由贸易试验区，支持海南逐步探索、稳步推进中国特色自由贸易港建设，分步骤、分阶段建立自由贸易港政策和制度体系。同年9月24日，国务院批复同意设立中国（海南）自由贸易试验区，并印发《中国（海南）自由贸易试验区总体方案》。2020年6月1日，中共中央、国务院印发《海南自由贸易港建设总体方案》，各项利好政策相继落地实施，海南经济核心指标普遍向好。根据海南自由贸易港官方网站公布的数据，2020年6月1日至2021年5月31日，海南货物贸易进出口总额达1063亿元，同比增长24.5%，其中进口805.4亿元，增长54.1%，增速高居同期全国首位。借助海南自由贸易港"零关税"政策优势，海南在此期间实有备案进出口企业达10616家，增长133%，备案企业数量突破1万家[1]。2020年海南跨境电商进口125.5万单，总货值超过5亿元，同比均增长5倍以上。表4-4梳理了海南自由贸易港与进口相关的政策及其内容。

---

[1] 全国首位、历史新高……海南自贸港这些成绩你可知道？[EB/OL]. 海南自由贸易港微信公众号，[2021-06-23]. https：//mp.weixin.qq.com/s/pNiiVF8eKszz3sFIOGuvBA.

表4-4 海南自由贸易港进口相关政策

序号	发布日期	政策文件	涉及进口的主要内容
1	2020-06-01	海南自由贸易港建设总体方案	①货物从海南自由贸易港进入内地，原则上按进口规定办理相关手续，照章征收关税和进口环节税。对鼓励类产业企业生产的不含进口料件或者含进口料件在海南自由贸易港加工增值超过30%（含）的货物，经"二线"进入内地免征进口关税，照章征收进口环节增值税、消费税。行邮物品由海南自由贸易港进入内地，按规定进行监管，照章征税。对海南自由贸易港前往内地的运输工具，简化进口管理。 ②逐步建立与高水平自由贸易港相适应的税收制度。全岛封关运作前，对部分进口商品，免征进口关税、进口环节增值税和消费税。全岛封关运作、简并税制后，对进口征税商品目录以外、允许海南自由贸易港进口的商品，免征进口关税。 ③2025年前重点任务：实行部分进口商品零关税政策，免征进口关税、进口环节增值税和消费税。采取"一负三正"清单管理。 ④对企业进口自用的生产设备，实行"零关税"负面清单管理；对岛内进口营运用交通工具及游艇以及岛内进口用于生产自用或以"两头在外"模式进行生产加工活动（或服务贸易过程中）所消耗的原辅料，实行"零关税"正面清单管理；对岛内居民消费的进境商品，实行正面清单管理。举办中国国际消费品博览会，国家级展会境外展品在展期内进口和销售享受免税政策。 ⑤做好封关运作准备工作。制定出台海南自由贸易港进口征税商品目录、限制进口货物物品清单、禁止进口货物物品清单，以及目录外货物进入自由贸易港免征进口关税。
2	2020-06-29	关于海南离岛旅客免税购物政策的公告（财政部 海关总署 税务总局公告2020年第33号）	①对乘飞机、火车、轮船离岛（不包括离境）旅客实行限值、限量、限品种免进口税购物，在实施离岛免税政策的免税商店内或经批准的网上销售窗口付款，在机场、火车站、港口码头指定区域提货离岛执行税收优惠政策，免税税种为关税、进口环节增值税和消费税。 ②离岛旅客每年每人免税购物额度为10万元人民币，不限次数。超出免税限额、限量的部分，照章征收进境物品进口税。
3	2020-11-11	关于海南自由贸易港原辅料"零关税"政策的通知（财关税〔2020〕42号）	在全岛封关运作前，对在海南自由贸易港注册登记并具有独立法人资格的企业，进口用于生产自用、以"两头在外"模式进行生产加工活动或以"两头在外"模式进行服务贸易过程中所消耗的原辅料，免征进口关税、进口环节增值税和消费税。"零关税"原辅料实行正面清单管理。
4	2020-12-25	关于海南自由贸易港交通工具及游艇"零关税"政策的通知（财关税〔2020〕54号）	自2021年12月29日起，受"零关税"政策的交通工具及游艇实行正面清单管理；全岛封关运作前，对海南自由贸易港注册登记并具有独立法人资格，从事交通运输、旅游业的企业（航空企业须以海南自由贸易港为主营运基地），进口用于交通运输、旅游业的船舶、航空器、车辆等营运用交通工具及游艇，免征进口关税、进口环节增值税和消费税。

续表

序号	发布日期	政策文件	涉及进口的主要内容
5	2021-02-02	关于增加海南离岛旅客免税购物提货方式的公告（财政部 海关总署 税务总局公告 2021年第2号）	①离岛旅客凭有效身份证件和离岛信息在离岛旅客免税购物商店（含经批准的网上销售窗口）购买免税品时，除在机场、火车站、码头指定区域提货外，可选择邮寄送达方式提货。选择邮寄送达方式提货的，收件人、支付人和购买人应为购物旅客本人，且收件地址在海南省外。离岛免税商店应确认购物旅客符合上述要求并已实际离岛后，一次性寄递旅客所购免税品。 ②岛内居民离岛前购买免税品，可选择返岛提取，返岛提取免税品时须提供本人有效身份证件和实际离岛行程信息。离岛免税商店应确认提货人身份、离岛行程信息符合要求后交付免税品。
6	2021-02-24	关于海南自由贸易港自用生产设备"零关税"政策的通知（财关税〔2021〕7号）	全岛封关运作前，对海南自由贸易港注册登记并具有独立法人资格的企业进口自用的生产设备，除法律法规和相关规定明确不予免税、国家规定禁止进口的商品，以及本通知所附《海南自由贸易港"零关税"自用生产设备负面清单》所列设备外，免征关税、进口环节增值税和消费税。
7	2021-04-19	商务部等20部门关于推进海南自由贸易港贸易自由化便利化若干措施的通知（商自贸发〔2021〕58号）	①在洋浦保税港区内先行试点经"一线"进口食糖不纳入关税配额总量管理，进出"二线"按现行规定管理。从境外进入海南自由贸易港的上述商品由海南省商务厅在年底前向商务部报备。 ②在实施"一线"放开、"二线"管住的区域，进入"一线"原则上取消自动进口许可管理，由海南自由贸易港在做好统计监管的前提下自行管理，进入"二线"按现行进口规定管理。 ③在实施"一线"放开、"二线"管住的区域，进入"一线"取消机电进口许可管理措施，由海南自由贸易港在安全环保的前提下自行管理，进入"二线"按现行进口规定管理。 ④提升进出口商品质量安全风险预警和快速反应监管能力，完善重点敏感进出口商品监管，建立医院、市场、应急、消防、消费者投诉等产品伤害信息收集网络，对存在较高风险的进口商品进行预警和快速处置。
8	2021-04-26	关于中国国际消费品博览会展期内销售的进口展品税收优惠政策的通知	全岛封关运作前，对消博会展期内销售的规定上限以内的进口展品免征进口关税、进口环节增值税和消费税。

续表

序号	发布日期	政策文件	涉及进口的主要内容
9	2021-06-10	中华人民共和国海南自由贸易港法	①货物由海南自由贸易港进入境内其他地区（以下简称内地），原则上按进口规定办理相关手续。物品由海南自由贸易港进入内地，按规定进行监管。对海南自由贸易港前往内地的运输工具，简化进口管理。 ②全岛封关运作、简并税制后，海南自由贸易港对进口征税商品实行目录管理，目录之外的货物进入海南自由贸易港，免征进口关税。 全岛封关运作、简并税制前，对部分进口商品，免征进口关税、进口环节增值税和消费税。 ③货物由海南自由贸易港进入内地，原则上按照进口征税；但是，对鼓励类产业企业生产的不含进口料件或者含进口料件在海南自由贸易港加工增值达到一定比例的货物，免征关税。货物由内地进入海南自由贸易港，按照国务院有关规定退还已征收的增值税、消费税。全岛封关运作、简并税制前，对离岛旅客购买免税物品并提货离岛的，按照有关规定免征进口关税、进口环节增值税和消费税。
10	2021-07-02	关于海南自由贸易港进出岛航班加注保税航油政策的通知（财关税〔2021〕34号）	全岛封关运作前，允许进出海南岛国内航线航班在岛内国家正式对外开放航空口岸加注保税航油，对其加注的保税航油免征关税、增值税和消费税，自愿缴纳进口环节增值税的，可在报关时提出。
11	2021-07-08	海关对洋浦保税港区加工增值货物内销征税征管暂行办法（署税函〔2021〕131号）	全岛封关运作前，海关对鼓励类产业企业生产的不含进口料件或含进口料件在洋浦保税港区加工增值超过30%（含30%）的货物，经洋浦保税港区进入境内区外的，免征进口关税，照章征收进口环节增值税、消费税。
12	2021-07-23	海南自由贸易港湾跨境服务贸易特别管理措施（负面清单）（2021年版）（商务部令2021年第3号）	①境外服务提供者不得从事电影引进业务。 ②用于广播电台、电视台播放的境外电影、电视剧，必须经中国广播电视行政部门审查批准。用于广播电台、电视台播放的境外其他广播电视节目，必须经中国广播电视行政部门或者其授权的机构审查批准。广播电台、电视台以卫星等传输方式进口、转播境外广播电视节目，必须经中国广播电视行政部门批准。中国对引进境外影视剧进行调控和规划。引进境外影视剧和以卫星传送方式引进其他境外电视节目，由指定单位申报。播出按规定引进的境外广播电视节目，须符合有关时间比例、时段安排等规定。 ③境外服务提供者不得跨境从事网络文化产品进口业务。中国加入世贸组织承诺内容除外。

六、进口贸易促进创新示范区

2012年，国务院《关于加强进口促进对外贸易平衡发展的指导意见》（国发〔2012〕15号）提出要"培育国家进口贸易促进创新示范区"。2019年11月，习近平主席在第二届进博会开幕式上提出，将培育一批进口贸易促进创新示范区，扩大对各国高质量产品和服务的进口。在第三届进博会开幕之前，商务部、国家发展改革委、财政部等九部门和单位于2020年11月3日共同作出决定，在全国设立10个进口贸易促进创新示范区，包括上海市虹桥商务区、辽宁省大连金普新区、江苏省昆山市、浙江省义乌市、安徽省合肥经济技术开发区、福建省厦门湖里区、山东省青岛西海岸新区、广东省广州南沙区、四川省天府新区、陕西省西安国际港务区。这10个进口贸易促进创新示范区覆盖东中西部和东北老工业基地，囊括海陆空港，体现了中国进口发展的动力和潜能。

进口贸易促进创新示范区的功能定位，一是"贸易促进"，即促进口、促产业、促消费；二是"贸易创新"，即政策创新、服务创新、模式创新。示范区培育将着力提升进口便利化水平，扩大技术设备和原材料进口，促进进口与产业深度融合、高效联动，更好服务实体经济发展需要；增加国内优质商品的供给，培育新型进口商品消费模式；以条件成熟的进口集散地为重点，加速贸易及产业集聚，深化对外合作，以点带面、辐射周边，推动进口贸易创新发展。

培育进口贸易促进创新示范区，是深化对外开放、倡导贸易自由化的必然选择。这既是贯彻落实习近平总书记关于继续扩大市场开放重要讲话精神的主动作为，也是构建新发展格局的有力支撑，更是贯彻落实党的十九届五中全会部署"实行高水平对外开放，开拓合作共赢新局面"的重要抓手。特别是世界经济不稳定不确定因素增多的情况下，进一步彰显了中国坚定不移全面扩大开放的决心。我国计划利用3~5年时间，通过培育一批监管制度创新、服务功能齐全、交易模式灵活的进口贸易促进创新示范区，推动中国进口规模稳步扩大、结构不断优化，带动相关产业提质增效、消费水平明显提升，为构建新发展格局提供应有支撑。

七、自由贸易试验区

建设自由贸易试验区（Pilot Free Trade Zone，以下简称"自贸试验区"）是党中央、国务院在新时代推进改革开放的一项战略举措，肩负着为全面深化改革和扩大开放探索新途径、积累新经验的重大使命。按照党中央、国务院决策部署，自贸试验区所在地方和有关部门结合各自贸试验区功能定位和特色特点，打造对外开放新高地。

2013年9月27日，国务院批复成立上海自由贸易试验区，是中国首个自贸试验区。2015年4月20日，国务院批复成立广东、天津、福建3个自由贸易试验区，并扩展上海自贸区实施范围。2017年3月31日，国务院批复成立辽宁、浙江、河南、湖北、重庆、四川、陕西7个自由贸易试验区。2018年10月16日，国务院批复同意设立海南自由贸易试验区。2019年8月6日，增设上海自贸试验区临港新片区，2019年8月26日，新设山东、江苏、广西、河北、云南、黑龙江6个自贸试验区。2020年9月21日，新设立北京、湖南、安徽自由贸易试验区，并扩展浙江自由贸易试验区扩展区域。目前，中国自贸试验区数量达到21个，覆盖21个省级行政区域（沿海省份已全覆盖），片区数量达到70个，覆盖49个城市。表4-5整理汇总了各自由贸易试验区与进口相关的政策。

表4-5 各自由贸易试验区进口相关政策内容汇总

序号	自贸区	发布时间	政策文件	与进口相关内容
1	上海	2013-09-27	国务院关于印发中国（上海）自由贸易试验区总体方案的通知（国发〔2013〕38号）	①推进实施"一线放开"，允许企业凭进口舱单将货物直接入区，探索简化进出境备案清单，简化国际中转、集拼和分拨等业务进出境手续。②对试验区内注册的国内租赁公司或项目子公司，从境外购买的符合一定规定的飞机，享受相关进口环节增值税优惠政策。对试验区内生产企业和生产性服务业企业进口所需的机器、设备等货物予以免税，但生活性服务业等企业进口的货物以及法律、行政法规和相关规定明确不予免税的货物除外。
2	广东	2015-04-08	国务院关于印发中国（广东）自由贸易试验区总体方案的通知（国发〔2015〕18号）	支持开展汽车平行进口试点，平行进口汽车应符合国家质量安全标准，进口商应承担售后服务、召回、"三包"等责任，并向消费者警示消费风险。
3	天津	2015-04-08	国务院关于印发中国（天津）自由贸易试验区总体方案的通知（国发〔2015〕19号）	①加快建设国家进口贸易促进创新示范区，促进对外贸易平衡发展。②支持进口先进技术、关键设备及零部件和资源类商品。③支持开展汽车平行进口试点，平行进口汽车应符合国家质量安全标准，进口商应承担售后服务、召回、"三包"等责任，并向消费者警示消费风险。
4	福建	2015-04-08	国务院关于印发中国（福建）自由贸易试验区总体方案的通知（国发〔2015〕20号）	①支持开展汽车平行进口试点，平行进口汽车应符合国家质量安全标准，进口商应承担售后服务、召回、"三包"等责任，并向消费者警示消费风险。②简化自贸试验区内进口原产于台湾商品有关手续。

续表

序号	自贸区	发布时间	政策文件	与进口相关内容
5	辽宁	2017-03-15	国务院关于印发中国（辽宁）自由贸易试验区总体方案的通知（国发〔2017〕15号）	①实施贸易便利化措施。依托电子口岸公共平台，完善国际贸易"单一窗口"的货物进出口和运输工具进出境的应用功能，进一步优化口岸监管执法流程和通关流程。对注册在自贸试验区海关特殊监管区域内的融资租赁企业进出口飞机、船舶和海洋工程结构物等大型设备涉及跨关区的，在确保有效监管和执行现行相关税收政策的前提下，按物流实际需要，实行海关异地委托监管。 ②完善国际贸易服务体系。在总结期货保税交割试点经验基础上，扩大期货保税交割试点的品种。推动自贸试验区内符合条件的原油加工企业申请原油进口及使用资质。
6	浙江	2017-03-15	国务院关于印发中国（浙江）自由贸易试验区总体方案的通知（国发〔2017〕16号）	①建设国际石化基地。落实产业配套政策，赋予自贸试验区内符合条件的油品加工企业原油进口资质和配额，给予原油进口使用权。 ②建设国际油品交易中心。放宽原油、成品油资质和配额限制（允许量），支持赋予符合条件的2~3家自贸试验区内企业原油进口和使用资质。支持自贸试验区企业积极开展油品离岸和在岸贸易。 ③建设国际矿石中转基地。依托鼠浪湖岛、马迹山岛矿石中转码头，建设国际配矿贸易中心，以接卸外贸进口矿石为主，为长江沿线冶金企业提供中转运输服务，优化完善区域矿石接卸系统布局，为我国沿海、东亚地区提供仓储、分销、加工及配送服务。 ④加快发展自贸试验区内国际船舶修造业务，在海关特殊监管区域内对修造所需的相关进口船舶配件予以保税，支持舟山港船舶配件交易市场建设。 ⑤创新通关监管服务模式。对自贸试验区内的海关特殊监管区域实施"一线放开""二线安全高效管住"的通关监管服务模式。按照严密防范质量安全风险和最大便利化的原则，一线主要实施进出境现场检疫、查验及处理；二线主要实施进出口产品检验检疫监管及实验室检测，维护质量安全。 ⑥对注册在自贸试验区海关特殊监管区域内的融资租赁企业进出口飞机、船舶和海洋工程结构物等大型设备涉及跨关区的，在确保有效监管和执行现行相关税收政策的前提下，按物流实际需要，实行海关异地委托监管。在严格执行货物进出口税收政策的前提下，允许在海关特殊监管区域内设立保税展示交易平台。 ⑦依托电子口岸公共平台，完善国际贸易"单一窗口"的货物进出口和运输工具进出境的应用功能。将出口退税申报功能纳入国际贸易"单一窗口"建设项目。

续表

序号	自贸区	发布时间	政策文件	与进口相关内容
7	河南	2017-03-15	国务院关于印发中国（河南）自由贸易试验区总体方案的通知（国发〔2017〕17号）	①扩大航空服务对外开放。支持航空器及零部件研发、制造、维修企业在自贸试验区集聚，对海关特殊监管区域内企业生产所需的进口机器、设备予以免税。②推进内陆口岸经济创新发展。依托自贸试验区带动郑州航空和铁路国际枢纽口岸建设，支持设立药品、进境植物种苗、木材等指定口岸，提升进境粮食、进口肉类等口岸运营水平，促进各类口岸与物流、贸易联动发展，形成辐射全球主要经济体、带动区域产业升级的口岸开放新格局。
8	湖北	2017-03-15	国务院关于印发中国（湖北）自由贸易试验区总体方案的通知（国发〔2017〕18号）	在严格执行货物进出口税收政策前提下，允许在海关特殊监管区域内设立保税展示交易平台。
9	重庆	2017-03-15	国务院关于印发中国（重庆）自由贸易试验区总体方案的通知（国发〔2017〕19号）	①加快发展新型贸易，允许开展进口汽车整车保税仓储业务和保税货物质押融资业务。②推进通关机制创新，符合监管要求和条件的前提下，支持开展进口整车在汽车整车进口岸间转关试点。③完善自贸试验区内进口整车、水果、肉类等指定口岸建设。推动自贸试验区根据实际需要申报设立进口粮食、植物种苗、金伯利进程国际证书制度等指定口岸和指定实施机构，提升内陆口岸对周边的辐射带动作用。
10	四川	2017-03-15	国务院关于印发全面深化中国（四川）自由贸易试验区改革开放方案的通知（国发〔2017〕20号）	①助推外贸转型升级，完善进口商品网络零售和进出口分拨物流体系。②优化监管公关流程，健全与跨境电子商务、进口特殊商品指定口岸、外贸综合服务发展相适应的通关管理机制。③在海关特殊监管区域内创新企业研发进口设备及材料监管模式。
11	陕西	2017-03-15	国务院关于印发中国（陕西）自由贸易试验区总体方案的通知（国发〔2017〕21号）	①支持进口先进技术和资源类商品。②创新通关监管服务模式。依托电子口岸公共平台，开展国际贸易"单一窗口"建设，完善货物进出口和运输工具进出境的应用功能，进一步优化口岸监管执法流程和通关流程，实现贸易许可、资质登记平台功能。

续表

序号	自贸区	发布时间	政策文件	与进口相关内容
11	陕西	2017-03-15	国务院关于印发中国（陕西）自由贸易试验区总体方案的通知（国发〔2017〕21号）	③完善海关特殊监管区域功能。自贸试验区海关特殊监管区域内实施"一线放开""二线安全高效管住"的通关监管服务模式。在确保有效监管前提下，在海关特殊监管区域探索建立货物状态分类监管模式。对注册在自贸试验区海关特殊监管区域内的融资租赁企业进出口飞机、船舶等大型设备涉及跨关区的，在确保有效监管和执行现行相关税收政策的前提下，按流实际需要，实行海关异地委托监管。在严格执行货物进出口税收政策的前提下，允许在自贸试验区内的海关特殊监管区域设立保税展示交易平台。
12	上海	2017-03-15	国务院关于印发全面深化中国（上海）自由贸易试验区改革开放方案的通知（国发〔2017〕23号）	①完善进口商品风险预警快速反应机制，加强进口货物不合格风险监测，实施消费品等商品召回制度。 ②研究制定再制造旧机电设备允许进口目录，在风险可控的前提下，试点数控机床、工程设备、通信设备等进口再制造。 ③创新跨境服务贸易管理模式。提高与服务贸易相关的货物暂时进口便利，拓展暂时进口货物单证制度适用范围，延长单证册的有效期。
13	广东	2018-05-04	国务院关于印发进一步深化中国（广东）自由贸易试验区改革开放方案的通知（国发〔2018〕13号）	①进一步提升贸易便利化水平，拓展货物暂准进口单证册制度适用范围。 ②创新贸易综合监管模式，在风险可控前提下，积极探索开展数控机床、工程设备、通信设备等进口再制造，创新维修监管模式，开展外籍邮轮船舶维修业务。取消平行进口汽车保税仓储业务时限，完善平行进口汽车审价机制，推动试点企业适用预审价、汇总征税等通关便利化措施。在符合相关监管政策的前提下，支持跨境电子商务保税备货业务商品进入海关特殊监管区域时先理货后报关。试点实施进口非特殊用途化妆品备案管理，管理权限下放至广东省。
14	福建	2018-05-04	国务院关于印发进一步深化中国（福建）自由贸易试验区改革开放方案的通知（国发〔2018〕15号）	①提升国际贸易便利化水平。推广应用货物暂准进口单证册制度。赋予自贸试验区内符合条件的2~3家企业原油进口资质和配额。 ②在满足有关要求的前提下，支持厦门建设毛燕进口指定口岸。研究调整降低部分航材进口税率，支持厦门打造一站式航空维修基地。加快福州、厦门汽车整车进口口岸建设，开展3C认证改革试点。 ③增加对进口台湾商品实施检验检疫"源头管理、快速验放"的种类。

续表

序号	自贸区	发布时间	政策文件	与进口相关内容
15	天津	2018-05-04	国务院关于印发进一步深化中国（天津）自由贸易试验区改革开放方案的通知（国发〔2018〕14号）	①创新监管模式，提高与服务贸易相关的货物暂时进口便利。支持天津空港口岸成为汽车整车、食用水生动物、肉类进口指定口岸以及邮件、快件转运口岸。②试点实施进口非特殊用途化妆品备案管理，管理权限下放至天津市。支持自贸试验区内医疗机构开展国际合作，引进国际多中心临床试验，与国外机构同步开展重大疾病新药临床试验。③拓展货物暂准进口单证册制度适用范围，延长单证册有效期。支持跨境电商网购保税进口商品进入海关特殊监管区域时先理货后报关。④创新汽车平行进口试点。取消平行进口汽车保税仓储业务时限，完善平行进口汽车审价机制，推动通关便利化措施。推动实现自贸试验区汽车平行进口服务和管理平台与海关数据信息系统联网。支持建设全国平行进口汽车大数据中心、客服中心和销售定价中心。支持开展平行进口汽车售后服务标准建设。支持定期举办平行进口汽车展会。进一步研究探索先进技术装备、关键零部件及其他机电产品、一般消费品等平行进口。⑤在风险可控前提下，创新维修监管模式，积极探索开展工程机械、数控机床、通信设备等进口再制造。
16	海南	2018-09-24	国务院关于印发中国（海南）自由贸易试验区总体方案的通知（国发〔2018〕34号）	①提升贸易便利化水平。对进出海南洋浦保税港区的货物，除禁止进出口和限制出口以及需要检验检疫的货物外，试行"一线放开、二线高效管住"的货物进出境管理制度。加快建设具有国际先进水平的国际贸易"单一窗口"，推动数据协同、简化和标准化，实现物流和监管等信息的全流程采集，实现监管单位的信息互换、监管互认、执法互助。②创新贸易综合监管模式。完善进口商品风险预警快速反应机制，加强安全风险监测，实施安全问题调查制度。建设重要产品进出口安全追溯体系，实现重点敏感产品全过程信息可追溯，与国家重要产品追溯平台对接，实现信息共享。③建立健全贸易风险防控体系。确保进出口货物的交易真实、合法，防范不法企业借助货物进出口的便利化措施从事非法融资、非法跨境资金转移等违法活动。
17	上海	2019-07-27	国务院关于印发中国（上海）自由贸易试验区临港新片区总体方案的通知（国发〔2019〕15号）	①实施高标准的贸易自由化，根据油气体制改革进程和产业需要，研究赋予新片区内符合条件的企业原油进口资质。②建立以关键核心技术为突破口的前沿产业集群。建设集成电路综合性产业基地，优化进口料件全程保税监管模式，支持跨国公司设立离岸研发和制造中心，推动核心芯片、特色工艺、关键装备和基础材料等重点领域发展。

续表

序号	自贸区	发布时间	政策文件	与进口相关内容
18	山东	2019-08-02	国务院关于印发6个新设自由贸易试验区总体方案的通知（国发〔2019〕16号）	①提升贸易便利化水平。对符合国家环保要求允许进口的旧机电设备的进口、加工后再出口，海关给予通关便利。 ②培育贸易新业态新模式。支持自贸试验区内企业开展跨境电商进出口业务，逐步实现自贸试验区内综合保税区依法依规全面适用跨境电商零售进口政策。在风险可控、依法依规前提下，积极开展飞机零部件循环再制造。支持自贸试验区的汽车整车进口口岸建设。支持青岛片区适时增加汽车平行进口试点企业数量。 ③持续优化贸易结构。研究赋予自贸试验区内符合条件的企业原油进口资质。支持设立食品农产品进口指定监管作业场地，打造食品农产品、葡萄酒进出口集散中心。 ④加快发展海洋特色产业。优化海洋生物种质及其生物制品进口许可程序，加强海洋生物种质和基因资源研究及产业应用。
19	江苏	2019-08-02	国务院关于印发6个新设自由贸易试验区总体方案的通知（国发〔2019〕16号）	创新贸易综合监管模式。支持自贸试验区内企业开展跨境电商进出口业务，逐步实现自贸试验区内综合保税区依法依规全面适用跨境电商零售进口政策。完善进口商品质量安全风险预警与快速反应监管体系。支持自贸试验区的汽车整车进口口岸建设。支持依法依规建设首次进口药品和生物制品口岸。
20	广西	2019-08-02	国务院关于印发6个新设自由贸易试验区总体方案的通知（国发〔2019〕16号）	支持依法依规建设首次进口药品和生物制品口岸。研究开展贸易调整援助试点。逐步实现自贸试验区内综合保税区依法依规全面适用跨境电商零售进口政策。支持在自贸试验区的海关特殊监管区域开展现货交易、保税交割、融资租赁业务。开展平行进口汽车试点。试点通信设备等进口再制造。
21	河北	2019-08-02	国务院关于印发6个新设自由贸易试验区总体方案的通知（国发〔2019〕16号）	支持曹妃甸开展平行进口汽车试点。支持正定片区设立进口钻石指定口岸。建立新药研发用材料、试剂和设备进口绿色通道，免除企业一次性进口药品通关单。支持石家庄依法依规建设进口药品口岸，之后设立首次进口药品和生物制品口岸。试点数控机床、石油钻采产品等高附加值大型成套设备及关键零部件进口再制造。放宽高端装备制造产品售后维修进出口管理，适当延长售后维修设备和备件返厂期限。允许进口入境期限不超过一年的二手研发专用关键设备。简化对非民用进口机电设备免3C认证手续。
22	云南	2019-08-02	国务院关于印发6个新设自由贸易试验区总体方案的通知（国发〔2019〕16号）	培育新业态新模式。支持云南设立汽车整车进口口岸，开展平行进口汽车试点。探索先进技术装备、关键零部件及其他机电产品（医疗器械等高风险产品除外）等平行进口。

续表

序号	自贸区	发布时间	政策文件	与进口相关内容
23	黑龙江	2019-08-02	国务院关于印发6个新设自由贸易试验区总体方案的通知（国发〔2019〕16号）	①绥芬河片区重点发展木材、粮食、清洁能源等进口加工业和商贸金融、现代物流等服务业。②培育贸易新业态新模式。支持自贸试验区内企业开展跨境电商进出口业务。支持自贸试验区的汽车整车进口口岸建设，允许自贸试验区内汽车整车进口口岸开展平行进口汽车试点。③加快实体经济转型升级。允许企业生产和出口符合进口国注册产品标准的药品。支持中药材种养殖规范化基地建设，允许委托省级药品监管部门审批中药材进口许可事项。④建设进口能源资源国家储备基地。支持自贸试验区内企业自周边国家进口钾肥。
24	安徽	2020-08-30	国务院关于印发北京、湖南、安徽自由贸易试验区总体方案及浙江自由贸易试验区扩展区域方案的通知（国发〔2020〕10号）	①培育发展贸易新业态新模式。支持合肥、芜湖跨境电商综合试验区建设。支持合肥、芜湖片区开展跨境电商零售进口试点。依法依规开展跨境电商人民币结算，推动跨境电商线上融资及担保方式创新。鼓励建设出口产品公共海外仓和海外运营中心。探索建设国际邮件、国际快件和跨境电商进出境一体化设施。积极开展进口贸易促进创新工作。②提升国际贸易服务能力。支持建设合肥国际航空货运集散中心、芜湖航空器维修保障中心。支持自贸试验区符合条件的片区，按规定申请设立综合保税区。支持建设汽车整车进口口岸、首次进口药品和生物制品口岸。
25	北京	2020-08-30	国务院关于印发北京、湖南、安徽自由贸易试验区总体方案及浙江自由贸易试验区扩展区域方案的通知（国发〔2020〕10号）	①在风险可控的前提下，在软件实名认证、数据产地标签识别、数据产品进出口等方面先行先试。对软件和互联网服务贸易进行高效、便利的数字进出口检验。②提升贸易便利化水平。持续拓展国际贸易"单一窗口"服务功能和应用领域。开展跨境电子商务零售进口药品试点工作。对符合政策的区内研发机构科研设备进口免税。进一步拓展整车进口口岸功能。
26	湖南	2020-08-30	国务院关于印发北京、湖南、安徽自由贸易试验区总体方案及浙江自由贸易试验区扩展区域方案的通知（国发〔2020〕10号）	①推动加工贸易转型升级。利用现行中西部地区国际性展会留购展品免征进口关税政策，办好中国国际矿物宝石博览会。②培育贸易新业态。支持自贸试验区内的综合保税区依法依规适用跨境电商零售进口政策。支持跨境电商企业在重点国别、重点市场建设海外仓。加强文物进出境审核工作，促进文物回流。制定平行进口汽车符合性整改标准和整改企业资质标准，开展标准符合性整改试点。

续表

序号	自贸区	发布时间	政策文件	与进口相关内容
26	湖南	2020-08-30	国务院关于印发北京、湖南、安徽自由贸易试验区总体方案及浙江自由贸易试验区扩展区域方案的通知（国发〔2020〕10号）	③增强金融服务实体经济功能。支持进口租赁国内不能生产或性能不能满足需要的高端装备。 ④畅通国际化发展通道。建立进口食用水生动物、冰鲜水产品、水果集散中心和进口医药物流中心。建设中非经贸深度合作先行区。比照现行中西部地区国际性展会留购展品免征进口关税政策，支持办好中国—非洲经贸博览会。 ⑤拓展中非地方合作。支持扩大进口非洲咖啡、可可、腰果、鳀鱼等优质农产品。
27	浙江扩展区域	2020-08-30	国务院关于印发北京、湖南、安徽自由贸易试验区总体方案及浙江自由贸易试验区扩展区域方案的通知（国发〔2020〕10号）	①推进进出口产品质量溯源体系建设，拓展可追溯商品种类。扩大第三方检验结果采信商品和机构范围。 ②积极拓展与其他国家的农产品贸易合作，大力发展进境牛肉等高端动物蛋白加工贸易产业。建设进口粮食保税储存中转基地，支持以大豆为突破口，创新粮食进口检疫审批制度，允许对非关税配额粮食以港存放方式办理检验检疫审批，进口后再确定加工场所。打造新型国际贸易中心。支持义乌小商品城等市场拓展进口业务，建设新型进口市场。落实支持科技创新进口税收政策，对符合政策要求的区内单位进口科研设备免税。
28	重庆	2021-04-21	重庆市服务业扩大开放综合试点总体方案（商资发2021年第65号）	制定平行进口汽车符合性整改标准和整改企业资质标准，开展标准符合性整改试点。对符合支持科技创新进口税收政策的区内研发机构进口科研设备，按规定免征有关进口税收。支持商贸文旅融合发展。允许外商投资旅行社开展出境游（赴台湾地区除外）业务。立足重庆解放碑步行街开展进口商品展示交易创新试点，进一步优化进口货物分送集报的贸易便利化流程。
29	河南	2021-05-08	国务院关于同意在河南省开展跨境电子商务零售进口药品试点的批复（国函〔2021〕51号）	对纳入试点目录的药品，适用跨境电商零售进口商品单次、年度交易限值相关规定，在交易限值内，关税税率暂设为0，进口环节增值税、消费税暂按法定应纳税额的70%征收。
30	全体自贸区	2021-08-02	关于推进自由贸易试验区贸易投资便利化改革创新若干措施的通知（国发〔2021〕12号）	①开展进口贸易创新。支持自贸试验区所在地培育进口贸易促进创新示范区，综合利用提高便利化水平、创新贸易模式、提升公共服务等多种手段，推动进口领域监管制度、商业模式、配套服务等多方面创新。 ②提升医药产品进口便利度。允许具备条件的自贸试验区开展跨境电商零售进口部分药品及医疗器械业务。支持符合条件的自贸试验区增设首次进口药品和生物制品口岸。

第五章　中国重点产品的进口

本章将重点分析消费品、农产品、粮食产品、高技术产品、机电产品、服务的进口，主要从进口规模、进口贸易地位、进口来源地、进口产品结构等维度进行分析。

一、消费品进口

消费品是用来满足人们物质和文化生活需要的社会产品。消费品进口是满足人们个性化、多元化、多层次消费需求的重要补充，也是近些年中国进口贸易的重要增长点。我国应该在稳定出口的同时进一步扩大进口，促进对外贸易平衡发展，推动经济高质量发展，更好发挥进口对满足人民群众消费需求升级的作用[1]。统计分析显示：①中国消费品的进口总额表现出日益增长的发展态势；②中国消费品贸易一直保持着巨额顺差；③中国消费品进口在世界消费品进口中的地位有所提升；④2020年，美国为我国第一大消费品进口来源地。

（一）消费品的界定

以 BEC 编码作为统计基础，本节重点分析了中国消费品[2]进口的发展情况，具体界定如表 5-1 所示。

表 5-1　消费品分类及对应的 BEC 编码

产品类型	BEC 编码
食品和饮料，初级	112
食品和饮料，加工	122
运输设备，非工业	522

---

[1] 张怀水. 国务院：扩大进口促进对外贸易平衡发展 [EB/OL]. 每日经济新闻网，[2018-07-10]. http://www.nbd.com.cn/articles/2018-07-09/1233362.html.

[2] 根据联合国网站（https://unstats.un.org/unsd/classifications/econ/）资料整理。

续表

产品类型	BEC 编码
未另归类的消费品，耐用品	61
未另归类的消费品，半耐用品	62
未另归类的消费品，非耐用品	63

数据来源：根据联合国网站（https://unstats.un.org/unsd/classifications/econ/）资料整理。

（二）消费品的进口规模

中国消费品的进口规模总体上表现为稳步上升的态势。如表5-2、图5-1所示，2011—2020年，中国消费品的进口规模从671.83亿美元增长到1703.61亿美元，2020年大约为2011年的2.54倍。与2019年相比，2020年中国消费品进口上升13.22%。新冠肺炎疫情背景下消费品进口逆势增长，可能有两方面原因：第一，国内市场供给不断优化改善，在疫情影响国内居民出境旅游的大背景下，品质类商品消费势头不减[①]；第二，疫情防控形势下，购物智能自取等无接触消费快速发展。

表 5-2　2011—2020 年中国消费品进口规模变化情况

年份	进口额/亿美元	同比/%
2011	671.83	34.73
2012	791.22	17.77
2013	901.62	13.95
2014	984.27	9.17
2015	1031.75	4.82
2016	1059.39	2.68
2017	1052.29	-0.67
2018	1261.68	19.90
2019	1504.75	19.27
2020	1703.61	13.22

数据来源：根据联合国商品贸易统计数据库（UN Comtrade）整理计算。

---

① 消费促进司负责人谈2020年11月份我国消费市场情况［EB/OL］.商务部，［2020-12-24］.http://www.mofcom.gov.cn/article/i/jyjl/l/202012/20201203025618.shtml.

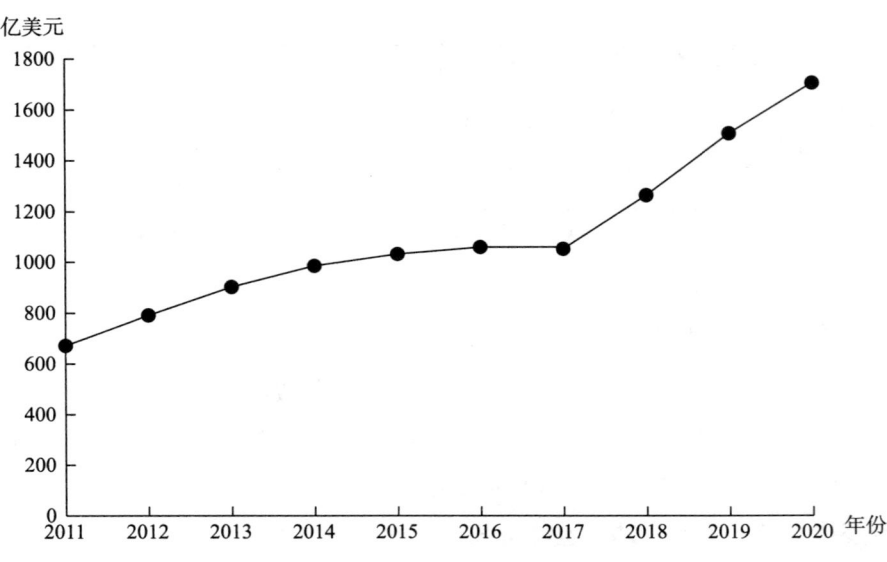

图 5-1　2011—2020 年中国消费品进口规模

数据来源：根据 UN Comtrade 整理计算。

中国消费品贸易一直保持着巨额顺差。2011—2020 年，中国消费品贸易顺差整体呈现先上升后下降的趋势。2011—2014 年，中国消费品贸易顺差持续增长，在 2014 年达到 5952.48 亿美元的顶峰；2015—2019 年，中国消费品贸易顺差大幅下降，2019 年较 2014 年下降约 23%；2020 年中国消费品顺差较 2019 年小幅回升约 5.3%，为 4835.41 亿美元（见表 5-3、图 5-2）。

表 5-3　2011—2020 年中国消费品贸易差额变化情况

年份	贸易差额/亿美元	同比增长/%
2011	4691.05	3.62
2012	5080.72	8.31
2013	5521.11	8.67
2014	5952.48	7.81
2015	5534.19	-7.03
2016	5020.60	-9.28
2017	4706.99	-6.25
2018	4787.54	1.71
2019	4592.09	-4.08
2020	4835.41	5.30

数据来源：根据 UN Comtrade 整理计算。

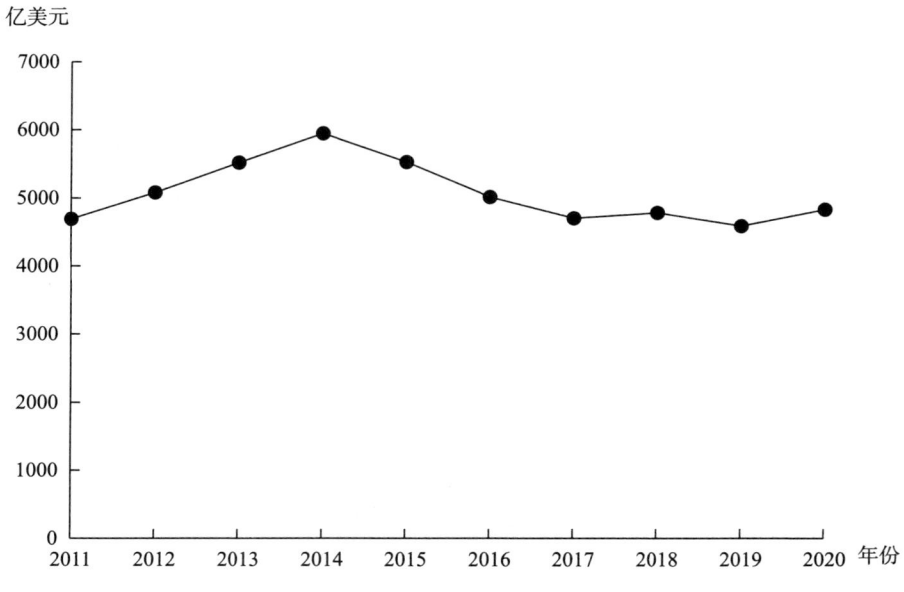

图 5-2　2011—2020 年中国消费品贸易差额

数据来源：根据 UN Comtrade 整理计算。

（三）消费品的贸易地位

中国消费品进口在世界消费品进口中的地位有所提升。如表 5-4 所示，从 2011 年到 2020 年，中国消费品进口占世界消费品进口的份额不断上升，从 2.32% 上升至 5.85%，2020 年约为 2011 年的 2.52 倍。

消费品进口在中国进口贸易中的重要性不断提升。2011—2020 年，中国消费品进口占中国进口总额的比例由 3.85% 提升至 8.29%，提高了 4.44 个百分点。

表 5-4　2011—2020 年中国消费品进口占比情况　　　　　　　　　　（%）

年份	中国进口占世界消费品进口份额	消费品进口占中国总进口份额
2011	2.32	3.85
2012	2.74	4.35
2013	3.02	4.62
2014	3.17	5.02
2015	3.49	6.14
2016	3.56	6.67
2017	3.53	5.71
2018	3.98	5.91
2019	4.73	7.27
2020	5.85	8.29

数据来源：根据 UN Comtrade 整理计算。

(四) 消费品的进口来源地

中国前十大消费品进口来源地相对稳定。对比 2000 年和 2020 年的情况，美国、法国、德国、日本、泰国和韩国均在中国前十大消费品进口来源地之列；相比 2000 年，2020 年意大利、越南、巴西和新西兰替代中国香港、俄罗斯、英国和加拿大进入中国前十大消费品进口来源地行列。

2000 年和 2010 年，日本均为中国第一大消费品进口来源地，中国从日本进口的消费品分别占中国当年消费品进口总额的 16.54% 和 11.53%。2020 年，美国成为中国的第一大消费品进口来源地，从美国进口的消费品占中国消费品进口总额的 8.23%。

表 5-5　2000 年、2010 年和 2020 年中国消费品前十大进口来源地及占比　　（%）

排名	2000 年		2010 年		2020 年	
	国家或地区	占比	国家或地区	占比	国家或地区	占比
1	日本	16.54	日本	11.53	美国	8.23
2	美国	13.70	美国	10.17	法国	7.35
3	中国香港	12.94	泰国	5.41	德国	6.45
4	韩国	6.57	法国	5.25	日本	6.39
5	俄罗斯	4.02	韩国	4.74	意大利	5.78
6	德国	3.25	德国	4.66	泰国	4.64
7	泰国	3.16	意大利	4.36	越南	4.64
8	英国	2.60	新加坡	4.33	巴西	4.51
9	法国	2.47	瑞士	4.10	新西兰	4.27
10	加拿大	1.68	新西兰	3.07	韩国	3.81

数据来源：根据 UN Comtrade 整理计算。

二、农产品进口

我国作为农产品消费大国，农产品进口在我国国民经济中占据重要地位。扩大农产品进口，不仅可以增加国内市场的有效供给、增加消费选择，还有助于促进国内农业自身结构调整，推动绿色农业和优质农业发展[①]。近年来，随着我国对外贸易的不断扩大，我国农产品进口贸易也得到了快速发展。统计分析显示：①中国农产品进口规模整体表现为日益上升的态势；②2020 年中国进口总额最大的三类农产品分别是畜产

---

① 林丽鹂. 专家学者热议我国扩大农产品进口为丰富百姓餐桌提供更多选择 [EB/OL]. 人民网，[2018-05-22]. http://finance.people.com.cn/n1/2018/0522/c1004-30004188.html.

品、油籽、其他农产品；③中国农产品贸易逆差不断扩大；④中国农产品进口贸易的国际地位日益提升；⑤2020 年，巴西是我国第一大农产品进口来源地。

（一）农产品的界定

在乌拉圭回合农产品协议和《2016 中国农产品贸易发展报告》的基础上，本节采用 UN Comtrade 中 HS2017 编码数据，对农产品①的界定具体如表 5-6 所示。

表 5-6 农产品分类及对应的 HS2017 编码

农产品分类	HS2017 编码	产品数量/种
谷物	1001、1002、1003、1004、1005、1006、1007、1008、1101、1102、1103、1104	12
棉麻丝	5001、5002、5003、5201、5202、5203、5301、5302、5303、5304、5305	11
油籽	1201、1202、1204、1205、1206、1207、1208	7
植物油	1507、1508、1509、1510、1511、1512、1513、1514、1515	9
糖料及糖类	1701、1702、1703、1704	4
饮品类	0901、0902、0903、1801、1802、1803、1804、1805、1806、2101、2202、2203、2204、2205、2206、2208、2209	17
蔬菜	0701、0702、0703、0704、0705、0706、0707、0708、0709、0710、0711、0712、0904、1212、2001、2002、2003、2004、2005、2103	20
水果	0803、0804、0805、0806、0807、0808、0809、0810、0812、0813、0814、1203、2006、2007、2008、2009	16
坚果	0801、0802、0811	3
花卉	0601、0602、0603、0604	4
饼粕	2304、2305、2306	3
干豆（不含大豆）	0713、1106	2
水产品	0301、0302、0303、0304、0305、0306、0307、0308、0508、1504、1603、1604、1605、2801、7101	15
畜产品	0101、0102、0103、0104、0105、0106、0201、0202、0203、0204、0205、0206、0207、0208、0209、0210、0401、0402、0403、0404、0405、0406、0407、0408、0409、0410、0502、0503、0504、0505、0506、0507、0510、0511、1501、1502、1503、1505、1506、1601、1602、2301、4101、4102、4103、4301、5101、5102、5103	49
调味香料	0905、0906、0907、0908、0909、0910	6
精油	3301	1
粮食制品	1107、1108、1109、1902、1903、1904、1905	7

---

① 农业部农产品贸易办公室，农业部农业贸易促进中心.2016 中国农产品贸易发展报告［M］.北京：中国农业出版社，2016.

续表

农产品分类	HS2017 编码	产品数量/种
粮食（薯类）	0714、1105	2
药材	1211	1
其他农产品	0509、1209、1210、1213、1214、1301、1302、1401、1402、1403、1404、1516、1517、1518、1519、1520、1521、1522、1901、2102、2104、2105、2106、2207、2302、2303、2307、2308、2309、2401、2402、2403、2905、3501、3502、3503、3504、3505、3809、3823、3913	41

数据来源：农业部农产品贸易办公室，农业部农业贸易促进中心. 2016 中国农产品贸易发展报告 [M]. 北京：中国农业出版社，2016.

（二）农产品的进口规模

中国农产品进口规模整体表现为日益上升的态势。如表 5－7、图 5－3 所示，2011—2020 年，中国农产品进口总额从 1107.65 亿美元增长到 1867.08 亿美元，2020 年大约为 2011 年的 1.69 倍。此外，与 2019 年相比，2020 年农产品进口额增长了 14.66%，实现了逆势增长。原因可能是：从宏观层面来看，我国统筹疫情防控和经济社会发展的各项政策措施有力有效，为进口贸易持续稳定运行提供了有力支撑①。从微观层面来看，在我国重点进口的农产品中，大豆和肉类进口增长较快。大豆进口增长表明我国认真履行对其他国家做出的贸易承诺，而猪肉进口增加是因为国内猪肉涨价，通过进口填补国内猪肉供应的缺口②。

表 5－7　2011—2020 年中国农产品进口规模变化情况

年份	进口额/亿美元	同比增长/%
2011	1107.65	30.24
2012	1245.79	12.47
2013	1335.46	7.20
2014	1304.08	-2.35
2015	1212.42	-7.03
2016	1195.62	-1.39
2017	1362.90	13.99
2018	1530.26	12.28
2019	1628.30	6.41
2020	1867.08	14.66

数据来源：2011—2017 年的数据来源于 CEPII BACI 数据库，2018—2020 年的数据来源于 UN Comtrade。

---

① 汪文正. 进出口贸易回稳向好 [N]. 人民日报（海外版），2020－11－14（003）.
② 陶凤，吕银玲. 全面反弹前三季度累计进出口首次转正 [EB/OL]. 和讯网，[2020－10－13]. http：//news. hexun. com/2020－10－13/202220889. html.

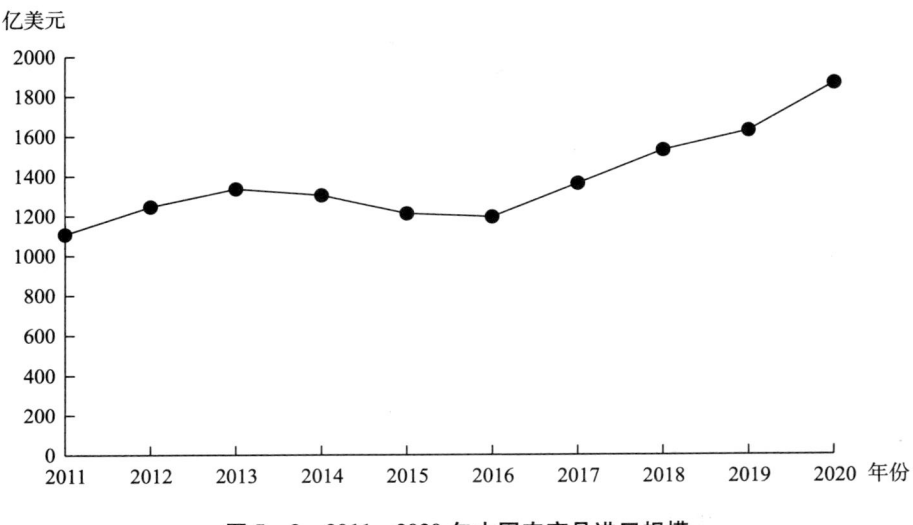

图 5-3　2011—2020 年中国农产品进口规模

数据来源：2011—2017 年的数据来源于 CEPII BACI 数据库，2018—2020 年的数据来源于 UN Comtrade。

(三) 各类农产品进口规模

表 5-8 列出了 2000 年、2010 年和 2020 年中国各类农产品进口额的变化情况。由表 5-8 可知，中国各类农产品进口规模的变化呈现出以下特点：首先，从中国各类农产品进口规模来看，2020 年中国进口规模前十大农产品依次是畜产品、油籽、其他农产品、水产品、水果、植物油、谷物、饮品类、棉麻丝、粮食制品。其次，从 2000—2020 年进口规模的变化来看，中国进口总额增长速度最快的三类农产品为坚果、粮食制品、调味香料，2020 年这三类农产品进口额分别是 2000 年的 103.92 倍、44.03 倍、41.57 倍。

表 5-8　2000 年、2010 年和 2020 年中国各类农产品进口规模

序号	产品类型	2000 年进口规模/亿美元	2010 年进口规模/亿美元	2020 年进口规模/亿美元	2020 年与 2000 年的比值
1	畜产品	32.38	113.53	443.41	13.69
2	油籽	29.44	265.41	432.94	14.71
3	其他农产品	26.30	162.86	272.87	10.38
4	水产品	12.57	47.32	133.80	10.64
5	水果	3.68	19.58	106.92	29.05
6	植物油	7.55	82.29	99.29	13.15
7	谷物	5.95	15.28	95.16	15.99
8	饮品类	2.42	22.20	64.68	26.73

续表

序号	产品类型	2000年进口规模/亿美元	2010年进口规模/亿美元	2020年进口规模/亿美元	2020年与2000年的比值
9	棉麻丝	2.17	61.87	42.72	19.69
10	粮食制品	0.60	6.59	26.42	44.03
11	糖料及糖类	1.77	10.34	26.36	14.89
12	坚果	0.24	5.41	24.94	103.92
13	蔬菜	1.78	4.59	13.72	7.71
14	饼粕	1.15	5.17	13.58	11.81
15	干豆（不含大豆）	0.31	2.77	10.80	34.84
16	粮食（薯类）	0.23	12.10	8.14	35.39
17	调味香料	0.07	0.07	2.91	41.57
18	精油	0.36	1.21	2.73	7.58
19	花卉	0.21	1.04	2.44	11.62
20	药材	0.40	0.71	1.50	3.75

数据来源：根据 UN Comtrade 整理计算。

（四）农产品的贸易差额

我国农产品贸易逆差整体上表现为扩大的态势。农产品贸易逆差由2011年的490.68亿美元扩大到2020年的947.70亿美元。与2019年相比，2020年农产品贸易逆差上升31.86%。我国农产品贸易逆差不断扩大的主要原因在于：一方面，我国对农产品质量和数量的整体需求不断提升。我国城乡居民农产品消费水平不断提高，对优质农产品需求持续增加，而国内优质农产品供给不足，因而通过进口来解决此问题[1]。随着我国农产品进口总额不断增加，我国农产品贸易逆差也不断扩大。另一方面，与发达国家相比，我国农业生产技术和生产模式比较落后，农产品生产成本也高得多[2]，我国农产品出口缺乏国际竞争力。

表5-9　2011—2020年中国农产品贸易差额变化情况　　　　单位：亿美元

年份	贸易差额
2011	-490.68
2012	-619.02
2013	-689.36

---

[1] 童威远. "三农"工作重心转移，乡村产业振兴如何继续推进？[EB/OL]. 新华财经, [2021-02-05]. https://www.cnfin.com/upload-xh08/2021/0205/aab67a6c61fe48c1b1c9cb5b0619da8f.pdf.

[2] 万宝瑞. 加快提升农业竞争力 [N]. 人民日报, 2016-02-14 (005).

续表

年份	贸易差额
2014	-630.42
2015	-578.45
2016	-531.34
2017	-626.77
2018	-736.25
2019	-718.70
2020	-947.70

数据来源：2011—2017 年数据来源于 CEPII BACI 数据库，2018—2020 年数据来源于中国海关统计数据在线查询平台。

（五）农产品的贸易地位

中国为世界农产品进口贸易做出了巨大贡献。如图 5-4、表 5-10 所示，2011—2020 年，中国农产品进口占世界农产品进口总额的份额由从 6.94% 上升到 12.45%，2020 年约为 2011 年的 1.79 倍。

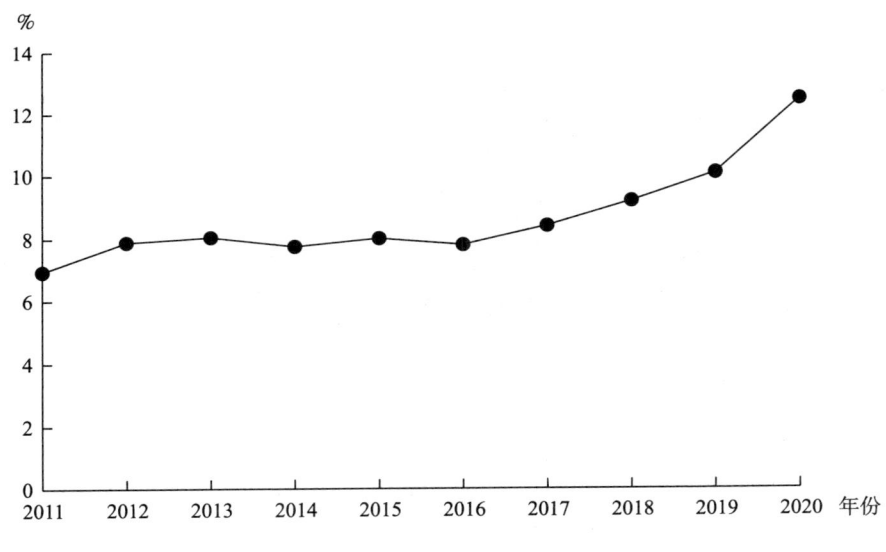

图 5-4　2011—2020 年中国占世界农产品进口份额

数据来源：2011—2017 年的数据来源于 CEPII BACI 数据库，2018—2020 年的数据来源于 UN Comtrade。

农产品进口占中国总进口的份额整体表现为先上升后下降的态势。2011—2016 年，整体表现为上升态势，我国农产品进口占中国总进口的份额从 7.93% 上升到 9.69%；其后所占份额整体表现为下降的态势，2019 年，中国农产品进口占中国总进口份额为

7.87%。2020年，中国农产品进口占中国总进口的份额有所上升，达到9.06%。

中国稳居世界第一大农产品进口国。如表5-10所示，2011—2017年，我国稳定保持着世界第二大农产品进口国的地位；2018—2020年，我国农产品进口排名稳居世界第一。

表5-10 2011—2020年中国农产品进口情况

年份	中国进口占世界农产品进口份额/%	农产品进口占中国总进口份额/%	中国农产品进口的世界排名
2011	6.94	7.93	2
2012	7.89	8.76	2
2013	8.05	8.48	2
2014	7.75	8.50	2
2015	8.01	9.53	2
2016	7.80	9.69	2
2017	8.41	8.86	2
2018	9.21	7.18	1
2019	10.11	7.87	1
2020	12.45	9.06	1

数据来源：2011—2017年的数据来源于CEPII BACI数据库，2018—2020年的数据来源于UN Comtrade。

(六) 农产品的进口来源地

巴西、美国、澳大利亚、加拿大、阿根廷是我国主要的农产品进口贸易伙伴国。2000年、2010年和2020年，巴西、美国、澳大利亚、加拿大、阿根廷都位列我国农产品前十大进口来源地。

美国在中国农产品进口中的地位有所下降。我国从美国进口的农产品占我国农产品进口总额的份额从2000年的21.14%下降到2020年的13.32%。此外，2000年，美国是我国第一大农产品进口来源地，2020年，美国是我国第二大农产品进口来源地。

巴西上升为中国第一大农产品进口来源地。2000年，巴西是中国第五大农产品进口来源地，2020年上升为中国第一大农产品进口来源地。此外，从巴西进口的农产品占中国农产品进口总额的份额从2000年的4.53%上升为2020年的19.43%。

表 5-11　2000 年、2010 年和 2020 年中国农产品前十大进口来源地及占比　　　　（%）

排名	2000 年		2010 年		2020 年	
	国家	占比	国家	占比	国家	占比
1	美国	21.14	美国	22.88	巴西	19.43
2	澳大利亚	10.61	巴西	12.85	美国	13.32
3	加拿大	7.24	阿根廷	6.81	澳大利亚	5.16
4	阿根廷	5.98	马来西亚	4.77	新西兰	4.94
5	巴西	4.53	澳大利亚	4.69	泰国	4.34
6	马来西亚	3.98	加拿大	4.11	加拿大	4.26
7	俄罗斯	3.96	印度尼西亚	4.04	印度尼西亚	3.82
8	日本	3.84	沙特阿拉伯	3.24	阿根廷	3.44
9	秘鲁	3.12	印度	3.09	法国	2.76
10	新西兰	3.04	泰国	2.99	俄罗斯	2.25

数据来源：根据 UN Comtrade 整理计算。

三、粮食产品进口

粮食安全是关系国计民生的"压舱石"，是维护国家安全的重要基础。随着中国粮食市场的开放，粮食进口规模不断扩大，中国已经由粮食净出口国转变为粮食净进口国，粮食的净进口也成为当前中国粮食贸易的"新常态"。新冠肺炎疫情全球大流行，给粮食贸易合作带来诸多不确定因素，国际粮食供应链和物流链存在一定的风险。统计分析显示：①中国粮食产品进口规模总体保持比较稳定的态势；②大豆是中国进口依存度最高的粮食产品之一，也是进口来源地集中度较高的粮食产品之一；③中国在世界粮食产品进口贸易中的地位比较稳定；④目前，中国粮食产品的主要进口来源地是巴西和美国。

（一）粮食产品的界定

在中国海关总署统计快讯进口重点商品表的基础上，采用 UN Comtrade 中 HS2017 编码数据，本节对粮食产品的界定如表 5-12 所示。

表 5-12　粮食产品分类及对应的 HS2017 编码

粮食产品分类	HS2017 编码
鲜或冷藏的马铃薯	070190
冷冻马铃薯	071010
其他干豌豆	07131090

续表

粮食产品分类	HS2017 编码
其他干鹰嘴豆	07132090
其他干绿豆	07133190
其他红小豆（赤豆），脱荚的，干的	07133290
其他干芸豆	07133390
干巴姆巴拉豆	071334
干牛豆（豇豆）	071335
未列名豇豆属及菜豆属的干豆	071339
其他干扁豆	07134090
其他干蚕豆	07135090
其他干木豆（木豆属）	07136090
其他脱荚干豆	07139090
其他鲜甘薯	07142019
甘薯干	07142020
冷或冻甘薯	07142030
其他硬粒小麦	100119
其他小麦及混合麦	100199
其他黑麦	100290
其他大麦	100390
其他燕麦	100490
玉米	100590
其他长粒米稻谷、其他中短粒米稻谷	10061080
糙米	100620
精米	100630
碎米	100640
其他食用高粱	100790
荞麦	100810
其他谷子	100829
其他直长马唐（马唐属）	10084090
其他昆诺阿藜	10085090
其他黑小麦	10086090
未列名谷物	10089090
小麦或混合麦的细粉	1101
其他谷物细粉	1102
谷物的粗粒、粗粉及团粒	1103
经其他加工的谷物	1104

续表

粮食产品分类	HS2017 编码
马铃薯的细粉、粗粉、粉末、粉片、颗粒及团粒	1105
干豆制细粉及粗粉及粉末	110610
大豆	120190

数据来源：根据海关总署网站（http：//www.customs.gov.cn/customs/302249/zfxxgk/2799825/302274/tjzd/3528935/index.html? mJuIFibq5IbU=1631757624486）资料整理。

（二）粮食产品的进口规模

中国粮食产品进口规模总体有所增加。如表5-13、图5-5所示，2011—2020年，中国粮食产品进口规模从336.6亿美元增加至508.3亿美元。与2019年相比，2020年我国粮食进口增长幅度较大，主要有两个方面的原因：一是国内需求增长较快。受2019年以来国家大力鼓励生猪生产政策的刺激，全国生猪生产逐步恢复，由此带动饲用玉米和大豆需求大幅增长[1]。二是国内外粮价倒挂。2020年国际粮价有所上涨，但仍低于国内粮价。我国粮食生产的规模化和组织化程度不够高，与欧美国家家庭农场的规模相比有较大差距，因此国内粮食在价格上没有太多竞争优势[2]。

表5-13 2011—2020年中国粮食产品进口规模变化情况

年份	进口额/亿美元	同比增长/%
2011	336.6	19.8
2012	421.4	25.5
2013	456.0	8.2
2014	490.4	7.5
2015	467.4	-4.7
2016	415.1	-11.2
2017	480.8	15.8
2018	458.7	-4.6
2019	419.8	-8.5
2020	508.3	21.1

数据来源：中国海关总署。

---

[1] 粮食进口！新高！[EB/OL]. 湖北省粮食行业协会，[2020-12-08]. http://www.hblx.org.cn/qhblx/vip_doc/19117686.html.
[2] 我国允许进口粮食国家名单出炉，粮食危机下中国进口大幅增长[EB/OL]. 腾讯网，[2021-01-11]. https://xw.qq.com/partner/vivoscreen/20210111A0B1KU/20210111A0B1KU00? vivoRcdMark=1.

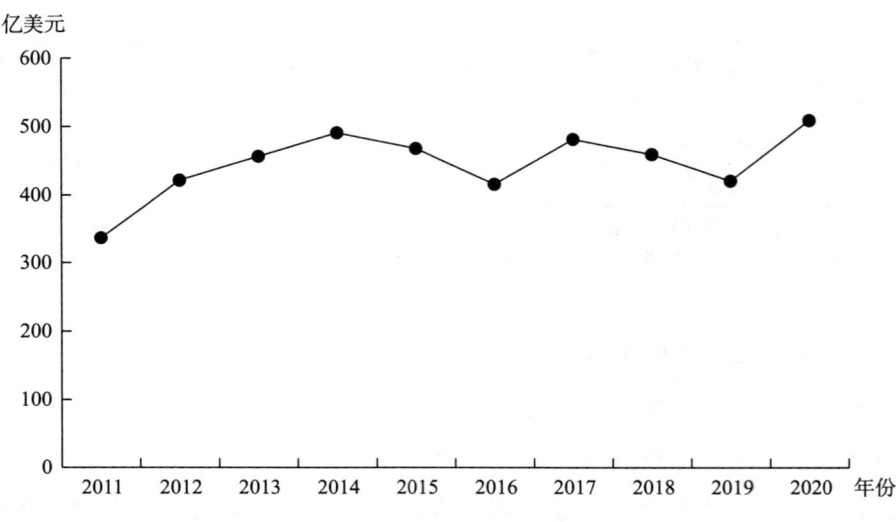

图 5-5 2011—2020 年中国粮食产品进口规模

数据来源：中国海关总署。

（三）粮食产品的进口产品结构

我国对稻米、小麦、玉米三大主粮的进口依赖度较低。我国始终坚持"谷物基本自给、口粮绝对安全"战略，从国际市场上进口大米、小麦、玉米三大主粮的数量不大，主要是用于品种和年度间余缺调剂，国内市场与国际市场的相互影响有限[①]。

近年来，我国农产品进口最主要的产品是大豆。如表 5-14 所示，我国大豆自给率较低，高度依赖进口，2020 年进口依存度达到 87.60%。我国大量进口大豆，既有效保障了国内蛋白饲料和食用植物油需求，也为国际主要大豆出口国提供了最为广阔的市场空间。

表 5-14　2020 年我国粮食供需基本状况　　　　　　　　　（%）

大类	品种	粮食消费占比	进口依存度
谷物	稻米	31.60	1.60
	小麦	20.10	4.30
	玉米	39.30	2.40
豆类	大豆	3.20	87.60

数据来源：根据国家统计局资料整理。

注：进口依存度=进口量÷消费量。

---

① 农业农村部就当前及元旦春节期间我国粮食和主要农产品市场形势、生产形势等情况举行新闻发布会[EB/OL]．农业农村部，[2020-12-24]．http://www.moa.gov.cn/hd/zbft_news/sjqjwglshzyncpxs．

（四）粮食产品的进口稳定性

大豆是我国进口依存度较高的粮食产品之一。自20世纪90年代起，我国在大豆领域逐渐由出口大国转变为进口大国，并逐步发展成为全球大豆进口量最大的国家。2019年中国大豆对外依存度高达83.20%，2020年进口依存度仍在上升，达到87.60%[①]。我国大豆主要依靠进口的格局在一定时期内不会发生根本性改变，因此，充分利用国际市场和国际资源是我国大豆供给的必然选择，确保大豆进口稳定显得尤为重要。

我国大豆进口来源地集中度过高。我国大豆进口来源地包括美国、巴西、阿根廷、加拿大、乌拉圭和俄罗斯等，其中，巴西、美国和阿根廷是我国大豆进口的三大主要来源地。目前，国际局势震荡不安，合理布局大豆进口国别以应对我国大豆进口来源地高度集中的风险是一个严峻的挑战。

（五）粮食产品的贸易地位

中国在世界粮食产品进口贸易中的地位比较稳定。如表5-15所示，2011—2019年，中国粮食产品进口占世界粮食产品进口总额的份额基本保持稳定，在24%左右，2020年增长到30.90%。

粮食产品进口在中国进口贸易中的份额基本保持稳定。2012—2020年，所占份额在2%~2.5%。

表5-15　2011—2020年中国粮食产品进口情况　　　　　　　　　　　　（%）

年份	中国进口占世界粮食产品进口份额	粮食产品进口占中国总进口份额
2011	19.24	0.81
2012	23.90	2.22
2013	23.65	2.25
2014	23.72	2.39
2015	24.64	2.66
2016	23.58	2.53
2017	25.71	2.54
2018	24.36	2.10
2019	24.11	2.01
2020	30.90	2.43

数据来源：根据 UN Comtrade 整理计算。

[①] 振兴国产大豆意义重大［EB/OL］. 搜狐网，［2021-03-21］. https://www.sohu.com/a/456632199_120181630.

（六）粮食产品的进口来源地

目前，中国粮食产品的主要进口来源地是巴西和美国。如表5-16所示，2020年，巴西和美国是中国粮食产品的主要进口来源地，中国从巴西、美国进口的粮食产品占中国粮食产品进口总额的比例分别为49.68%和26.19%，从这两个国家的粮食进口占中国粮食产品进口总额的比例在75%左右。

美国在中国粮食产品进口来源地中的地位变化较大。2000年、2010年和2020年，我国从美国进口的粮食产品占我国进口粮食产品总额的份额分别为7.27%、40.50%和26.19%。2000年，美国是我国粮食产品第三大进口来源地，2010年，美国是我国粮食产品第一大进口来源地，2020年，美国是我国粮食产品第二大进口来源地。

表5-16 2000年、2010年和2020年中国粮食产品前十大进口来源地及占比（%）

排名	2000年 国家	占比	2010年 国家	占比	2020年 国家	占比
1	泰国	66.82	美国	40.50	巴西	49.68
2	加拿大	8.97	泰国	26.82	美国	26.19
3	美国	7.27	加拿大	16.22	阿根廷	6.16
4	印度	5.67	缅甸	7.00	加拿大	4.04
5	澳大利亚	2.32	印度	3.12	乌克兰	3.87
6	日本	2.10	越南	2.42	法国	2.09
7	韩国	1.34	老挝	1.44	澳大利亚	1.71
8	尼泊尔	1.23	澳大利亚	0.94	乌拉圭	1.35
9	缅甸	0.78	日本	0.31	越南	0.92
10	英国	0.74	韩国	0.17	缅甸	0.85

数据来源：根据UN Comtrade整理计算。

四、高技术产品进口

高技术产品具有较高的技术含量、良好的经济效益和广阔的市场前景。随着经济全球化进程加快，高技术产品之间的竞争已成为国际竞争的新焦点。中国高技术产品进口经过二十几年的持续健康发展，国际竞争力稳步提升，极大地推动了中国进口发展。在带动产业发展的同时，高技术产品进口也促进了贸易、科技与产业的良性互动，为优化外贸结构发挥了积极作用。统计分析显示：①中国高技术产品进口规模总体呈上升趋势；②中国高技术产品进口规模最大的三类行业是电子及通信设备制造业、医疗仪器设备及仪器仪表制造业、计算机及办公设备制造业；③中国高技术产品进口占世界高技术产品进口总额的份额基本保持稳定;④中国高技术产品进口来源地集中度明显下降。

(一) 高技术产品的界定

本节涉及的高技术产品[①]具体涉及医药制造业,航空、航天器及设备制造业,电子及通信设备制造业,计算机及办公设备制造业,医疗仪器设备及仪器仪表制造业,信息化学品制造业等6大类行业,与HS2002编码的对应关系见表5-17。

表5-17 高技术产品分类及对应的HS2002编码

大类行业	国民经济行业	行业数量/个	HS2002 编码	产品数量/种
医药制造业	化学药品原料药制造、化学药品制剂制造、中成药生产、兽用药品制造、生物药品制造等	9	294140、293331、293711、293790、293962、300510、300610、300660、340700 等	134
航空、航天器及设备制造业	飞机制造、航天器及运载火箭制造、航天相关设备制造、航空相关设备制造、其他航空航天器制造、航空航天器修理等	6	840120、880211、880310、880320、841112、841121、880390 等	21
电子及通信设备制造业	集成电路制造、半导体器件专用设备制造、电子元器件与机电组件设备制造、其他电子专用设备制造、光纤制造、光缆制造、锂离子电池制造、通信系统设备制造、通信终端设备制造、雷达及配套设备制造等	35	850640、850680、850730、852739、854012、854079、854081、854190、854319 等	97
计算机及办公设备制造业	计算机整机制造、计算机零部件制造、计算机外围设备制造、工业控制计算机及系统制造、信息安全设备制造、其他计算机制造、复印和胶印设备制造、计算器及货币专用设备制造等	8	844312、847010、847021、847029、847050、847090、847130、847170、847190、847329、847330 等	22

---

① 魏浩,连慧君,张雨. 中国高技术产品进口的基本态势与应对策略 [J]. 国际贸易,2020 (12):20-28,40.

续表

大类行业	国民经济行业	行业数量/个	HS2002 编码	产品数量/种
医疗仪器设备及仪器仪表制造业	光学仪器制造、医疗诊断、监护及治疗设备制造、口腔科用设备及器具制造、医疗实验室及医用消毒设备和器具制造、机械治疗及病房护理设备制造、电工仪器仪表制造、试验机制造、教学专用仪器制造、核子及核辐射测量仪器制造、电子测量仪器制造等	25	901420、901520、901730、901849、901530、901850、901910、902290、902620、902910、903040、903141 等	116
信息化学品制造业	文化用信息化学品制造、医学生产用信息化学品制造	2	370210、370239、370252、370120、370191、370790 等	30

数据来源：魏浩，连慧君，张雨. 中国高技术产品进口的基本态势与应对策略［J］. 国际贸易, 2020（12）: 20－28，40.

（二）高技术产品的进口规模

中国高技术产品进口额总体呈上升趋势。如表5－18、图5－6所示，中国高技术产品进口额从2011年的4917亿美元增长到2020年的6822亿美元，2020年大约为2011年的1.39倍。

表5－18 2011—2020年中国高技术产品进口规模变化情况

年份	进口额/亿美元	同比增长/%
2011	4917	11.90
2012	5328	8.36
2013	5885	10.45
2014	5826	－1.00
2015	5793	－0.57
2016	5538	－4.40
2017	6219	12.30
2018	6717	8.01
2019	6376	－5.08
2020	6822	6.99

数据来源：根据 UN Comtrade 整理计算。

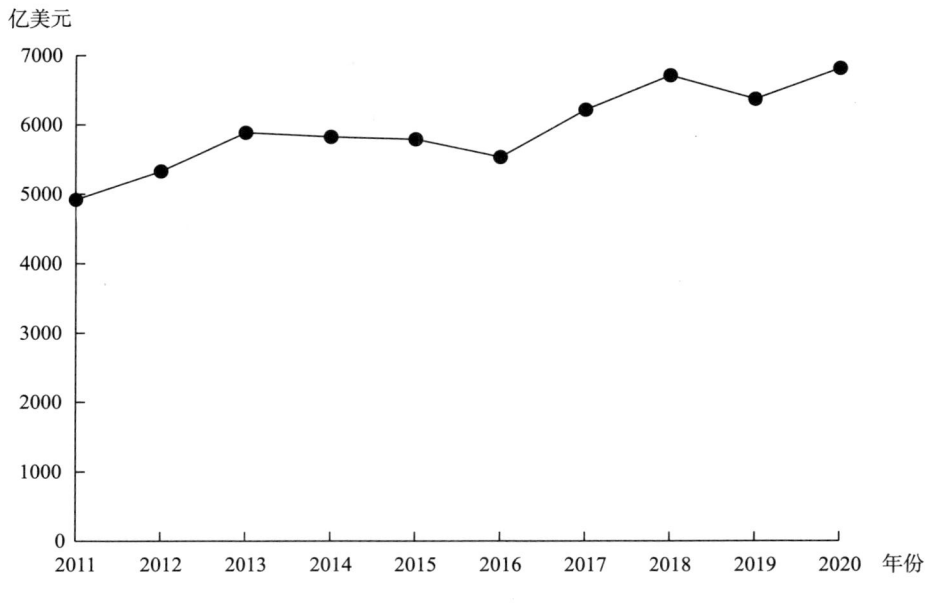

图 5-6 2011—2020 年中国高技术产品进口规模

数据来源：根据 UN Comtrade 整理计算。

中国高技术产品进口主要经历了三个发展阶段。①2011—2013 年，中国高技术产品进口快速增长，中国高技术产品进口额由 4917 亿美元增长至 5885 亿美元。②2014—2016 年，中国高技术产品进口有所下降，主要是因为世界经济复苏势头明显减弱。一方面，发达国家生产率增长缓慢，投资需求不足，金融市场信心不够稳固，经济复苏弱于预期；另一方面，新兴经济体和发展中国家内需不振，出口萎缩，资本外流，经济增速进一步放缓[1]。受全球经济形势的影响，我国高技术产品进口也出现大幅下降。③2017—2020 年，高技术产品进口实现恢复性增长。

（三）高技术产品的进口行业结构

表 5-19 列出了 2000 年、2010 年和 2020 年中国高技术产品进口的行业结构。首先，2020 年，中国高技术产品进口规模最大的三类行业是电子及通信设备制造业、医疗仪器设备及仪器仪表制造业、计算机及办公设备制造业。其次，从 2000—2020 年进口总额的变化来看，中国高技术产品进口总额增长幅度最大的三类行业是医药制造业，医疗仪器设备及仪器仪表制造业，航空、航天器及设备制造业；2020 年这三类行业高技术产品进口额分别是 2000 年的 38.80 倍、14.18 倍、8.80 倍。

---

[1] 商务部：美联储加息可能引发商品和金融市场新震荡 [EB/OL]. 搜狐网，[2015-11-06]. https://www.sohu.com/a/39974062_114984.

表 5-19 2000 年、2010 年和 2020 年中国高技术产品进口的行业结构

序号	产品类型	2000 年进口规模/亿美元	2010 年进口规模/亿美元	2020 年进口规模/亿美元	2020 年与 2000 年的比值
1	电子及通信设备制造业	360.32	1756.72	2499.08	6.94
2	医疗仪器设备及仪器仪表制造业	126.45	1233.48	1792.73	14.18
3	计算机及办公设备制造业	178.14	866.22	1278.61	7.18
4	医药制造业	21.25	208.55	824.47	38.80
5	航空、航天器及设备制造业	34.81	262.18	306.20	8.80
6	信息化学品制造业	15.03	66.85	120.90	8.04

数据来源：根据 UN Comtrade 整理计算。

（四）高技术产品的贸易地位

中国高技术产品进口占世界高技术产品进口总额的份额大体不变。2011—2020 年，中国高技术产品进口总额占世界高技术产品进口总额的份额基本保持稳定，一直在 16% 左右。

高技术产品进口占中国总进口的份额整体表现为先上升后下降的态势。2011—2016 年，整体表现为上升的态势，我国高技术产品进口占中国总进口的份额从 28.20% 上升到 34.88%；其后所占份额整体表现为下降的态势，2019 年，中国高技术产品进口占中国总进口的 30.82%。2020 年，中国高技术产品进口所占份额有所上升，达到 33.19%。

表 5-20 2011—2020 年中国高技术产品进口占比情况　　　　　　　（%）

年份	中国进口占世界高技术产品进口份额	高技术产品进口占中国总进口份额
2011	15.03	28.20
2012	16.28	29.30
2013	16.49	30.18
2014	16.03	29.74
2015	16.11	34.49
2016	15.37	34.88
2017	16.15	33.73
2018	17.44	31.46
2019	16.53	30.82
2020	16.46	33.19

数据来源：根据 UN Comtrade 整理计算。

（五）高技术产品的进口来源地

从表 5-21 可知，中国前十大高技术产品进口来源地相对稳定。2000 年、2010 年和 2020 年，美国、德国、日本、韩国、法国、马来西亚和新加坡都位列中国高技术产品前十大进口来源地，表明上述 7 个国家是中国主要的高技术产品贸易伙伴。

中国高技术产品进口来源地集中度明显下降。2000 年，中国从前三大进口来源地进口的高技术产品合计占比为 42.09%，而到 2020 年，这一占比下降为 31.13%。

2020 年，日本为中国第一大高技术产品进口来源地，中国从日本进口的高技术产品占中国高技术产品进口总额的 12.66%。

表 5-21　2000 年、2010 年和 2020 年中国高技术产品前十大进口来源地及占比　（%）

排名	2000 年		2010 年		2020 年	
	国家或地区	占比	国家或地区	占比	国家或地区	占比
1	日本	20.21	韩国	15.93	日本	12.66
2	美国	16.50	日本	14.92	韩国	9.89
3	韩国	5.38	美国	8.47	美国	8.58
4	中国香港	5.38	德国	4.94	德国	8.41
5	德国	5.25	泰国	4.62	泰国	4.97
6	新加坡	4.56	马来西亚	2.99	越南	3.87
7	马来西亚	4.00	菲律宾	2.44	马来西亚	3.13
8	瑞典	3.90	法国	2.27	法国	2.69
9	英国	3.42	新加坡	1.43	菲律宾	1.88
10	法国	3.18	瑞士	0.86	新加坡	1.86

数据来源：根据 UN Comtrade 整理计算。

五、机电产品进口

改革开放以来，机电产品进口在提升国内产业装备水平、推动产业结构调整、提高创新能力、增强国际竞争力和促进国民经济发展等方面发挥了重要作用。实施积极的机电产品进口战略，有利于我国在全球范围内实现资源优化配置，优化贸易结构，促进经济发展方式转变和产业结构调整[1]。统计分析显示：①中国机电产品进口规模整体表现为上升态势；②机电产品在中国进口贸易中的份额整体表现为先上升再下降的态势；③中国机电产品进口增长主要是集成电路产品增长实现的；④日本和韩国是中

---

[1] 关于"十二五"期间实施积极的机电产品进口促进战略的若干意见 [EB/OL]. 商务部，[2011-03-04]. http://www.mofcom.gov.cn/article/b/e/201103/20110307451529.shtml.

国机电产品的主要进口来源地。

（一）机电产品的界定

本节涉及的机电产品[①]包括两类：核反应堆、锅炉、机器、机械器具及零件；电机、电气设备及其零件、录音机及放声机、电视录像、声音的录制和重放设备及其零附件。与HS2017编码的对应关系见表5-22。

表5-22 机电产品分类及对应的HS2017编码

产品类型	HS2017编码
核反应堆、锅炉、机器、机械器具及零件	84
电机、电气设备及其零件、录音机及放声机、电视录像、声音的录制和重放设备及其零附件	85

数据来源：根据余淼杰（2011）整理。

（二）机电产品的进口规模

中国机电产品进口规模整体表现为上升的态势。如表5-23、图5-7所示，2011—2020年，中国机电产品进口总额由5502.68亿美元上升到7407.07亿美元，2020年约为2011年的1.35倍。与2019年相比，2020年中国机电产品进口额上升了7.80%。

表5-23 2011—2020年中国机电产品进口规模变化情况

年份	进口额/亿美元	同比增长/%
2011	5502.68	13.12
2012	5634.81	2.40
2013	6699.88	18.90
2014	6036.97	-9.89
2015	5857.37	-2.98
2016	5605.39	-4.30
2017	6274.55	11.94
2018	7238.60	15.36
2019	6871.41	-5.07
2020	7407.07	7.80

数据来源：根据UN Comtrade整理计算。

---

① 余淼杰．加工贸易、企业生产率和关税减免——来自中国产品面的证据[J]．经济学（季刊），2011，10（4）：1251-1280．

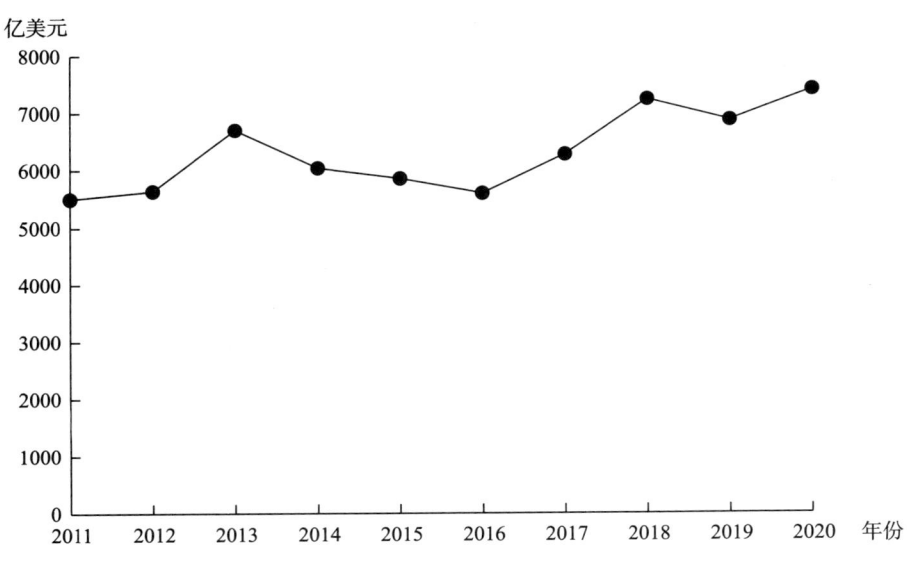

图 5-7 2011—2020 年中国机电产品进口规模

数据来源：根据 UN Comtrade 整理计算。

中国机电产品进口规模变化大致可以划分为三个阶段。在第一阶段（2011—2013年），中国机电产品进口整体表现为上升的态势，2011年，机电产品进口总额为5502.68亿美元，2013年达到6699.88亿美元，2013年大约为2011年的1.22倍。在第二阶段（2014—2016年），世界经济形势严峻，全球机电产品贸易明显下滑，我国机电产品进口也出现负增长态势。从全球市场看，国际贸易整体大幅下滑、多国汇率大幅贬值对机电产品贸易增长影响较大；从国内市场看，受外贸转型升级期传统优势弱化、国内需求降低等多种因素影响，我国机电外贸进入中低速增长的"新常态"[①]。在第三阶段（2017—2020年），我国机电产品进口实现了恢复性增长，机电产品进口总额由2017年的6274.55亿美元增长到2020年的7407.07亿美元。

（三）机电产品的贸易地位

中国机电产品在世界机电产品进口贸易中的地位比较稳定。如表5-24所示，2011—2019年，中国机电产品进口占世界机电产品进口总额的份额基本保持在13%左右，2020年所占份额增长到15.55%。我国作为机电产品进口大国，为世界机电产品贸易做出了重要贡献。

---

① 马帅.2015年机电产品进出口分析[J].电器工业，2016（03）：32-34.

机电产品进口在中国进口贸易中的份额整体表现为先上升再下降的态势。2011—2016年整体表现为上升的态势，我国机电产品进口占中国总进口的份额从31.56%上升到35.30%；其后所占份额整体表现为下降的态势，2019年，中国机电产品进口占中国总进口的份额为33.21%。2020年，中国机电产品进口占中国总进口的份额有所回升，为36.03%。

表5-24 2011—2020年中国机电产品进口情况 （%）

年份	中国进口占世界机电产品进口份额	机电产品进口占中国总进口份额
2011	12.55	31.56
2012	12.78	30.99
2013	13.50	31.28
2014	13.04	30.81
2015	13.27	34.87
2016	12.77	35.30
2017	12.89	34.03
2018	13.77	33.90
2019	13.47	33.21
2020	15.55	36.03

数据来源：根据UN Comtrade整理计算。

（四）各类机电产品进口规模

中国机电产品进口增长主要是集成电路产品进口增长推动的。2020年，我国集成电路进口总额为3500.40亿美元，同比增长14.60%，占机电产品进口总额的36.90%，是拉动我国机电产品进口增长最主要的产品。集成电路进口保持增长的主要原因是疫情对生活方式的改变刺激了对集成电路产品的需求，如线上办公、远程教育、互联网医疗等拉动了对服务器、个人电脑、平板电脑、医疗电子等产品的需求[1]。

表5-25 2020年中国重点机电产品进口情况

重点机电产品	进口额/亿美元	同比增长/%	占机电产品进口额比重/%
机床	66.20	-17.80	0.70
自动数据处理设备及其零部件	535.50	7.40	5.60
集成电路	3500.40	14.60	36.90

[1] 商务部：近几个月我国集成电路进口保持增长的主要原因是市场需求回暖[EB/OL].新浪财经，[2020-09-10]. https://baijiahao.baidu.com/s?id=1677432274389740769&wfr=spider&for=pc.

续表

重点机电产品	进口额/亿美元	同比增长/%	占机电产品进口额比重/%
汽车及底盘	467.00	-4.20	4.90
汽车零配件	324.40	0.10	3.40
空载重量超过2吨的飞机	71.40	-54.80	0.80
液晶显示板	191.00	-8.10	2.00
二极管及类似半导体器件	234.70	3.20	2.50

数据来源：根据中国机电产品进出口商会资料整理计算。

（五）机电产品的进口来源地

日本和韩国是中国机电产品的主要进口来源地。2000年，日本是中国机电产品第一大进口来源地，中国从日本进口的机电产品占中国机电产品进口总额的24.44%；美国是中国机电产品第二大进口来源地，从美国进口的机电产品占中国机电产品进口总额的10.81%；韩国为中国机电产品第三大进口来源地，从韩国进口的机电产品占中国机电产品进口总额的8.31%。2020年，韩国跃升为中国机电产品第一大进口来源地，中国进口的机电产品中约有14.32%来自韩国；日本为中国机电产品第二大进口来源地，中国进口的机电产品中约有11.24%来自日本。

中国机电产品进口来源地集中度有所下降。2000年，中国从前三大机电产品进口来源地进口的机电产品合计占中国机电产品进口总额的43.56%，2020年，这一占比下降为32.46%，表明中国机电产品进口市场逐渐多元化。

表5-26　2000年、2010年和2020年中国机电产品前十大进口来源地及占比　（%）

排名	2000年		2010年		2020年	
	国家或地区	占比	国家或地区	占比	国家或地区	占比
1	日本	24.44	日本	17.44	韩国	14.32
2	美国	10.81	韩国	13.11	日本	11.24
3	韩国	8.31	马来西亚	6.76	越南	6.90
4	德国	6.78	德国	6.55	马来西亚	5.84
5	中国香港	5.04	美国	5.91	美国	5.10
6	马来西亚	4.76	泰国	3.57	德国	4.73
7	新加坡	3.39	新加坡	2.63	泰国	2.83
8	瑞典	3.21	菲律宾	2.63	新加坡	1.88
9	芬兰	2.49	意大利	1.44	菲律宾	1.87
10	法国	2.33	法国	1.07	爱尔兰	1.03

数据来源：根据UN Comtrade整理计算。

六、服务进口

积极主动扩大服务进口,体现了中国作为负责任大国的时代担当,符合世界各国人民的共同利益。中国服务进口既满足了中国人民的美好生活需要,又为全球贸易增长带来了新的机遇[①]。党的十八大以来,中国站在新时代的历史起点上,自贸试验区、外商投资负面清单管理模式、知识产权保护、中国国际进口博览会等一系列扩大开放举措有序落地,中国服务进口进入高质量发展阶段。统计分析显示:①中国服务进口规模整体表现为上升的态势;②电信计算机和信息服务成为中国服务进口新的增长点;③服务进口占中国进口总额的比例整体表现为先上升再下降的态势;④目前,美国为中国服务的第一大进口来源地。

(一)服务的进口规模

中国服务进口规模整体表现为上升的态势。2011—2020 年,中国服务进口规模从 2476.54 亿美元增长到 4042.13 亿美元,2020 年约为 2011 年的 1.63 倍。同 2019 年相比,2020 年我国服务进口下降 19.27%,可能是因为全球新冠肺炎疫情形势严峻,旅行服务进口受到很大影响(见表 5-27、图 5-8)。

表 5-27　2011—2020 年中国服务进口规模变化情况

年份	进口额/亿美元	同比增长/%
2011	2476.54	28.11
2012	2811.80	13.54
2013	3305.28	17.55
2014	4327.67	30.93
2015	4342.40	0.34
2016	4394.29	1.20
2017	4695.64	6.86
2018	5230.15	11.38
2019	5006.80	-4.27
2020	4042.13	-19.27

数据来源:2011—2018 年的数据来源于 UN Comtrade,2019—2020 年数据来源于商务部。

---

① 商务部首次发布《中国服务进口报告 2018》[EB/OL]. 商务部,[2018-11-12]. http://www.mofcom.gov.cn/article/ae/ai/201811/20181102805397.shtml.

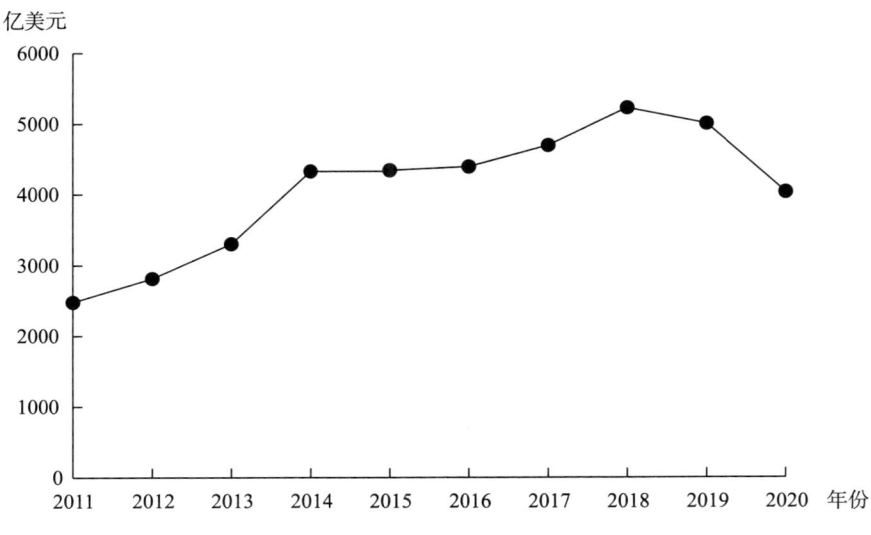

图 5-8 2011—2020 年中国服务进口规模

数据来源：根据 UN Comtrade 整理计算。

(二) 各类服务进口规模

旅行服务进口下降幅度较大。2020 年，中国旅行服务进口下降 47.7%，是服务进口规模下降的主要因素。剔除旅行服务，2020 年中国服务进口基本和 2019 年持平[①]。

电信、计算机和信息服务带动了中国服务进口增长。突如其来的新冠肺炎疫情给货物贸易和传统服务贸易造成了巨大冲击，但也孕育了数字贸易发展之机。远程医疗、在线教育、跨境电商等服务广泛应用，对促进各国经济稳定、推动国际抗疫合作发挥了重要作用。2020 年，中国电信、计算机和信息服务进口 2274.0 亿元，同比增长 22.5%。

表 5-28 2020 年中国各类服务进口规模变化情况

服务类别	进口额/亿元	同比增长/%
旅行	9051.6	-47.7
运输	6530.7	-9.7
其他商业服务	3482.4	1.3
知识产权使用费	2595.5	9.4

---

① 2020 年中国服务进出口总额达 45642.7 亿元 [EB/OL]. 人民日报（海外版），[2021-02-09]. http://www.gov.cn/xinwen/2021-02/09/content_ 5586245. htm.

续表

服务类别	进口额/亿元	同比增长/%
电信、计算机和信息服务	2274.0	22.5
保险服务	851.4	14.5
建筑	562.2	-12.3
政府服务	245.6	-4.3
维护和维修服务	231.6	-8.2
金融服务	219.0	28.5
个人、文化和娱乐服务	207.5	-26.3
加工服务	34.5	60.2

数据来源：中华人民共和国商务部综合司，中华人民共和国商务部国际贸易经济合作研究院. 中国对外贸易形势报告（2021年春季）[R/OL]. 商务部，[2021-06]. http://zhs.mofcom.gov.cn/table2017//20210609120127654.pdf.

（三）服务的贸易地位

中国服务进口占世界服务进口总额的份额整体表现为先上升后下降的态势。如表5-29所示，2011—2018年整体表现为上升的态势，我国服务进口占世界服务进口总额的份额从5.26%上升到11.17%；其后所占份额整体表现为下降的态势，2019年，中国服务进口占世界服务进口总额的8.60%，2020年份额进一步下降为8.00%。

服务进口占中国进口总额的比例整体表现为先上升再下降的态势。如表5-29所示，2011—2016年，中国服务进口占中国进口总额的份额逐年上升，从14.21%上升至27.67%；其后所占份额整体表现为下降的态势，2020年这一份额降至19.66%。

表5-29　2011—2020年中国服务进口情况　　　　　　　　　　（%）

年份	中国进口占世界服务进口份额	服务进口占中国总进口份额
2011	5.26	14.21
2012	5.74	15.46
2013	6.40	16.95
2014	7.69	22.09
2015	8.00	25.85
2016	8.34	27.67
2017	9.68	25.47
2018	11.17	24.50
2019	8.60	24.20
2020	8.00	19.66

数据来源：2011—2018年的数据来源于UN Comtrade，2019—2020年数据来源于商务部。

(四) 服务的进口来源地

如表 5-30 所示，美国和日本是我国主要的服务进口来源地。2019 年，美国为我国第一大服务进口来源地，我国从美国进口的服务占我国服务进口总额的 16.6%；日本为我国第二大服务进口来源地，我国约有 6.8% 的服务进口来自日本。

2019 年，中国前十大服务进口来源地分别是美国、日本、澳大利亚、德国、英国、加拿大、韩国、新加坡、俄罗斯和法国，自前十大服务进口来源地的进口合计 2642.2 亿美元，占中国服务进口的 52.7%。

表 5-30　2019 年中国服务前十大进口来源地

国家	进口额/亿元	占比/%
美国	834.7	16.6
日本	341.5	6.8
澳大利亚	235.8	4.7
德国	229.9	4.6
英国	218.8	4.4
加拿大	218.5	4.4
韩国	166.8	3.3
新加坡	163.2	3.3
俄罗斯	123.8	2.5
法国	109.4	2.2

数据来源：商务部发布《中国服务进口报告 2020》[EB/OL]. 商务部，[2020-12-08]. http://www.mofcom.gov.cn/article/zwgk/bnjg/202012/20201203020872.shtml.

注：由于没有找到 2020 年中国服务进口来源国的公开数据，此处用 2019 年的数据进行分析。

第六章　中国资源能源类产品的进口

本章将重点分析矿产品、能源类产品、大宗商品的进口，主要从进口规模、进口贸易地位、进口来源地等维度进行分析。

一、矿产品进口

中国矿产资源储量总体较为丰富，但是由于长期高强度开发利用，资源可持续供应能力严重不足，因此，为有效保护国内矿产资源，合理利用境外资源成为必然选择。中国是最大的矿产资源生产国、消费国、贸易国，矿产资源全球配置是保障资源供给安全的有效途径。统计分析显示：①中国矿产品进口规模整体呈先上升后下降的态势；②中国进口的矿产品主要是矿物燃料；③中国矿产品进口在世界矿产品进口中的地位日益提升；④中国矿产品的进口来源地更加集中。

（一）矿产品的界定

本节涉及的矿产品[①]具体包括三类：盐、硫黄、泥土及石料，石膏料、石灰及水泥；矿砂、矿渣及矿灰；矿物燃料、矿物油及其蒸馏产品、沥青物质和矿物蜡，与HS2017编码的对应关系见表6-1。

表6-1　矿产品分类及对应的HS2017编码

产品类型	HS2017编码
盐、硫黄、泥土及石料，石膏料、石灰及水泥	25
矿砂、矿渣及矿灰	26
矿物燃料、矿物油及其蒸馏产品、沥青物质和矿物蜡	27

数据来源：余淼杰．加工贸易、企业生产率和关税减免——来自中国产品面的证据 [J]．经济学（季刊），2011，10（4）：1251-1280．

[①]　余淼杰．加工贸易、企业生产率和关税减免——来自中国产品面的证据 [J]．经济学（季刊），2011，10（4）：1251-1280．

(二) 矿产品的进口规模

中国矿产品进口规模整体呈先下降后上升的态势。中国矿产品整体进口规模从2011年的4322.16亿美元增长到2020年的4544.59亿美元，增长幅度并不大。同2019年相比，2020年我国矿产品进口下降了11.82%，可能是因为新冠肺炎疫情对国外矿业公司的开采、运输以及出口工作产生了阻滞作用。随着新冠肺炎疫情的蔓延，世界各地延迟复工并管控人流物流，矿业公司正常的生产和经营活动受到很大影响[1]。其中，我国矿产品的主要进口来源地，如澳大利亚、巴西等受疫情影响较大。

2011—2020年，中国矿产品进口大体经历了三个阶段：①第一个阶段是2011年至2013年，矿产品进口规模总体保持稳定上升态势，从4322.16亿美元增至4699.91亿美元，增长了8.74%。②第二个阶段是2014年至2016年，矿产品进口规模呈快速下降趋势，从4576.93亿美元跌至谷底2756.89亿美元，下降了39.77%。③第三个阶段是2017年至2019年，矿产品进口规模逆势上升。在全球大宗商品价格突降以及去产能任务推高国内市场价格的环境下[2]，2017年以来中国矿产品进口额快速反弹。2017年，矿产品进口额为3824.70亿美元，同比增加38.73%，2018年和2019年矿产品进口额分别为4917.12亿美元和5153.78亿美元。2020年，受新冠肺炎疫情影响，中国矿产品进口规模有所回落，为4544.59亿美元（见表6-2、图6-1）。

表6-2　2011—2020年中国矿产品进口规模变化情况

年份	进口额/亿美元	同比增长/%
2011	4322.16	42.71
2012	4531.41	4.84
2013	4699.91	3.72
2014	4576.93	-2.62
2015	2977.91	-34.94
2016	2756.89	-7.42
2017	3824.70	38.73
2018	4917.12	28.56
2019	5153.78	4.81
2020	4544.59	-11.82

数据来源：根据UN Comtrade整理计算。

---

[1] 新冠疫情对全球产业链和我国主要进出口行业的影响分析及政策建议 [EB/OL]. 搜狐网, [2020-03-19]. https://www.sohu.com/a/381329187_618573.

[2] 崔荣国，郭娟，尹丽文，等. 2016年矿产资源形势基本特点 [J]. 中国矿业，2017, 26 (1): 9-12.

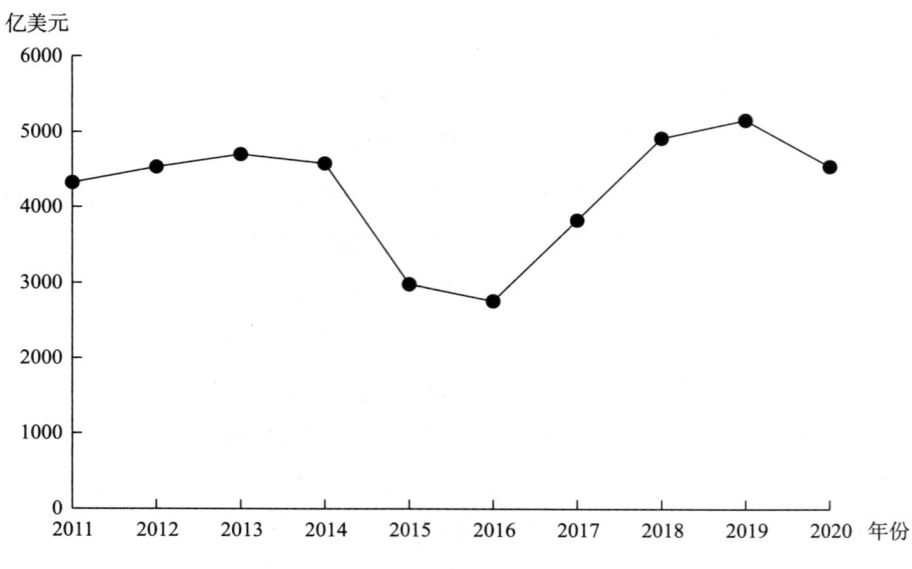

图6-1 2011—2020年中国矿产品进口规模

数据来源：根据 UN Comtrade 整理计算。

（三）各类矿产品进口规模

中国进口的矿产品主要是矿物燃料。如表6-3所示，2020年，矿物燃料是中国进口的第一大矿产品，矿物燃料进口额由2000年的206.81亿美元增长至2020年的2680.00亿美元，2020年大约是2000年的12.96倍。此外，各类矿产品进口规模均呈上升态势。

表6-3　2000年、2010年以及2020年中国各类矿产品进口规模　　单位：亿美元

矿产品	2000年	2010年	2020年
矿物燃料	206.81	1890.00	2680.00
盐、硫黄等	7.07	45.09	68.86
矿砂	31.34	1090.00	1800.00

数据来源：根据 UN Comtrade 整理计算。

（四）矿产品的贸易地位

中国矿产品进口在世界矿产品进口贸易中的地位日益提升。如图6-2、表6-4所示，2011—2020年，中国矿产品进口占世界矿产品进口的份额总体呈稳步上升趋势。2011年，中国矿产品进口占世界矿产品进口总额的12.07%，到2020年，这一份额已提升至25.34%。

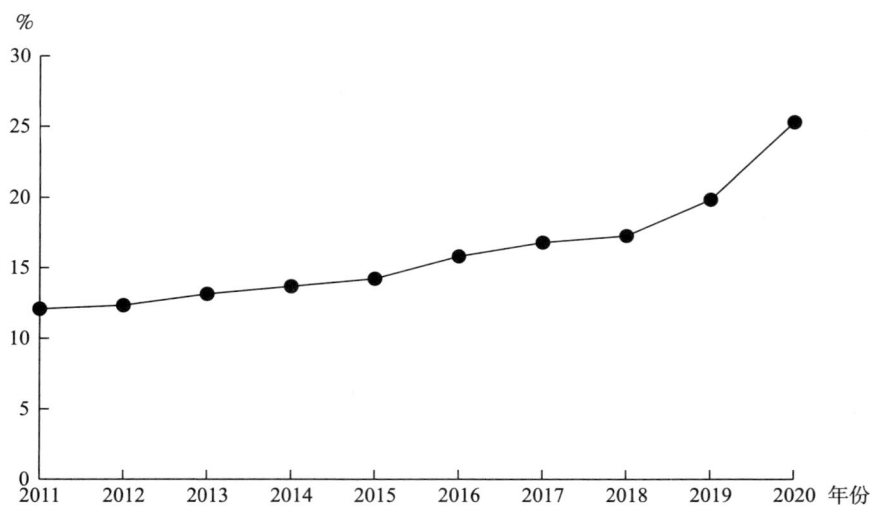

图 6-2 2011—2020 年中国占世界矿产品进口份额

数据来源：根据 UN Comtrade 整理计算。

中国矿产品进口占中国总进口的份额整体表现为先下降后上升的态势。2011—2016 年整体表现为下降的态势，我国矿产品进口占中国总进口的份额从 24.79% 下降至 17.36%；其后所占份额整体表现为上升的态势，2019 年，中国矿产品进口占中国总进口份额达到 24.91%。2020 年，这一份额有所下降，为 22.11%。

表 6-4　2011—2020 年中国矿产品进口情况　　　　　　　　　　（%）

年份	中国进口占世界矿产品进口份额	矿产品进口占中国总进口份额
2011	12.07	24.79
2012	12.32	24.92
2013	13.12	24.10
2014	13.66	23.36
2015	14.20	17.73
2016	15.79	17.36
2017	16.78	20.74
2018	17.26	23.03
2019	19.86	24.91
2020	25.34	22.11

数据来源：根据 UN Comtrade 整理计算。

(五) 矿产品的进口来源地

澳大利亚成为中国矿产品第一大进口来源地。2000年，阿曼是中国矿产品第一大进口来源地，中国从阿曼进口的矿产品占中国矿产品进口总额的13.30%。到2020年，澳大利亚成为我国第一大进口来源地，中国进口的矿产品中约有21.32%来自澳大利亚；此外，自巴西和俄罗斯进口的矿产品占比分别为8.97%和8.12%。

中国矿产品的进口来源地更加集中。如表6-5所示，2000年，中国从前三大矿产品进口来源地进口的矿产品合计占比为29.10%，而2020年，这一占比上升至38.41%。

表6-5 2000年、2010年和2020年中国矿产品前十大进口来源地及占比 （%）

排名	2000年		2010年		2020年	
	国家	占比	国家	占比	国家	占比
1	阿曼	13.30	澳大利亚	15.73	澳大利亚	21.32
2	韩国	8.29	沙特阿拉伯	8.65	巴西	8.97
3	安哥拉	7.51	安哥拉	7.53	俄罗斯	8.12
4	伊朗	6.84	巴西	7.52	沙特阿拉伯	6.42
5	沙特阿拉伯	6.17	伊朗	5.06	伊拉克	4.23
6	澳大利亚	5.77	俄罗斯	4.68	安哥拉	3.19
7	印度尼西亚	4.50	印度	4.13	阿曼	3.15
8	新加坡	3.48	印度尼西亚	3.31	马来西亚	3.12
9	俄罗斯	3.29	阿曼	3.08	智利	3.04
10	越南	3.07	韩国	2.64	阿联酋	2.70

数据来源：根据UN Comtrade整理计算。

二、能源类产品进口

能源安全是关系到国家经济社会发展的全局性、战略性问题，对国家繁荣发展、人民生活改善、社会长治久安至关重要。能源安全是经济社会可持续发展的前提，必须在保障能源安全的前提下，推动能源转型，实现高质量发展[①]。中国是能源生产大国，也是能源消费大国，能源进口需求强劲。统计分析显示：①中国能源类产品进口规模波动较大；②中国进口的能源类产品以石油和天然气为主；③中国能源类产品进

---

① "十四五"规划主要发展目标解读｜为何设立能源综合生产能力指标 [N/OL]. 经济日报, [2021-03-18]. https://baijiahao.baidu.com/s?id=1694530770820109882&wfr=spider&for=pc.

口在世界能源类产品进口中的地位有所提升;④我国能源类产品对前十大进口来源地的依赖程度较高。

(一) 能源类产品的界定

在《中国能源发展报告 2020》的基础上,本节涉及的能源类产品[①]具体包括煤、石油以及天然气,与 HS2017 编码的对应关系见表 6-6。

表 6-6 能源类产品分类及对应的 HS2017 编码

产品类型	HS2017 编码
煤	2702
石油	2709
天然气	271111、271121

数据来源:林伯强. 中国能源发展报告 2020 [M]. 北京:北京大学出版社,2020.

(二) 能源类产品的进口规模

中国能源类产品进口规模波动较大。具体来看,如表 6-7、图 6-3 所示,2011—2014 年,中国能源类产品进口处于增长阶段,中国能源类产品进口额由 2101.82 亿美元增长到 2554.73 亿美元。2015—2016 年中国能源类产品进口大幅下跌,2016 年进口额为 1357.91 亿美元。2017—2019 年,中国能源类产品进口实现恢复性增长,2019 年进口额为 2850.33 亿美元。与 2019 年相比,2020 年能源类产品进口下降,进口额为 2136.28 亿美元,主要是因为受新冠肺炎疫情的冲击,全球经济出现衰退局面,工业活动表现欠佳。

表 6-7 2011—2020 年中国能源类产品进口规模变化情况

年份	进口额/亿美元	同比增长/%
2011	2101.82	5.74
2012	2410.43	14.68
2013	2433.60	0.96
2014	2554.73	4.98
2015	1548.05	-39.40
2016	1357.91	-12.28

---

① 林伯强. 中国能源发展报告 2020 [M]. 北京:北京大学出版社,2020.

续表

年份	进口额/亿美元	同比增长/%
2017	1911.60	40.78
2018	2825.69	47.82
2019	2850.33	0.87
2020	2136.28	-25.05

数据来源：根据 UN Comtrade 整理计算。

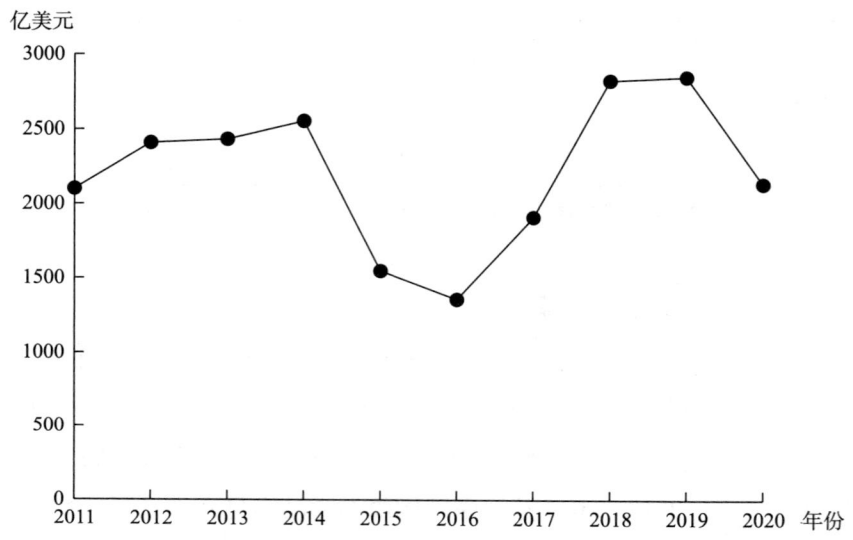

图 6-3　2011—2020 年中国能源类产品进口规模

数据来源：根据 UN Comtrade 整理计算。

（三）各类能源类产品进口规模

我国是能源净进口国，以进口石油和天然气为主。虽然我国能源综合生产能力不断提升，但由于资源禀赋匮乏，我国能源安全一直面临着较大威胁。这种威胁集中体现在油气安全问题上，即国内油气资源不能有效支撑经济持续发展。如表 6-8 所示，石油为我国最主要的进口能源。2011—2020 年，我国石油进口规模整体表现为先下降后上升的态势。其中，2014—2016 年表现为下降态势，我国石油进口从 2282.88 亿美元下降至 1166.61 亿美元。此外，我国天然气和煤炭的进口规模总体也表现出先下降后上升的态势。其中，2016 年我国天然气进口达到最低值，为 164.89 亿美元；2015 年我国煤炭进口达到最低值，为 19.78 亿美元。

表6-8　2011—2020年中国各类能源类产品进口规模　　　　单位：亿美元

年份	石油	天然气	煤炭
2011	1967.71	104.13	29.98
2012	2207.94	168.41	34.08
2013	2196.60	205.67	31.33
2014	2282.88	238.32	33.53
2015	1343.43	184.84	19.78
2016	1166.61	164.89	26.42
2017	1638.21	232.73	40.66
2018	2392.22	384.13	49.33
2019	2387.07	418.91	44.35
2020	1763.21	334.55	38.52

数据来源：根据 UN Comtrade 整理计算。

（四）能源类产品的进口稳定性

中国石油的进口来源地更加集中。近几年，我国石油主要从俄罗斯、沙特阿拉伯和伊拉克三个国家进口。如表6-9所示，2011年以来，从上述三国进口的石油占中国石油总进口的份额缓步攀升，由2011年的33.43%上升到2020年的42.27%。这表明我国石油进口来源过于集中，并且这些进口来源地的政治格局复杂多变，将对中国的能源安全造成不利影响。

表6-9　从俄罗斯、沙特阿拉伯和伊拉克进口的石油占中国石油总进口的份额　　（%）

年份	所占份额
2011	33.43
2012	35.01
2013	36.42
2014	36.20
2015	37.74
2016	36.96
2017	35.53
2018	37.61
2019	42.02
2020	42.27

数据来源：根据 UN Comtrade 整理计算。

（五）能源类产品的贸易地位

中国能源类产品进口在世界能源类产品进口中的地位有所提升。2011—2020 年，中国能源类产品进口占世界能源类产品进口的份额总体稳步上升。2011 年，中国能源类产品进口占世界能源类产品进口的 10.61%，到 2020 年，这一份额已提升至 24.53%（见图 6-4、表 6-10）。

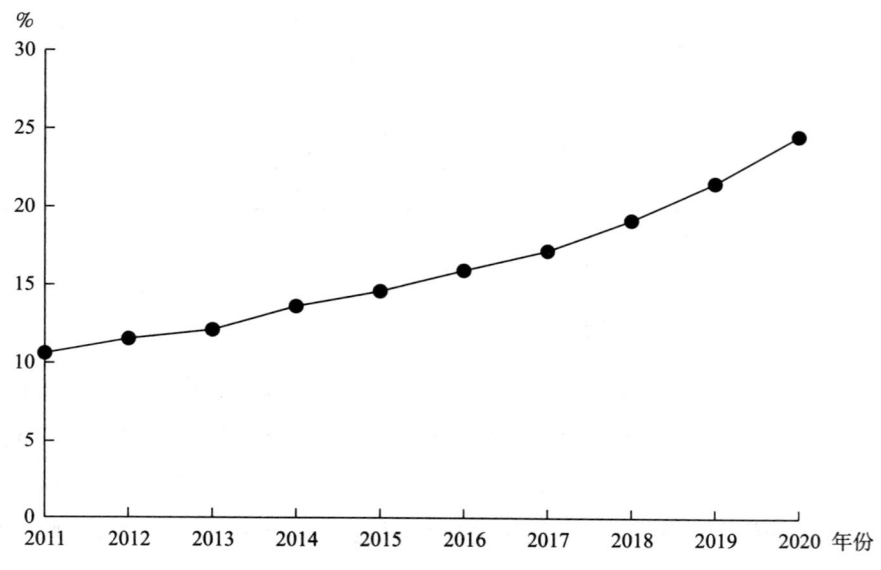

图 6-4　2011—2020 年中国占世界能源类产品进口份额

数据来源：根据 UN Comtrade 整理计算。

能源类产品进口占中国总进口的份额整体表现为先下降后上升的态势。2011—2016 年整体表现为下降的态势，我国能源类产品进口占中国总进口的份额从 12.05% 下降至 8.56%；其后所占份额整体表现为上升的态势，2019 年占比达到 13.78%。2020 年占比有所回落，为 10.41%。

表 6-10　2011—2020 年中国能源类产品进口情况　　　　　　　　　（%）

年份	中国进口占世界能源类产品进口份额	能源类产品进口占中国总进口份额
2011	10.61	12.05
2012	11.54	13.25
2013	12.12	12.46
2014	13.64	13.02

续表

年份	中国进口占世界能源类产品进口份额	能源类产品进口占中国总进口份额
2015	14.61	9.23
2016	15.94	8.56
2017	17.19	10.36
2018	19.16	13.26
2019	21.52	13.78
2020	24.53	10.41

数据来源：根据 UN Comtrade 整理计算。

（六）能源类产品的进口来源地

中国前十大能源类产品进口来源地相对稳定。对比 2000 年和 2020 年的情况，沙特阿拉伯、伊拉克、安哥拉和阿曼四国均位于我国前十大能源类产品进口来源地之列。2020 年，俄罗斯、巴西、澳大利亚、阿联酋、科威特和美国替代伊朗、印度尼西亚、也门、越南、苏丹和卡塔尔，进入我国前十大能源类产品进口来源地行列。

我国能源类产品对前十大进口来源地的依赖程度较高。2000 年，阿曼是我国能源类产品第一大进口来源地，我国从阿曼进口的能源类产品占我国能源类产品进口总额的 21.83%；我国从前十大进口来源地进口的能源类产品合计占比高达 79.76%。2020 年，我国能源类产品第一大进口来源地变为俄罗斯，从俄罗斯进口的能源类产品占我国能源类产品进口总额的 13.98%；我国能源类产品从前十大进口来源地的进口份额合计高达 72.64%。总体而言，前十大进口来源地的进口占据了我国能源类产品进口的 70% 以上。

表 6-11　2000 年、2010 年和 2020 年中国能源类产品前十大进口来源地及占比　（%）

排名	2000 年		2010 年		2020 年	
	国家	占比	国家	占比	国家	占比
1	阿曼	21.83	沙特阿拉伯	16.16	俄罗斯	13.98
2	安哥拉	12.34	安哥拉	14.40	沙特阿拉伯	13.11
3	伊朗	9.81	伊朗	7.64	伊拉克	8.96
4	沙特阿拉伯	7.89	俄罗斯	6.70	安哥拉	6.58
5	印度尼西亚	6.53	阿曼	5.76	巴西	6.50
6	也门	4.92	澳大利亚	4.95	阿曼	6.13
7	越南	4.90	印度尼西亚	4.20	澳大利亚	5.05
8	苏丹	4.89	苏丹	4.15	阿联酋	4.59
9	伊拉克	4.34	伊拉克	3.97	科威特	4.19
10	卡塔尔	2.31	哈萨克斯坦	3.51	美国	3.45

数据来源：根据 UN Comtrade 整理计算。

三、大宗商品进口

大宗商品是指同质化、可交易、被广泛用作工业基础原材料的商品，包括能源商品、基础原材料和农副产品等，是国际贸易中的重要产品。我国是大宗商品的主要进口国，进口的大量基础原材料及能源等大宗商品，确保了我国经济的稳步发展。统计分析显示：①中国大宗商品进口规模总体表现为先下降再上升的态势；②中国在世界大宗商品进口贸易中的地位不断提升；③大宗商品进口占中国进口总额的份额波动较大；④中国大宗商品进口来源地更加集中。

（一）大宗商品的界定

本节涉及的大宗商品[①]是在中国国际电子商务中心编制的大宗商品价格指数基础上界定的，具体包括能源、钢材、矿产品、有色金属、橡胶、农产品、牲畜、食糖和油料油脂等9大类，与HS2017编码的对应关系见表6-12。

表6-12 大宗商品分类及对应的HS2017编码

产品类型	HS2017 编码
能源	2702、2709、271111、271121
钢材	7301、7302、7303、7304、7305、7306、7307
矿产品	25、26、27
有色金属	7402、7403、7405、7406、7407、7408、7409、7410、7411、7412、7801、7804、7806、7601、7603、760310、760320、7604、7605、7606、7607、7608、7609、7901、7903、7904、7905
橡胶	400110、400121、4002
农产品	01~24、290543、290544、3301、3501~3505、380910、382460、4101、4102、4103、4301、5001、5002、5003、5101、5102、5103、5201、5203、5301、5302
牲畜	10221、10229、10310、10410、10420
食糖	170113、170114、170191、170199、170211、170219、170220、170230、170240、170250、170260、170290、170310、170410、170490
油料油脂	1507、151110、151190

数据来源：大宗商品价格指数九月第三周（9月13日至9月19日）[EB/OL]. 中国国际电子商务网，[2021-09-23]. http://www.ec.com.cn/article/yjfx/zsfb/202109/895_1.html.

（二）大宗商品的进口规模

中国大宗商品进口规模总体表现为先下降再上升的态势。2014—2016年，中国大宗商品进口规模不断下滑，受国内去产能任务的影响，2016年进口总额仅为3005.73

[①] 大宗商品价格指数九月第三周（9月13日至9月19日）[EB/OL]. 中国国际电子商务网，[2021-09-23]. http://www.ec.com.cn/article/yjfx/zsfb/202109/895_1.html.

亿美元，较 2014 年下降约 36.77%。2017—2019 年，中国大宗商品进口规模恢复上涨，涨幅约为 31.22%。这主要是因为大宗商品市场价格大幅跌落，企业亏损增加，国内供给减少；加上国内一些高污染和高成本产能退出市场，提高了我国对境外资源的依赖程度，因此实现了更大数量、更高规模的进口[①]。2020 年，受新冠肺炎疫情全球蔓延的影响，中国大宗商品进口总额再次下降，较 2019 年下降约 8.34%（见表 6-13、图 6-5）。

表 6-13　2011—2020 年中国大宗商品进口规模变化情况

年份	进口额/亿美元	同比增长/%
2011	4131.07	26.24
2012	4645.04	12.44
2013	4768.35	2.65
2014	4753.43	-0.31
2015	3240.60	-31.83
2016	3005.73	-7.25
2017	3969.38	32.06
2018	4976.34	25.37
2019	5208.60	4.67
2020	4773.98	-8.34

数据来源：根据 UN Comtrade 整理计算。

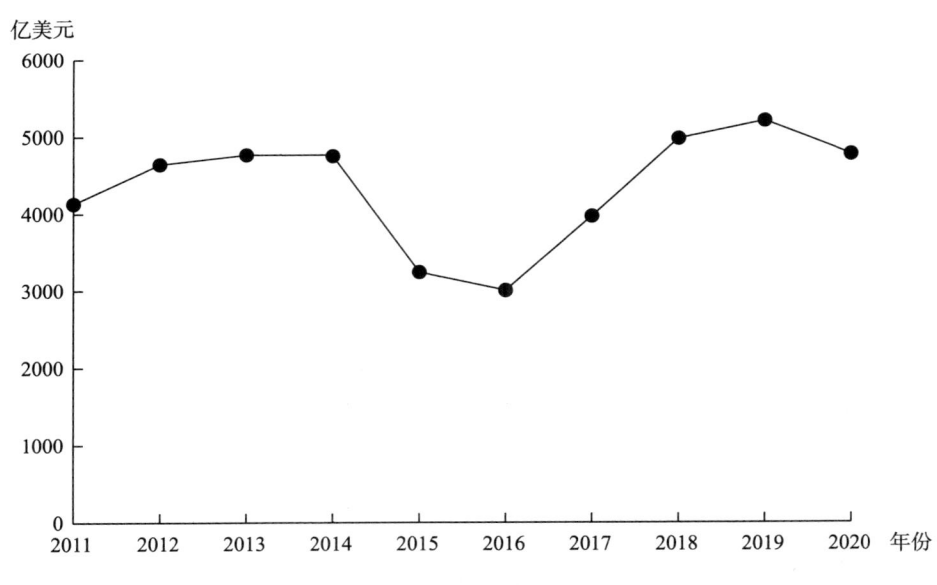

图 6-5　2011—2020 年中国大宗商品进口规模

数据来源：根据 UN Comtrade 整理计算。

① 陈克新. 三大因素推动中国大宗商品需求旺盛 [N]. 证券日报, 2016-08-13 (A03).

(三) 大宗商品的贸易地位

中国在世界大宗商品进口贸易中的地位不断提升。2011 年，中国大宗商品进口占世界大宗商品进口总额的比例为 12.92%，2020 年这一比例提升至 22.72%，约为 2011 年的 1.76 倍（见图 6-6）。

大宗商品进口占中国进口总额的份额波动较大。如表 6-14 所示，2011—2015 年，大宗商品进口占中国进口总额的份额表现为上升态势，从 18.77% 不断上升到 28.30% 的最高点。2016—2017 年，大宗商品进口占中国进口总额的份额有所下降，2018—2020 年这一份额恢复上升，2020 年这一份额为 25.34%。

表 6-14　2011—2020 年中国大宗商品进口情况　　　　　　　　　　　（%）

年份	中国进口占世界大宗商品进口份额	大宗商品进口占中国总进口份额
2011	12.92	18.77
2012	12.41	22.72
2013	13.60	23.82
2014	14.36	24.34
2015	14.93	28.30
2016	15.03	20.41
2017	17.99	16.30
2018	19.01	18.59
2019	19.81	24.05
2020	22.72	25.34

数据来源：根据 UN Comtrade 整理计算。

(四) 大宗商品的进口来源地

中国大宗商品前十大进口来源地相对稳定。2000 年、2010 年和 2020 年，澳大利亚、俄罗斯、沙特阿拉伯、智利、安哥拉和印度尼西亚都位于我国大宗商品前十大进口来源地之列，表明上述 6 个国家是我国主要的大宗商品贸易伙伴。2010 年和 2020 年，澳大利亚均为我国大宗商品第一大进口来源地，我国从澳大利亚进口的大宗商品分别占我国当年大宗商品进口总额的 14.52% 和 18.47%。

中国大宗商品进口来源地更加集中。2000 年，中国从前三大进口来源地进口的大宗商品占比合计为 28.18%，而到 2020 年，占比提升至 40.38%。

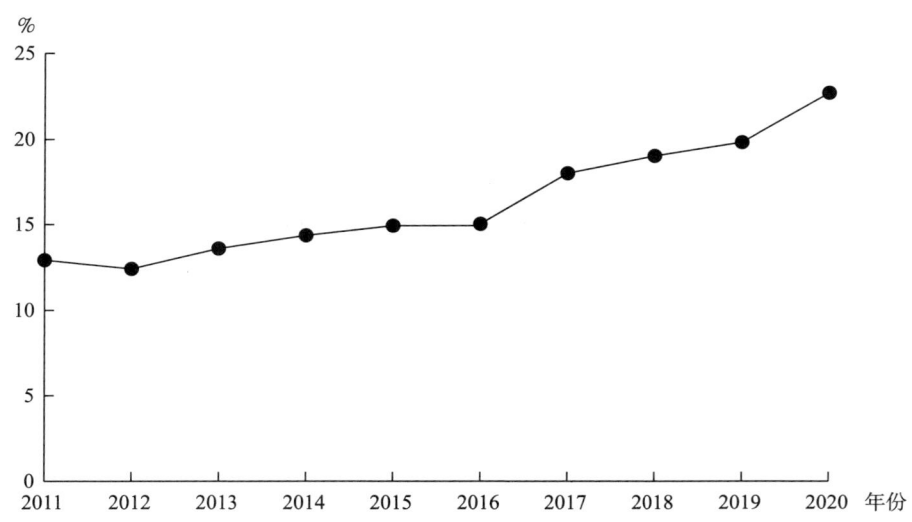

图 6-6　2011—2020 年中国占世界大宗商品进口份额

数据来源：根据 UN Comtrade 整理计算。

表 6-15　2000 年、2010 年和 2020 年中国大宗商品前十大进口来源地　　　（%）

排名	2000 年		2010 年		2020 年	
	国家	占比	国家	占比	国家	占比
1	日本	11.06	澳大利亚	14.52	澳大利亚	18.47
2	阿曼	9.55	沙特阿拉伯	7.80	巴西	14.15
3	韩国	7.57	巴西	7.34	俄罗斯	7.76
4	安哥拉	5.40	安哥拉	6.95	沙特阿拉伯	6.00
5	澳大利亚	4.98	智利	4.84	美国	4.82
6	俄罗斯	4.50	印度	4.31	智利	4.66
7	伊朗	4.42	伊朗	4.29	伊拉克	4.02
8	印度尼西亚	3.58	日本	4.16	安哥拉	2.95
9	沙特阿拉伯	3.45	俄罗斯	3.96	阿曼	2.77
10	智利	3.13	印度尼西亚	3.25	印度尼西亚	2.51

数据来源：根据 UN Comtrade 整理计算。

第七章 中国从重点国家的进口

本章将重点分析中国从美国、日本和韩国的进口,主要从进口规模和进口产品结构两个维度进行分析。

一、中国从美国的进口情况

2018年,中美双方出现经贸摩擦,经过双方的共同努力,2020年1月15日,双方正式签署第一阶段经贸协议。根据协议,中国将扩大自美国的农产品、能源产品、工业制成品、服务产品进口,以更好满足人民日益增长的美好生活需要、提高国内企业创新能力和经营效率、推动产业转型升级、促进中国经济高质量发展。2020年,美国是中国的第三大贸易伙伴和第四大进口来源地。

(一)中国从美国的进口规模

中国从美国的进口规模表现为先整体增加,后波动下滑的趋势。如表7-1、图7-1所示,2001—2020年,中国从美国的进口规模从262.17亿美元增加至1359.97亿美元,年均增长率为9.05%。大体经历了两个阶段:①整体增加阶段。2001—2014年,中国从美国的进口规模从262.17亿美元增加至1600.65亿美元的历史峰值,年均增长率为14.93%。②波动下滑阶段。2015—2020年,中国从美国的进口规模从1486.93亿美元波动下降至1359.97亿美元,年均下降1.77%。其中,2015—2016年,中国从美国的进口规模呈现一定幅度的下降,在2017—2018年恢复了增长态势,在2019年再次下降后,于2020年又恢复了增长趋势。

美国在中国总进口中的地位有所下降。如表7-1、图7-2所示,2001—2020年,中国从美国的进口占中国总进口的比例整体呈下降趋势,从10.76%下降至6.62%。其中,2001—2011年,中国从美国的进口占比从10.76%降为7.06%;2012—2015年,中国从美国的进口占比恢复增长态势,从7.36%上升到8.85%;2016—2020年,中国从美国的进口占比再次下降,从8.51%降至6.62%,其中2019年降至最低点5.96%。此外,2001年,美国是中国的第三大进口来源地,2020年,美国是中国的第四大进口来源地①。

中国进口对美国总出口的贡献整体提升。如表7-1、图7-3所示，2001—2020年，中国进口占美国总出口的比例整体呈现上升的态势，从2.63%增加至8.72%，并于2020年达到历史最高值。与此同时，中国在美国出口市场中的排名有所上升，2001年，中国是美国的第九大出口市场，到2020年已成为美国的第三大出口市场②。

具体来看，2020年，中国从美国的进口规模有所增加。2020年，中国从美国的进口规模为1359.97亿美元，比2019年上升10.35%，占中国总进口规模的比例是6.62%，与此同时，中国从美国的进口占美国总出口的比例是8.72%，达到历史最高值。

表7-1　2001—2020年中国从美国的进口规模及占比情况

年份	进口额/亿美元	占中国总进口比例/%	占美国总出口比例①/%
2001	262.17	10.76	2.63
2002	272.61	9.24	3.19
2003	339.44	8.22	3.91
2004	447.48	7.97	4.23
2005	487.41	7.39	4.57
2006	593.14	7.49	5.33
2007	695.48	7.27	5.61
2008	815.86	7.20	5.50
2009	777.55	7.73	6.58
2010	1027.34	7.36	7.19
2011	1231.24	7.06	7.03
2012	1337.66	7.36	7.15
2013	1533.95	7.87	7.72
2014	1600.65	8.17	7.64
2015	1486.93	8.85	7.73
2016	1351.20	8.51	7.97
2017	1544.42	8.38	8.40
2018	1560.04	7.31	7.21

---

① 根据UN Comtrade数据库统计的数据，2001年中国大陆的前两大进口来源地依次为日本、中国台湾，2020年中国大陆的前三大进口来源地依次为中国台湾、日本、韩国。

② 根据UN Comtrade数据库统计的数据，2001年美国前八大出口市场依次为加拿大、墨西哥、日本、英国、德国、韩国、法国、荷兰，2020年美国前两大出口市场依次为加拿大、墨西哥。

续表

年份	进口额/亿美元	占中国总进口比例/%	占美国总出口比例/%
2019	1232.36	5.96	6.48
2020	1359.97	6.62	8.72

数据来源：根据 UN Comtrade 数据库中的统计数据整理而得。

注：①在 UN Comtrade 数据库中，中国报告的进口额数据与进口来源国报告的出口额数据有所差异。由于本部分旨在从进口来源国的角度出发，考察中国进口对进口来源国总出口额的贡献，因此，本部分的中国进口额均为进口来源国报告的出口额数据。特此说明。

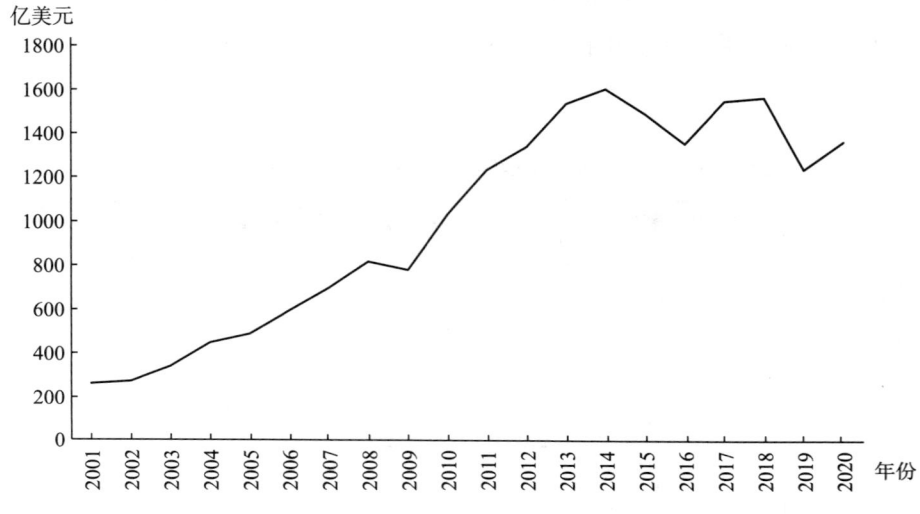

图 7-1　2001—2020 年中国从美国的进口规模

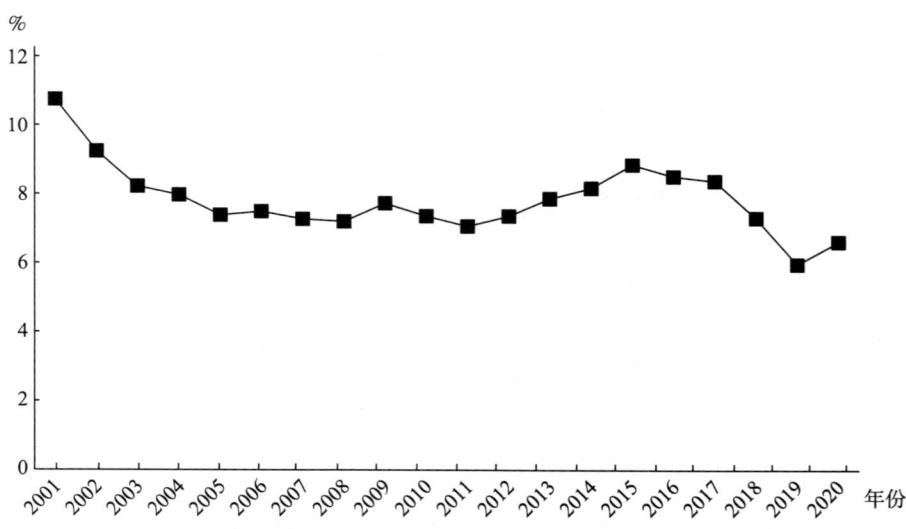

图 7-2　2001—2020 年中国从美国的进口占中国总进口的比例

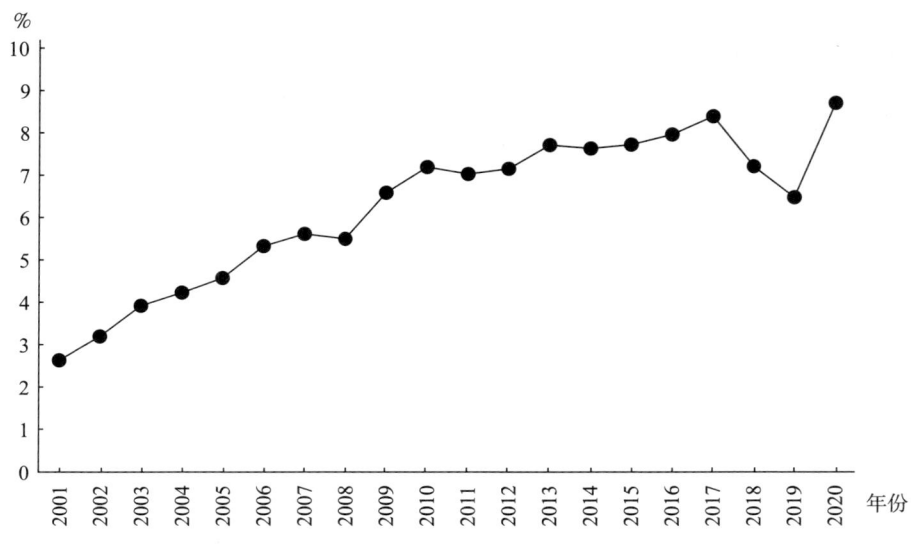

图 7-3 2001—2020 年中国从美国的进口占美国总出口的比例

（二）中国从美国的进口产品结构

1. 基于 22 大类进口产品的分析

根据表 7-2 和表 7-3 的数据，可以得出以下结论：

与 2001 年相比，2020 年，"矿产品"在中国从美国进口的 22 大类产品中排名上升最大，由第 13 位上升至第 6 位。排名上升的其他 5 类产品依次是"植物产品""陶瓷；玻璃""贵金属及制品""化工产品""活动物；动物产品"，分别从 2001 年的第 5、第 16、第 17、第 3、第 9 位上升至第 3、第 14、第 15、第 2、第 8 位。排名下降的 6 类产品依次是"光学、钟表、医疗设备""塑料、橡胶""贱金属及制品""纤维素浆；纸张""特殊交易品及未分类商品""皮革制品；箱包"，分别从第 2、第 6、第 7、第 8、第 15、第 10 位下降至第 5、第 7、第 9、第 10、第 16、第 17 位，其中"皮革制品；箱包"排名下降最多。其余 10 类产品的排名没有变化。

从中国从美国进口的各类产品占中国从美国进口总额的比例来看，与 2001 年相比，2020 年，"机电产品"占比下降最大，从 43.44% 降至 27.76%；"贱金属及制品"次之，从 4.75% 降至 2.73%；占比下降的其他 6 类产品依次为"纤维素浆；纸张""皮革制品；箱包""光学、钟表、医疗设备""特殊交易品及未分类商品""鞋靴、伞等轻工产品""武器、弹药及其零件、附件"；其他 14 类产品占比都有所增加，其中，"矿产品"占比增加最多，从 0.70% 增加到 8.16%。

表7-2 2001年中国从美国进口22大类产品的进口额及占比情况

排名	海关分类	HS编码	产品类别	进口额/亿美元	占中国从美国进口总额比例/%	占美国出口至中国总额比例/%	占中国相应产品总进口比例/%	占美国相应产品总出口比例/%
1	16	84~85	机电产品	113.88	43.44	39.02	11.81	2.80
2	18	90~92	光学、钟表、医疗设备	24.36	9.29	6.54	22.87	2.78
3	06	28~38	化工产品	23.90	9.12	7.86	12.53	2.29
4	17	86~89	运输设备	23.08	8.80	14.18	23.04	2.54
5	02	06~14	植物产品	13.68	5.22	5.86	28.80	4.71
6	07	39~40	塑料、橡胶	13.35	5.09	4.81	7.70	2.78
7	15	72~83	贱金属及制品	12.44	4.75	6.60	5.68	4.47
8	10	47~49	纤维素浆；纸张	11.16	4.26	3.79	16.51	3.79
9	01	01~05	活动物；动物产品	6.14	2.34	1.29	26.08	2.08
10	08	41~43	皮革制品；箱包	4.97	1.89	2.33	14.44	12.53
11	11	50~63	纺织品及原料	3.49	1.33	1.55	2.15	1.49
12	04	16~24	食品、饮料、烟草	2.81	1.07	1.17	14.92	1.19
13	05	25~27	矿产品	1.83	0.70	0.96	0.81	1.18
14	09	44~46	木及制品	1.67	0.64	0.74	4.77	2.68
15	22	98	特殊交易品及未分类商品	1.54	0.59	1.09	9.18	0.89
16	13	68~70	陶瓷；玻璃	1.42	0.54	0.76	7.57	2.41
17	14	71	贵金属及制品	0.87	0.33	0.35	8.80	0.46
18	20	94~96	家具、玩具、杂项制品	0.72	0.27	0.65	7.27	1.13
19	12	64~67	鞋靴、伞等轻工产品	0.61	0.23	0.27	14.23	5.23
20	03	15	动植物油脂	0.25	0.09	0.07	3.19	1.00
21	21	97	艺术品、收藏品及古物	0.003	0.001	0.09	5.22	0.414
22	19	93	武器、弹药及其零件、附件	0.002	0.001	0.01	3.97	0.060

数据来源：根据UN Comtrade数据库中的统计数据整理而得。

注：22大类产品的划分标准详见中国海关总署（http://www.customs.gov.cn/customs/302249/zfxxgk/2799825/302274/302277/302276/3583318/index.html）。

表7-3 2020年中国从美国进口22大类产品的进口额及占比情况

排名	海关分类	产品类别	进口额/亿美元	占中国从美国进口总额比例/%	占美国出口至中国总额比例/%	占中国相应产品总进口比例/%	占美国相应产品总出口比例/%
1	16	机电产品	377.52	27.76	24.75	5.10	8.93
2	06	化工产品	179.73	13.22	11.28	11.94	8.45
3	02	植物产品	146.94	10.80	15.20	20.50	26.08
4	17	运输设备	136.62	10.05	10.12	15.81	6.62
5	18	光学、钟表、医疗设备	120.66	8.87	7.65	11.60	11.18

续表

排名	海关分类	产品类别	进口额/亿美元	占中国从美国进口总额比例/%	占美国出口至中国总额比例/%	占中国相应产品总进口比例/%	占美国相应产品总出口比例/%
6	05	矿产品	110.96	8.16	8.66	2.44	6.59
7	07	塑料、橡胶	72.45	5.33	4.74	8.31	8.27
8	01	活动物；动物产品	44.73	3.29	3.60	8.71	15.08
9	15	贱金属及制品	37.09	2.73	2.36	3.14	5.10
10	10	纤维素浆；纸张	35.17	2.59	2.47	13.32	12.26
11	11	纺织品及原料	22.34	1.64	1.97	7.61	10.78
12	04	食品、饮料、烟草	21.35	1.57	1.01	7.64	2.91
13	09	木及制品	14.55	1.07	1.27	7.19	20.53
14	13	陶瓷；玻璃	13.00	0.96	0.64	11.78	7.93
15	14	贵金属及制品	7.29	0.54	2.30	2.30	4.89
16	22	特殊交易品及未分类商品	6.05	0.44	0.97	5.54	2.82
17	08	皮革制品；箱包	5.55	0.41	0.43	6.86	19.99
18	20	家具、玩具、杂项制品	4.57	0.34	0.29	6.44	2.24
19	12	鞋靴、伞等轻工产品	1.60	0.12	0.15	2.46	11.97
20	03	动植物油脂	1.33	0.10	0.06	1.18	1.99
21	21	艺术品、收藏品及古物	0.45	0.03	0.08	6.79	1.16
22	19	武器、弹药及其零件、附件	0.003	0.0002	0.001	2.75	0.03

数据来源：根据 UN Comtrade 数据库中的统计数据整理而得。

基于表 7-3 数据，可以发现，2020 年中国从美国进口的 22 类产品具有如下特征：

2020 年，"机电产品"是中国从美国进口规模最大的产品，进口规模为 377.52 亿美元，大约是 2001 年的 3.31 倍。"化工产品"位居第 2，2020 年的进口规模为 179.73 亿美元，大约是 2001 年的 10.74 倍；"植物产品""运输设备""光学、钟表、医疗设备"分别位居第 3、第 4、第 5，进口规模依次为 146.94 亿美元、136.62 亿美元、120.66 亿美元。此外，2001—2020 年，中国从美国进口的"机电产品""化工产品""植物产品""运输设备""光学、钟表、医疗设备"的年均增长率分别为 6.51%、11.2%、13.31%、9.81%、8.79%。总体来看，中国从美国进口的"艺术品、收藏品及古物"的年均增长率最高，为 29.82%，"皮革制品；箱包"的年均增长率最低，为 0.59%。

2020 年，中国从美国进口的"化工产品""植物产品""运输设备""光学、钟表、医疗设备""纤维素浆；纸张""陶瓷；玻璃"等 6 类产品占中国相应产品进口的比例均高于10%。其中，中国从美国进口的"植物产品"占中国相应产品进口的比例最高，为20.50%。此外，中国从美国进口的"动植物油脂"占中国相应产品进口的比例最低，为1.18%。

2020年，中国从美国进口的"植物产品""光学、钟表、医疗设备""活动物；动物产品""纤维素浆；纸张""纺织品及原料""木及制品""皮革制品；箱包""鞋靴、伞等轻工产品"等8类产品占美国相应产品出口总额的比例均高于10%。其中，中国从美国进口的"植物产品"占美国相应产品出口总额的比例最高，为26.08%。此外，中国从美国进口的"武器、弹药及其零件、附件"占美国相应产品出口总额的比例最低，为0.03%。

2. 中国从美国进口的前20大产品的分析

按照HS 6位码产品分类来看，从表7-4和表7-5中可以看出，对比2001年和2020年，"飞机等航空器，空载重量>15000千克"一直都在中国从美国进口的前20大产品中，其余19种产品都有所变化。2020年，"处理器及控制器"是中国从美国进口的第一大产品，进口额为118.11亿美元，占中国从美国进口总额的8.69%，占中国相应产品进口总额的6.89%，占美国相应产品出口总额的29.60%。进口规模位居第2至第5的产品依次是"其他大豆，不论是否破碎""汽油型其他机动车辆，1500毫升<排量≤3000毫升""石油原油及从沥青矿物提取的原油""品目8486的零件及附件"，进口额分别为106.35亿美元、72.99亿美元、62.77亿美元、26.76亿美元，占中国从美国总进口的比例分别为7.82%、5.37%、4.62%、1.97%。此外，中国从美国进口的前20大产品的进口总额占中国从美国总进口的比例高达45%。

表7-4 2001年中国从美国进口的前20大产品进口额及占比情况

排名	HS编码	产品名称	进口额/亿美元	占中国从美国进口总额比例/%	占美国出口到中国总额比例/%	占中国相应产品进口比例/%	占美国相应产品出口比例/%
1	880240	飞机等航空器，空载重量>15000千克	15.58	5.94	10.78	66.53	8.63
2	851740	设备，用于载流线系统	13.32	5.08	0.79	47.11	4.61
3	120100	种用大豆	11.96	4.56	5.28	42.57	18.63
4	854211	单片集成电路，数字	8.19	3.12	3.55	12.98	2.30
5	847191	带有一些存储/输入/输出的数字计算机CPU	8.15	3.11	1.52	63.97	3.41

续表

排名	HS 编码	产品名称	进口额/亿美元	占中国从美国进口总额比例/%	占美国出口到中国总额比例/%	占中国相应产品进口比例/%	占美国相应产品出口比例/%
6	847330	8471 所列机器的零件、附件	6.15	2.35	3.16	9.28	3.14
7	851790	品目 8517 的零件	5.03	1.92	1.11	22.45	4.00
8	310530	磷酸氢二铵	4.95	1.89	—①	93.54	—
9	852990	8525 至 8528 所列其他装置或设备用零件	4.45	1.70	1.47	13.11	6.55
10	900110	光纤、光纤束及光缆，但 8544 的货品除外	4.43	1.69	0.25	60.57	4.00
11	854219	单片集成电路，数字除外	4.21	1.61	0.65	5.69	1.66
12	410121	整张、新鲜或湿盐腌的牛皮	3.94	1.50	1.85	72.18	24.07
13	847989	用等离子弧处理各种材料的加工机床	3.72	1.42	1.31	11.87	4.74
14	880330	飞机及直升机的其他零件	3.39	1.29	1.34	40.28	1.90
15	020741	家禽切块和内脏，除肝脏外，冷冻	3.37	1.28	0.17	81.81	2.06
16	740400	铜废碎料	3.02	1.15	1.34	24.31	46.25
17	847120	带 CPU 和输入输出单元的数字计算机	2.97	1.13	0.20	49.45	1.51
18	847193	计算机数据存储单元	2.92	1.11	0.34	15.85	1.69
19	720449	未列名钢铁废碎料	2.44	0.93	1.05	26.44	42.90
20	852490	摄影产品以外的录音制品	2.24	0.85	0.29	28.41	1.85

数据来源：根据 UN Comtrade 数据库中的统计数据整理而得。

注：①在 UN Comtrade 数据库中，美国没有报告此产品出口数据。下同。

表 7-5　2020 年中国从美国进口的前 20 大产品进口额及占比情况

排名	HS 编码	产品名称	进口额/亿美元	占中国从美国进口总额比例/%	占美国出口到中国总额比例/%	占中国相应产品进口比例/%	占美国相应产品出口比例/%
1	854231	处理器及控制器	118.11	8.69	6.58	6.89	29.60
2	120190	其他大豆，不论是否破碎	106.35	7.82	11.39	26.90	55.07
3	870323	汽油型其他机动车辆，1500 毫升 < 排量 ≤ 3000 毫升	72.99	5.37	3.66	22.10	26.88
4	270900	石油原油及从沥青矿物提取的原油	62.77	4.62	5.42	3.56	13.44

续表

排名	HS 编码	产品名称	进口额/亿美元	占中国从美国进口总额比例/%	占美国出口到中国总额比例/%	占中国相应产品进口比例/%	占美国相应产品出口比例/%
5	848690	品目 8486 的零件及附件	26.76	1.97	0.59	41.81	12.66
6	848620	制造半导体器件或集成电路用的机器及装置	24.03	1.77	3.29	17.59	31.51
7	880240	飞机等航空器,空载重量>15000 千克	19.12	1.41	0.00	27.87	0.00
8	841112	涡轮喷气发动机,推力>25 千牛	19.01	1.40	0.00	65.97	2.12
9	300215	免疫制品	18.38	1.35	0.96	26.12	10.71
10	330499	其他美容品或化妆品及护肤品	17.61	1.29	0.45	11.08	14.65
11	271112	液化丙烷	17.37	1.28	0.81	26.62	9.08
12	300490	其他混合或非混合产品构成的药品	16.73	1.23	1.67	11.18	10.65
13	520100	未梳的棉花	16.05	1.18	1.46	45.05	30.51
14	854239	其他集成电路	15.99	1.18	1.16	2.25	13.92
15	841191	涡轮喷气发动机或涡轮螺桨发动机的零件	14.84	1.09	0.00	61.32	0.08
16	020329	其他冻猪肉	11.62	0.85	0.74	12.38	32.77
17	271111	液化天然气	11.04	0.81	1.04	4.72	9.82
18	901890	其他医疗、外科、牙科或兽医用仪器及器具	10.64	0.78	0.97	27.86	9.14
19	100790	其他食用高粱	10.21	0.75	0.92	88.34	84.70
20	382499	其他未列名化学工业及其相关工业的化学产品及配制品	10.20	0.75	0.36	15.67	10.29

数据来源:根据 UN Comtrade 数据库中的统计数据整理而得。

2020 年,美国是中国"其他食用高粱""涡轮喷气发动机,推力>25 千牛""涡轮喷气发动机或涡轮螺桨发动机的零件"的主要进口来源地。中国从美国进口的这三类产品占中国相应产品进口总额的比例分别为 88.34%、65.97%、61.32%。

2020 年,中国是美国"其他食用高粱"的主要出口目的地,中国从美国的进口占美国"其他食用高粱"总出口的比例高达 84.7%。另外,我国也是美国"处理器及控制器""其他大豆,不论是否破碎""汽油型其他机动车辆,1500 毫升<排量≤3000 毫

升""制造半导体器件或集成电路用的机器及装置""未梳的棉花""其他冻猪肉"等产品的重要出口目的地。

二、中国从日本的进口情况

日本作为亚洲重要的经济体，中国历来非常重视与其的经济贸易关系。中日两国之间的友好合作与双边贸易，对于中日两国、亚洲乃至整个世界的经济发展，有着深远的意义。在全球价值链分工协作中，中国和日本经济互补性强，已经形成事实上的经济共同体，在新冠肺炎疫情冲击经济贸易的背景下，两国之间的合作显得更加重要。2020年，日本是中国的第四大贸易伙伴和第二大进口来源地。

（一）中国从日本的进口规模

中国从日本的进口规模整体表现为先上升后波动下降再恢复上升的态势。如表7-6、图7-4所示，2001—2020年，中国从日本的进口规模从427.87亿美元增加到1748.68亿美元，年均增长率为7.69%，2020年大约是2001年的4.09倍。大体经历了三个阶段，具体来看：①整体上升阶段。2001—2011年，中国从日本的进口规模从427.87亿美元增加至1945.68亿美元的历史最高值，年均增长率为16.35%。②波动下降阶段。2012—2015年，中国从日本的进口规模从1778.32亿美元降至1429.03亿美元，年均下降7.03%。③恢复上升阶段。2016—2020年，中国从日本的进口规模从1456.71亿美元增加到1748.68亿美元，年均增长率为4.67%。

日本在中国进口市场中的地位有所下降。如表7-6、图7-5所示，2001—2020年，中国从日本的进口占中国总进口的比例整体呈现下降趋势，从17.57%下降至8.51%。其中，2001—2002年，中国从日本的进口占中国总进口的比例从17.57%上升到18.11%的历史最高值；2003—2013年，中国从日本的进口占中国总进口的比例逐年下降，从17.96%降至8.32%；2014—2020年，中国从日本的进口占中国总进口的比例较为稳定，其中，2019年的占比达到历史最低值8.29%。此外，2001年，日本是中国的第一大进口来源地，2020年，日本下降为中国的第二大进口来源地。

中国进口对日本总出口的贡献整体提升。如表7-6、图7-6所示，2001—2020年，中国进口占日本总出口的比例整体呈上升的态势，从7.68%增加至22.05%。其中，2001—2011年，中国进口占日本总出口的比例整体保持增长态势，年均增长率为9.86%；2012年，这一占比有所下降；2013—2016年，这一占比大体保持在18%左右；2017—2020年，中国进口占日本总出口的比例恢复增长态势，从19.02%上升到22.05%的历史峰值。

中国从日本第二大出口市场上升至日本第一大出口市场。如表7-7所示，2001—2008年，中国始终是日本第二大出口市场，仅次于美国；2009—2012年，中国超越美国，连续4年成为日本第一大出口市场；2013—2017年，中国是日本第二大出口市场；2018年，中国恢复日本第一大出口市场的地位；2019年，中国再次成为日本第二大出口市场；2020年中国再次超越美国，成为日本第一大出口市场。

具体来看，2020年，中国从日本的进口规模有所增加。2020年，中国从日本的进口规模为1748.68亿美元，比2019年上升1.95%，占中国总进口规模的比例增加至8.51%，同时，中国从日本的进口占日本总出口的比例上升到22.05%的历史峰值。

表7-6 2001—2020年中国从日本的进口规模及占比情况

年份	进口额/亿美元	占中国总进口比例/%	占日本总出口比例/%
2001	427.87	17.57	7.68
2002	534.66	18.11	9.56
2003	741.48	17.96	12.16
2004	943.27	16.81	13.07
2005	1004.08	15.21	13.46
2006	1156.73	14.62	14.34
2007	1339.51	14.01	15.30
2008	1506.00	13.30	15.98
2009	1309.38	13.02	18.90
2010	1767.36	12.66	19.41
2011	1945.68	11.16	19.68
2012	1778.32	9.78	18.05
2013	1622.46	8.32	18.10
2014	1629.21	8.32	18.31
2015	1429.03	8.51	17.49
2016	1456.71	9.17	17.65
2017	1657.94	8.99	19.02
2018	1804.02	8.45	19.51
2019	1715.23	8.29	19.08
2020	1748.68	8.51	22.05

数据来源：根据UN Comtrade数据库中的统计数据整理而得。

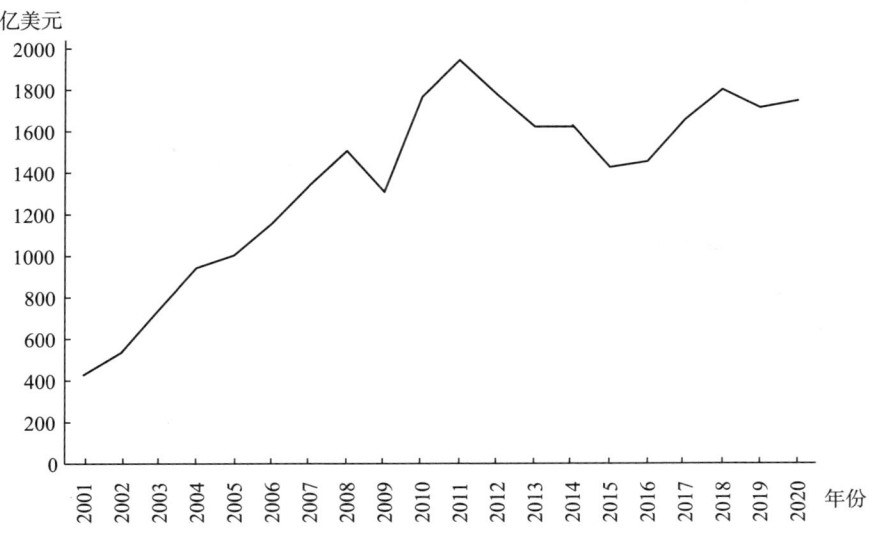

图 7-4 2001—2020 年中国从日本的进口规模

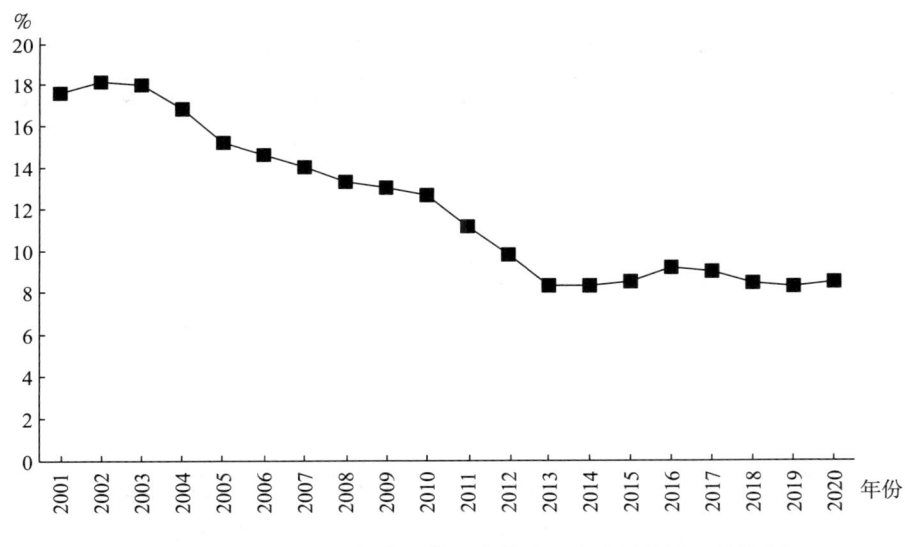

图 7-5 2001—2020 年中国从日本的进口占中国总进口的比例

(二) 中国从日本的进口产品结构

1. 基于 22 大类进口产品的分析

根据表 7-8 和表 7-9 的数据，与 2001 年相比，2020 年，中国从日本的进口产品结构发生了变化。具体分析如下：

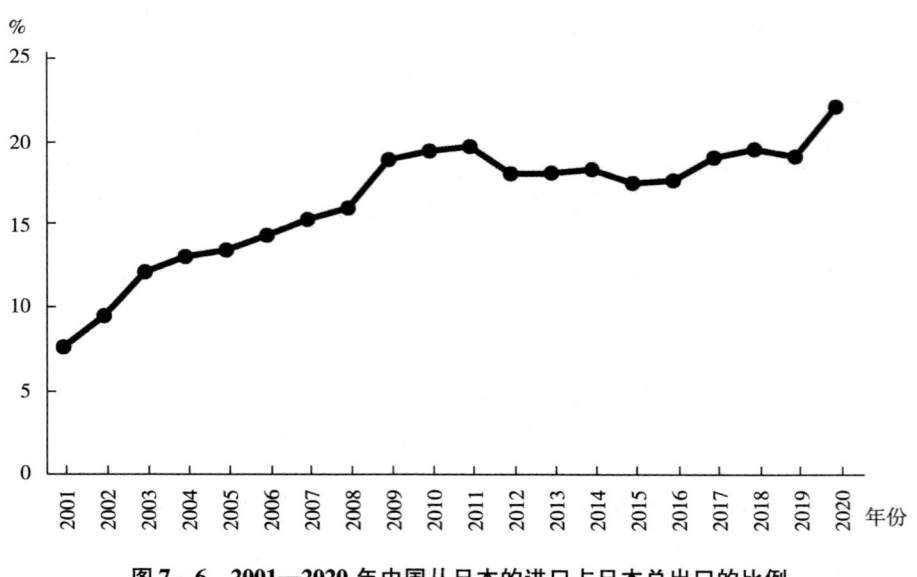

图 7-6　2001—2020 年中国从日本的进口占日本总出口的比例

表 7-7　2001—2020 年日本的前五大出口目的地

排名	2001 年	2009 年	2013 年	2018 年	2019 年	2020 年
1	美国	中国	美国	中国	美国	中国
2	中国	美国	中国	美国	中国	美国
3	韩国	韩国	韩国	韩国	韩国	韩国
4	中国台湾	中国台湾	中国台湾	中国台湾	中国台湾	中国台湾
5	中国香港	中国香港	中国香港	中国香港	中国香港	中国香港

数据来源：根据 UN Comtrade 数据库中的统计数据整理而得。

第一，从各类产品排名来看，2001 年和 2020 年，"机电产品"均排名第 1，是中国从日本进口最多的产品。从各类产品的排名变化来看，"贵金属及制品"的排名增加最多，从第 16 名上升到第 8 名；"皮革制品；箱包"排名下降最多，从第 13 名下降到第 19 名。

第二，从各类产品进口规模来看，与 2001 年相比，2020 年，"纺织品及原料""皮革制品；箱包"的进口额有所下降，下降幅度分别为 34.45%、64.39%；其余 20 类产品的进口额都显著增加。总的来看，与 2001 年相比，2020 年，中国从日本进口的"皮革制品；箱包"规模下降幅度最大，"艺术品、收藏品及古物"规模上升幅度最大。

第三，从各类产品进口占中国从日本总进口的比例来看，与 2001 年相比，2020 年，"运输设备"在中国从日本进口总额中的份额上升最多，"纺织品及原料"在中国从日本进口总额中的份额下降最多。具体来看，"运输设备"在中国从日本进口总额中的份额从 2001 年的 3.90% 上升到 2020 年的 9.70%;"纺织品及原料"在中国从日本进口总额中的份额从 2001 年的 7.83% 下降到 2020 年的 1.26%。

第四,从各类产品进口占中国相应产品总进口的比例来看,与 2001 年相比,2020 年,"运输设备""贵金属及制品""特殊交易品及未分类商品""木及制品""艺术品、收藏品及古物""武器、弹药及其零件、附件"等 6 类产品占中国相应产品的总进口的比例都有所增加,其余 16 类产品的占比都有所下降。其中,中国从日本进口的"艺术品、收藏品及古物"占中国相应产品总进口的比例增加最多,从 2001 年的 1.44% 增加到 2020 年的 5.08%;中国从日本进口的"陶瓷;玻璃"占中国相应产品总进口的比例下降最多,从 2001 年的 32.48% 下降到 2020 年的 17.47%。

第五,从各类产品进口占日本相应产品总出口的比例来看,与 2001 年相比,2020 年,"纺织品及原料""矿产品""活动物;动物产品""皮革制品;箱包""艺术品、收藏品及古物""武器、弹药及其零件、附件"等 6 类产品占比有所下降,其余 16 类产品占比都有所上升。其中,"纺织品及原料"占比下降最多,从 2001 年的 38.81% 下降到 2020 年的 29.50%;"木及制品"占比上升最多,从 2001 年的 15.75% 上升到 2020 年的 47.39%。

从表 7-9 数据可以发现,2020 年中国从日本进口的 22 类产品具有如下特征:

2020 年,"机电产品""化工产品""运输设备""光学、钟表、医疗设备""贱金属及制品"是中国从日本进口的前五大产品,进口额分别为 832.26 亿美元、204.85 亿美元、169.65 亿美元、166.83 亿美元、138.90 亿美元,这五大产品的进口总额占中国从日本进口总额的比例高达 86.49%。其中,"机电产品"在中国从日本的进口中占据"半壁江山",占中国从日本进口总额的比例高达 47.59%;中国从日本进口的"化工产品"占中国从日本进口总额的比例为 11.71%;其余 20 类产品占中国从日本进口总额的比例均低于 10%。

2020 年,中国从日本进口的"机电产品""化工产品""运输设备""光学、钟表、医疗设备""贱金属及制品""塑料、橡胶""陶瓷;玻璃""家具、玩具、杂项制品"等 8 类产品占中国相应产品进口的比例均高于 10%,其中,"家具、玩具、杂项制品"占中国相应产品进口的比例最高,为 22.66%。此外,"矿产品""活动物;动物产品""木及制品""植物产品""皮革制品;箱包""动植物油脂""武器、弹药及其零件、附件"等 7 类产品占中国相应产品进口的比例均低于 1%,其中,"动植物油脂"占中国相应产品进口的比例最低,为 0.07%。

2020 年,中国从日本进口的"机电产品""化工产品""光学、钟表、医疗设备""贱金属及制品""塑料、橡胶""纺织品及原料""陶瓷;玻璃""纤维素浆;纸张"

"特殊交易品及未分类商品""木及制品""鞋靴、伞等轻工产品""皮革制品；箱包"等12种产品占日本相应产品出口总额的比例比较大，均在20%以上。其中，中国从日本进口的"木及制品"占日本相应产品出口总额的比例最高，为47.39%。

表7-8 2001年中国从日本进口22大类产品的进口额及占比情况

排名	海关分类	产品类别	进口额/亿美元	占中国从日本进口总额比例/%	占日本出口至中国总额比例/%	占中国相应产品总进口比例/%	占日本相应产品总出口比例/%
1	16	机电产品	219.86	51.38	44.60	22.80	7.95
2	15	贱金属及制品	47.66	11.14	12.18	21.75	15.52
3	11	纺织品及原料	33.52	7.83	9.15	20.62	38.81
4	06	化工产品	32.06	7.49	8.75	16.81	10.32
5	07	塑料、橡胶	28.22	6.60	5.99	16.29	12.56
6	18	光学、钟表、医疗设备	28.07	6.56	6.18	26.35	6.51
7	17	运输设备	16.69	3.90	4.28	16.66	1.43
8	13	陶瓷；玻璃	6.10	1.43	1.76	32.48	12.77
9	10	纤维素浆；纸张	5.28	1.23	1.27	7.81	15.71
10	05	矿产品	3.85	0.90	0.96	1.71	16.38
11	20	家具、玩具、杂项制品	2.29	0.54	0.73	23.30	4.92
12	01	活动物；动物产品	1.18	0.27	0.28	4.99	14.95
13	08	皮革制品；箱包	1.08	0.25	0.23	3.13	31.69
14	04	食品、饮料、烟草	0.85	0.20	0.24	4.53	5.61
15	12	鞋靴、伞等轻工产品	0.36	0.08	0.02	8.37	4.67
16	14	贵金属及制品	0.35	0.08	0.16	3.50	2.87
17	02	植物产品	0.20	0.05	0.04	0.43	1.06
18	09	木及制品	0.11	0.03	0.03	0.32	15.75
19	22	特殊交易品及未分类商品	0.10	0.02	3.13	0.58	6.02
20	03	动植物油脂	0.03	0.01	0.01	0.41	5.63
21	21	艺术品、收藏品及古物	0.00	0.00	0.00	1.44	0.47
22	19	武器、弹药及其零件、附件	0.00	0.00	0.00	0.15	0.01

数据来源：根据UN Comtrade数据库中的统计数据整理而得。

表7-9　2020年中国从日本进口22大类产品的进口额及占比情况

排名	海关分类	产品类别	进口额/亿美元	占中国从日本进口总额比例/%	占日本出口至中国总额比例/%	占中国相应产品总进口比例/%	占日本相应产品总出口比例/%
1	16	机电产品	832.26	47.59	40.57	11.24	25.58
2	06	化工产品	204.85	11.71	11.67	13.61	26.90
3	17	运输设备	169.65	9.70	10.59	19.64	10.92
4	18	光学、钟表、医疗设备	166.83	9.54	8.16	16.04	29.83
5	15	贱金属及制品	138.90	7.94	8.35	11.77	23.67
6	07	塑料、橡胶	114.49	6.55	7.10	13.13	29.45
7	11	纺织品及原料	21.97	1.26	1.38	7.49	29.50
8	14	贵金属及制品	19.83	1.13	0.99	6.25	10.52
9	13	陶瓷；玻璃	19.27	1.10	1.12	17.47	24.06
10	20	家具、玩具、杂项制品	16.10	0.92	1.02	22.66	19.24
11	05	矿产品	14.05	0.80	0.87	0.31	14.58
12	10	纤维素浆；纸张	11.53	0.66	0.70	4.37	29.71
13	04	食品、饮料、烟草	8.42	0.48	0.65	3.01	18.48
14	22	特殊交易品及未分类商品	3.19	0.18	6.33	2.93	21.80
15	01	活动物；动物产品	2.32	0.13	0.18	0.45	13.92
16	09	木及制品	1.79	0.10	0.11	0.89	47.39
17	02	植物产品	1.75	0.10	0.11	0.24	16.02
18	12	鞋靴、伞等轻工产品	0.65	0.04	0.05	1.01	29.03
19	08	皮革制品；箱包	0.38	0.02	0.03	0.47	22.98
20	21	艺术品、收藏品及古物	0.34	0.02	0.01	5.08	9.55
21	03	动植物油脂	0.08	0.00	0.01	0.07	3.29
22	19	武器、弹药及其零件、附件	0.00	0.00	0.00	0.18	0.00

数据来源：根据UN Comtrade数据库中的统计数据整理而得。

2. 中国从日本进口的前20大产品的分析

表7-10和表7-11是基于HS 6位编码细分产品测算的2001年和2020年中国从日本进口的前20大产品。

与2001年相比，2020年，中国从日本进口的前20大细分产品种类和占比有所变化。其一，从产品种类来看，2001年，中国从日本进口的前20大产品中包括12种"机电产品"、2种"运输设备"、2种"贱金属及制品"、1种"纺织品及原料"、1种"化工产品"、1种"塑料、橡胶"、1种"光学、钟表、医疗设备"，占中国从日本进口总额的比例分别为20.06%、1.49%、1.46%、0.82%、0.78%、0.68%、0.58%。2020年，中国从日本进口的前20大产品中包括11种"机电产品"、4种"运输设备"、2种"化工产品"、2种"光学、钟表、医疗设备"、1种"贱金属及制品"，占中国从日本进口总额的比例分别为21.62%、8.1%、3.5%、2.38%、1.12%。可见，2020年，中国从日本进口的前20大细分产品中已经没有"纺织品及原料"和"塑料、橡胶"2大类产品。其二，从前20大产进口额占中国从日本进口总额的比例来看，2001年，这一比例为25.88%。2020年，这一比例高达36.73%。

在2001年和2020年，中国从日本进口的第一大产品都属于"机电产品"。2001年，中国从日本进口的第一大产品是"单片集成电路"，进口额为18.76亿美元，占中国从日本进口总额的4.38%。2020年，中国从日本进口的第一大产品是"存储器"，进口额为65.84亿美元，占中国从日本进口总额的3.77%。

从中国从日本进口的前20大产品占中国相应产品进口的比例来看，2001年，中国从日本进口的"含聚酯非变形长丝≥85%的机织物""电镀锌的铁或非合金钢平板轧材""光敏半导体器件；发光二极管""复印机零件和附件"等4种产品占中国相应产品进口的比例均超过50%。其中，中国从日本进口的"光敏半导体器件；发光二极管"占中国相应产品进口的比例最高，高达62.55%。2020年，中国从日本进口的"同时装有点燃往复式活塞内燃发动机及驱动电动机的其他车辆"占中国相应产品进口的比例超过50%，高达97.71%。

从中国从日本进口的前20大产品占日本相应产品出口的比例来看，2001年，中国从日本进口的"苯乙烯""初级形状的聚氯乙烯，未掺其他物质""未锻轧的精炼铜阴极及阴极型材"等3种产品占日本相应产品出口的比例均超过50%。其中，中国从日本进口的"初级形状的聚氯乙烯，未掺其他物质"占日本相应产品出口的比例最高，为69.08%。2020年，中国从日本进口的"其他美容品或化妆品及护肤品""制造平板显示器用的机器及装置""未列名液晶装置和其他光学仪器及器具""偏振材料制的片及板"等4种产品占日本相应产品出口的比例均超过50%。其中，中国从日本进口的"制造平板显示器用的机器及装置"占日本相应产品出口的比例最高，高达83.38%，表明中国在日本这一产品的出口市场中占据重要位置。

表 7-10 2001 年中国从日本进口的前 20 大产品进口额及占比情况

排名	HS 编码	产品名称	进口额/亿美元	占中国从日本进口总额比例/%	占日本出口到中国总额比例/%	占中国相应产品进口比例/%	占日本相应产品出口比例/%
1	854230	单片集成电路	18.76	4.38	0.95	25.35	8.18
2	847989	其他具有独立功能的机器及机械器具	11.00	2.57	2.41	35.90	12.77
3	847330	8471 所列机器的零件、附件	9.73	2.27	2.24	14.69	7.25
4	854219	单片集成电路，数字除外	9.42	2.20	0.13	23.24	8.92
5	852990	8525 至 8528 所列其他装置或设备用零件	6.75	1.58	1.45	19.90	14.04
6	852290	品目 8519 或 8521 所列设备的其他零附件	5.81	1.36	0.88	30.72	21.45
7	854240	混合集成电路	5.04	1.18	0.34	19.53	10.70
8	853400	印刷电路	4.86	1.14	1.32	25.12	21.09
9	852520	用于广播、电视等的发射接收装置	4.52	1.06	1.48	28.29	25.17
10	854213	金属氧化物半导体	3.92	0.92	3.10	20.99	6.80
11	870323	汽油型其他机动车辆，1500 毫升 < 排量 ≤3000 毫升	3.53	0.83	0.94	39.65	0.92
12	540761	含聚酯非变形长丝≥85% 的机织物	3.51	0.82	1.42	54.55	43.67
13	290250	苯乙烯	3.34	0.78	1.08	40.93	64.19
14	721030	电镀锌的铁或非合金钢平板轧材	3.33	0.78	0.38	57.52	27.07
15	854140	光敏半导体器件；发光二极管	3.29	0.77	0.71	62.55	11.16
16	390410	初级形状的聚氯乙烯，未掺其他物质	2.92	0.68	0.82	26.72	69.08
17	740311	未锻轧的精炼铜阴极及阴极型材	2.91	0.68	1.03	21.56	51.43
18	870899	8701 至 8705 所列车辆用未列名零附件	2.86	0.67	0.65	18.85	4.27
19	853890	8535、8536 或 8537 所列装置的其他零件	2.72	0.64	0.77	33.46	16.26
20	900990	复印机零件和附件	2.50	0.58	0.76	50.62	7.76

数据来源：根据 UN Comtrade 数据库中的统计数据整理而得。

表7-11 2020年中国从日本进口的前20大产品进口额及占比情况

排名	HS编码	产品名称	进口额/亿美元	占中国从日本进口总额比例/%	占日本出口到中国总额比例/%	占中国相应产品进口比例/%	占日本相应产品出口比例/%
1	854232	存储器	65.84	3.77	3.24	6.91	37.42
2	854239	其他集成电路	59.31	3.39	0.80	8.35	10.13
3	854231	处理器及控制器	47.62	2.72	0.45	2.78	22.70
4	870323	汽油型其他机动车辆，1500毫升＜排量≤3000毫升	42.13	2.41	2.92	12.76	10.56
5	870840	机动车辆用变速箱	41.60	2.38	3.06	39.85	30.26
6	330499	其他美容品或化妆品及护肤品	41.13	2.35	1.76	25.88	51.81
7	848620	制造半导体器件或集成电路用的机器及装置	40.93	2.34	2.77	29.96	32.60
8	870340	同时装有点燃往复式活塞内燃发动机及驱动电动机的其他车辆	40.65	2.32	2.98	97.71	23.08
9	853224	多层瓷介电容器	33.23	1.90	1.11	40.64	33.42
10	848630	制造平板显示器用的机器及装置	30.06	1.72	1.83	42.49	83.38
11	847989	其他具有独立功能的机器及机械器具	28.53	1.63	1.54	34.21	45.00
12	853690	其他连接用电气装置，线路电压≤1000伏	25.42	1.45	0.92	26.89	32.27
13	901380	未列名液晶装置和其他光学仪器及器具	24.09	1.38	1.34	12.50	72.20
14	382499	其他未列名化学工业及其相关工业的化学产品及配制品	20.08	1.15	0.69	30.83	27.53
15	740311	未锻轧的精炼铜阴极及阴极型材	19.66	1.12	1.29	6.98	42.30
16	854140	光敏半导体器件；发光二极管	17.59	1.01	0.84	24.27	34.29
17	900120	偏振材料制的片及板	17.59	1.01	0.98	40.00	57.75
18	870324	汽油型其他机动车辆，排量＞3000毫升	17.30	0.99	0.10	42.82	0.95

续表

排名	HS 编码	产品名称	进口额/亿美元	占中国从日本进口总额比例/%	占日本出口到中国总额比例/%	占中国相应产品进口比例/%	占日本相应产品出口比例/%
19	844399	品目8443所列设备其他零件	15.12	0.86	0.74	40.52	15.66
20	853400	印刷电路	14.43	0.83	0.55	13.27	27.57

数据来源：根据 UN Comtrade 数据库中的统计数据整理而得。

三、中国从韩国的进口情况

中韩两国是友好近邻，也是重要的经贸伙伴。2020年8月，中韩经贸联委会第24次会议在山东省青岛市举行，率先推动逐步恢复政府间经贸领域交往与合作。双方重点就常态化疫情防控下推动中韩经贸关系发展及有关区域和多边经贸合作议题深入交换意见，达成广泛共识，向外界发出了中韩两国坚定发展双边经贸关系的明确积极信号，对区域乃至全球经贸合作的恢复与发展具有重要示范作用[①]。2020年，韩国是中国的第五大贸易伙伴和第三大进口来源地。

（一）中国从韩国的进口规模

中国从韩国的进口规模整体增加。如表7-12、图7-7所示，2001—2020年，中国从韩国的进口规模从233.77亿美元增加到1727.56亿美元，年均增长率为11.1%，2020年大约是2001年的7.39倍。其中，2001—2014年，中国从韩国的进口规模大体呈增长趋势，年均增长率为17.49%；2015—2020年，中国从韩国的进口规模呈波动下行的态势，但于2018年达到2045.66亿美元的历史最高值。

韩国在中国进口市场中的地位相对稳定。如表7-12、图7-8所示，2001—2020年，中国从韩国的进口占中国总进口的比例经历了先上升后波动下降的过程，具体来看：2001—2005年，中国从韩国的进口占中国总进口的比例从9.60%逐年上升至11.64%的历史峰值；2006—2020年，中国从韩国的进口占中国总进口的比例从11.34%波动下滑至8.40%。与2001年相比，2020年中国从韩国的进口占中国总进口的比例大体不变。此外，2001年，韩国是中国的第四大进口来源地，2020年，韩国上升为中国的第三大进口来源地。

---

① 商务部亚洲司负责人解读中韩经贸联委会第24次会议成果［EB/OL］. 商务部，［2020-08-03］. http://www.mofcom.gov.cn/article/ae/sjjd/202008/20200802988801.shtml.

中国进口为韩国出口做出了突出贡献。如表7-12和图7-9所示，2001—2020年，中国进口占韩国总出口的比例大幅增加，从12.09%上升到25.85%，2020年大约是2001年的2.14倍。其中，2001—2005年，中国进口占韩国总出口的比例高速增长，从12.09%增加到21.77%，年均增长率为15.84%；2006—2020年，中国进口占韩国总出口的比例缓慢增长；2020年，中国进口占韩国总出口的比例高达25.85%，美国进口占韩国总出口的比例为14.51%，中国在韩国出口市场中的份额比美国高11.34个百分点。

中国从韩国的第二大出口市场上升至韩国的第一大出口市场。如表7-13所示，2001年和2002年，中国都是韩国的第二大出口市场，仅次于美国；2003年，中国超越美国，成为韩国的第一大出口市场；截至2020年，中国已经连续18年稳居韩国第一大出口市场的地位。

具体来看，2020年，中国从韩国的进口规模有所下降。2020年，中国从韩国进口规模为1727.56亿美元，比2019年降低0.46%，占中国总进口的8.40%，同时，中国进口占韩国总出口的比例是25.85%。

表7-12　2001—2020年中国从韩国的进口规模及占比情况

年份	进口额/亿美元	占中国总进口比例/%	占韩国总出口比例/%
2001	233.77	9.60	12.09
2002	285.68	9.68	14.62
2003	431.28	10.45	18.11
2004	622.34	11.09	19.60
2005	768.20	11.64	21.77
2006	897.24	11.34	21.34
2007	1037.52	10.85	22.07
2008	1121.38	9.90	21.66
2009	1025.52	10.20	23.85
2010	1383.39	9.91	25.05
2011	1627.17	9.33	24.17
2012	1687.28	9.28	24.52
2013	1830.73	9.39	26.07
2014	1901.09	9.70	25.36
2015	1745.06	10.39	26.03
2016	1589.75	10.01	25.12
2017	1775.53	9.63	24.78
2018	2045.66	9.58	26.81

续表

年份	进口额/亿美元	占中国总进口比例/%	占韩国总出口比例/%
2019	1735.53	8.39	25.12
2020	1727.56	8.40	25.85

数据来源：根据 UN Comtrade 数据库中的统计数据整理而得。

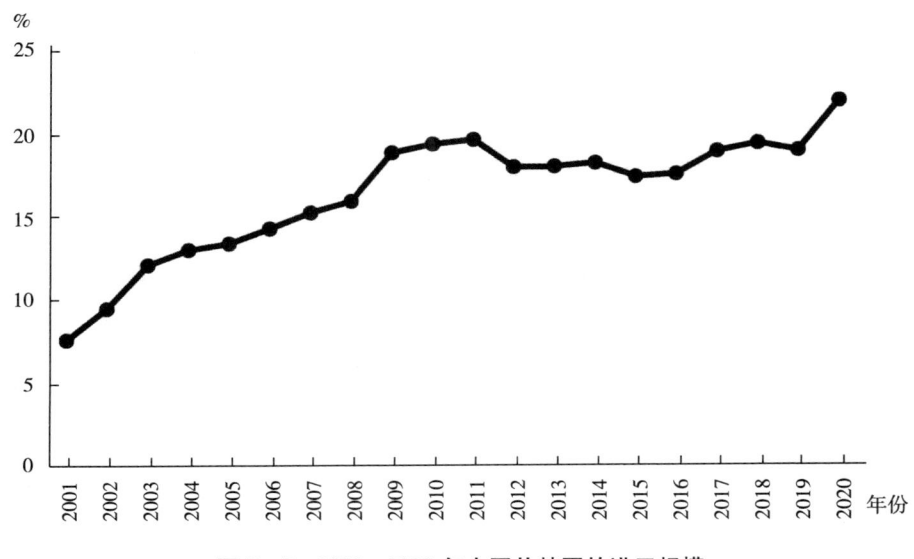

图 7-7　2001—2020 年中国从韩国的进口规模

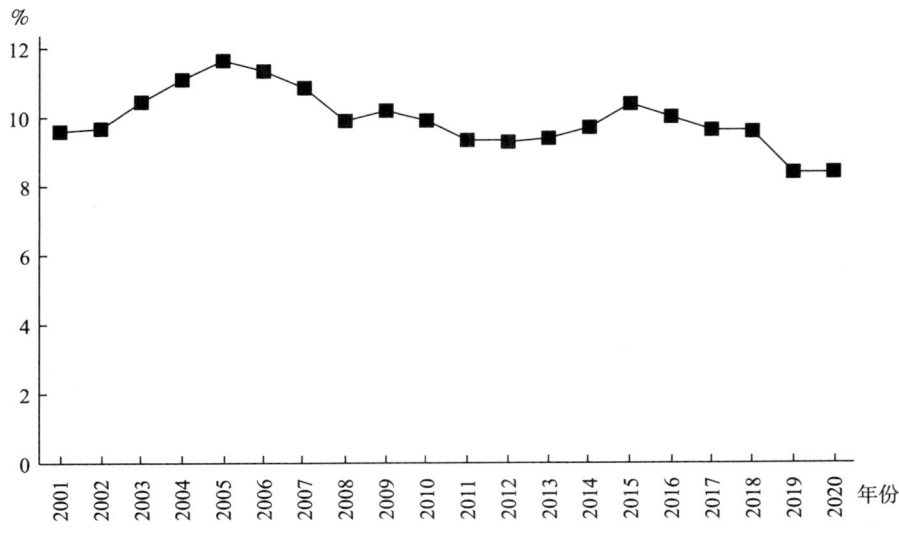

图 7-8　2001—2020 年中国从韩国的进口占中国总进口的比例

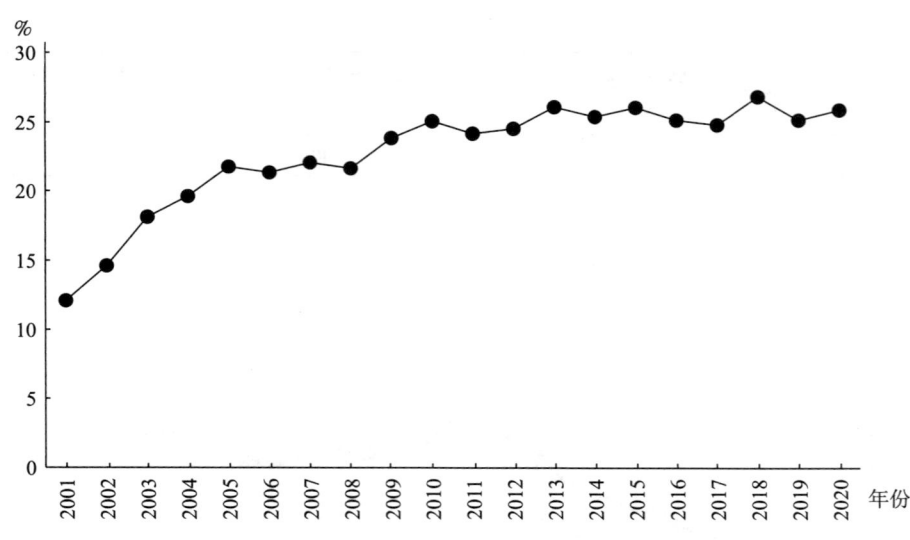

图 7-9　2001—2020 年中国从韩国的进口占韩国总出口的比例

表 7-13　2001—2020 年韩国的出口目的地情况 （%）

排名	2001 年		2003 年		2020 年	
	国家或地区	占比	国家或地区	占比	国家或地区	占比
1	美国	20.85	中国	18.11	中国	25.85
2	中国	12.09	美国	17.73	美国	14.51
3	日本	10.97	日本	8.91	越南	9.47
4	中国香港	6.28	中国香港	7.56	中国香港	5.97
5	中国台湾	3.88	中国台湾	3.63	日本	4.89

数据来源：根据 UN Comtrade 数据库中的统计数据整理而得。

（二）中国从韩国的进口产品结构

1. 基于 22 大类进口产品的分析

根据表 7-14 和表 7-15 的数据，可以得出以下结论：

与 2001 年相比，2020 年，中国从韩国进口的产品结构发生了较大变化。第一，从各类产品排名来看，2001 年和 2020 年，"机电产品"均排名第 1，是中国从韩国进口最多的产品。从各类产品排名的变化来看，"光学、钟表、医疗设备""食品、饮料、烟草""贵金属及制品""特殊交易品及未分类商品"等 4 种产品的排名增加最多，分别从 2001 年的第 9、第 15、第 17、第 19 名上升到 2020 年的第 4、第 10、第 12、第 14 名；"鞋靴、伞等轻工产品"排名下降最多，从 2001 年的第 12 名下降到 2020 年的第 18 名。

第二，从各类产品进口规模来看，与2001年相比，2020年，"纺织品及原料""纤维素浆；纸张""皮革制品；箱包""鞋靴、伞等轻工产品""木及制品"等5种产品的进口额有所下降，下降幅度分别为43.99%、23.76%、70.42%、56.94%、87.09%；其余17种产品的进口额都显著增加。总的来看，与2001年相比，2020年，中国从韩国进口的"木及制品"规模下降幅度最大，"武器、弹药及其零件、附件"规模上升幅度最大。

第三，从各类产品进口占中国从韩国总进口的比例来看，与2001年相比，2020年，"机电产品"在中国从韩国进口中的份额上升最多，"纺织品及原料"的份额下降最多。具体来看，"机电产品"在中国从韩国进口中的份额从2001年的32.26%上升至2020年的61.41%，2020年约是2001年的2倍；"纺织品及原料"的份额从12.17%下降至0.92%。

第四，从各类产品进口占中国相应产品总进口的比例来看，与2001年相比，2020年，"机电产品""光学、钟表、医疗设备""陶瓷；玻璃""特殊交易品及未分类商品""武器、弹药及其零件、附件"等5类产品占中国相应产品总进口的比例有所增加，其余17类产品占比都有所下降。其中，中国从韩国进口的"陶瓷；玻璃"占中国相应产品总进口的比例增加最多，从2001年的11.79%增加到2020年的23.50%；中国从韩国进口的"鞋靴、伞等轻工产品"占中国相应产品总进口的比例下降最多，从2001年的34.85%下降到2020年的0.99%。

第五，从各类产品进口占韩国相应产品总出口的比例来看，与2001年相比，2020年，"纺织品及原料""纤维素浆；纸张""皮革制品；箱包""动植物油脂""木及制品""艺术品、收藏品及古物"等6类产品占比有所下降，其余16类产品占比都有所上升。其中，"皮革制品；箱包"占比下降最多，从2001年的42.00%下降至2020年的17.50%；"光学、钟表、医疗设备"占比上升最多，从2001年的8.34%上升到2020年的47.93%。

从表7-15中可以发现，2020年，中国从韩国进口的22类产品具有如下特征：

2020年，"机电产品"是中国从韩国进口的第一大类产品。2020年，"机电产品""化工产品""塑料、橡胶""光学、钟表、医疗设备""贱金属及制品"是中国从韩国进口的前五大产品，这五大产品的进口额占中国从韩国进口额的比例高达90.28%。其中，"机电产品"在中国从韩国的进口中占据"半壁江山"，占中国从韩国进口总额的比例高达61.41%；其余21类产品的占比均低于10%。

从2020年中国从韩国进口的各类产品占中国相应产品进口的比例来看，"机电产品""化工产品""塑料、橡胶""光学、钟表、医疗设备""陶瓷；玻璃"等5类产品的占比均高于10%，其中，中国从韩国进口的"陶瓷；玻璃"占中国相应产品进口的比例最高，为23.50%，"贵金属及制品""活动物；动物产品""植物产品""鞋靴、伞等轻工产品""动植物油脂""木及制品""艺术品、收藏品及古物""武器、弹药及其零件、附件"等8类产品占中国相应产品进口的比例均低于1%，"武器、弹药及其零件、附件"占中国相应产品进口的比例最低，为0.02%。

从2020年中国从韩国进口的各类产品占韩国相应产品出口总额的比例来看，中国从韩国进口的"机电产品""化工产品""塑料、橡胶""光学、钟表、医疗设备"等4种产品占韩国相应产品出口总额的比例比较大，均在30%以上。其中，"光学、钟表、医疗设备"占比最高，为47.93%。此外，中国从韩国进口的"贱金属及制品""矿产品""陶瓷；玻璃""鞋靴、伞等轻工产品"等4种产品占韩国相应产品出口总额的比例均在20%~30%。

表7-14　2001年中国从韩国进口22大类产品的进口额及占比情况

排名	海关分类	产品类别	进口额/亿美元	占中国从韩国进口总额比例/%	占韩国出口至中国总额比例/%	占中国相应产品总进口比例/%	占韩国相应产品总出口比例/%
1	16	机电产品	75.41	32.26	30.56	7.82	9.06
2	07	塑料、橡胶	28.66	12.26	11.33	16.54	23.92
3	11	纺织品及原料	28.45	12.17	13.00	17.50	15.17
4	15	贱金属及制品	27.30	11.68	10.31	12.46	18.13
5	06	化工产品	26.38	11.29	12.53	13.83	33.70
6	05	矿产品	19.51	8.34	9.45	8.68	21.04
7	08	皮革制品；箱包	8.12	3.47	3.82	23.60	42.00
8	10	纤维素浆；纸张	6.85	2.93	2.31	10.14	22.02
9	18	光学、钟表、医疗设备	4.35	1.86	1.01	4.09	8.34
10	13	陶瓷；玻璃	2.21	0.95	0.95	11.79	20.19
11	17	运输设备	1.81	0.77	1.26	1.81	0.89
12	12	鞋靴、伞等轻工产品	1.50	0.64	1.27	34.85	23.38
13	20	家具、玩具、杂项制品	1.18	0.50	0.91	11.95	11.75
14	01	活动物；动物产品	0.51	0.22	0.33	2.18	6.34
15	04	食品、饮料、烟草	0.45	0.19	0.29	2.38	3.97
16	09	木及制品	0.43	0.19	0.18	1.24	33.76
17	14	贵金属及制品	0.36	0.15	0.35	3.63	3.36
18	02	植物产品	0.15	0.07	0.10	0.32	3.78

续表

排名	海关分类	产品类别	进口额/亿美元	占中国从韩国进口总额比例/%	占韩国出口至中国总额比例/%	占中国相应产品总进口比例/%	占韩国相应产品总出口比例/%
19	22	特殊交易品及未分类商品	0.11	0.05	0.00	0.66	—①
20	03	动植物油脂	0.02	0.01	0.01	0.25	18.23
21	21	艺术品、收藏品及古物	0.00	0.00	0.02	1.57	10.07
22	19	武器、弹药及其零件、附件	0.00	0.00	0.00	0.001	0.000

数据来源：根据 UN Comtrade 数据库中的统计数据整理而得。

注：①在 UN Comtrade 数据库中，韩国没有报告此数据。

表 7-15　2020 年中国从韩国进口 22 大类产品的进口额及占比情况

排名	海关分类	产品类别	进口额/亿美元	占中国从韩国进口总额比例/%	占韩国出口至中国总额比例/%	占中国相应产品总进口比例/%	占韩国相应产品总出口比例/%
1	16	机电产品	1060.83	61.41	53.86	14.32	31.38
2	06	化工产品	169.76	9.83	12.84	11.28	35.59
3	07	塑料、橡胶	120.80	6.99	8.64	13.86	30.10
4	18	光学、钟表、医疗设备	114.68	6.64	7.33	11.03	47.93
5	15	贱金属及制品	93.60	5.42	6.56	7.93	20.59
6	05	矿产品	85.07	4.92	5.72	1.87	28.89
7	13	陶瓷；玻璃	25.93	1.50	0.70	23.50	29.07
8	11	纺织品及原料	15.93	0.92	1.16	5.43	14.26
9	17	运输设备	14.40	0.83	1.07	1.67	1.88
10	04	食品、饮料、烟草	9.49	0.55	0.77	3.39	16.40
11	10	纤维素浆；纸张	5.22	0.30	0.36	1.98	16.07
12	14	贵金属及制品	2.59	0.15	0.19	0.82	5.00
13	08	皮革制品；箱包	2.40	0.14	0.08	2.97	17.50
14	22	特殊交易品及未分类商品	2.01	0.12	0.00	1.84	—①
15	20	家具、玩具、杂项制品	1.68	0.10	0.28	2.37	15.94
16	01	活动物；动物产品	1.44	0.08	0.22	0.28	19.05
17	02	植物产品	0.87	0.05	0.09	0.12	11.57
18	12	鞋靴、伞等轻工产品	0.64	0.04	0.12	0.99	27.52

续表

排名	海关分类	产品类别	进口额/亿美元	占中国从韩国进口总额比例/%	占韩国出口至中国总额比例/%	占中国相应产品总进口比例/%	占韩国相应产品总出口比例/%
19	03	动植物油脂	0.12	0.01	0.01	0.10	8.78
20	09	木及制品	0.06	0.00	0.01	0.03	14.86
21	21	艺术品、收藏品及古物	0.03	0.00	0.00	0.46	2.74
22	19	武器、弹药及其零件、附件	0.00	0.00	0.00	0.02	0.00

数据来源：根据 UN Comtrade 数据库中的统计数据整理而得。

注：①在 UN Comtrade 数据库中，韩国没有报告此数据。

2. 中国从韩国进口的前 20 大产品的分析

表 7-16 和表 7-17 是基于 HS 6 位编码细分产品测算的 2001 年和 2020 年中国从韩国进口的前 20 大产品。

与 2001 年相比，2020 年，中国从韩国进口的前 20 大细分产品种类和占比有所变化。其一，从产品种类变化来看，2001 年，中国从韩国进口的前 20 大产品中包括 9 种"机电产品"、4 种"塑料、橡胶"、2 种"化工产品"、2 种"纺织品及原料"、1 种"矿产品"、1 种"贱金属及制品"、1 种"光学、钟表、医疗设备"，占中国从韩国进口总额的比例分别为 14.02%、6.29%、3.76%、1.88%、7.32%、1.09%、0.84%。2020 年，中国从韩国进口的前 20 大产品中包括 12 种"机电产品"、3 种"光学、钟表、医疗设备"、2 种"矿产品"、2 种"化工产品"、1 种"陶瓷；玻璃"，占中国从韩国进口总额的比例分别为 51.08%、4.39%、3.53%、3.56%、0.96%。可见，与 2001 年相比，2020 年，在中国从韩国进口的前 20 大细分产品中，"机电产品"增加了 3 种。其二，从中国从韩国进口的前 20 大产品占中国从韩国进口总额的比例来看，2001 年，这一比例为 35.21%，2020 年，这一比例大幅增加，高达 63.92%。

与 2001 年相比，2020 年，中国从韩国进口的第一大产品有所改变。2001 年，中国从韩国进口的第一大产品是"石油"，进口额为 17.12 亿美元，占中国从韩国进口总额的 7.32%。2020 年，中国从韩国进口的第一大产品是"存储器"，属于"机电产品"，进口额为 447.52 亿美元，占中国从韩国进口总额的 25.90%。

从中国从韩国进口的前 20 大产品占中国相应产品进口的比例来看，2001 年，中国从韩国进口的"石油""单色和彩色的数据/图形显示管；屏幕荧光点间距 <0.4 毫米""对苯二甲酸及其盐""比重≥0.94 的初级形状的聚乙烯""苯乙烯""热轧不锈钢卷材，3 毫米≤厚度 <4.75 毫米""聚酯短纤，未梳或未经其他纺前加工"等 7 种产品占

中国相应产品进口的比例均超过30%。其中，中国从韩国进口的"聚酯短纤，未梳或未经其他纺前加工"占中国相应产品进口的比例最高，高达55.62%。2020年，中国从韩国进口的"存储器""其他蒸馏高温煤焦油所得油类等产品及类似品""对二甲苯""制造平板显示器用的机器及装置""激光器，激光二极管除外""其他铸制或轧制的非夹丝的玻璃板及片""偏振材料制的片及板"等7种产品占中国相应产品进口的比例均超过30%。其中，中国从韩国进口的"其他蒸馏高温煤焦油所得油类等产品及类似品"占中国相应产品进口的比例最高，高达62.37%。

从中国从韩国进口的前20大产品占韩国相应产品出口的比例来看，2001年，中国从韩国进口的"单色和彩色的数据/图形显示管；屏幕荧光点间距<0.4毫米""对苯二甲酸及其盐""比重≥0.94的初级形状的聚乙烯""苯乙烯""比重<0.94的初级形状的聚乙烯""热轧不锈钢卷材，3毫米≤厚度<4.75毫米"等6种产品占韩国相应产品出口的比例均超过50%。其中，中国从韩国进口的"对苯二甲酸及其盐"占韩国相应产品出口的比例最高，高达82.28%。2020年，中国从韩国进口的"存储器""未列名液晶装置和其他光学仪器及器具""其他美容品或化妆品及护肤品""对二甲苯""制造平板显示器用的机器及装置""激光器，激光二极管除外""偏振材料制的片及板""制造半导体器件或集成电路用的机器及装置"等8种产品占韩国相应产品出口的比例均超过50%。其中，中国从韩国进口的"制造平板显示器用的机器及装置"占韩国相应产品出口的比例最高，高达96.26%，表明中国在韩国该产品的出口市场中占据重要位置。

表7-16 2001年中国从韩国进口的前20大产品进口额及占比情况

排名	HS编码	产品名称	进口额/亿美元	占中国从韩国进口总额比例/%	占韩国出口到中国总额比例/%	占中国相应产品进口比例/%	占韩国相应产品出口比例/%
1	271000	石油	17.12	7.32	8.56	45.70	20.12
2	854040	单色和彩色的数据/图形显示管；屏幕荧光点间距<0.4毫米	7.13	3.05	0.73	45.21	79.78
3	854230	单片集成电路	6.98	2.99	0.02	9.43	2.83
4	291736	对苯二甲酸及其盐	5.56	2.38	2.78	39.95	82.28
5	390330	初级形状丙烯腈—丁二烯—苯乙烯共聚物	4.20	1.80	1.42	28.84	41.24
6	390210	初级形状的聚丙烯	4.02	1.72	1.46	29.50	43.95
7	390120	比重≥0.94的初级形状的聚乙烯	3.78	1.62	1.80	34.57	51.60

续表

排名	HS 编码	产品名称	进口额/亿美元	占中国从韩国进口总额比例/%	占韩国出口到中国总额比例/%	占中国相应产品进口比例/%	占韩国相应产品出口比例/%
8	290250	苯乙烯	3.23	1.38	1.58	39.58	77.99
9	852520	用于广播、电视等的发射接收装置	3.05	1.31	1.20	19.12	2.92
10	852290	品目 8519 或 8521 所列设备的其他零附件	2.96	1.27	1.80	15.65	36.62
11	852990	8525 至 8528 所列其他装置或设备用零件	2.80	1.20	2.11	8.26	18.04
12	854240	混合集成电路	2.75	1.18	0.01	10.66	1.33
13	390110	比重 <0.94 的初级形状的聚乙烯	2.70	1.15	1.29	17.28	52.66
14	847989	其他具有独立功能的机器及机械器具	2.64	1.13	1.43	8.63	39.40
15	721913	热轧不锈钢卷材,3 毫米≤厚度<4.75 毫米	2.55	1.09	1.43	44.37	79.47
16	550320	聚酯短纤,未梳或未经其他纺前加工	2.31	0.99	1.09	55.62	36.08
17	854219	单片集成电路,数字除外	2.30	0.98	1.43	5.66	2.40
18	847330	8471 所列机器的零件、附件	2.16	0.92	2.89	3.25	9.31
19	540742	尼龙等聚酰胺长丝≥85% 的染色布	2.09	0.89	0.27	28.72	23.76
20	901380	未列名液晶装置和其他光学仪器及器具	1.97	0.84	0.07	19.39	6.14

数据来源:根据 UN Comtrade 数据库中的统计数据整理而得。

表 7-17 2020 年中国从韩国进口的前 20 大产品进口额及占比情况

排名	HS 编码	产品名称	进口额/亿美元	占中国从韩国进口总额比例/%	占韩国出口到中国总额比例/%	占中国相应产品进口比例/%	占韩国相应产品出口比例/%
1	854232	存储器	447.52	25.90	21.40	46.97	54.18
2	854231	处理器及控制器	125.76	7.28	5.11	7.34	28.82
3	854239	其他集成电路	82.98	4.80	0.75	11.69	15.00

续表

排名	HS 编码	产品名称	进口额/亿美元	占中国从韩国进口总额比例/%	占韩国出口到中国总额比例/%	占中国相应产品进口比例/%	占韩国相应产品出口比例/%
4	847330	8471 所列机器的零件、附件	43.45	2.52	2.66	22.27	26.65
5	901380	未列名液晶装置和其他光学仪器及器具	42.89	2.48	2.26	22.26	72.43
6	270799	其他蒸馏高温煤焦油所得油类等产品及类似品	40.65	2.35	0.00	62.37	3.38
7	851770	品目 8517 的零件	36.23	2.10	2.00	10.14	20.61
8	330499	其他美容品或化妆品及护肤品	31.05	1.80	2.22	19.54	51.62
9	290243	对二甲苯	30.41	1.76	2.20	37.31	84.78
10	854233	放大器	30.25	1.75	0.01	24.50	7.07
11	852990	8525 至 8528 所列其他装置或设备用零件	28.85	1.67	2.70	20.82	45.81
12	847170	存储部件	28.57	1.65	0.02	11.14	27.18
13	848630	制造平板显示器用的机器及装置	26.65	1.54	1.96	37.68	96.26
14	271019	重油制品，不含生物柴油	20.25	1.17	3.77	24.37	28.02
15	901320	激光器，激光二极管除外	18.72	1.08	1.54	51.38	91.20
16	700319	其他铸制或轧制的非夹丝的玻璃板及片	16.64	0.96	0.17	54.37	35.74
17	853400	印刷电路	14.32	0.83	1.13	13.16	29.86
18	900120	偏振材料制的片及板	14.28	0.83	1.25	32.49	66.80
19	847989	其他具有独立功能的机器及机械器具	13.02	0.75	0.66	15.61	28.24
20	848620	制造半导体器件或集成电路用的机器及装置	11.80	0.68	1.06	8.64	74.84

数据来源：根据 UN Comtrade 数据库中的统计数据整理而得。

第八章　中国从其他代表性国家或地区的进口

本章将重点分析中国大陆从台湾地区的进口，中国从澳大利亚、印度、加拿大、立陶宛等国家的进口，主要从进口规模和进口产品结构两个维度进行分析。

一、中国大陆从台湾地区的进口情况

当前，台湾地区局势依然复杂多变，两岸政治僵局未解。面对两岸关系变局，习近平总书记提出，要推进两岸经济社会融合发展，赋予了两岸关系和平发展更重要的内涵与意义。两岸同胞天然的民族文化纽带，对经济、文化、社会交往的需求，以及中国大陆对台方针政策的一脉相承和与时俱进，将继续推动两岸贸易向前发展。未来几年，两岸经贸关系发展的大格局与大趋势将基本不变，市场仍为重要动力，两岸经济交流合作的主体市场仍在中国大陆，主要方式为融入式发展。2020年，台湾地区为中国大陆的第一大进口来源地。

（一）中国大陆从台湾地区的进口规模

中国大陆从台湾地区的进口规模呈先上升后下降再上升的趋势。如表8-1、图8-1所示，2001—2020年，中国大陆从台湾地区的进口规模从273.39亿美元增加到2006.65亿美元，年均增长率为11.06%，2020年大约是2001年的7.34倍。大体经历了三个阶段，具体来看：①整体上升阶段。2001—2013年，中国大陆从台湾地区的进口规模从273.39亿美元增加到1564.05亿美元，年均增长率为15.64%。②下降阶段。2014—2016年，中国大陆从台湾地区的进口规模从1520.07亿美元降至1388.47亿美元，年均降低4.43%。③恢复上升阶段。2017—2020年，中国大陆从台湾地区的进口规模从1559.61亿美元增加到2006.65亿美元，年均增长率为8.76%。

台湾地区在中国大陆进口市场中的地位相对稳定。如表8-1、图8-2所示，2001—2020年，中国大陆从台湾地区的进口占中国总进口的比例大体经历了先下降后上升的过程。具体来看，2001—2011年，中国大陆从台湾地区的进口占中国大陆总进口的比例整体有所下降，从11.22%降至7.16%的历史最低值，但于2002年达到

12.89%的历史最高值;2012—2020年,中国大陆从台湾地区的进口占中国大陆总进口的比例整体有所上升,从7.27%上升至9.76%。与2001年相比,2020年,中国大陆从台湾地区的进口占中国大陆总进口的比例大体不变。此外,2001年,台湾地区是中国大陆的第二大进口来源地,2020年,台湾地区上升为中国大陆的第一大进口来源地。

中国大陆进口对台湾地区出口的贡献有所提高。如表8-1、图8-3所示,2001—2020年,中国大陆从台湾地区的进口占台湾地区出口总额的比例大幅增加,2001年,中国大陆进口占台湾地区总出口的比例仅为3.87%,2020年,这一比例高达29.66%,2020年大约是2001年的7.66倍。

表8-1 2001—2020年中国大陆从台湾地区的进口规模及占比情况

年份	进口额/亿美元	占中国总进口比例/%	占台湾地区总出口比例/%
2001	273.39	11.22	3.87
2002	380.61	12.89	7.63
2003	493.61	11.96	15.20
2004	647.59	11.54	19.55
2005	746.80	11.32	21.58
2006	870.99	11.00	23.13
2007	1010.28	10.57	25.32
2008	1033.38	9.12	26.10
2009	857.23	8.52	26.62
2010	1157.34	8.29	28.02
2011	1249.11	7.16	27.23
2012	1321.99	7.27	26.80
2013	1564.05	8.02	26.78
2014	1520.07	7.76	26.18
2015	1432.04	8.53	25.40
2016	1388.47	8.74	26.33
2017	1559.61	8.46	28.04
2018	1773.47	8.31	28.81
2019	1728.01	8.35	27.89
2020	2006.65	9.76	29.66

数据来源:根据UN Comtrade数据库中的统计数据整理而得。

中国大陆在台湾地区出口目的地中的排名有所上升。如表8-2所示，2001年，中国大陆是台湾地区的第四大出口目的地；2003年，中国大陆上升为台湾地区的第三大出口目的地；2004年，中国大陆又上升为台湾地区的第一大出口目的地；截至2020年，中国大陆已连续17年稳居台湾地区的第一大出口目的地。

具体来看，2020年，中国大陆从台湾地区的进口规模有所增加，为2006.65亿美元，比2019年上升16.12%，占中国大陆总进口的比例增加至9.76%，同时，中国大陆进口占台湾地区总出口的比例上升至29.66%。

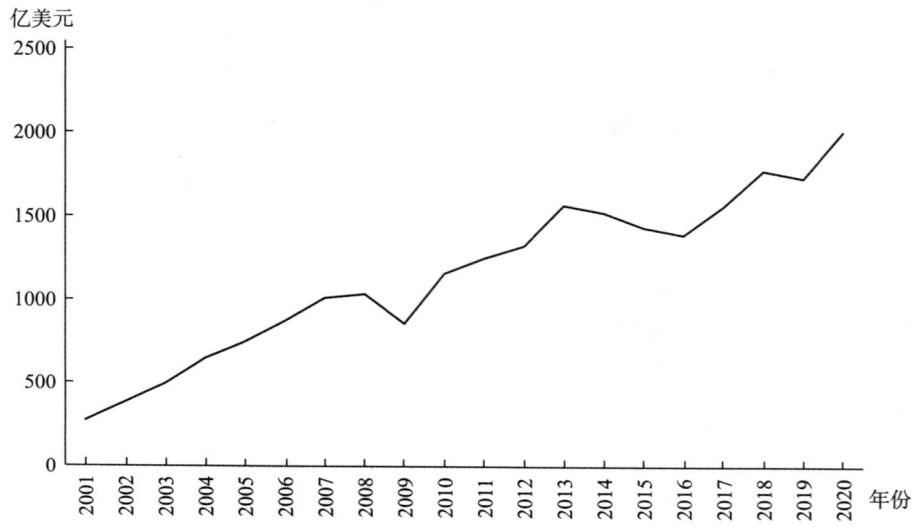

图8-1 2001—2020年中国大陆从台湾地区的进口规模

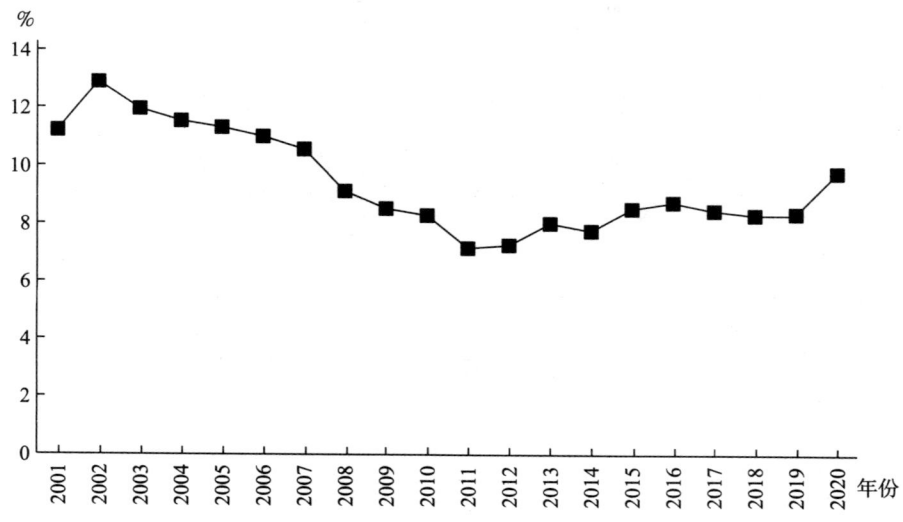

图8-2 2001—2020年中国大陆从台湾地区的进口占中国大陆总进口的比例

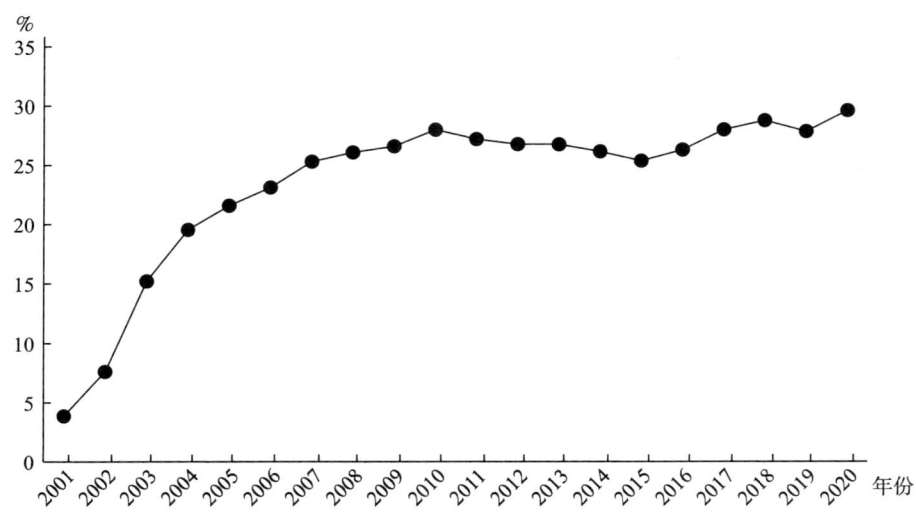

图 8-3　2001—2020 年中国大陆从台湾地区的进口占台湾地区总出口的比例

表 8-2　2001—2020 年台湾地区的前五大出口目的地及占比情况　　　　　　　　　　（％）

排名	2001 年		2003 年		2004 年		2020 年	
	国家或地区	占比/%	国家或地区	占比/%	国家或地区	占比/%	国家或地区	占比/%
1	美国	22.56	中国香港	20.50	中国大陆	19.55	中国大陆	29.66
2	中国香港	21.95	美国	17.67	中国香港	17.14	美国	14.66
3	日本	10.38	中国大陆	15.20	美国	16.19	中国香港	14.19
4	中国大陆	3.87	日本	8.25	日本	7.59	日本	6.79
5	德国	3.65	新加坡	3.50	新加坡	3.64	新加坡	5.53

数据来源：根据 UN Comtrade 数据库中的统计数据整理而得。

（二）中国大陆从台湾地区的进口产品结构

根据表 8-3 和表 8-4 的数据，与 2001 年相比，2020 年，中国大陆从台湾地区的进口产品结构发生了变化。第一，从各类产品排名来看，2001 年和 2020 年，"机电产品"都排名第 1，是中国大陆从台湾地区进口最多的产品。从各类产品排名的变化来看，"食品、饮料、烟草"的排名增加最多，从 2001 年的第 16 名上升到 2020 年的第 11 名；"皮革制品；箱包"的排名下降最多，从 2001 年的第 7 名下降到 2020 年的第 17 名。

第二，从各类产品进口规模来看，与 2001 年相比，2020 年，"纺织品及原料""皮革制品；皮箱""鞋靴、伞等轻工产品""木及制品"等 4 类产品的进口额有所下降，下降幅度分别为 50.96%、87.31%、51.04%、6.76%；其余 18 种产品的进口额都显著增加。总的来看,与2001年相比,2020年,中国大陆从台湾地区进口的"皮革制品;箱包"规模下降幅度最大,"艺术品、收藏品及古物"规模上升幅度最大。

第三,从各类产品进口占中国大陆从台湾地区总进口的比例来看,与2001年相比,2020年,"机电产品"在中国大陆从台湾地区进口总额中的份额上升最多,"贱金属及制品"在中国大陆从台湾地区进口总额中的份额下降最多。具体来看,"机电产品"所占份额从2001年的43.08%上升到2020年的79.18%;"贱金属及制品"所占份额从2001年的13.73%下降到2020年的2.60%。

第四,从各类产品进口占中国大陆相应产品总进口的比例来看,与2001年相比,2020年,"机电产品""光学、钟表、医疗设备""陶瓷;玻璃""特殊交易品及未分类商品""武器、弹药及其零件、附件"等5类产品占中国大陆相应产品总进口的比例都有所增加,其余17类产品占比都有所下降。其中,"机电产品"占比增加最多,从2001年的12.22%增加到2020年的21.45%;"鞋靴、伞等轻工产品"占比下降最多,从2001年的18.11%下降到2020年的0.59%。

第五,从各类产品进口占台湾地区相应产品总出口的比例来看,与2001年相比,2020年,中国大陆从台湾地区进口的22类产品占比都有所上升。其中,"光学、钟表、医疗设备"占比上升最多,从2001年的3.37%上升到2020年的53.49%。

从表8-4中可以发现,2020年中国大陆从台湾地区进口的22类产品具有如下特征:

2020年,"机电产品""光学、钟表、医疗设备""塑料、橡胶""化工产品""贱金属及制品"是中国大陆从台湾地区进口的前五大产品,进口额分别为1588.93亿美元、144.28亿美元、83.28亿美元、66.61亿美元、52.23亿美元,这五大产品的进口总额占中国大陆从台湾地区进口总额的比例高达96.45%。其中,"机电产品"在中国大陆从台湾地区的进口中占据重要位置,占中国大陆从台湾地区进口总额的比例高达79.18%;其余21种产品占比均低于10%。

2020年,"机电产品""光学、钟表、医疗设备""陶瓷;玻璃"等3类产品占中国大陆相应产品进口的比例均高于10%,其中,"机电产品"占比最高,为21.45%。

2020年,中国大陆从台湾地区进口的"机电产品""光学、钟表、医疗设备""塑料、橡胶""化工产品""陶瓷;玻璃""纤维素浆;纸张"等6种产品占台湾地区相应产品出口总额的比例较高,均在30%以上。其中,"光学、钟表、医疗设备"占比最高,为53.49%。

表8-3 2001年中国大陆从台湾地区进口22大类产品的进口额及占比情况

排名	海关分类	产品类别	进口额/亿美元	占中国大陆从台湾进口总额比例/%	占台湾地区出口至中国总额比例/%	占中国相应产品总进口比例/%	占台湾地区相应产品总出口比例/%
1	16	机电产品	117.77	43.08	39.50	12.22	2.81
2	07	塑料、橡胶	39.13	14.31	19.37	22.58	11.52
3	15	贱金属及制品	37.53	13.73	9.76	17.13	4.10
4	11	纺织品及原料	30.81	11.27	6.69	18.95	2.52
5	06	化工产品	19.65	7.19	15.89	10.30	18.26
6	18	光学、钟表、医疗设备	9.06	3.32	2.36	8.51	3.37
7	08	皮革制品；箱包	4.94	1.81	0.77	14.37	3.64
8	10	纤维素浆；纸张	4.55	1.66	1.00	6.73	5.02
9	13	陶瓷；玻璃	2.73	1.00	0.73	14.51	3.91
10	05	矿产品	2.07	0.76	0.67	0.92	1.67
11	17	运输设备	1.94	0.71	2.34	1.93	2.51
12	20	家具、玩具、杂项制品	1.32	0.48	0.44	13.45	0.52
13	12	鞋靴、伞等轻工产品	0.78	0.28	0.13	18.11	0.85
14	09	木及制品	0.32	0.12	0.10	0.91	1.39
15	01	活动物；动物产品	0.28	0.10	0.03	1.20	0.11
16	04	食品、饮料、烟草	0.20	0.07	0.03	1.06	0.33
17	02	植物产品	0.17	0.06	0.12	0.35	2.07
18	14	贵金属及制品	0.09	0.03	0.01	0.95	0.47
19	03	动植物油脂	0.03	0.01	0.02	0.38	2.42
20	22	特殊交易品及未分类商品	0.02	0.01	0.05	0.14	0.93
21	21	艺术品、收藏品及古物	0.001	0.001	0.0001	2.29	0.14
22	19	武器、弹药及其零件、附件	0.00001	0.000004	0	0.02	0

数据来源：根据 UN Comtrade 数据库中的统计数据整理而得。

表8-4 2020年中国大陆从台湾地区进口22大类产品的进口额及占比情况

排名	海关分类	产品类别	进口额/亿美元	占中国大陆从台湾进口总额比例/%	占台湾地区出口至中国总额比例/%	占中国相应产品总进口比例/%	占台湾地区相应产品总出口比例/%
1	16	机电产品	1588.93	79.18	65.84	21.45	30.91
2	18	光学、钟表、医疗设备	144.28	7.19	8.87	13.87	53.49

续表

排名	海关分类	产品类别	进口额/亿美元	占中国大陆从台湾进口总额比例/%	占台湾地区出口至中国总额比例/%	占中国相应产品总进口比例/%	占台湾地区相应产品总出口比例/%
3	07	塑料、橡胶	83.28	4.15	6.97	9.55	33.57
4	06	化工产品	66.61	3.32	6.57	4.43	40.40
5	15	贱金属及制品	52.23	2.60	5.29	4.42	21.25
6	13	陶瓷；玻璃	19.13	0.95	1.04	17.34	44.21
7	11	纺织品及原料	15.11	0.75	1.23	5.15	16.64
8	05	矿产品	8.27	0.41	1.17	0.18	16.23
9	10	纤维素浆；纸张	6.72	0.33	0.56	2.55	31.01
10	17	运输设备	4.94	0.25	0.57	0.57	5.30
11	04	食品、饮料、烟草	4.84	0.24	0.63	1.73	25.64
12	20	家具、玩具、杂项制品	3.81	0.19	0.31	5.36	5.63
13	02	植物产品	2.17	0.11	0.22	0.30	27.00
14	01	活动物；动物产品	1.80	0.09	0.26	0.35	16.74
15	14	贵金属及制品	1.62	0.08	0.03	0.51	1.03
16	22	特殊交易品及未分类商品	1.43	0.07	0.29	1.31	16.00
17	08	皮革制品；箱包	0.63	0.03	0.05	0.78	13.18
18	12	鞋靴、伞等轻工产品	0.38	0.02	0.05	0.59	15.35
19	09	木及制品	0.30	0.01	0.03	0.15	23.50
20	21	艺术品、收藏品及古物	0.11	0.01	0.001	1.63	4.72
21	03	动植物油脂	0.07	0.00	0.01	0.06	11.18
22	19	武器、弹药及其零件、附件	0.00004	0.000002	0.000002	0.04	0.001

数据来源：根据 UN Comtrade 数据库中的统计数据整理而得。

二、中国从澳大利亚的进口情况

《中澳自由贸易协定》签署后，中国与澳大利亚之间的经贸合作进入了发展的"快车道"。中澳经贸关系一直保持良好的发展势头，近年来更是成为两国关系中的亮点。2020年，中国商务部与澳大利亚等国经贸主管部门发表部长联合声明，确保包括空运和海运在内的贸易线路开放畅通，协调必需品等商品流通，避免实行出口管制或设立关税和非关税壁垒，取消对必需品尤其是医疗用品施加的任何现有贸易限制措施，确保贸易继续畅通无阻，航空和海港等关键基础设施保持开放，以支持全球供应链继续运行、保持完整[①]。中澳之间贸易互补性极强，经贸合作的空间巨大。中澳经贸关系的和谐与稳步发展不仅符合两国利益，还将推动亚太自由贸易区建设与亚太经济一体化进程。

（一）中国从澳大利亚的进口规模

中国从澳大利亚的进口规模大体呈先上升后下降再上升的趋势。如表8-5、图8-4所示，2001—2020年，中国从澳大利亚的进口规模从54.26亿美元增加至1148.37亿美元，年均增长率高达17.43%，2020年大约是2001年的21.16倍。大体经历了三个阶段：①整体上升阶段。2001—2013年，中国从澳大利亚的进口规模从54.26亿美元增加至989.54亿美元，年均增长率高达27.37%。②下降阶段。2014—2016年，中国从澳大利亚的进口规模从976.31亿美元降至708.95亿美元，年均下降14.79%。③恢复增长阶段。2017—2020年，中国从澳大利亚的进口规模从950.09亿美元增加至1148.37亿美元，年均增长率为6.52%。

澳大利亚在中国进口市场中的地位有所上升。如表8-5、图8-5所示，2001—2020年，中国从澳大利亚的进口占中国总进口的比例从2.23%增加到5.59%。其中，2001—2006年，中国从澳大利亚的进口占中国总进口的比例维持在1.77%~2.45%；2007—2011年，这一比例逐年增加，从2.70%上升到4.74%；2012—2020年，这一比例继续波动上升，从4.65%上升至5.59%，其中2019年达到5.78%的历史最高值。此外，2001年，澳大利亚是中国的第九大进口来源地，2020年，澳大利亚上升为中国的第五大进口来源地。

中国进口对澳大利亚出口的贡献大幅提升。如表8-5、图8-6所示，2001—2020年，中国进口占澳大利亚总出口的比例整体呈现上升的态势，从6.19%增加到40.84%，年均上升10.44%。其中，2001—2013年，中国进口占澳大利亚总出口的比例整体保持增长态势，年均增长率为15.43%；2014—2016年，中国进口占澳大利亚总出口的比例有所下降；2017—2020年，中国进口占澳大利亚总出口的比例恢复增长态势，且在2020年达到40.84%的历史最高值。

中国从澳大利亚的第四大出口目的地上升为第一大出口目的地。如表8-6所示，2001年，中国是澳大利亚的第四大出口目的地；2003年，中国上升为澳大利亚的第三

[①] 中国商务部与新加坡等国经贸主管部门关于致力于新冠肺炎疫情期间确保供应链联通的部长联合声明 [EB/OL]. 商务部，[2020-07-02]. http://www.mofcom.gov.cn/article/ae/ai/202007/20200702979438.shtml.

大出口目的地；2004 年，中国超越美国，成为澳大利亚的第二大出口目的地；2009年，中国超越日本，成为澳大利亚的第一大出口目的地；截至 2020 年，中国已连续 12年稳居澳大利亚的第一大出口目的地。

具体来看，2020 年，中国从澳大利亚的进口规模有所下降，中国在澳大利亚出口中的地位有所上升。2020 年，中国从澳大利亚的进口规模为 1148.37 亿美元，比 2019年下降了 3.99%，占中国总进口的比例下降至 5.59%。2020 年，中国从澳大利亚的进口占澳大利亚总出口的比例比 2019 年有所上升，上升至 40.84%，表明在新冠肺炎疫情冲击下，中国在澳大利亚出口中的地位更加重要。

表 8-5 2001—2020 年中国从澳大利亚的进口规模及占比情况

年份	进口额/亿美元	占中国总进口比例/%	占澳大利亚总出口比例/%
2001	54.26	2.23	6.19
2002	58.51	1.98	7.01
2003	73.00	1.77	8.43
2004	115.52	2.06	9.36
2005	161.94	2.45	11.60
2006	193.23	2.44	12.45
2007	258.01	2.70	14.14
2008	374.35	3.31	14.57
2009	394.39	3.92	21.70
2010	611.05	4.38	25.34
2011	826.67	4.74	27.39
2012	845.68	4.65	29.60
2013	989.54	5.07	34.63
2014	976.31	4.98	33.86
2015	735.10	4.38	32.49
2016	708.95	4.46	31.64
2017	950.09	5.15	33.19
2018	1050.83	4.92	34.71
2019	1196.08	5.78	38.67
2020	1148.37	5.59	40.84

数据来源：根据 UN Comtrade 数据库中的统计数据整理而得。

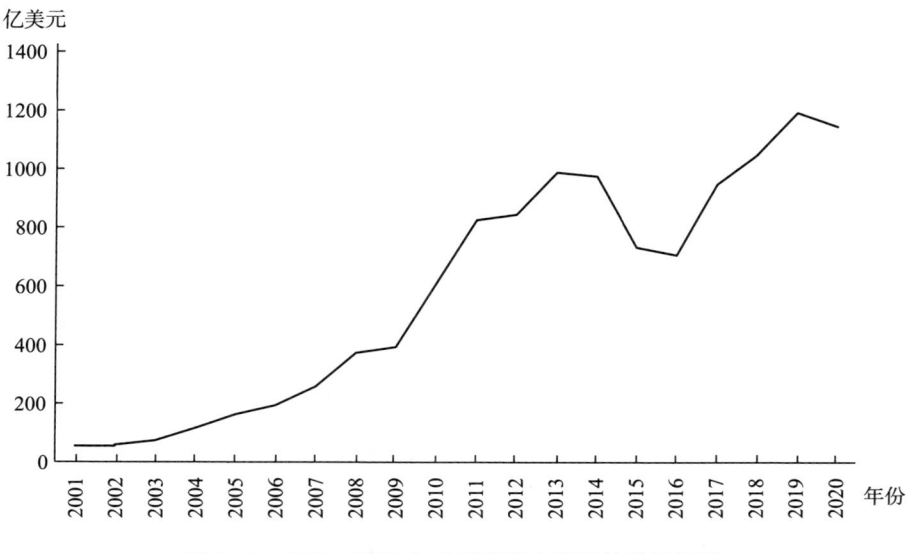

图 8-4 2001—2020 年中国从澳大利亚的进口规模

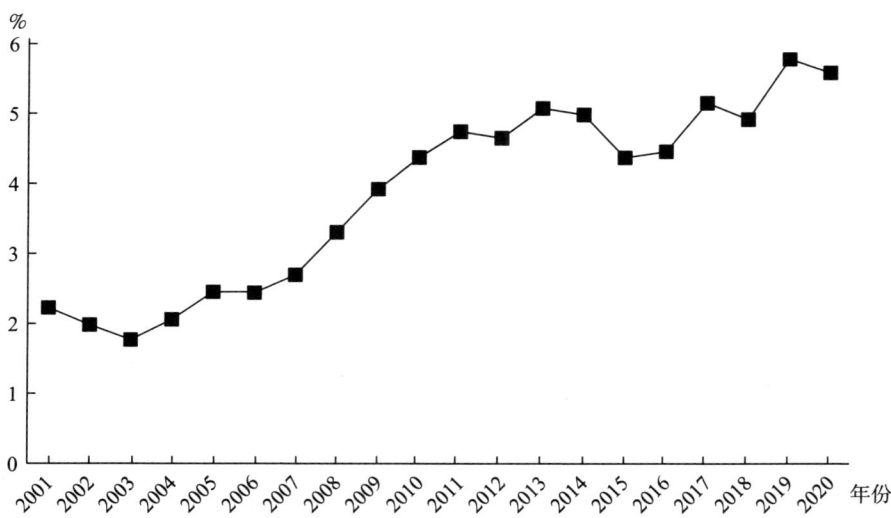

图 8-5 2001—2020 年中国从澳大利亚的进口占中国总进口的比例

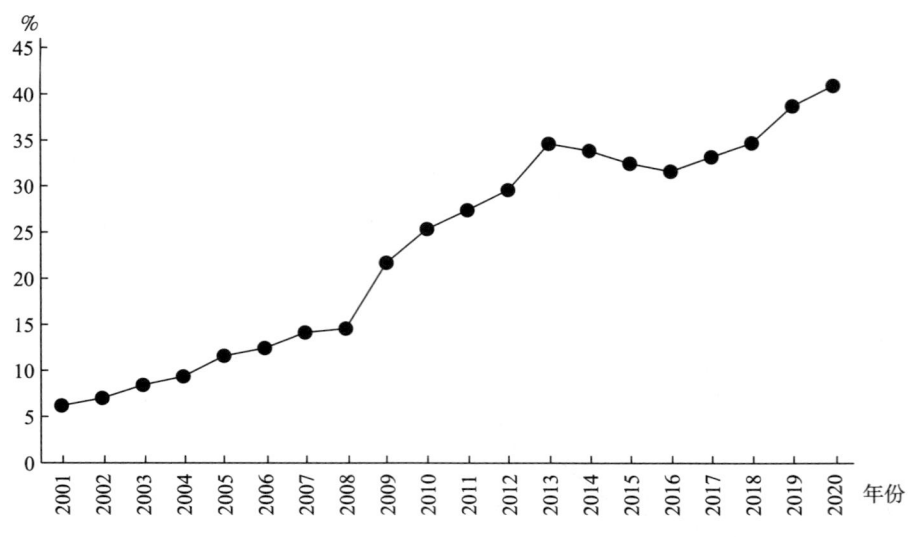

图 8-6　2001—2020 年中国从澳大利亚的进口占澳大利亚总出口的比例

表 8-6　2001—2020 年澳大利亚的前五大出口目的地

排名	2001 年	2003 年	2004 年	2009 年	2020 年
1	日本	日本	日本	中国	中国
2	美国	美国	中国	日本	日本
3	韩国	中国	美国	韩国	韩国
4	中国	新西兰	韩国	印度	美国
5	新西兰	韩国	新西兰	美国	英国

数据来源：根据 UN Comtrade 数据库中的统计数据整理而得。

（二）中国从澳大利亚的进口产品结构

根据表 8-7 和表 8-8 的数据，与 2001 年相比，2020 年，中国从澳大利亚的进口产品结构发生了变化。第一，从各类产品排名来看，2001 年和 2020 年，"矿产品"都排名第 1，是中国从澳大利亚进口最多的产品。从各类产品排名的变化来看，"贵金属及制品"的排名上升最多，从 2001 年的第 18 名上升到 2020 年的第 8 名；"特殊交易品及未分类商品"排名下降最多，从 2001 年的第 4 名下降至 2020 年的第 10 名。

第二，从各类产品进口规模来看，与 2001 年相比，2020 年，"特殊交易品及未分类商品""艺术品、收藏品及古物"的进口额有所下降，下降幅度分别为 10.56%、2.29%；其余 20 种产品的进口额都显著增加。总的来看，与 2001 年相比，2020 年，中国从澳大利亚进口的"特殊交易品及未分类商品"规模下降幅度最大，"贵金属及制品"规模增加幅度最大。

第三,从各类产品进口占中国从澳大利亚总进口的比例来看,与 2001 年相比,2020 年,"矿产品"在中国从澳大利亚进口总额中的份额上升最多,"纺织品及原料"的份额下降最多。具体来看,"矿产品"所占份额从 2001 年的 29.04% 上升到 2020 年的 84.36%;"纺织品及原料"所占份额从 2001 年的 14.57% 下降至 2020 年的 1.28%。

第四,从各类产品进口占中国相应产品总进口的比例来看,与 2001 年相比,2020 年,"矿产品""活动物;动物产品""食品、饮料、烟草""纺织品及原料""贵金属及制品""木及制品""家具、玩具、杂项制品""武器、弹药及其零件、附件"等 8 类产品占中国相应产品总进口的比例都有所增加,其余 14 类产品的占比都有所下降。其中,"矿产品"占比增加最多,从 2001 年的 7.01% 增加到 2020 年的 21.32%;"特殊交易品及未分类商品"占比下降最多,从 2001 年的 38.99% 下降至 2020 年的 5.36%。

第五,从各类产品进口占澳大利亚相应产品总出口的比例来看,与 2001 年相比,2020 年,"贵金属及制品""动植物油脂""艺术品、收藏品及古物"等 3 类产品占比有所下降,其余 19 类产品占比都有所上升。其中,"动植物油脂"占比下降最多,从 2001 年的 24.07% 下降至 2020 年的 12.18%;"木及制品"占比上升最多,从 2001 年的 3.64% 上升到 2020 年的 65.39%。

从表 8-8 中可以发现,2020 年中国从澳大利亚进口的 22 类产品具有如下特征:

2020 年,"矿产品"是中国从澳大利亚进口的第一大产品,进口额为 968.72 亿美元,占中国从澳大利亚进口总额的比例高达 84.36%。其余 21 种产品占中国从澳大利亚进口总额的比例均低于 5%。

2020 年,中国从澳大利亚进口的"矿产品"占中国相应产品进口的比例高于 20%,为 21.32%。其余 21 类产品占中国相应产品进口的比例均低于 10%。

2020 年,中国从澳大利亚进口的"矿产品""纺织品及原料""木及制品""皮革制品;箱包"等 4 种产品占澳大利亚相应产品出口总额的比例较大,均在 60% 以上。其中,"木及制品"占比最高,为 65.39%。

表 8-7 2001 年中国从澳大利亚进口 22 大类产品的进口额及占比情况

排名	海关分类	产品类别	进口额/亿美元	占中国从澳大利亚进口总额比例/%	占澳大利亚出口至中国总额比例/%	占中国相应产品总进口比例/%	占澳大利亚相应产品总出口比例/%
1	05	矿产品	15.76	29.04	38.52	7.01	6.57
2	11	纺织品及原料	7.91	14.57	22.08	4.86	20.90

续表

排名	海关分类	产品类别	进口额/亿美元	占中国从澳大利亚进口总额比例/%	占澳大利亚出口至中国总额比例/%	占中国相应产品总进口比例/%	占澳大利亚相应产品总出口比例/%
3	06	化工产品	6.83	12.58	3.61	3.58	2.29
4	22	特殊交易品及未分类商品	6.53	12.04	0.17	38.99	0.17
5	15	贱金属及制品	5.95	10.97	10.91	2.72	5.94
6	02	植物产品	2.95	5.44	7.76	6.22	5.27
7	16	机电产品	1.96	3.61	3.94	0.20	2.87
8	08	皮革制品；箱包	1.94	3.58	3.32	5.65	14.44
9	01	活动物；动物产品	0.96	1.76	3.71	4.06	1.88
10	10	纤维素浆；纸张	0.77	1.42	1.32	1.14	7.74
11	04	食品、饮料、烟草	0.76	1.40	0.55	4.03	0.80
12	03	动植物油脂	0.59	1.09	1.39	7.61	24.07
13	07	塑料、橡胶	0.40	0.74	0.90	0.23	6.03
14	09	木及制品	0.38	0.70	0.64	1.09	3.64
15	18	光学、钟表、医疗设备	0.36	0.67	0.68	0.34	1.89
16	17	运输设备	0.07	0.14	0.21	0.07	0.24
17	20	家具、玩具、杂项制品	0.06	0.11	0.14	0.60	1.67
18	14	贵金属及制品	0.04	0.07	0.03	0.40	0.03
19	13	陶瓷；玻璃	0.03	0.05	0.08	0.14	1.33
20	21	艺术品、收藏品及古物	0.003	0.01	0.01	5.48	0.51
21	12	鞋靴、伞等轻工产品	0.002	0.004	0.03	0.05	1.87
22	19	武器、弹药及其零件、附件	0	0	0.0004	0	0.09

数据来源：根据 UN Comtrade 数据库中的统计数据整理而得。

表8-8 2020年中国从澳大利亚进口22大类产品的进口额及占比情况

排名	海关分类	产品类别	进口额/亿美元	占中国从澳大利亚进口总额比例/%	占澳大利亚出口至中国总额比例/%	占中国相应产品总进口比例/%	占澳大利亚相应产品总出口比例/%
1	05	矿产品	968.72	84.36	75.52	21.32	61.27
2	01	活动物；动物产品	36.31	3.16	3.24	7.07	22.78
3	15	贱金属及制品	28.25	2.46	1.88	2.39	20.00
4	04	食品、饮料、烟草	20.96	1.82	1.68	7.49	31.24
5	06	化工产品	19.43	1.69	1.32	1.29	17.56

续表

排名	海关分类	产品类别	进口额/亿美元	占中国从澳大利亚进口总额比例/%	占澳大利亚出口至中国总额比例/%	占中国相应产品总进口比例/%	占澳大利亚相应产品总出口比例/%
6	02	植物产品	17.76	1.55	1.91	2.48	22.48
7	11	纺织品及原料	14.76	1.28	1.47	5.03	64.33
8	14	贵金属及制品	12.32	1.07	0.00	3.88	0.02
9	09	木及制品	10.71	0.93	0.67	5.29	65.39
10	22	特殊交易品及未分类商品	5.84	0.51	11.08	5.36	29.29
11	16	机电产品	3.07	0.27	0.40	0.04	5.48
12	03	动植物油脂	2.68	0.23	0.05	2.39	12.18
13	08	皮革制品；箱包	2.26	0.20	0.28	2.80	61.54
14	18	光学、钟表、医疗设备	1.70	0.15	0.16	0.16	5.17
15	10	纤维素浆；纸张	1.62	0.14	0.13	0.61	14.03
16	07	塑料、橡胶	1.17	0.10	0.07	0.13	8.66
17	20	家具、玩具、杂项制品	0.46	0.04	0.05	0.65	8.10
18	17	运输设备	0.21	0.02	0.06	0.02	2.15
19	13	陶瓷；玻璃	0.11	0.01	0.01	0.10	5.31
20	12	鞋靴、伞等轻工产品	0.02	0.002	0.02	0.03	19.62
21	19	武器、弹药及其零件、附件	0.01	0.0006	0.0008	6.48	0.67
22	21	艺术品、收藏品及古物	0.003	0.0003	0.0002	0.05	0.26

数据来源：根据 UN Comtrade 数据库中的统计数据整理而得。

三、中国从印度的进口情况

中国与印度是相邻的两个人口大国，是全球最大且经济增长最快的两个发展中国家和新兴经济体，中印之间的贸易值得关注。中国和印度目前尚处于不同的发展阶段，不论是工业水平还是资源禀赋，都存在较大差异，因此，互补性较强，存在较大的贸易空间。今后中国将推动形成全面开放新格局，深入推进"一带一路"国际合作，促进贸易和投资自由化、便利化，必将为中印两国经贸合作带来新的机遇。

（一）中国从印度的进口规模

中国从印度的进口规模整体有所扩大。如表 8-9、图 8-7 所示，2001—2020 年，中国从印度的进口规模从 16.99 亿美元增加到 208.58 亿美元，年均增长率为 14.11%，

2020年大约是2001年的12.28倍。其中，2001—2011年，中国从印度的进口规模大体呈现上升的趋势，从16.99亿美元增加到233.72亿美元的历史最高值，年均增长率高达19.03%；2012—2016年，中国从印度的进口规模呈现逐年下降趋势，年均下降11.06%；2017—2020年，中国从印度的进口规模恢复增长态势，年均增长率为8.47%。

印度在中国进口市场中的地位相对稳定。如表8-9、图8-8所示，2001—2020年，中国从印度的进口占中国总进口的比例大体不变，2001年为0.70%，2020年为1.01%。此外，2001年，印度是中国第25大进口来源地，2020年，印度上升为中国第19大进口来源地。

中国进口为印度出口做出了突出的贡献。如表8-9、图8-9所示，2001—2020年，中国进口占印度总出口的比例大幅增加，从2.10%上升到6.90%，2020年大约是2001年的3.28倍。其中，2001—2005年，中国进口占印度总出口的比例逐年上升，从2.10%增加到7.16%；2006—2010年，中国进口占印度总出口的比例继续波动上升，并于2010年达到7.91%的历史最高值；2011—2016年，中国进口占印度总出口的比例呈现下降趋势；2017—2020年，中国进口占印度总出口的比例恢复增长趋势。此外，2001年，中国是印度第12大出口目的地，2020年，中国已上升为印度的第二大出口目的地，仅次于美国。

具体来看，2020年，中国从印度的进口规模有所增加，为208.58亿美元，比2019年上升16.07%，占中国总进口的比例增加至1.01%，同时，中国进口占印度总出口的比例上升至6.90%。

表8-9 2001—2020年中国从印度的进口规模及占比情况

年份	进口额/亿美元	占中国总进口比例/%	占印度总出口比例/%
2001	16.99	0.70	2.10
2002	22.74	0.77	3.06
2003	42.51	1.03	4.32
2004	76.78	1.37	5.40
2005	97.66	1.48	7.16
2006	102.77	1.30	6.46
2007	146.17	1.53	6.51

续表

年份	进口额/亿美元	占中国总进口比例/%	占印度总出口比例/%
2008	202.59	1.79	5.55
2009	137.14	1.36	5.87
2010	208.46	1.49	7.91
2011	233.72	1.34	5.55
2012	187.97	1.03	5.09
2013	169.70	0.87	4.88
2014	163.59	0.83	4.23
2015	133.69	0.80	3.62
2016	117.64	0.74	3.42
2017	163.45	0.89	4.24
2018	188.50	0.88	5.08
2019	179.70	0.87	5.35
2020	208.58	1.01	6.90

数据来源：根据 UN Comtrade 数据库中的统计数据整理而得。

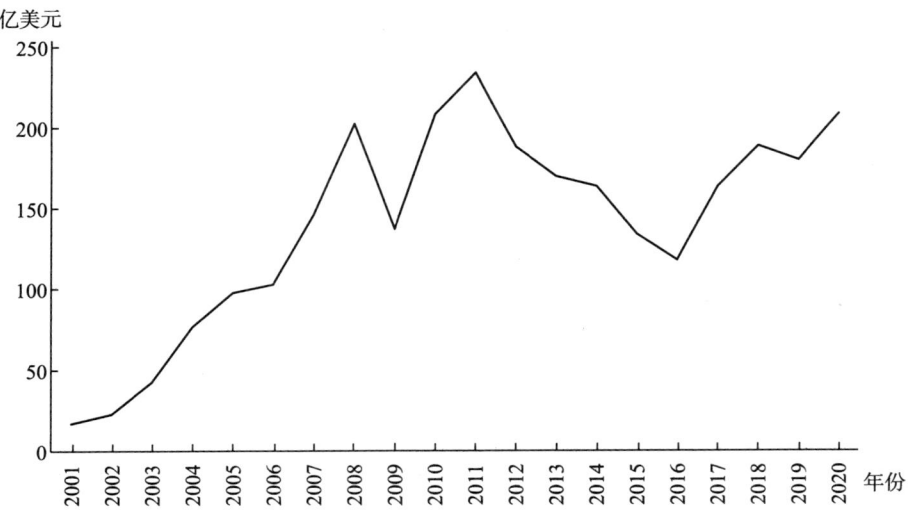

图 8-7　2001—2020 年中国从印度的进口规模

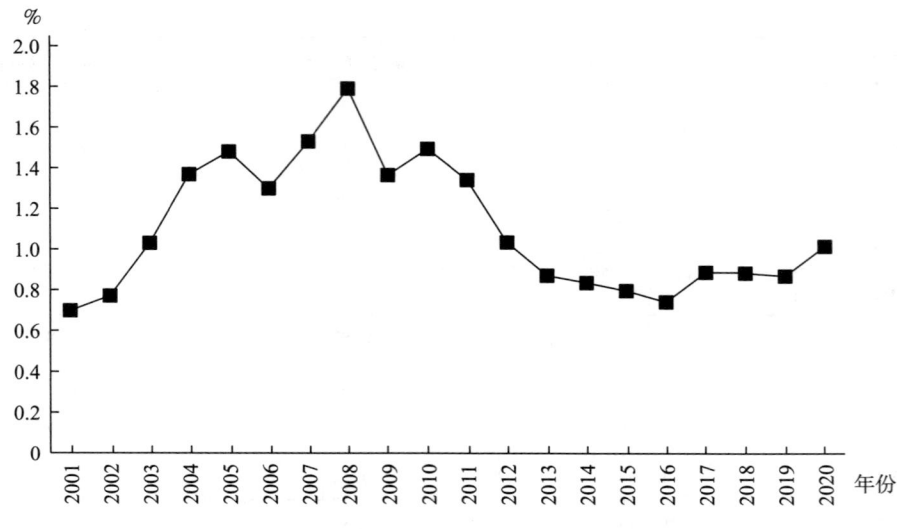

图8-8　2001—2020年中国从印度的进口占中国总进口的比例

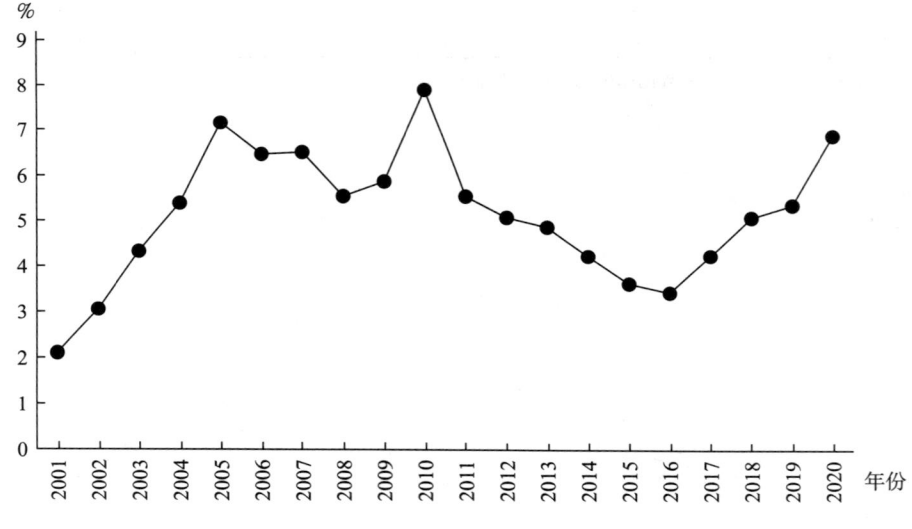

图8-9　2001—2020年中国从印度的进口占印度总出口的比例

(二) 中国从印度的进口产品结构

根据表8-10和表8-11的数据，与2001年相比，2020年，中国从印度的进口产品结构发生了变化。第一，从各类产品排名来看，2001年和2020年，"矿产品"都排名第1，是中国从印度进口最多的产品。从各类产品排名的变化来看，"动植物油脂"的排名上升最多，从2001年的第16名上升到2020年的第10名；"皮革制品；箱包"排名下降最多，从2001年的第9名下降到2020年的第14名。

第二，从各类产品进口规模来看，与2001年相比，2020年，中国从印度进口的22类产品进口额都显著增加，其中，"动植物油脂"进口额增加幅度最大。

第三，从各类产品进口占中国从印度总进口的比例来看，与2001年相比，2020年，"贱金属及制品"所占份额上升最多，"矿产品"所占份额下降最多。具体来看，"贱金属及制品"所占份额从2001年的4.83%上升到2020年的18.56%；"矿产品"所占份额从2001年的40.15%下降至2020年的24.89%。

第四，从各类产品占中国相应产品总进口的比例来看，与2001年相比，2020年，"矿产品""贵金属及制品""活动物；动物产品""鞋靴、伞等轻工产品""光学、钟表、医疗设备""食品、饮料、烟草"等6类产品占比有所下降，其余16类产品占比都有所上升。其中，中国从印度进口的"纺织品及原料"占中国相应产品进口总额的比例增加最多，从2001年的1.26%增加到2020年的4.33%；"贵金属及制品"占比下降最多，从2001年的8.45%下降至2020年的3.93%。

第五，从各类产品进口占印度相应产品总出口的比例来看，与2001年相比，2020年，"光学、钟表、医疗设备""食品、饮料、烟草""陶瓷；玻璃"等3类产品占比有所下降，其余19类产品占比都有所上升。其中，"陶瓷；玻璃"占比下降最多，从2001年的2.44%下降至2020年的1.29%；"动植物油脂"占比上升最多，从2001年的2.45%上升到2020年的48.09%。

从表8-11中可以发现，2020年中国从印度进口的22类产品具有如下特征：

2020年，"矿产品""贱金属及制品""化工产品"是中国从印度进口的前三大产品，进口额分别为51.91亿美元、38.71亿美元、30.50亿美元，这三大产品的进口总额占中国从印度进口总额的比例高达58.07%。其中，中国从印度进口的"矿产品"占中国从印度进口总额的比例为24.89%，"贱金属及制品"占中国从印度进口总额的比例为18.56%，"化工产品"占中国从印度进口总额的比例为14.62%；其余19类产品占中国从印度进口总额的比例均低于10%。

2020年，中国从印度进口的22类产品占中国相应产品进口总额的比例均低于5%，其中，"动植物油脂"占中国相应产品进口总额的比例最高，为4.86%。

2020年，中国从印度进口的"动植物油脂"占印度相应产品出口总额的比例最高，为48.09%。其余21类产品占印度相应产品出口总额的比例均低于20%。

表 8-10 2001 年中国从印度进口 22 大类产品的进口额及占比情况

排名	海关分类	产品类别	进口额/亿美元	占中国从印度进口总额比例/%	占印度出口至中国总额比例/%	占中国相应产品总进口比例/%	占印度相应产品总出口比例/%
1	05	矿产品	6.82	40.15	33.05	3.04	9.79
2	11	纺织品及原料	2.05	12.05	9.52	1.26	0.83
3	06	化工产品	2.03	11.95	16.81	1.07	3.66
4	07	塑料、橡胶	1.67	9.81	12.53	0.96	9.96
5	14	贵金属及制品	0.83	4.91	0.05	8.45	0.01
6	15	贱金属及制品	0.82	4.83	4.14	0.37	1.35
7	01	活动物；动物产品	0.79	4.64	10.10	3.35	5.73
8	16	机电产品	0.49	2.89	1.92	0.05	0.61
9	08	皮革制品；箱包	0.39	2.28	1.25	1.13	0.85
10	18	光学、钟表、医疗设备	0.27	1.58	2.46	0.25	6.27
11	12	鞋靴、伞等轻工产品	0.23	1.32	1.97	5.24	2.63
12	04	食品、饮料、烟草	0.22	1.28	1.80	1.15	1.30
13	02	植物产品	0.14	0.84	1.52	0.30	0.45
14	10	纤维素浆；纸张	0.10	0.61	0.06	0.15	0.22
15	13	陶瓷；玻璃	0.06	0.36	1.37	0.33	2.44
16	03	动植物油脂	0.04	0.22	0.52	0.48	2.45
17	17	运输设备	0.02	0.15	0.23	0.02	0.21
18	20	家具、玩具、杂项制品	0.02	0.11	0.15	0.20	0.61
19	09	木及制品	0.00	0.01	0.02	0.01	0.50
20	22	特殊交易品及未分类商品	0.00	0.01	0.52	0.01	0.37
21	19	武器、弹药及其零件、附件	0	0	0.001	0	0.136
22	21	艺术品、收藏品及古物	0	0	0.00003	0	0.009

数据来源：根据 UN Comtrade 数据库中的统计数据整理而得。

表 8-11 2020 年中国从印度进口 22 大类产品的进口额及占比情况

排名	海关分类	产品类别	进口额/亿美元	占中国从印度进口总额比例/%	占印度出口至中国总额比例/%	占中国相应产品总进口比例/%	占印度相应产品总出口比例/%
1	05	矿产品	51.91	24.89	28.05	1.14	15.83
2	15	贱金属及制品	38.71	18.56	17.18	3.28	12.69

续表

排名	海关分类	产品类别	进口额/亿美元	占中国从印度进口总额比例/%	占印度出口至中国总额比例/%	占中国相应产品总进口比例/%	占印度相应产品总出口比例/%
3	06	化工产品	30.50	14.62	16.54	2.03	6.52
4	16	机电产品	16.35	7.84	7.14	0.22	4.32
5	07	塑料、橡胶	12.76	6.12	5.72	1.46	11.36
6	11	纺织品及原料	12.71	6.10	6.93	4.33	4.45
7	14	贵金属及制品	12.46	5.98	0.31	3.93	0.24
8	01	活动物；动物产品	8.43	4.04	4.72	1.64	10.34
9	02	植物产品	7.67	3.68	4.27	1.07	4.53
10	03	动植物油脂	5.47	2.62	3.57	4.86	48.09
11	12	鞋靴、伞等轻工产品	3.00	1.44	1.47	4.62	12.25
12	10	纤维素浆；纸张	2.48	1.19	1.36	0.94	12.88
13	18	光学、钟表、医疗设备	1.82	0.87	0.97	0.18	5.77
14	08	皮革制品；箱包	1.20	0.57	0.27	1.48	2.29
15	17	运输设备	1.03	0.49	0.57	0.12	0.58
16	04	食品、饮料、烟草	0.88	0.42	0.44	0.31	1.01
17	13	陶瓷；玻璃	0.61	0.29	0.30	0.55	1.29
18	20	家具、玩具、杂项制品	0.24	0.12	0.13	0.34	0.91
19	09	木及制品	0.24	0.12	0.05	0.12	2.12
20	22	特殊交易品及未分类商品	0.09	0.04	0.004	0.08	0.68
21	21	艺术品、收藏品及古物	0.01	0.01	0.0003	0.16	0.11
22	19	武器、弹药及其零件、附件	0	0	0	0	0

数据来源：根据 UN Comtrade 数据库中的统计数据整理而得。

四、中国从加拿大的进口情况

中国和加拿大都是亚太地区重要的经济体，两国经济互补性强，合作潜力巨大、前景广阔，双边经贸合作保持良好发展势头，已从单一的商品贸易发展到全方位、跨领域、多元化的贸易和经济技术合作。两国间商品、服务、人员及资本的流动日益频繁，经济联系不断加强，经贸等领域务实合作不断深化，中加自贸区建设继续推进，中加战略伙伴关系取得新进展。

(一) 中国从加拿大的进口规模

中国从加拿大的进口规模整体增加。如表 8-12、图 8-10 所示，2001—2020 年，中国从加拿大的进口规模从 40.28 亿美元增加到 218.79 亿美元，年均增长率为 9.32%，2020 年大约是 2001 年的 5.43 倍。其中，2001—2015 年，中国从加拿大的进口规模大体呈现增长态势，年均增长率高达 14.32%；2016 年，中国从加拿大的进口规模出现一定幅度的下降；2017—2018 年，中国从加拿大的进口规模再次恢复增长趋势，并于 2018 年达到 283.54 亿美元的历史最高值；2019—2020 年，中国从加拿大的进口规模呈现下降趋势。

加拿大在中国进口市场中的地位相对稳定。如表 8-12、图 8-11 所示，2001—2020 年，中国从加拿大的进口占中国总进口的比例大体不变，2001 年为 1.65%，2020 年为 1.06%。此外，2001 年，加拿大是中国第 13 大进口来源地，2020 年，加拿大是中国第 18 大进口来源地。

中国进口对加拿大总出口的贡献整体提升。如表 8-12、图 8-12 所示，2001—2020 年，中国从加拿大的进口占加拿大总出口的比例整体呈现上升的态势，从 1.06% 增加到 4.83% 的历史最高值。与此同时，中国在加拿大出口目的地中的排名逐年上升，2001 年，中国是加拿大的第四大出口市场，2020 年，中国已成为加拿大第二大出口市场，仅次于美国。

具体来看，2020 年，中国从加拿大的进口规模有所下降，在加拿大出口目的地中的地位有所上升。2020 年，中国从加拿大的进口规模为 218.79 亿美元，比 2019 年下降了 21.95%，占中国总进口的比例降至 1.06%。然而，2020 年，中国进口占加拿大总出口的比例上升至 4.83%，表明在新冠肺炎疫情冲击下，中国在加拿大出口目的地中的地位更加重要。

表 8-12 2001—2020 年中国从加拿大的进口规模及占比情况

年份	进口额/亿美元	占中国总进口比例/%	占加拿大总出口比例/%
2001	40.28	1.65	1.06
2002	36.27	1.23	1.04
2003	43.74	1.06	1.26
2004	73.53	1.31	1.64
2005	75.11	1.14	1.65
2006	76.62	0.97	1.77

续表

年份	进口额/亿美元	占中国总进口比例/%	占加拿大总出口比例/%
2007	109.79	1.15	2.11
2008	126.73	1.12	2.17
2009	120.26	1.20	3.11
2010	149.22	1.07	3.33
2011	221.67	1.27	3.77
2012	232.09	1.28	4.27
2013	252.37	1.29	4.36
2014	251.82	1.29	3.67
2015	262.14	1.56	3.86
2016	183.37	1.15	4.07
2017	204.23	1.11	4.33
2018	283.54	1.33	4.74
2019	280.32	1.35	3.93
2020	218.79	1.06	4.83

数据来源：根据 UN Comtrade 数据库中的统计数据整理而得。

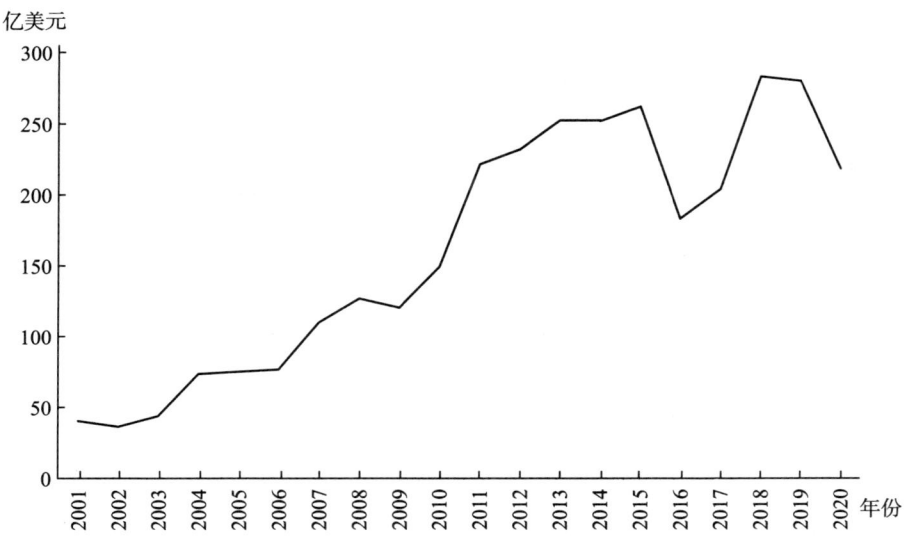

图 8-10 2001—2020 年中国从加拿大的进口规模

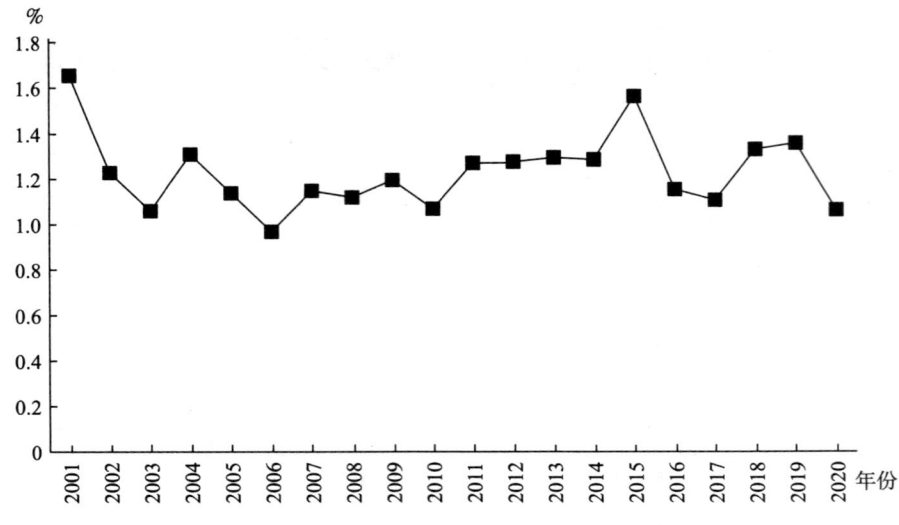

图 8-11　2001—2020 年中国从加拿大的进口占中国总进口的比例

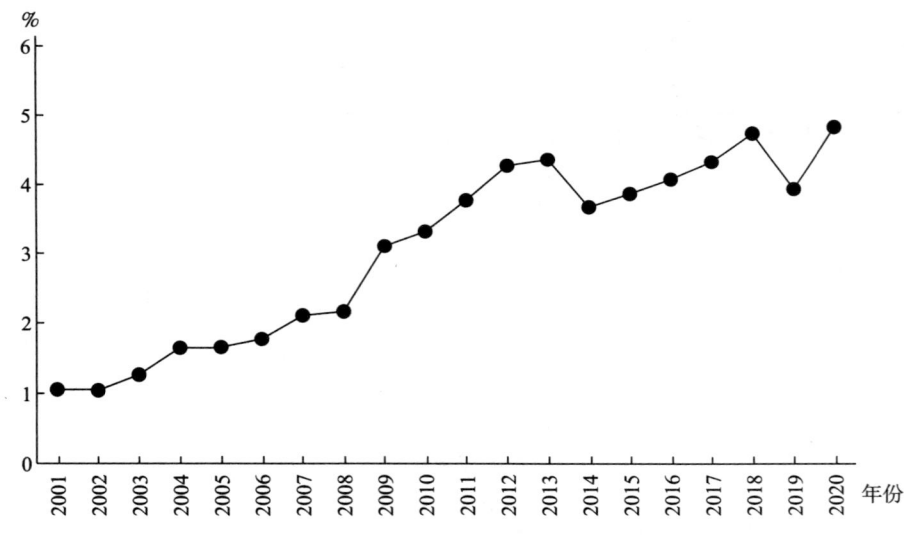

图 8-12　2001—2020 年中国从加拿大的进口占加拿大总出口的比例

(二) 中国从加拿大的进口产品结构

根据表 8-13 和表 8-14 的数据，与 2001 年相比，2020 年，中国从加拿大的进口产品结构发生了变化。第一，从各类产品排名变化来看，对比 2001 年和 2020 年，"食品、饮料、烟草"的排名上升最多，从 2001 年的第 15 名上升到 2020 年的第 7 名；"运输设备"排名下降最多，从 2001 年的第 5 名下降至 2020 年的第 13 名。

第二，从各类产品进口规模来看，与 2001 年相比，2020 年，"运输设备""皮革制品";"箱包""陶瓷,玻璃""武器、弹药及其零件进口附件"等 4 类产品的进口额有所下降;其余 18 类产品的进口额都显著增加。总的来看,与 2001 年相比,2020 年,中国从加拿大进口的"特殊交易品及未分类商品"规模上升幅度最大,"武器、弹药及其零件、附件"规模下降幅度最大。

第三,从各类产品进口占中国从加拿大总进口的比例来看,与 2001 年相比,2020 年,"植物产品"在中国从加拿大进口总额中的份额上升最多,"机电产品"在中国从加拿大进口总额中的份额下降最多。具体来看,"植物产品"在中国从加拿大进口总额中的份额从 2001 年的 1.95% 上升到 2020 年的 14.51%;"机电产品"在中国从加拿大进口总额中的份额从 2001 年的 39.59% 下降至 2020 年的 5.29%。

第四,从各类产品进口占中国相应产品总进口的比例来看,与 2001 年相比,2020 年,中国从加拿大进口的"动植物油脂"占中国相应产品进口总额的比例增加最多,从 2001 年的 4.13% 增加到 2020 年的 7.59%;"植物产品"占比下降最多,从 2001 年的 10.67% 下降至 2020 年的 4.43%。

第五,从各类产品占加拿大相应产品总出口的比例来看,与 2001 年相比,2020 年,"武器、弹药及其零件、附件"占比有所下降,其余 21 类产品占比都有所上升。其中,"动植物油脂"占比上升最多,从 2001 年的 2.68% 上升到 2020 年的 24.14%。

从表 8-14 中可以发现,2020 年中国从加拿大进口的 22 类产品具有如下特征:

2020 年,"矿产品""植物产品""化工产品""纤维素浆;纸张""活动物;动物产品"是中国从加拿大进口的前五大产品,进口额分别为 47.04 亿美元、31.74 亿美元、27.28 亿美元、26.24 亿美元、21.23 亿美元,这五大产品的进口总额占中国从加拿大进口总额的比例高达 70.17%。其中,"矿产品""植物产品""化工产品""纤维素浆;纸张"等 4 类占中国从加拿大进口总额的比例分别为 21.50%、14.51%、12.47%、11.99%;其余 18 类产品占中国从加拿大进口总额的比例均低于 10%。

2020 年,中国从加拿大进口的 22 类产品占中国相应产品进口总额的比例均低于 10%,其中,"纤维素浆;纸张"占中国相应产品进口的比例最高,为 9.94%。

2020 年,中国从加拿大进口的"植物产品""纤维素浆;纸张""活动物;动物产品""动植物油脂""皮革制品;箱包"等 5 类产品占加拿大相应产品出口总额的比例较大,均在 10% 以上。其中,"动植物油脂"占比最高,为 24.14%。

表8-13 2001年中国从加拿大进口22大类产品的进口额及占比情况

排名	海关分类	产品类别	进口额/亿美元	占中国从加拿大进口总额比例/%	占加拿大出口至中国总额比例/%	占中国相应产品总进口比例/%	占加拿大相应产品总出口比例/%
1	16	机电产品	10.80	39.59	13.87	1.12	1.04
2	10	纤维素浆；纸张	5.49	2.77	14.66	8.12	2.25
3	02	植物产品	5.07	1.95	17.29	10.67	7.17
4	06	化工产品	5.06	7.83	18.04	2.65	4.73
5	17	运输设备	4.23	4.11	15.31	4.22	0.67
6	05	矿产品	1.89	9.23	4.47	0.84	0.31
7	07	塑料、橡胶	1.50	7.12	3.20	0.86	0.87
8	15	贱金属及制品	1.45	9.00	3.25	0.66	0.56
9	01	活动物；动物产品	1.16	0.97	3.45	4.94	1.30
10	08	皮革制品；箱包	1.11	1.41	1.17	3.24	5.59
11	18	光学、钟表、医疗设备	0.77	4.37	1.00	0.72	0.84
12	11	纺织品及原料	0.70	6.68	2.26	0.43	1.57
13	09	木及制品	0.51	1.43	0.75	1.47	0.17
14	03	动植物油脂	0.32	0.32	0.44	4.13	2.68
15	04	食品、饮料、烟草	0.10	0.77	0.15	0.53	0.07
16	13	陶瓷；玻璃	0.09	0.77	0.06	0.49	0.10
17	20	家具、玩具、杂项制品	0.02	0.40	0.22	0.23	0.10
18	12	鞋靴、伞等轻工产品	0.01	0.18	0.005	0.16	0.06
19	14	贵金属及制品	0.004	0.41	0.004	0.04	0.004
20	22	特殊交易品及未分类商品	0.002	0.69	0.39	0.01	0.07
21	21	艺术品、收藏品及古物	0.0002	0.003	0.0002	0.29	0.002
22	19	武器、弹药及其零件、附件	0.0001	0.003	0.003	0.13	0.11

数据来源：根据UN Comtrade数据库中的统计数据整理而得。

表8-14 2020年中国从加拿大进口22大类产品的进口额及占比情况

排名	海关分类	产品类别	进口额/亿美元	占中国从加拿大进口总额比例/%	占加拿大出口至中国总额比例/%	占中国相应产品总进口比例/%	占加拿大相应产品总出口比例/%
1	05	矿产品	47.04	21.50	20.94	1.03	4.90
2	02	植物产品	31.74	14.51	17.62	4.43	13.97
3	06	化工产品	27.28	12.47	7.12	1.81	4.81

续表

排名	海关分类	产品类别	进口额/亿美元	占中国从加拿大进口总额比例/%	占加拿大出口至中国总额比例/%	占中国相应产品总进口比例/%	占加拿大相应产品总出口比例/%
4	10	纤维素浆；纸张	26.24	11.99	12.75	9.94	19.83
5	01	活动物；动物产品	21.23	9.70	11.13	4.14	16.47
6	16	机电产品	11.58	5.29	3.75	0.16	1.77
7	04	食品、饮料、烟草	9.87	4.51	3.68	3.53	4.33
8	03	动植物油脂	8.54	3.90	4.44	7.59	24.14
9	09	木及制品	8.06	3.69	3.77	3.98	5.26
10	15	贱金属及制品	7.19	3.28	3.39	0.61	2.28
11	18	光学、钟表、医疗设备	5.91	2.70	2.32	0.57	6.64
12	07	塑料、橡胶	5.79	2.65	2.24	0.66	2.78
13	17	运输设备	4.13	1.89	5.44	0.48	1.82
14	22	特殊交易品及未分类商品	1.34	0.61	0.27	1.23	0.26
15	11	纺织品及原料	0.98	0.45	0.47	0.33	3.32
16	08	皮革制品；箱包	0.76	0.35	0.37	0.93	19.47
17	20	家具、玩具、杂项制品	0.74	0.34	0.20	1.05	0.59
18	14	贵金属及制品	0.27	0.12	0.01	0.08	0.01
19	13	陶瓷；玻璃	0.08	0.04	0.05	0.07	0.51
20	12	鞋靴、伞等轻工产品	0.01	0.01	0.02	0.02	1.59
21	21	艺术品、收藏品及古物	0.01	0.00	0.01	0.16	1.66
22	19	武器、弹药及其零件、附件	0	0	0.0004	0	0.03

数据来源：根据 UN Comtrade 数据库中的统计数据整理而得。

五、中国从立陶宛的进口情况

立陶宛国土面积为 6.53 万平方公里，位于欧洲中东部，北与拉脱维亚接壤，东南与白俄罗斯毗邻，西南与俄罗斯加里宁格勒州和波兰相邻，西濒波罗的海。2020 年，立陶宛 GDP 总量约为 558.9 亿美元。立陶宛是中国在波罗的海三国中最大的贸易伙伴，中国是立陶宛在亚洲最大的贸易伙伴，农业是两国合作的最重要领域之一。

（一）中国从立陶宛的进口规模

中国从立陶宛的进口规模整体增加。如表 8 - 15、图 8 - 13 所示，2001—2020 年，中国从立陶宛的进口规模从 0.04 亿美元增加到 4.88 亿美元，年均增长率为 28.06%，2020 年大约是 2001 年的 122 倍。其中，2001—2014 年，中国从立陶宛的进口规模呈现高速增长的趋势，年均增长率高达 31.6%；2015 年，中国从立陶宛的进口规模出现一定程度的下降；2016—2020 年，中国从立陶宛的进口规模恢复高速增长的态势，年均增长率为 31.31%。

立陶宛在中国进口市场中的地位相对稳定。如表 8-15、图 8-14 所示，2001—2020 年，中国从立陶宛的进口占中国总进口的比例大体不变，2001 年占比为 0.002%，2020 年占比为 0.024%。

中国进口对立陶宛总出口的贡献整体提升。如表 8-15、图 8-15 所示，2001—2020 年，中国从立陶宛的进口占立陶宛总出口的比例整体呈上升的态势，从 0.04% 增加到 1.09% 的历史最高值。与此同时，中国在立陶宛出口目的地中的排名有所上升，2001 年，中国是立陶宛第 46 大出口目的地，2020 年，中国上升为立陶宛第 22 大出口目的地。

具体来看，2020 年，中国从立陶宛的进口规模有所增加，为 4.88 亿美元，比 2019 年上升 11.62%，占中国总进口规模的比例增加至 0.024%，同时，中国从立陶宛的进口占立陶宛总出口的比例上升至 1.09%。

表 8-15 2001—2020 年中国从立陶宛的进口规模及占比情况

年份	进口额/亿美元	占中国总进口比例/%	占立陶宛总出口比例/%
2001	0.04	0.002	0.04
2002	0.12	0.004	0.05
2003	0.17	0.004	0.12
2004	0.14	0.002	0.13
2005	0.11	0.002	0.13
2006	0.16	0.002	0.13
2007	0.20	0.002	0.12
2008	0.29	0.003	0.12
2009	0.38	0.004	0.19
2010	0.42	0.003	0.18
2011	0.88	0.005	0.29
2012	0.89	0.005	0.29
2013	1.25	0.006	0.36
2014	1.57	0.008	0.42

续表

年份	进口额/亿美元	占中国总进口比例/%	占立陶宛总出口比例/%
2015	1.39	0.008	0.45
2016	1.64	0.010	0.54
2017	2.55	0.014	0.69
2018	3.32	0.016	0.67
2019	4.37	0.021	0.93
2020	4.88	0.024	1.09

数据来源：根据 UN Comtrade 数据库中的统计数据整理而得。

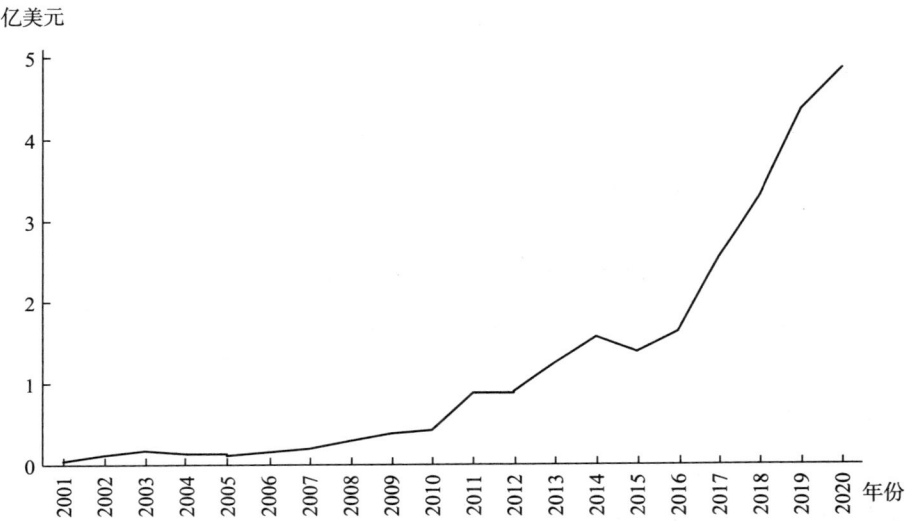

图 8-13　2001—2020 年中国从立陶宛的进口规模

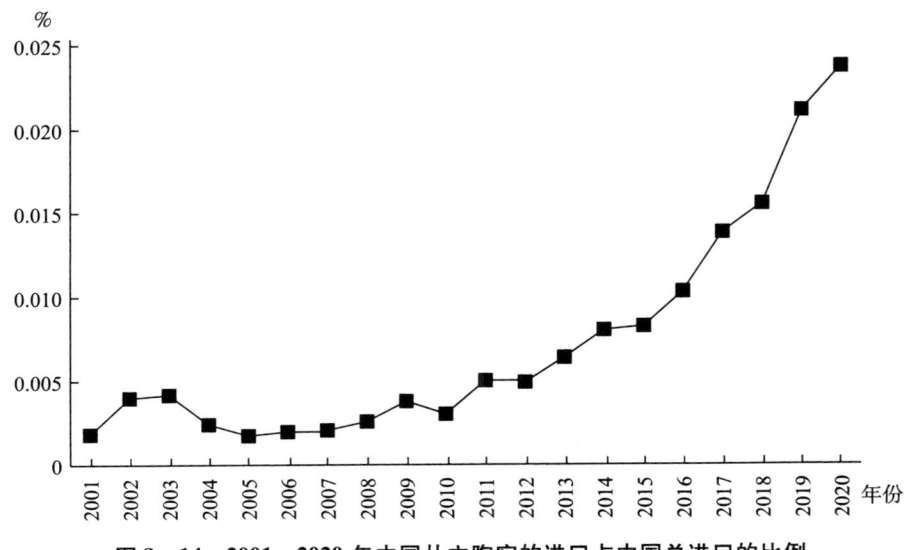

图 8-14　2001—2020 年中国从立陶宛的进口占中国总进口的比例

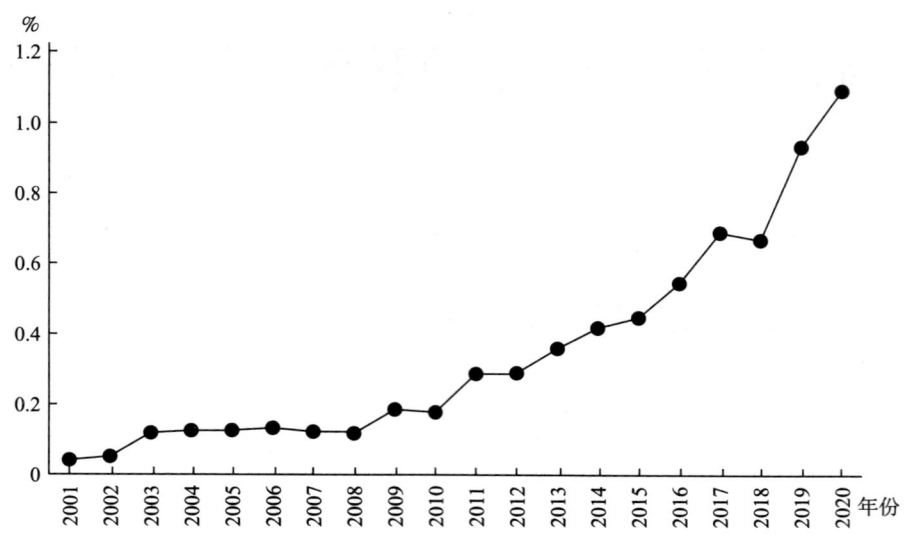

图 8-15 2001—2020 年中国从立陶宛的进口占立陶宛总出口的比例

(二) 中国从立陶宛的进口产品结构

根据表 8-16 和表 8-17 的数据，可以发现，2001 年和 2020 年中国从立陶宛的进口产品结构具有如下特征：

与 2001 年相比，2020 年，中国从立陶宛进口的产品种类趋于多样化。2001 年，中国从立陶宛进口了 12 类产品，其中，"活动物；动物产品"进口额占中国从立陶宛进口总额的比例高达 83.80%。2020 年，中国从立陶宛进口了 21 类产品，各类产品进口额占中国从立陶宛进口总额的比例均低于 22%。

2020 年，"贱金属及制品""植物产品""化工产品""家具、玩具、杂项制品""光学、钟表、医疗设备"是中国从立陶宛进口的前五大产品，进口额分别为 1.03 亿美元、0.95 亿美元、0.53 亿美元、0.52 亿美元、0.50 亿美元，占中国从立陶宛总进口的比例分别为 21.12%、19.49%、10.83%、10.64%、10.32%，这五大产品进口总额占中国从立陶宛总进口的比例为 72.4%。其余 16 类产品占中国从立陶宛总进口的比例均低于 10%。

2020 年，中国从立陶宛进口的 21 类产品占中国相应产品进口的比例均低于 1%。其中，"家具、玩具、杂项制品"占中国相应产品进口的比例最高，为 0.73%。

2020 年，中国从立陶宛进口的 21 类产品占立陶宛相应产品出口总额的比例均低于 10%。其中，"艺术品、收藏品及古物"占立陶宛相应产品出口总额的比例最高，为 9%。

表8-16 2001年中国从立陶宛进口22大类产品的进口额及占比情况

排名	海关分类	产品类别	进口额/亿美元	占中国从立陶宛进口总额比例/%	占立陶宛出口至中国总额比例/%	占中国相应产品总进口比例/%	占立陶宛相应产品总出口比例/%
1	01	活动物；动物产品	0.04	83.80	32.07	0.16	0.28
2	06	化工产品	0.002	5.54	28.41	0.00	0.18
3	20	家具、玩具、杂项制品	0.002	4.05	0.06	0.02	0.00
4	16	机电产品	0.001	1.69	14.54	0.00	0.06
5	15	贱金属及制品	0.001	1.63	1.31	0.00	0.01
6	04	食品、饮料、烟草	0.0004	0.96	0	0.002	0
7	18	光学、钟表、医疗设备	0.0004	0.87	3.20	0.0004	0.12
8	07	塑料、橡胶	0.0003	0.59	1.51	0.0002	0.02
9	11	纺织品及原料	0.0001	0.33	15.75	0.0001	0.04
10	09	木及制品	0.0001	0.29	0.23	0.0004	0.00
11	02	植物产品	0.0001	0.25	0	0.0002	0
12	12	鞋靴、伞等轻工产品	0.000001	0.002	0.79	0.00002	0.09
13	03	动植物油脂	0	0	0	0	0
14	05	矿产品	0	0	1.35①	0	0.002
15	08	皮革制品；箱包	0	0	0	0	0
16	10	纤维素浆；纸张	0	0	0.40	0	0.01
17	13	陶瓷；玻璃	0	0	0	0	0
18	14	贵金属及制品	0	0	0.17	0	0.04
19	17	运输设备	0	0	0.20	0	0.001
20	19	武器、弹药及其零件、附件	0	0	0	0	0
21	21	艺术品、收藏品及古物	0	0	0	0	0
22	22	特殊交易品及未分类商品	0	0	0	0	0

数据来源：根据UN Comtrade数据库中的统计数据整理而得。

注：①UN Comtrade数据库中没有中国报告的从立陶宛进口矿产品总额数据，但有立陶宛报告的出口至中国的矿产品总额数据，所以，中国从立陶宛进口的矿产品占立陶宛出口总额的比例为1.35%。表格中其他情况与此类似。

表 8-17　2020 年中国从立陶宛进口 22 大类产品的进口额及占比情况

排名	海关分类	产品类别	进口额/亿美元	占中国从立陶宛进口总额比例/%	占立陶宛出口至中国总额比例/%	占中国相应产品总进口比例/%	占立陶宛相应产品总出口比例/%
1	15	贱金属及制品	1.03	21.12	6.95	0.09	1.22
2	02	植物产品	0.95	19.49	24.55	0.13	3.72
3	06	化工产品	0.53	10.83	11.42	0.04	0.91
4	20	家具、玩具、杂项制品	0.52	10.64	12.42	0.73	1.56
5	18	光学、钟表、医疗设备	0.50	10.32	10.87	0.05	3.54
6	16	机电产品	0.44	8.98	8.95	0.01	0.63
7	09	木及制品	0.31	6.30	11.44	0.15	3.33
8	05	矿产品	0.16	3.24	2.74	0.00	0.41
9	11	纺织品及原料	0.14	2.91	3.51	0.05	0.89
10	01	活动物；动物产品	0.13	2.72	1.88	0.03	0.45
11	10	纤维素浆；纸张	0.05	1.07	0.90	0.02	0.65
12	04	食品、饮料、烟草	0.05	1.01	2.45	0.02	0.29
13	07	塑料、橡胶	0.04	0.80	1.13	0.004	0.20
14	22	特殊交易品及未分类商品	0.01	0.16	0.01	0.01	0.03
15	17	运输设备	0.01	0.15	0.47	0.001	0.09
16	13	陶瓷；玻璃	0.01	0.11	0.14	0.005	0.13
17	12	鞋靴、伞等轻工产品	0.003	0.07	0.03	0.01	0.11
18	14	贵金属及制品	0.003	0.06	0.02	0.001	0.03
19	08	皮革制品；箱包	0.001	0.02	0.03	0.001	0.14
20	21	艺术品、收藏品及古物	0.0001	0.002	0.07	0.001	9.00
21	03	动植物油脂	0.0000004	0.000008	0.01	0.0000004	0.04
22	19	武器、弹药及其零件、附件	0	0	0	0	0

数据来源：根据 UN Comtrade 数据库中的统计数据整理而得。

第九章　中国从重点区域性贸易伙伴的进口

本章将重点分析中国从欧盟、东盟、"一带一路"沿线国家、RCEP、金砖国家、中东欧国家、非洲等地区的进口，主要从进口规模和进口产品结构两个维度进行分析。

一、中国从欧盟的进口情况

中国和欧盟经贸合作空间巨大。2020 年 9 月，中欧双方正式签署中欧地理标志协定。这是中国对外商签的第一个全面、高水平的地理标志协定，充分体现了中欧双方坚持开展自由和开放贸易、支持以规则为基础的多边体制的承诺。中欧地理标志协定有利于中国扩大从欧盟的进口，为欧盟优质特色产品进入中国市场提供了充分保护，可以消除欧盟生产商的后顾之忧，可以使中国消费者吃到、用上货真价实的高质量商品，提高人民生活品质，满足人民日益增长的美好生活需要①。2020 年，欧盟是中国的第二大贸易伙伴。

（一）中国从欧盟的进口规模

中国从欧盟的进口规模整体增加。如表 9-1、图 9-1 所示，2001—2020 年，中国从欧盟的进口规模从 357.14 亿美元增加到 2585.67 亿美元，年均增长率为 10.98%，2020 年大约是 2001 年的 7.24 倍。其中，2001—2014 年，中国从欧盟的进口规模整体呈增长趋势，年均增长率为 15.94%；2015—2016 年，中国从欧盟的进口规模呈下降趋势；2017—2019 年，中国从欧盟的进口规模恢复增长态势，年均增长率为 6.23%，且于 2019 年达到历史最高值，为 2764.47 亿美元。

从欧盟的进口占中国总进口的比例有所下降。如表 9-1、图 9-2 所示，2001—2020 年，中国从欧盟的进口占中国总进口的比例从 14.66% 下降至 12.58%。其中，2001—2005 年，中国从欧盟的进口占中国总进口的比例逐年下降，并于 2005 年达到历史最低值 11.15%；2006—2020 年，这一比例保持在 12% 左右，于 2019 年达到历史最

---

① 商务部条法司负责人就中欧签署地理标志协定答记者问 [EB/OL]. 商务部，[2020-09-15]. http://www.mofcom.gov.cn/article/ae/sjjd/202009/20200903001173.shtml.

高值 13.36%。

中国进口对欧盟出口的贡献整体提升。如表 9-1、图 9-3 所示，2001—2020 年，除 2005 年外，中国从欧盟的进口占欧盟总出口的比例每年都保持增长态势。2001 年，中国进口总额占欧盟出口总额的比例仅为 1.17%，2020 年，这一比例上升到 4.35%。

具体来看，2020 年，中国从欧盟的进口规模有所下降，中国在欧盟出口目的地中的地位有所上升。2020 年，中国从欧盟的进口规模为 2585.67 亿美元，比 2019 年下降 6.47%，占中国总进口的比例降至 12.58%。然而，2020 年，中国从欧盟的进口占欧盟总出口的比例比 2019 年有所上升，上升至 4.35%，表明在新冠肺炎疫情冲击下，中国在欧盟出口目的地中的地位更加重要。

表 9-1 2001—2020 年中国从欧盟的进口规模及占比情况

年份	进口额/亿美元	占中国总进口比例/%	占欧盟总出口比例/%
2001	357.14	14.66	1.17
2002	385.32	13.05	1.33
2003	530.18	12.84	1.59
2004	701.00	12.49	1.63
2005	735.90	11.15	1.60
2006	903.28	11.41	1.79
2007	1109.67	11.61	1.87
2008	1326.46	11.71	1.98
2009	1277.69	12.71	2.56
2010	1683.69	12.06	2.97
2011	2111.61	12.11	3.20
2012	2120.71	11.66	3.26
2013	2199.47	11.28	3.28
2014	2441.76	12.46	3.61
2015	2087.76	12.43	3.58
2016	2081.43	13.11	3.58
2017	2449.79	13.29	3.86
2018	2737.03	12.82	3.91
2019	2764.47	13.36	4.13
2020	2585.67	12.58	4.35

数据来源：根据 UN Comtrade 数据库中的统计数据整理而得。

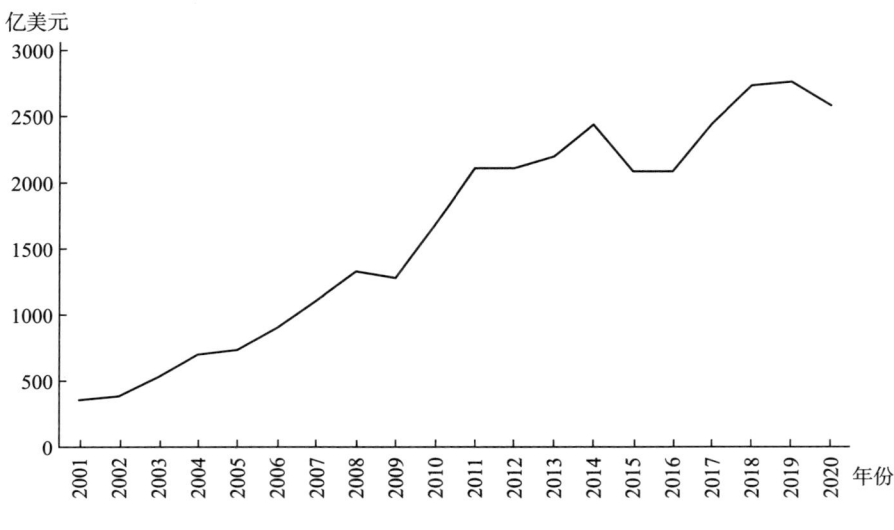

图 9-1 2001—2020 年中国从欧盟的进口规模

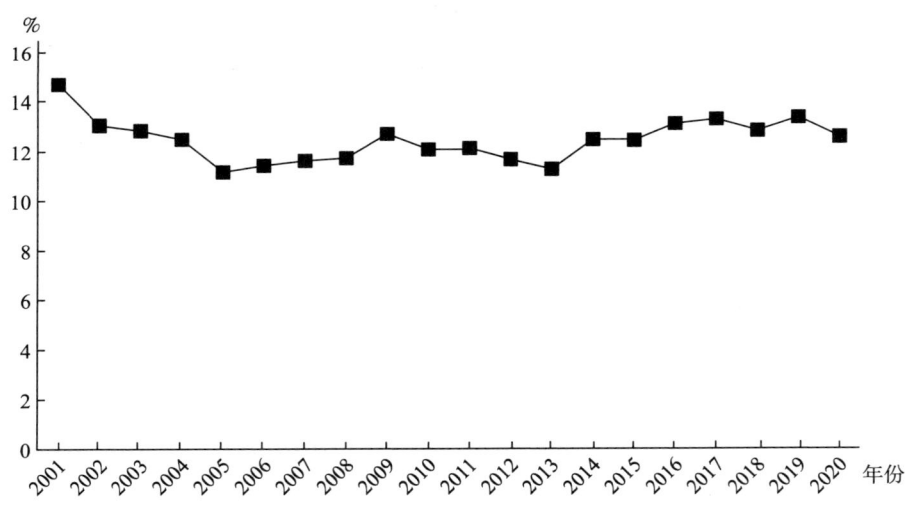

图 9-2 2001—2020 年中国从欧盟的进口占中国总进口的比例

2020 年，德国、法国、意大利、爱尔兰、荷兰是中国在欧盟的前五大进口来源地。如表 9-2 所示，2020 年，中国从德国、法国、意大利、爱尔兰、荷兰的进口总额依次为 1052.61 亿美元、297.07 亿美元、222.48 亿美元、140.44 亿美元、127.87 亿美元，中国从上述五国的进口合计占中国从欧盟进口总额的 71.18%，占中国从世界进口总额的 8.95%。其中，中国从德国的进口占中国从欧盟进口总额的比例高达 40.71%。

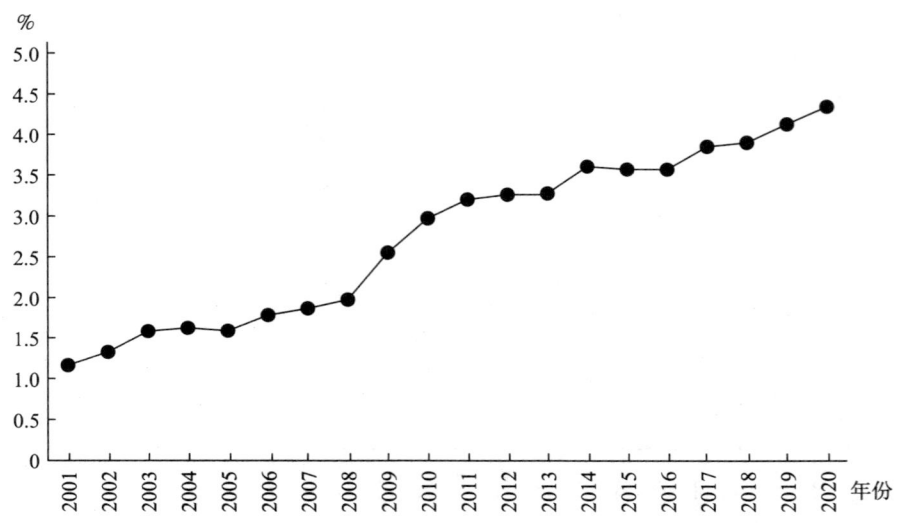

图 9-3 2001—2020 年中国从欧盟的进口占欧盟总出口的比例

表 9-2 2020 年中国从欧盟各国的进口规模及占比情况

排名	国家	进口额/亿美元	占中国从欧盟进口比例/%	占中国从世界进口比例/%
1	德国	1052.61	40.71	5.12
2	法国	297.07	11.49	1.45
3	意大利	222.48	8.60	1.08
4	爱尔兰	140.44	5.43	0.68
5	荷兰	127.87	4.95	0.62
6	西班牙	103.46	4.00	0.50
7	瑞典	94.68	3.66	0.46
8	比利时	78.39	3.03	0.38
9	奥地利	66.41	2.57	0.32
10	斯洛伐克	64.31	2.49	0.31
11	丹麦	60.08	2.32	0.29
12	捷克	51.33	1.99	0.25
13	波兰	43.20	1.67	0.21
14	匈牙利	42.82	1.66	0.21
15	芬兰	41.92	1.62	0.20
16	葡萄牙	27.72	1.07	0.13
17	罗马尼亚	26.38	1.02	0.13
18	保加利亚	13.69	0.53	0.07
19	希腊	7.73	0.30	0.04
20	斯洛文尼亚	5.09	0.20	0.02

续表

排名	国家	进口额/亿美元	占中国从欧盟进口比例/%	占中国从世界进口比例/%
21	立陶宛	4.88	0.19	0.02
22	马耳他	3.88	0.15	0.02
23	爱沙尼亚	2.81	0.11	0.01
24	卢森堡	2.76	0.11	0.01
25	拉脱维亚	2.00	0.08	0.01
26	克罗地亚	1.39	0.05	0.01
27	塞浦路斯	0.25	0.01	0.00

数据来源：根据 UN Comtrade 数据库中的统计数据整理而得。

（二）中国从欧盟的进口产品结构

表9-3是2020年中国从欧盟进口22大类产品的进口额及占比情况。可以发现，2020年中国从欧盟进口的22类产品具有如下特征：

2020年，"机电产品""化工产品""运输设备""光学、钟表、医疗设备""贱金属及制品"是中国从欧盟进口的前五大产品，进口额分别为787.31亿美元、431.58亿美元、425.83亿美元、194.88亿美元、127.33亿美元，这五大产品的进口总额占中国从欧盟进口总额的比例高达76.07%。其中，中国从欧盟进口的"机电产品"占中国从欧盟进口总额的比例高达30.45%，中国从欧盟进口的"化工产品"占中国从欧盟进口总额的比例为16.69%，中国从欧盟进口的"运输设备"占中国从欧盟进口总额的比例为16.47%；其余19类产品占比均低于10%。

2020年，"皮革制品；箱包""武器、弹药及其零件、附件"占中国相应产品进口的比例比较大，均高于50%，分别为53.38%、64.71%。此外，"矿产品"占中国相应产品进口的比例最低，为0.81%。

2020年，中国从欧盟进口的各大类产品占欧盟相应产品出口总额的比例都不足10%。中国从欧盟进口的"机电产品""运输设备""光学、钟表、医疗设备""活动物；动物产品""皮革制品；箱包"等5类产品占欧盟相应产品出口总额的比例在5%以上，分别为6.25%、5.84%、7.73%、7.67%、6.60%。其中，中国从欧盟进口的"光学、钟表、医疗设备"占欧盟相应产品出口总额的比例最高。此外，中国从欧盟进口的"武器、弹药及其零件、附件"占欧盟相应产品出口总额的比例最低，为0.15%。

表9-3 2020年中国从欧盟进口22大类产品的进口额及占比情况

排名	海关分类	产品类别	进口额/亿美元	占中国从欧盟进口总额比例/%	占欧盟出口至中国总额比例/%	占中国相应产品总进口比例/%	占欧盟相应产品总出口比例/%
1	16	机电产品	787.31	30.45	34.22	10.63	6.25
2	06	化工产品	431.58	16.69	12.41	28.67	3.35
3	17	运输设备	425.83	16.47	18.34	49.29	5.84
4	18	光学、钟表、医疗设备	194.88	7.54	7.19	18.74	7.73
5	15	贱金属及制品	127.33	4.92	5.02	10.78	2.98
6	01	活动物；动物产品	108.23	4.19	5.01	21.08	7.67
7	07	塑料、橡胶	97.47	3.77	3.74	11.18	3.14
8	04	食品、饮料、烟草	80.31	3.11	2.79	28.72	2.33
9	14	贵金属及制品	50.76	1.96	0.65	15.99	1.93
10	11	纺织品及原料	49.49	1.91	1.87	16.87	2.39
11	08	皮革制品；箱包	43.17	1.67	1.04	53.38	6.60
12	10	纤维素浆；纸张	39.59	1.53	1.43	15.00	3.10
13	05	矿产品	36.60	1.42	1.55	0.81	1.79
14	09	木及制品	34.01	1.32	1.14	16.80	4.72
15	20	家具、玩具、杂项制品	23.24	0.90	0.96	32.71	1.64
16	02	植物产品	18.48	0.71	0.77	2.58	1.24
17	13	陶瓷；玻璃	17.40	0.67	0.71	15.77	2.46
18	12	鞋靴、伞等轻工产品	12.27	0.47	0.32	18.92	1.60
19	03	动植物油脂	3.80	0.15	0.16	3.38	1.47
20	22	特殊交易品及未分类商品	2.55	0.10	0.66	2.34	1.85
21	21	艺术品、收藏品及古物	1.28	0.05	0.03	19.11	1.87
22	19	武器、弹药及其零件、附件	0.07	0.00	0.00	64.71	0.15

数据来源：根据UN Comtrade数据库中的统计数据整理而得。

二、中国从东盟的进口情况

中国和东盟经贸往来密切。2020年5月，中国与东盟发表《中国—东盟经贸部长关于抗击新冠肺炎疫情加强自贸合作的联合声明》。面对新冠肺炎疫情，双方守望相助，共克时艰，展现了中国加强与东盟各国抗疫合作、充分发挥中国—东盟自贸区在应对疫情中的重要作用、力促区域经济早日复苏的坚定决心。2020年11月，习近平主席在中国—东盟博览会、中国—东盟商务与投资峰会上指出,中国—东盟关系已成为亚太区域合作中最为成功和最具活力的典范,成为推动构建人类命运共同体的生动例证[①]。2020年,在中国—东盟自贸区全面建成10周年之际,东盟首次成为中国第一大贸易伙伴[②],中国从东盟进口贸易逆势增长,充分体现了中国和东盟经贸关系的强大韧性。

(一) 中国从东盟的进口规模

中国从东盟的进口规模整体增加。如表9-4、图9-4所示,2001—2020年,中国从东盟的进口规模从232.15亿美元增加到3008.72亿美元,年均增长率为14.44%,2020年大约是2001年的12.96倍。其中,2001—2014年,中国从东盟的进口规模大体呈现增长趋势,年均增长率高达18.38%;2015年,中国从东盟的进口规模出现一定程度的下降;2016—2020年,中国从东盟的进口恢复增长态势,年均增长率为11.27%。

东盟在中国进口市场中的地位整体上升。如表9-4、图9-5所示,2001—2020年,中国从东盟的进口占中国总进口的比例整体呈现上升趋势,从9.53%增加到14.64%。其中,2001—2013年,中国从东盟的进口占中国总进口的比例基本保持不变;2014—2020年,中国从东盟的进口占中国总进口的比例有所增加,并于2020年达到历史最高值14.64%。此外,2020年,东盟首次成为中国的第一大贸易伙伴。

中国进口对东盟总出口的贡献显著提升。如表9-4、图9-6所示,2001—2020年,中国从东盟的进口占东盟总出口的比例大体呈直线形上升的态势,从4.33%增加到15.73%的历史峰值。

具体来看,2020年,中国从东盟的进口规模有所增加,为3008.72亿美元,比2019年上升6.82%,占中国总进口规模的比例增加至14.64%,同时,中国从东盟的进口占东盟总出口的比例上升至15.73%。

表9-4 2001—2020年中国从东盟的进口规模及占比情况

年份	进口额/亿美元	占中国总进口比例/%	占东盟总出口比例/%
2001	232.15	9.53	4.33
2002	311.97	10.57	5.40

---

① 习近平在第十七届中国—东盟博览会和中国—东盟商务与投资峰会开幕式上致辞 [EB/OL]. 中国政府网, [2020-11-27]. http://www.gov.cn/xinwen/2020-11/27/content_5565309.htm.
② 商务部外贸司负责人谈2020年全年我国对外贸易情况 [EB/OL]. 商务部, [2021-01-14]. http://www.mofcom.gov.cn/article/ae/sjjd/202101/20210103031081.shtml.

续表

年份	进口额/亿美元	占中国总进口比例/%	占东盟总出口比例/%
2003	473.28	11.47	6.67
2004	629.67	11.22	7.29
2005	749.94	11.36	8.10
2006	895.27	11.31	8.68
2007	1085.09	11.35	9.18
2008	1170.03	10.33	9.00
2009	1067.14	10.61	10.15
2010	1546.78	11.08	10.74
2011	1930.21	11.07	11.43
2012	1958.68	10.77	11.33
2013	1995.59	10.23	12.02
2014	2082.40	10.63	11.86
2015	1944.75	11.58	12.39
2016	1963.07	12.36	12.48
2017	2359.51	12.80	14.21
2018	2690.90	12.60	13.87
2019	2816.73	13.61	14.28
2020	3008.72	14.64	15.73

数据来源：根据 UN Comtrade 数据库中的统计数据整理而得。

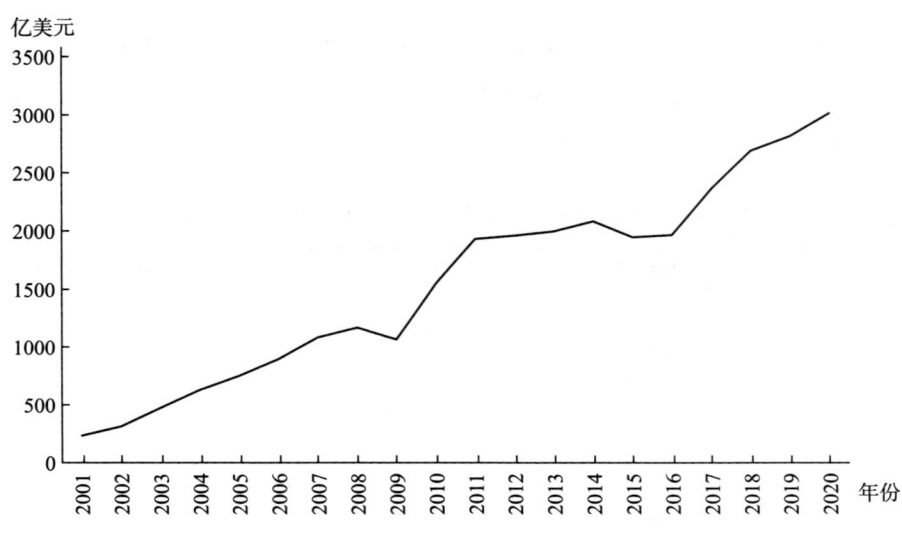

图 9-4　2001—2020 年中国从东盟的进口规模

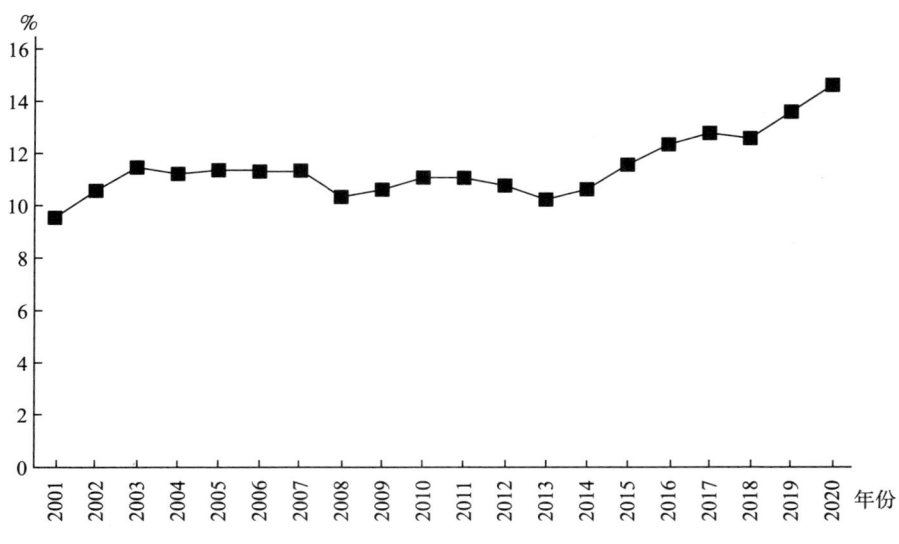

图 9-5　2001—2020 年中国从东盟的进口占中国总进口的比例

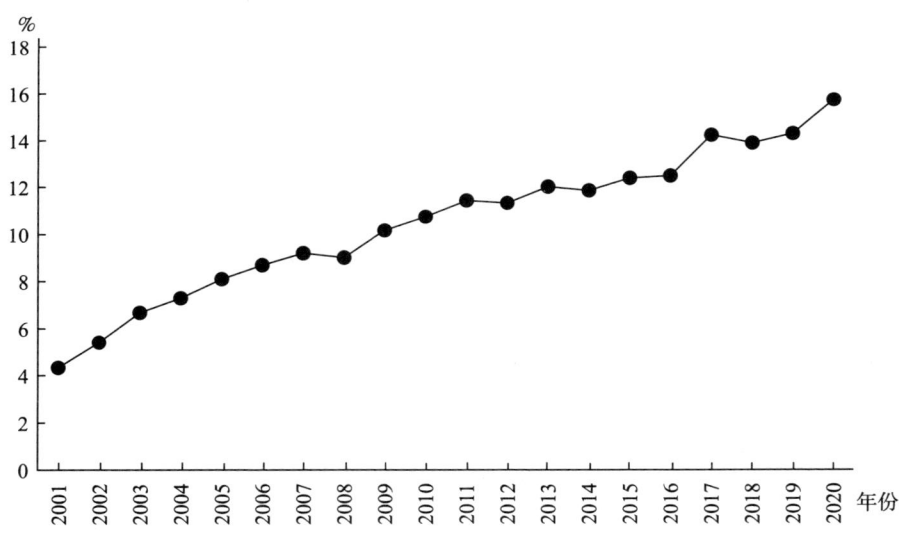

图 9-6　2001—2020 年中国从东盟的进口占东盟总出口的比例

2020 年，越南和马来西亚是中国在东盟的前两大进口来源地。如表 9-5 所示，2020 年，中国从越南和马来西亚的进口规模分别为 784.75 亿美元、747.33 亿美元，占中国从东盟进口总额的比例分别为 26.08%、24.84%。此外，中国从越南和马来西亚的进口合计占中国从东盟进口总额的 50.92%，占中国从世界进口总额的 7.46%。

表 9-5 2020 年中国从东盟各国的进口规模及占比情况

排名	国家	进口额/亿美元	占中国从东盟进口比例/%	占中国从世界进口比例/%
1	越南	784.75	26.08	3.82
2	马来西亚	747.33	24.84	3.64
3	泰国	480.98	15.99	2.34
4	印度尼西亚	373.69	12.42	1.82
5	新加坡	315.51	10.49	1.53
6	菲律宾	193.07	6.42	0.94
7	缅甸	63.42	2.11	0.31
8	老挝	20.63	0.69	0.10
9	柬埔寨	14.98	0.50	0.07
10	文莱	14.36	0.48	0.07

数据来源：根据 UN Comtrade 数据库中的统计数据整理而得。

(二) 中国从东盟的进口产品结构

表 9-6 是 2020 年中国从东盟进口 22 大类产品的进口额及占比情况。可以发现，2020 年，中国从东盟进口的 22 类产品具有如下特征：

2020 年，"机电产品""矿产品""塑料、橡胶""贱金属及制品""化工产品"是中国从东盟进口的前五大产品，进口额分别为 1451.12 亿美元、380.20 亿美元、201.28 亿美元、191.10 亿美元、123.48 亿美元，这五大产品的进口总额占中国从东盟进口总额的比例高达 78.01%。其中，中国从东盟进口的"机电产品"占中国从东盟进口总额的比例高达 48.23%，中国从东盟进口的"矿产品"占中国从东盟进口总额的比例为 12.64%；其余 20 类产品占比均低于 10%。

2020 年，"特殊交易品及未分类商品""鞋靴、伞等轻工产品"占中国相应产品进口的比例较大，均高于 50%，分别为 55.96%、63.39%。此外，"艺术品、收藏品及古物""武器、弹药及其零件、附件"占中国相应产品进口的比例均低于 1%。

2020 年，"植物产品""纤维素浆；纸张"占东盟相应产品出口总额的比例较大，均超过 30%。其中，中国从东盟进口的"纤维素浆；纸张"占东盟相应产品出口总额的比例最高，为 33.4%。此外，中国从东盟进口的"艺术品、收藏品及古物""武器、弹药及其零件、附件"占东盟相应产品出口总额的比例均低于 1%。

表 9-6 2020 年中国从东盟进口 22 大类产品的进口额及占比情况

排名	海关分类	产品类别	进口额/亿美元	占中国从东盟进口总额比例/%	占东盟出口至中国总额比例/%	占中国相应产品总进口比例/%	占东盟相应产品总出口比例/%
1	16	机电产品	1451.12	48.23	38.12	19.59	14.73
2	05	矿产品	380.20	12.64	10.52	8.37	21.45
3	07	塑料、橡胶	201.28	6.69	9.69	23.09	25.59
4	15	贱金属及制品	191.10	6.35	9.09	16.19	29.77
5	06	化工产品	123.48	4.10	6.46	8.20	17.76
6	02	植物产品	103.27	3.43	5.38	14.41	32.88
7	18	光学、钟表、医疗设备	101.00	3.36	3.38	9.71	15.79
8	11	纺织品及原料	63.81	2.12	2.37	21.74	7.95
9	22	特殊交易品及未分类商品	61.03	2.03	0.28	55.96	2.57
10	03	动植物油脂	56.19	1.87	2.63	49.92	15.60
11	10	纤维素浆；纸张	50.42	1.68	2.21	19.10	33.40
12	12	鞋靴、伞等轻工产品	41.12	1.37	1.41	63.39	12.09
13	04	食品、饮料、烟草	34.67	1.15	1.94	12.40	7.69
14	01	活动物；动物产品	34.18	1.14	1.73	6.66	21.17
15	09	木及制品	32.69	1.09	1.34	16.15	21.99
16	17	运输设备	30.66	1.02	1.58	3.55	6.22
17	14	贵金属及制品	27.13	0.90	1.11	8.54	4.51
18	08	皮革制品；箱包	11.68	0.39	0.23	14.44	6.50
19	20	家具、玩具、杂项制品	8.05	0.27	0.28	11.32	2.20
20	13	陶瓷；玻璃	5.64	0.19	0.26	5.11	7.37
21	21	艺术品、收藏品及古物	0.01	0.00	0.00	0.14	0.92
22	19	武器、弹药及其零件、附件	0.00	0.00	0.00	0.00	0.01

数据来源：根据 UN Comtrade 数据库中的统计数据整理而得。

三、中国从"一带一路"沿线国家的进口情况

中国提出的共建"一带一路"倡议深入人心。2020 年，虽然受到新冠肺炎疫情冲击，但是，"一带一路"建设取得了新进展、新成效，一批重大项目进展平稳，尤其是

"健康丝绸之路"和"数字丝绸之路"建设成效明显,"一带一路"朋友圈逐渐扩大[①]。2020年,中国与柬埔寨签署自贸协定,与缅甸、墨西哥、智利、白俄罗斯新建了贸易畅通工作组,正式实施中国—巴基斯坦自贸协定第二阶段议定书关税减让安排,促进了中国与"一带一路"沿线国家的经贸往来。

(一) 中国从"一带一路"沿线国家的进口规模

中国从"一带一路"沿线64国的进口规模整体增加。如表9-7、图9-7所示,2014—2020年,中国从"一带一路"沿线64国的进口规模从4834.42亿美元增加到5699.06亿美元,年均增长率为2.78%。其中,2014—2016年,中国从"一带一路"沿线64国的进口规模呈现下降趋势;2017—2019年,中国从"一带一路"沿线64国的进口规模恢复增长态势。

"一带一路"沿线64国在中国进口市场中的地位有所上升。如表9-7、图9-8所示,2014—2020年,中国从"一带一路"沿线64国的进口总额占中国进口总额的比例从24.68%增加到了27.72%。

中国进口对"一带一路"沿线64国总出口的贡献有所提升。如表9-7、图9-9所示,2014—2020年,中国从"一带一路"沿线64国的进口占"一带一路"沿线64国出口总额的比例整体保持增长的态势,从5.96%增加到9.23%。

具体来看,2020年,中国从"一带一路"沿线64国的进口规模有所下降,中国进口对"一带一路"沿线64国出口的贡献有所上升。2020年,中国从"一带一路"沿线64国的进口规模为5699.06亿美元,比2019年下降1.77%,占中国总进口规模的比例下降至27.72%。然而,2020年,中国进口占"一带一路"沿线64国总出口的比例比2019年有所上升,上升至9.23%,表明在新冠肺炎疫情冲击下,中国进口对"一带一路"沿线64国出口的作用更加凸显。

表9-7 2014—2020年中国从"一带一路"沿线64国的进口规模及占比情况

年份	进口额/亿美元	占中国总进口比例/%	占"一带一路"沿线64国总出口比例/%
2014	4834.42	24.68	5.96
2015	3880.89	23.11	6.32
2016	3662.49	23.06	6.48
2017	4543.64	24.64	7.48

---

① 商务部召开2020年商务工作及运行情况新闻发布会[EB/OL]. 商务部,[2021-01-29]. http://www.mofcom.gov.cn/xwfbh/20210129.shtml.

续表

年份	进口额/亿美元	占中国总进口比例/%	占"一带一路"沿线64国总出口比例/%
2018	5632.56	26.38	7.51
2019	5801.47	28.04	7.97
2020	5699.06	27.72	9.23

数据来源：根据 UN Comtrade 数据库中的统计数据整理而得。

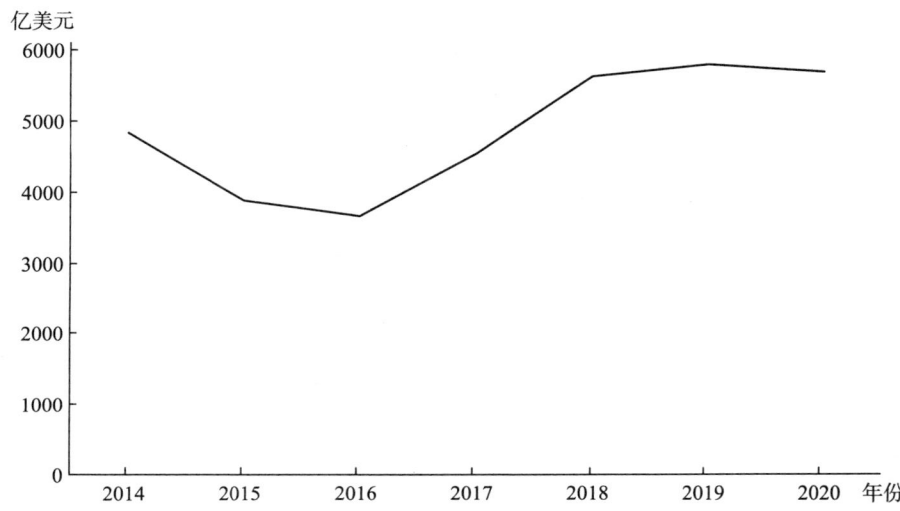

图9-7 2014—2020年中国从"一带一路"沿线64国的进口规模

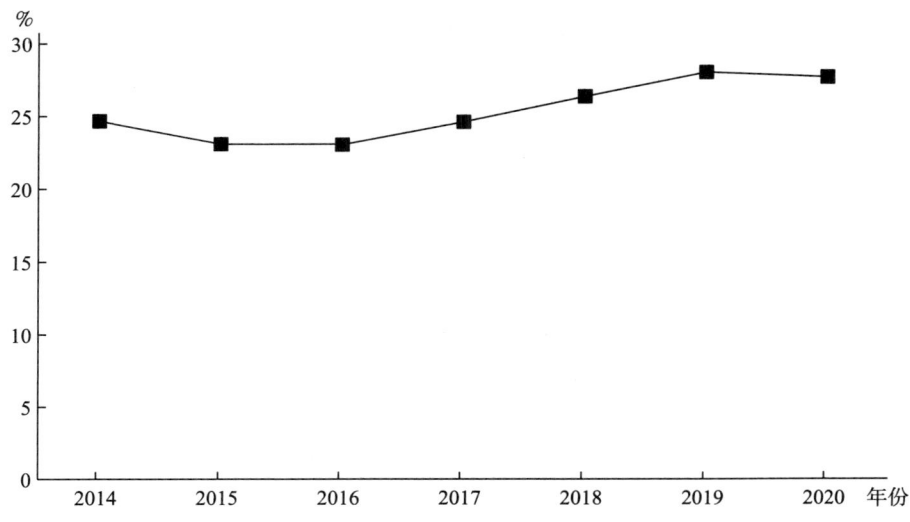

图9-8 2014—2020年中国从"一带一路"沿线64国的进口占中国总进口的比例

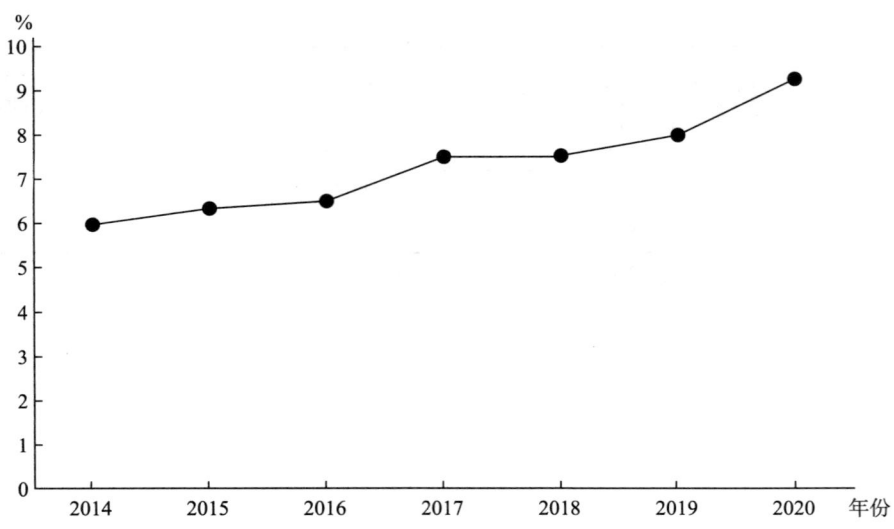

图9-9 2014—2020年中国从"一带一路"沿线64国的进口占"一带一路"总出口的比例

如表9-8所示，2020年，中国在"一带一路"沿线国家的前十大进口来源地依次是越南、马来西亚、俄罗斯、泰国、沙特阿拉伯、印度尼西亚、新加坡、印度、菲律宾和伊拉克，从上述十国的进口合计占中国自"一带一路"沿线国家进口总额的74.72%，占中国从世界进口总额的20.72%。其中，中国自越南进口784.75亿美元，占中国自"一带一路"沿线国家进口总额的13.77%，占中国从世界进口总额的3.82%。

表9-8 2020年中国从"一带一路"沿线各国的进口规模及占比情况

排名	国家	进口额/亿美元	占中国从"一带一路"沿线国家进口比例/%	占中国从世界进口比例/%
1	越南	784.75	13.77	3.82
2	马来西亚	747.33	13.11	3.64
3	俄罗斯	571.81	10.03	2.78
4	泰国	480.98	8.44	2.34
5	沙特阿拉伯	390.33	6.85	1.90
6	印度尼西亚	373.69	6.56	1.82
7	新加坡	315.51	5.54	1.53
8	印度	208.58	3.66	1.01
9	菲律宾	193.07	3.39	0.94
10	伊拉克	192.53	3.38	0.94
11	阿联酋	168.69	2.96	0.82

续表

排名	国家	进口额/亿美元	占中国从"一带一路"沿线国家进口比例/%	占中国从世界进口比例/%
12	阿曼	155.52	2.73	0.76
13	科威特	107.07	1.88	0.52
14	哈萨克斯坦	97.39	1.71	0.47
15	卡塔尔	82.71	1.45	0.40
16	乌克兰	77.91	1.37	0.38
17	斯洛伐克	64.31	1.13	0.31
18	伊朗	64.02	1.12	0.31
19	缅甸	63.42	1.11	0.31
20	以色列	62.85	1.10	0.31
21	土库曼斯坦	60.71	1.07	0.30
22	捷克	51.33	0.90	0.25
23	蒙古国	50.09	0.88	0.24
24	波兰	43.20	0.76	0.21
25	匈牙利	42.82	0.75	0.21
26	土耳其	37.16	0.65	0.18
27	罗马尼亚	26.38	0.46	0.13
28	巴基斯坦	21.23	0.37	0.10
29	老挝	20.63	0.36	0.10
30	柬埔寨	14.98	0.26	0.07
31	乌兹别克斯坦	14.83	0.26	0.07
32	文莱	14.36	0.25	0.07
33	保加利亚	13.69	0.24	0.07
34	埃及	9.06	0.16	0.04
35	白俄罗斯	8.90	0.16	0.04
36	孟加拉国	8.00	0.14	0.04
37	亚美尼亚	7.72	0.14	0.04
38	阿塞拜疆	6.83	0.12	0.03
39	也门	6.78	0.12	0.03
40	斯洛文尼亚	5.09	0.09	0.02
41	塞尔维亚	4.98	0.09	0.02
42	立陶宛	4.88	0.09	0.02
43	约旦	4.26	0.07	0.02
44	斯里兰卡	3.18	0.06	0.02
45	爱沙尼亚	2.81	0.05	0.01

续表

排名	国家	进口额/亿美元	占中国从"一带一路"沿线国家进口比例/%	占中国从世界进口比例/%
46	北马其顿	2.27	0.04	0.01
47	拉脱维亚	2.00	0.04	0.01
48	巴林	1.46	0.03	0.01
49	克罗地亚	1.39	0.02	0.01
50	格鲁吉亚	0.97	0.02	0.00
51	阿尔巴尼亚	0.80	0.01	0.00
52	波黑	0.73	0.01	0.00
53	摩尔多瓦	0.60	0.01	0.00
54	黑山	0.57	0.01	0.00
55	阿富汗	0.55	0.01	0.00
56	塔吉克斯坦	0.45	0.01	0.00
57	吉尔吉斯斯坦	0.35	0.01	0.00
58	黎巴嫩	0.32	0.01	0.00
59	尼泊尔	0.16	0.00	0.00
60	马尔代夫	0.06	0.00	0.00
61	叙利亚	0.01	0.00	0.00
62	东帝汶	0.01	0.00	0.00
63	不丹	0.00	0.00	0.00
64	巴勒斯坦	0.00	0.00	0.00

数据来源：根据 UN Comtrade 数据库中的统计数据整理而得。

（二）中国从"一带一路"沿线国家的进口产品结构

表9-9是2020年中国从"一带一路"沿线64国进口22大类产品的进口额及占比情况。可以发现，2020年，中国从"一带一路"沿线64国进口的22类产品具有如下特征：

2020年，"矿产品""机电产品""贱金属及制品""塑料、橡胶""化工产品"是中国从"一带一路"沿线64国进口的前五大产品，进口额分别为1978.46亿美元、1603.78亿美元、401.85亿美元、343.03亿美元、287.22亿美元，这五大产品的进口总额占中国从"一带一路"沿线64国进口总额的比例高达80.97%。其中，中国进口的"矿产品"占中国从"一带一路"沿线64国进口总额的比例高达34.72%，中国进口的"机电产品"占中国从"一带一路"沿线64国进口总额的比例为28.14%；其余

20 类产品的占比均低于 10%。

2020 年,中国从"一带一路"沿线 64 国进口的"动植物油脂""特殊交易品及未分类商品""鞋靴、伞等轻工产品"占中国相应产品进口的比例较大,均高于 50%,分别为 77.57%、58.88%、69.60%。此外,中国从"一带一路"沿线 64 国进口的"陶瓷;玻璃""艺术品、收藏品及古物""武器、弹药及其零件、附件"占中国相应产品进口总额的比例较小,均低于 10%,分别为 9.02%、2.05%、1.88%。

2020 年,中国从"一带一路"沿线 64 国进口的"矿产品""机电产品""贱金属及制品""塑料、橡胶""植物产品""光学、钟表、医疗设备""动植物油脂""木及制品""纤维素浆;纸张"等 9 种产品占"一带一路"沿线 64 国相应产品出口总额的比例较大,均超过 10%。其中,中国从"一带一路"沿线 64 国进口的"矿产品"占"一带一路"沿线 64 国相应产品出口总额的比例最高,为 16.83%,"武器、弹药及其零件、附件"占比最小,为 0.01%。

表 9-9　2020 年中国从"一带一路"沿线 64 国进口 22 大类产品的进口额及占比情况

排名	海关分类	产品类别	进口额/亿美元	占中国从"一带一路"沿线国家进口总额比例/%	占"一带一路"沿线国家出口至中国总额比例/%	占中国相应产品总进口比例/%	占"一带一路"沿线国家相应产品总出口比例/%
1	05	矿产品	1978.46	34.72	14.78	43.53	16.83
2	16	机电产品	1603.78	28.14	33.04	21.65	10.05
3	15	贱金属及制品	401.85	7.05	9.49	34.04	12.81
4	07	塑料、橡胶	343.03	6.02	8.56	39.35	14.60
5	06	化工产品	287.22	5.04	6.89	19.08	8.29
6	02	植物产品	151.14	2.65	5.46	21.09	13.78
7	18	光学、钟表、医疗设备	136.00	2.39	3.36	13.08	11.85
8	17	运输设备	113.66	1.99	2.36	13.16	2.58
9	11	纺织品及原料	110.35	1.94	2.92	37.60	4.53
10	03	动植物油脂	87.29	1.53	2.73	77.57	15.48
11	09	木及制品	82.98	1.46	1.35	41.00	10.47
12	01	活动物;动物产品	72.69	1.28	1.91	14.16	9.56
13	10	纤维素浆;纸张	69.96	1.23	1.95	26.50	14.63
14	22	特殊交易品及未分类商品	64.22	1.13	0.23	58.88	2.18

续表

排名	海关分类	产品类别	进口额/亿美元	占中国从"一带一路"沿线国家进口总额比例/%	占"一带一路"沿线国家出口至中国总额比例/%	占中国相应产品总进口比例/%	占"一带一路"沿线国家相应产品总出口比例/%
15	14	贵金属及制品	58.63	1.03	0.91	18.47	2.42
16	04	食品、饮料、烟草	51.62	0.91	1.88	18.46	4.13
17	12	鞋靴、伞等轻工产品	45.14	0.79	1.22	69.60	8.93
18	08	皮革制品；箱包	16.08	0.28	0.23	19.88	4.45
19	20	家具、玩具、杂项制品	14.86	0.26	0.42	20.91	1.37
20	13	陶瓷；玻璃	9.95	0.17	0.30	9.02	2.66
21	21	艺术品、收藏品及古物	0.14	0.00	0.00	2.05	1.03
22	19	武器、弹药及其零件、附件	0.00	0.00	0.00	1.88	0.01

数据来源：根据 UN Comtrade 数据库中的统计数据整理而得。

四、中国从 RCEP 的进口情况

《区域全面经济伙伴关系协定》是由中国、日本、韩国、澳大利亚、新西兰和东盟 10 国共 15 方成员制定的协定，是全球规模最大的自贸区，涵盖了全球约 30% 的人口、30% 的经济总量和 30% 的对外贸易①，发展前景广阔、潜力巨大。RCEP 于 2012 年由东盟发起，历经 8 年谈判。2020 年以来，RCEP 各成员方克服新冠肺炎疫情带来的困难，最终在 2020 年 11 月 15 日第四次领导人会议期间成功签署协定。

中国货物贸易可以充分把握 RCEP 带来的机遇。一是进口关税大幅降低。RCEP 15 个成员方之间采用双边两两出价的方式对货物贸易自由化作出安排，协定生效后区域内 90% 以上的货物贸易将最终实现零关税，且主要是立刻降税到 0 和 10 年内降税到 0，使 RCEP 自贸区有望在较短时间兑现所有货物贸易自由化承诺②。二是 RCEP 协定中的"原产地累积"规则不仅有利于降低关税优惠门槛，也将极大促进区域内贸易合作，稳

---

① 全球最大自贸区诞生，有何深意？——商务部副部长兼国际贸易谈判副代表王受文谈 RCEP 正式签署[EB/OL]. 商务部，[2020-11-16]. http://fta.mofcom.gov.cn/article/rcep/rcepjd/202011/43617_1.html.
② 商务部国际司负责同志解读《区域全面经济伙伴关系协定》（RCEP）之二[EB/OL]. 商务部，[2020-11-16]. http://fta.mofcom.gov.cn/article/rcep/rcepjd/202011/43619_1.html.

定和强化区域产业链供应链。"原产地累积"规则是指在确定产品原产资格时,允许将产品生产中使用的 RCEP 其他成员国的原产材料视为该产品生产国的原产材料,合并计算原产材料区域价值成分,使得最终产品更加容易达到设定的条件,取得原产资格从而享受优惠关税①。

(一) 中国从 RCEP 的进口规模

中国从 RCEP 的进口规模整体增加。如表 9-10、图 9-10 所示,2012—2020 年,中国从 RCEP 的进口规模从 6328.08 亿美元增加到 7753.96 亿美元,年均增长率为 2.57%。其中,2012—2013 年,中国从 RCEP 的进口规模保持增长趋势;2014—2016 年,中国从 RCEP 的进口规模呈下降态势;2017—2020 年,中国从 RCEP 的进口规模恢复增长态势,并于 2020 年达到 7753.96 亿美元的历史最高值。

RCEP 在中国进口市场中的地位有所上升。如表 9-10、图 9-11 所示,2012—2020 年,中国从 RCEP 的进口占中国总进口的比例从 34.80% 增加到了 37.72%。

中国进口对 RCEP 出口的贡献有所提升。如表 9-10、图 9-12 所示,2012—2020 年,中国从 RCEP 的进口占 RCEP 总出口的比例从 17.33% 增加到 21.39% 的历史最高值。

具体来看,2020 年,中国从 RCEP 的进口规模有所增加,为 7753.96 亿美元,比 2019 年上升了 2.18%,占中国总进口的比例增加到 37.72%,同时,中国的进口占 RCEP 总出口的比例上升到 21.39%。

表 9-10 2012—2020 年中国从 RCEP 的进口规模及占比情况

年份	进口额/亿美元	占中国总进口比例/%	占 RCEP 总出口比例/%
2012	6328.08	34.80	17.33
2013	6520.85	33.44	18.43
2014	6684.06	34.12	18.13
2015	5919.77	35.25	18.01
2016	5789.88	36.46	17.84
2017	6836.98	37.08	19.15
2018	7702.22	36.08	19.61
2019	7588.49	36.68	19.78
2020	7753.96	37.72	21.39

数据来源:根据 UN Comtrade 数据库中的统计数据整理而得。

---

① 李克强详解加入 RCEP 对我国的机遇和挑战 [EB/OL]. 中国政府网, [2021-02-04]. http://www.gov.cn/xinwen/2021-02/04/content_ 5584920.htm.

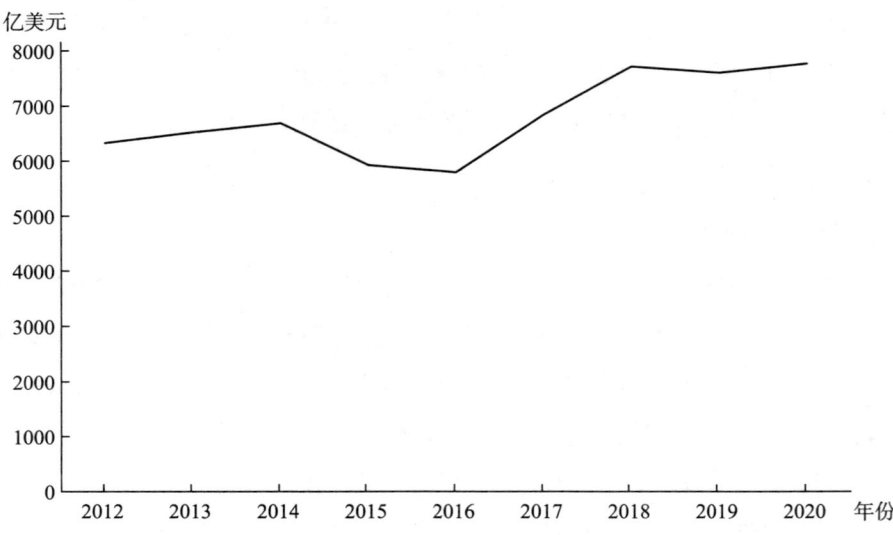

图 9-10　2012—2020 年中国从 RCEP 的进口规模

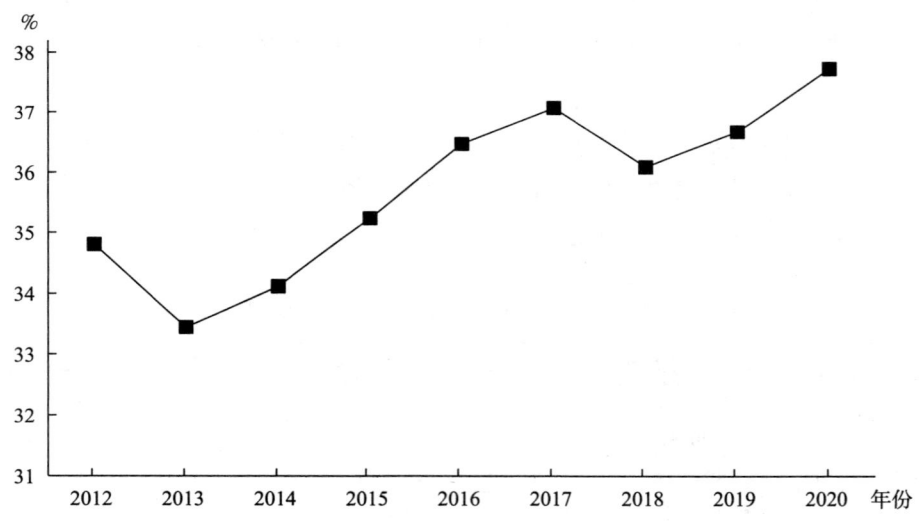

图 9-11　2012—2020 年中国从 RCEP 的进口占中国总进口的比例

如表 9-11 所示，2020 年，日本、韩国、澳大利亚、越南和马来西亚是中国在 RCEP 的前五大进口来源地，进口额分别为 1748.68 亿美元、1727.56 亿美元、1148.37 亿美元、784.75 亿美元、747.33 亿美元，中国从上述五国的进口总额占中国从 RCEP 进口总额的 79.4%，占中国从世界进口总额的 29.95%。其中，中国自日本和韩国的进口占中国自 RCEP 进口总额的比例均超过 20%，分别为 22.55%、22.28%。

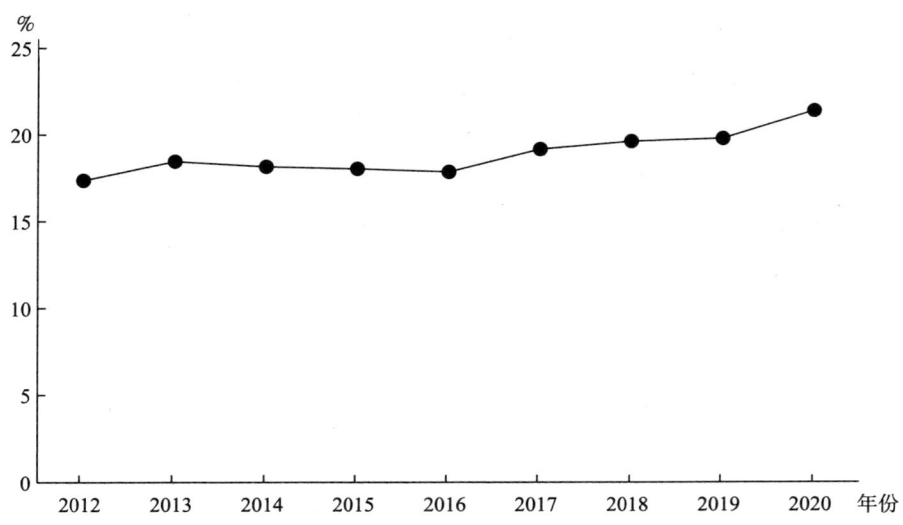

图 9-12 2012—2020 年中国从 RCEP 的进口占 RCEP 总出口的比例

表 9-11 2020 年中国从 RCEP 的进口规模及占比情况

排名	国家	进口额/亿美元	占中国从 RCEP 进口比例/%	占中国从世界进口比例/%
1	日本	1748.68	22.55	8.51
2	韩国	1727.56	22.28	8.40
3	澳大利亚	1148.37	14.81	5.59
4	越南	784.75	10.12	3.82
5	马来西亚	747.33	9.64	3.64
6	泰国	480.98	6.20	2.34
7	印度尼西亚	373.69	4.82	1.82
8	新加坡	315.51	4.07	1.53
9	菲律宾	193.07	2.49	0.94
10	新西兰	120.63	1.56	0.59
11	缅甸	63.42	0.82	0.31
12	老挝	20.63	0.27	0.10
13	柬埔寨	14.98	0.19	0.07
14	文莱	14.36	0.19	0.07

数据来源：根据 UN Comtrade 数据库中的统计数据整理而得。

（二）中国从 RCEP 的进口产品结构

表 9-12 是 2020 年中国从 RCEP 进口 22 大类产品的进口额及占比情况。可以发现，2020 年，中国从 RCEP 进口的 22 类产品具有如下特征：

2020年，"机电产品""矿产品""化工产品""贱金属及制品""塑料、橡胶"是中国从RCEP进口的前五大产品，进口额分别为3347.88亿美元、1449.94亿美元、524.22亿美元、452.31亿美元、437.82亿美元，这五大产品的进口总额占中国从RCEP进口总额的比例高达80.12%。其中，中国从RCEP进口的"机电产品"占中国从RCEP进口总额的比例高达43.18%，中国从RCEP进口的"矿产品"占中国从RCEP进口总额的比例为18.7%；其余20类产品的占比均低于10%。

2020年，中国从RCEP进口的"塑料、橡胶""特殊交易品及未分类商品""动植物油脂""鞋靴、伞等轻工产品"等4类产品占中国相应产品进口的比例较大，均高于50%，分别为50.22%、66.73%、52.8%、65.43%。此外，中国从RCEP进口的"艺术品、收藏品及古物""武器、弹药及其零件、附件"占中国相应产品进口的比例较小，均低于10%，分别为5.74%、7.24%。

2020年，中国从RCEP进口的"机电产品""矿产品""化工产品""贱金属及制品""塑料、橡胶""光学、钟表、医疗设备""活动物；动物产品""植物产品""特殊交易品及未分类商品""纤维素浆；纸张""木及制品"等11类产品占RCEP相应产品出口总额的比例较大，均高于20%。其中，中国从RCEP进口的"矿产品"占RCEP相应产品出口总额的比例最高，为40.57%。此外，中国从RCEP进口的"运输设备""贵金属及制品""家具、玩具、杂项制品""艺术品、收藏品及古物""武器、弹药及其零件、附件"占RCEP相应产品出口总额的比例较小，均低于10%。其中，"武器、弹药及其零件、附件"占比最低，为0.13%。

表9-12 2020年中国从RCEP进口22大类产品的进口额及占比情况

排名	海关分类	产品类别	进口额/亿美元	占中国从RCEP进口总额比例/%	占RCEP出口至中国总额比例/%	占中国相应产品总进口比例/%	占RCEP相应产品总出口比例/%
1	16	机电产品	3347.88	43.18	35.20	45.20	20.76
2	05	矿产品	1449.94	18.70	17.84	31.90	40.57
3	06	化工产品	524.22	6.76	8.18	34.83	24.94
4	15	贱金属及制品	452.31	5.83	6.99	38.31	24.91
5	07	塑料、橡胶	437.82	5.65	7.07	50.22	27.41
6	18	光学、钟表、医疗设备	384.64	4.96	4.79	36.98	26.35
7	17	运输设备	214.93	2.77	3.31	24.88	7.34
8	01	活动物；动物产品	137.20	1.77	2.30	26.73	26.17
9	02	植物产品	129.16	1.67	2.38	18.02	29.23
10	11	纺织品及原料	117.52	1.52	1.69	40.05	12.06

续表

排名	海关分类	产品类别	进口额/亿美元	占中国从RCEP进口总额比例/%	占RCEP出口至中国总额比例/%	占中国相应产品总进口比例/%	占RCEP相应产品总出口比例/%
11	04	食品、饮料、烟草	90.48	1.17	1.47	32.36	11.62
12	22	特殊交易品及未分类商品	72.78	0.94	3.51	66.73	20.33
13	10	纤维素浆；纸张	71.21	0.92	1.09	26.97	29.56
14	09	木及制品	64.97	0.84	0.91	32.10	31.09
15	14	贵金属及制品	61.87	0.80	0.67	19.49	4.48
16	03	动植物油脂	59.42	0.77	0.96	52.80	15.45
17	13	陶瓷；玻璃	51.06	0.66	0.51	46.28	17.56
18	12	鞋靴、伞等轻工产品	42.44	0.55	0.55	65.43	12.61
19	20	家具、玩具、杂项制品	26.40	0.34	0.41	37.15	6.49
20	08	皮革制品；箱包	17.32	0.22	0.16	21.42	11.04
21	21	艺术品、收藏品及古物	0.38	0.00	0.00	5.74	2.94
22	19	武器、弹药及其零件、附件	0.01	0.00	0.00	7.24	0.13

数据来源：根据 UN Comtrade 数据库中的统计数据整理而得。

五、中国从金砖国家的进口情况

2006 年，巴西、俄罗斯、印度和中国开启金砖国家合作序幕。2011 年，南非正式加入金砖国家。金砖国家国土面积占世界各国领土总面积的 26.46%，人口占世界总人口的 41.87%。2020 年，金砖国家自组织以来已经发展了 14 年，金砖五国经济总量约占世界的 24.42%，贸易总额占世界的 16.98%[1]。经贸合作是金砖国家合作的压舱石和推进器，2020 年 7 月，金砖国家第十次经贸部长会议和金砖国家领导人第十二次会晤顺利举行，金砖国家制定了《金砖国家经济伙伴战略 2025》，为未来 5 年金砖国家经贸合作规划了重点领域和方向，明确了路线图[2][3]。

---

[1] 金砖国家 [EB/OL]. 外交部. https://www.fmprc.gov.cn/web/gjhdq_676201/gjhdqzz_681964/jzgj_682158/jbqk_682160/.
[2] 商务部国际司负责人介绍金砖国家第十次经贸部长会议成果 [EB/OL]. 商务部，[2020-07-24]. http://www.mofcom.gov.cn/article/ae/sjjd/202007/20200702985875.shtml.
[3] 国际司负责同志解读金砖国家领导人第十二次会晤经贸成果 [EB/OL]. 商务部，[2020-11-18]. http://www.mofcom.gov.cn/article/ae/sjjd/202011/20201103016711.shtml.

（一）中国从金砖国家的进口规模

中国从金砖国家的进口规模整体增加。如表 9-13、图 9-13 所示，2006—2020 年，中国从金砖国家的进口规模从 407.41 亿美元增加到 1827.14 亿美元，年均增长率为 11.31%，2020 年大约是 2001 年的 4.48 倍。其中，2006—2012 年，中国从金砖国家的进口规模整体呈增长趋势，年均增长率为 25.59%；2013—2016 年，中国从金砖国家的进口规模呈下降趋势，年均降低 11.06%；2017—2019 年，中国从金砖国家的进口规模再次恢复增长趋势，年均增长率为 14.04%。

金砖国家在中国进口市场中的地位有所上升。如表 9-13、图 9-14 所示，2006—2020 年，中国从金砖国家的进口占中国进口总额的比例从 5.15% 增加到 8.89% 的历史峰值。其中，2006—2012 年，中国从金砖国家的进口占中国进口总额的比例整体呈上升趋势；2013—2016 年，中国从金砖国家的进口占中国进口总额的比例呈下降趋势；2017—2020 年，中国从金砖国家的进口占中国进口总额的比例恢复增长态势。

中国进口对金砖国家总出口的贡献有所提升。如表 9-13、图 9-15 所示，2006—2019 年，中国从金砖国家的进口占金砖国家总出口的比例大体呈上升趋势，从 5.71% 上升到 13.91% 的历史峰值。

具体来看，2020 年，中国从金砖国家的进口规模有所下降，为 1827.14 亿美元，比 2019 年下降了 0.35%，占中国总进口的比例比 2019 年有所上升，上升至 8.89%。

表 9-13 2006—2020 年中国从金砖国家的进口规模及占比情况

年份	进口额/亿美元	占中国总进口比例/%	占金砖国家总出口比例/%
2006	407.41	5.15	5.71
2007	526.48	5.51	5.39
2008	739.55	6.53	5.65
2009	632.78	6.29	7.62
2010	848.60	6.08	8.31
2011	1482.17	8.50	9.17
2012	1598.70	8.79	8.85
2013	1593.26	8.17	9.24
2014	1541.74	7.87	8.88
2015	1208.68	7.20	9.20
2016	1121.08	7.06	9.90
2017	1409.81	7.65	11.29
2018	1821.18	8.53	13.18

续表

年份	进口额/亿美元	占中国总进口比例/%	占金砖国家总出口比例/%
2019	1833.62	8.86	13.91
2020	1827.14	8.89	—①

数据来源：根据 UN Comtrade 数据库中的统计数据整理而得。

注：2006—2010 年是中国从巴西、印度、俄罗斯的进口总额数据，2011—2020 年是中国从巴西、印度、俄罗斯、南非的进口总额数据。

①在 UN Comtrade 数据库中，2020 年，俄罗斯没有报告出口数据；在世界银行和 WTO 数据库（https://data.wto.org/）中，没有 2020 年俄罗斯出口到中国的数据。

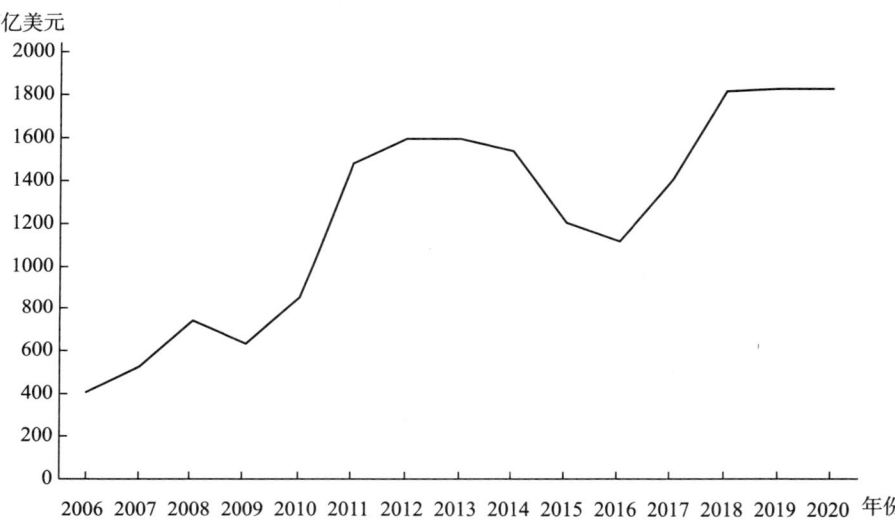

图 9-13　2006—2020 年中国从金砖国家的进口规模

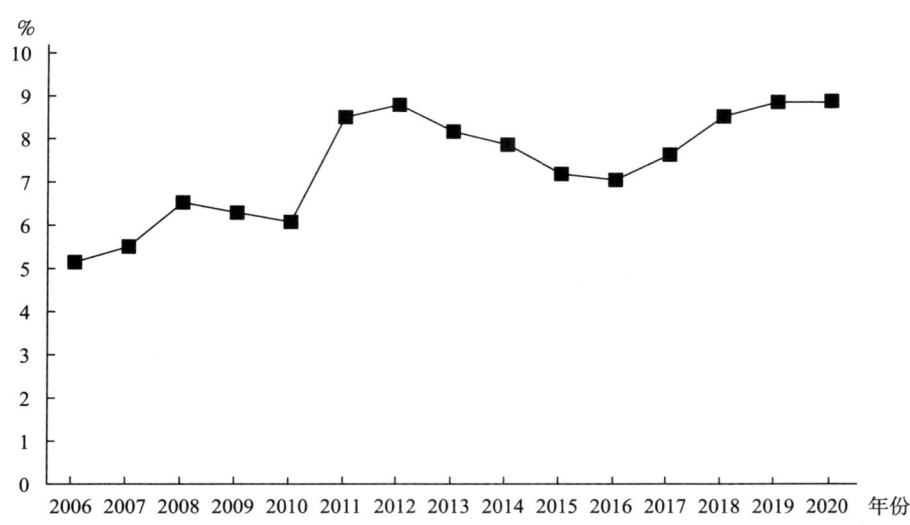

图 9-14　2006—2020 年中国从金砖国家的进口占中国总进口的比例

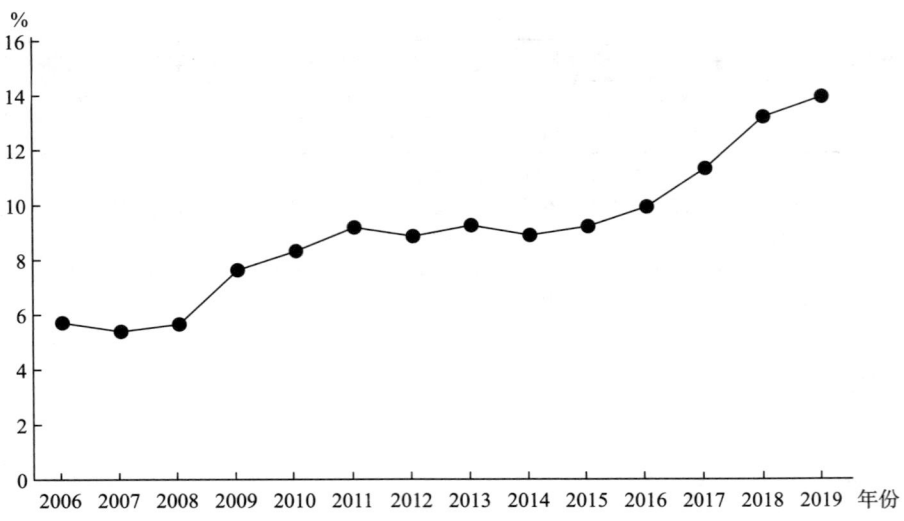

图 9-15　2006—2019 年中国从金砖国家的进口占金砖国家总出口的比例

(二) 中国从金砖国家的进口产品结构

表 9-14 是 2020 年中国从金砖国家进口 22 大类产品的进口额及占比情况。可以发现，2020 年，中国从金砖国家进口的 22 类产品具有如下特征：

2020 年，"矿产品""植物产品""贱金属及制品""贵金属及制品""活动物；动物产品"是中国从金砖国家进口的前五大产品，进口额分别为 919.96 亿美元、267.18 亿美元、149.27 亿美元、108.49 亿美元、105.78 亿美元，这五大产品的进口总额占中国从金砖国家进口总额的比例高达 84.87%。其中，中国从金砖国家进口的"矿产品"占中国从金砖国家进口总额的比例高达 50.35%，中国从金砖国家进口的"植物产品"占中国从金砖国家进口总额的 14.62%；其余 20 类产品的占比均低于 10%。

2020 年，中国从金砖国家进口的"植物产品""贵金属及制品"占中国相应产品进口的比例较大，均高于 30%，分别为 37.27%、34.17%。

表 9-14　2020 年中国从金砖国家进口 22 大类产品的进口额及占比情况

排名	海关分类	产品类别	进口额/亿美元	占中国从金砖国家进口总额比例/%	占中国相应产品总进口比例/%
1	05	矿产品	919.96	50.35	20.24
2	02	植物产品	267.18	14.62	37.27
3	15	贱金属及制品	149.27	8.17	12.64
4	14	贵金属及制品	108.49	5.94	34.17

续表

排名	海关分类	产品类别	进口额/亿美元	占中国从金砖国家进口总额比例/%	占中国相应产品总进口比例/%
5	01	活动物；动物产品	105.78	5.79	20.61
6	10	纤维素浆；纸张	54.42	2.98	20.61
7	06	化工产品	47.32	2.59	3.14
8	09	木及制品	41.52	2.27	20.52
9	07	塑料、橡胶	27.90	1.53	3.20
10	11	纺织品及原料	26.71	1.46	9.10
11	16	机电产品	22.44	1.23	0.30
12	04	食品、饮料、烟草	18.90	1.03	6.76
13	03	动植物油脂	18.85	1.03	16.75
14	08	皮革制品；箱包	4.86	0.27	6.00
15	18	光学、钟表、医疗设备	3.76	0.21	0.36
16	12	鞋靴、伞等轻工产品	3.17	0.17	4.89
17	22	特殊交易品及未分类商品	2.64	0.14	2.42
18	17	运输设备	2.59	0.14	0.30
19	13	陶瓷；玻璃	1.01	0.06	0.92
20	20	家具、玩具、杂项制品	0.33	0.02	0.46
21	21	艺术品、收藏品及古物	0.05	0.003	0.72
22	19	武器、弹药及其零件、附件	0.00004	0.000002	0.04

数据来源：根据 UN Comtrade 数据库中的统计数据整理而得。

六、中国从中东欧国家的进口情况[①]

2012年4月26日，首次中国—中东欧国家领导人会晤在波兰华沙举行，中国—中东欧国家合作正式启动。自2012年中国—中东欧国家合作机制成立以来，特别是2013年习近平主席提出"一带一路"倡议之后，中国与中东欧国家在贸易、投资、工程承包、互联互通等经贸领域的合作取得长足进展，形成了全方位、宽领域、多层次的合作局面。2020年为"中国—中东欧国家农业多元合作年"，中国举办了中国—中东欧国家特色农产品云上博览会等活动。从贸易往来到农业合作再到绿色发展，中国和中东欧国家在挑战中寻找机遇，在探索中创新模式，开辟出广阔的合作空间。中国—中

---

① 中东欧16国包括波兰、捷克、斯洛伐克、匈牙利、斯洛文尼亚、克罗地亚、罗马尼亚、保加利亚、塞尔维亚、黑山、马其顿、波黑、阿尔巴尼亚、爱沙尼亚、立陶宛、拉脱维亚。详见：中国—中东欧国家合作［EB/OL］. 外交部. https：//www.fmprc.gov.cn/web/gjhdq_ 676201/gjhdqzz_ 681964/zgzdogjhz/1206x0_ 679932/.

东欧国家合作已进入提质升级的新阶段，正在迎来更加光明的前景。

(一) 中国从中东欧国家的进口规模

中国从中东欧国家的进口规模整体增加。如表9-15、图9-16所示，2001—2020年，中国从中东欧国家的进口规模从6.33亿美元增加到267.25亿美元，年均增长率为21.77%，2020年大约是2001年的42.21倍。其中，2001—2008年，中国从中东欧国家的进口规模保持超高速增长趋势，年均增长率高达37.21%；2009—2014年，中国从中东欧国家的进口呈现高速增长态势，年均增长率为22.23%；2015年，中国从中东欧国家的进口出现一定程度的下降；2016—2020年，中国从中东欧国家的进口恢复增长态势，年均增长率为15.67%。

中东欧国家在中国进口市场中的地位有所上升。如表9-15、图9-17所示，2001—2020年，除2004年和2005年外，中国从中东欧国家的进口占中国总进口的比例每年都保持上升态势，从0.26%增加到1.30%。

中国进口对中东欧国家总出口的贡献有所提升。如表9-15、图9-18所示，2001—2020年，中国从中东欧国家的进口占中东欧国家总出口的比例大体呈上升态势，从0.33%增加到1.47%的历史最高值。

具体来看，2020年，中国从中东欧国家的进口规模有所增加，为267.25亿美元，比2019年上升了10.88%，占中国总进口规模的比例增加至1.30%，同时，中国从中东欧国家的进口占中东欧国家总出口的比例上升至1.47%。

表9-15 2001—2020年中国从中东欧国家的进口规模及占比情况

年份	进口额/亿美元	占中国总进口比例/%	占中东欧国家总出口比例/%
2001	6.33	0.26	0.33
2002	10.82	0.37	0.45
2003	17.34	0.42	0.55
2004	20.54	0.37	0.54
2005	21.61	0.33	0.51
2006	31.39	0.40	0.64
2007	47.55	0.50	0.66
2008	57.98	0.51	0.66
2009	60.51	0.60	0.96
2010	92.97	0.67	1.11
2011	127.51	0.73	1.20
2012	132.56	0.73	1.23
2013	145.75	0.75	1.34
2014	165.08	0.84	1.30

续表

年份	进口额/亿美元	占中国总进口比例/%	占中东欧国家总出口比例/%
2015	140.70	0.84	1.22
2016	149.29	0.94	1.28
2017	184.94	1.00	1.38
2018	230.48	1.08	1.29
2019	241.03	1.16	1.31
2020	267.25	1.30	1.47

数据来源：根据 UN Comtrade 数据库中的统计数据整理而得。

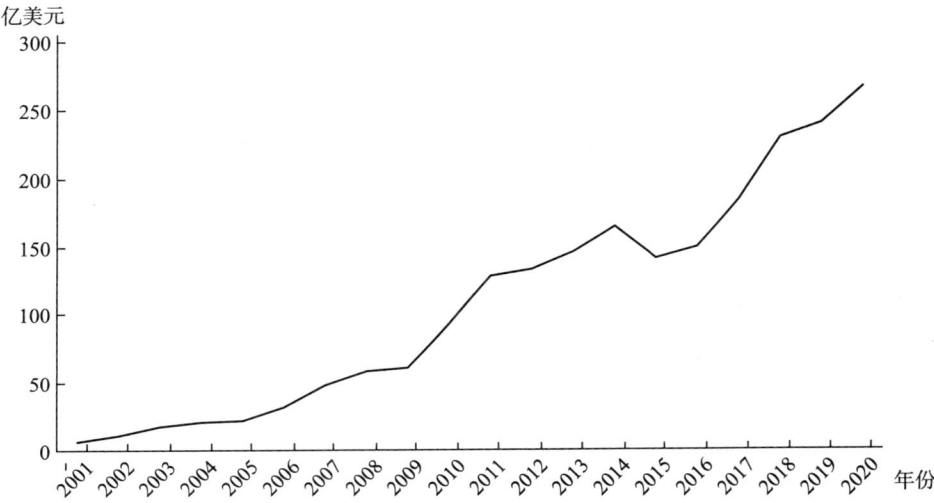

图 9-16 2001—2020 年中国从中东欧国家的进口规模

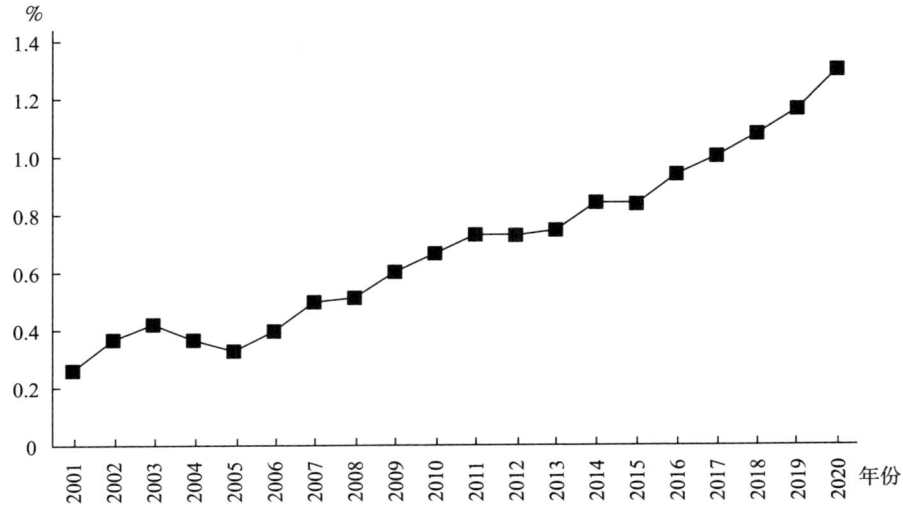

图 9-17 2001—2020 年中国从中东欧国家的进口占中国总进口的比例

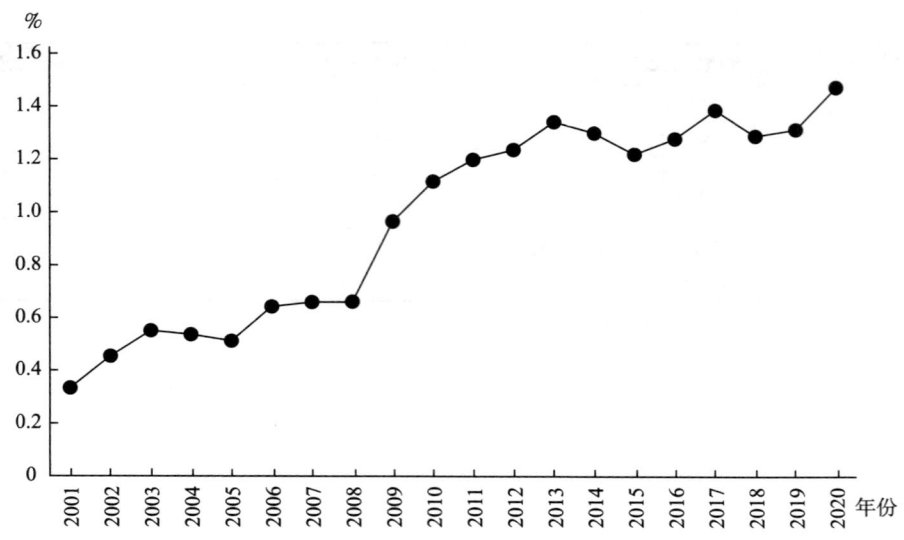

图9-18 2001—2020年中国从中东欧国家的进口占中东欧国家总出口的比例

如表9-16所示,2020年,斯洛伐克、捷克、波兰、匈牙利、罗马尼亚是中国在中东欧地区的前五大进口来源地,进口额分别为64.31亿美元、51.33亿美元、43.20亿美元、42.82亿美元、26.38亿美元,中国从上述五国的进口总额占中国自中东欧国家进口总额的85.33%,占中国从世界进口总额的1.11%。其中,中国自斯洛伐克的进口占中国自中东欧国家进口总额的比例达24.07%,占中国从世界进口总额的0.31%。

表9-16 2020年中国从中东欧各国进口规模及占比情况

排名	国家	进口额/亿美元	占中国从中东欧国家进口比例/%	占中国从世界进口比例/%
1	斯洛伐克	64.31	24.07	0.31
2	捷克	51.33	19.21	0.25
3	波兰	43.20	16.16	0.21
4	匈牙利	42.82	16.02	0.21
5	罗马尼亚	26.38	9.87	0.13
6	保加利亚	13.69	5.12	0.07
7	斯洛文尼亚	5.09	1.90	0.02
8	塞尔维亚	4.98	1.86	0.02
9	立陶宛	4.88	1.82	0.02
10	爱沙尼亚	2.81	1.05	0.01
11	马其顿	2.27	0.85	0.01
12	拉脱维亚	2.00	0.75	0.01

续表

排名	国家	进口额/亿美元	占中国从中东欧国家进口比例/%	占中国从世界进口比例/%
13	克罗地亚	1.39	0.52	0.01
14	阿尔巴尼亚	0.80	0.30	0.00
15	波黑	0.73	0.27	0.00
16	黑山	0.57	0.21	0.00

数据来源：根据 UN Comtrade 数据库中的统计数据整理而得。

（二）中国从中东欧国家的进口产品结构

表 9-17 是 2020 年中国从中东欧国家进口 22 大类产品的进口额及占比情况。可以发现，2020 年，中国从中东欧国家进口的 22 类产品具有如下特征：

2020 年，"机电产品""运输设备""贱金属及制品""光学、钟表、医疗设备""木及制品"是中国从中东欧国家进口的前五大产品，进口额分别为 91.61 亿美元、80.07 亿美元、24.82 亿美元、16.47 亿美元、9.85 亿美元，这五大产品的进口总额占中国从中东欧国家进口总额的比例高达 83.37%。其中，中国从中东欧国家进口的"机电产品"占中国从中东欧进口总额的比例高达 34.28%，中国从中东欧国家进口的"运输设备"占中国从中东欧国家进口总额的比例为 29.96%；其余 20 类产品的占比均低于 10%。

2020 年，中国从中东欧国家进口的各类产品占中国相应产品进口的比例均低于 10%。其中，中国从中东欧国家进口的"运输设备"占中国相应产品进口的比例最高，为 9.27%。

2020 年，中国从中东欧国家进口的各类产品占中东欧相应产品出口总额的比例均低于 5%。其中，中国从中东欧国家进口的"木及制品"占中东欧相应产品出口总额的比例最高，为 3.59%。

表 9-17 2020 年中国从中东欧国家进口 22 大类产品的进口额及占比情况

排名	海关分类	产品类别	进口额/亿美元	占中国从中东欧国家进口总额比例/%	占中东欧国家出口至中国总额比例/%	占中国相应产品总进口比例/%	占中东欧国家相应产品总出口比例/%
1	16	机电产品	91.61	34.28	35.57	1.24	1.73
2	17	运输设备	80.07	29.96	20.78	9.27	1.86
3	15	贱金属及制品	24.82	9.29	11.06	2.10	1.98
4	18	光学、钟表、医疗设备	16.47	6.16	5.05	1.58	3.26
5	09	木及制品	9.85	3.68	4.95	4.87	3.59
6	07	塑料、橡胶	7.72	2.89	4.22	0.89	1.07

续表

排名	海关分类	产品类别	进口额/亿美元	占中国从中东欧国家进口总额比例/%	占中东欧国家出口至中国总额比例/%	占中国相应产品总进口比例/%	占中东欧国家相应产品总出口比例/%
7	06	化工产品	6.94	2.60	3.63	0.46	0.70
8	20	家具、玩具、杂项制品	6.06	2.27	3.82	8.52	1.07
9	05	矿产品	5.45	2.04	2.93	0.12	1.60
10	11	纺织品及原料	4.98	1.86	0.80	1.70	0.34
11	13	陶瓷；玻璃	2.81	1.05	1.10	2.55	1.07
12	10	纤维素浆；纸张	2.50	0.93	1.52	0.95	1.16
13	02	植物产品	2.26	0.84	1.13	0.31	0.60
14	01	活动物；动物产品	2.09	0.78	1.50	0.41	0.97
15	04	食品、饮料、烟草	1.79	0.67	1.24	0.64	0.36
16	08	皮革制品；箱包	0.95	0.36	0.28	1.18	1.17
17	12	鞋靴、伞等轻工产品	0.57	0.21	0.26	0.87	0.40
18	22	特殊交易品及未分类商品	0.17	0.06	0.01	0.16	0.10
19	03	动植物油脂	0.08	0.03	0.03	0.07	0.13
20	14	贵金属及制品	0.06	0.02	0.10	0.02	0.37
21	21	艺术品、收藏品及古物	0.01	0.00	0.00	0.20	0.70
22	19	武器、弹药及其零件、附件	0.00	0.00	0.00	1.81	0.04

数据来源：根据 UN Comtrade 数据库中的统计数据整理而得。

七、中国从非洲的进口情况

当前，国际经济形势发生复杂变化，新兴经济体和发展中经济体已然成为推动世界经济发展的重要力量。中国与非洲国家在"中非合作论坛"框架内不断深化新型战略伙伴关系，积极推动经贸合作，探索符合中非实际的共同发展之路。中非经贸合作的发展，促进了非洲国家民生的改善和经济的多元化发展，也为中国经济社会发展提供了有力支持。

（一）中国从非洲的进口规模

中国从非洲的进口规模整体增加。如表 9-18、图 9-19 所示，2001—2020 年，中国从非洲的进口规模从 38.55 亿美元增加到 727.47 亿美元，年均增长率为 16.72%，2020 年大约是 2001 年的 18.87 倍。其中，2001—2013 年，中国从非洲的进口规模整体呈现增长趋势，年均增长率高达32.94%；2014—2016年，中国从非洲的进口规模呈下降趋势，年均下降29.98%；2017—2019年，中国从非洲进口规模呈波动上升的趋势。

非洲在中国进口市场中的地位有所上升。如表9-18、图9-20所示，2001—2020年，中国从非洲的进口占中国总进口的比例从1.58%上升到3.54%。其中，2001—2012年，中国从非洲的进口占中国总进口的比例大体呈现上升态势，并于2012年达到历史最高值6.23%；2013—2020年，中国从非洲的进口占中国总进口的比例呈下降趋势。

中国进口对非洲总出口的贡献整体提升。如表9-18、图9-21所示，2001—2020年，中国进口占非洲总出口的比例整体呈上升的态势，从1.06%增加到12.22%。其中，2001—2006年，中国进口占非洲总出口的比例大体不变，均在2%以下；2007—2020年，中国进口占非洲总出口的比例呈现波动上升趋势，且2018年达到历史最高值，为13.48%。

具体来看，2020年，虽然中国从非洲的进口规模有所下降，但中国在非洲出口目的地中的地位有所上升。2020年，中国从非洲的进口规模为727.47亿美元，比2019年下降了23.44%，占中国总进口的比例降至3.54%。然而，2020年，中国进口占非洲总出口的比例比2019年有所上升，上升至12.22%，表明在新冠肺炎疫情冲击下，中国进口对非洲出口的作用更加重要。

表9-18 2001—2020年中国从非洲的进口规模及占比情况

年份	进口额/亿美元	占中国总进口比例/%	占非洲总出口比例/%
2001	38.55	1.58	1.06
2002	42.69	1.45	1.12
2003	69.18	1.68	1.34
2004	139.40	2.48	1.73
2005	184.47	2.80	1.72
2006	268.28	3.39	1.55
2007	321.89	3.37	6.88
2008	496.41	4.38	3.35
2009	386.45	3.84	9.41
2010	603.94	4.33	9.20
2011	836.92	4.80	9.33
2012	1132.44	6.23	11.59
2013	1174.54	6.02	11.43
2014	1156.31	5.90	10.49
2015	702.58	4.18	9.31

续表

年份	进口额/亿美元	占中国总进口比例/%	占非洲总出口比例/%
2016	566.90	3.57	8.84
2017	759.26	4.12	10.85
2018	990.26	4.64	13.48
2019	950.19	4.59	8.47
2020	727.47	3.54	12.22

数据来源：根据 UN Comtrade 数据库中的统计数据整理而得。

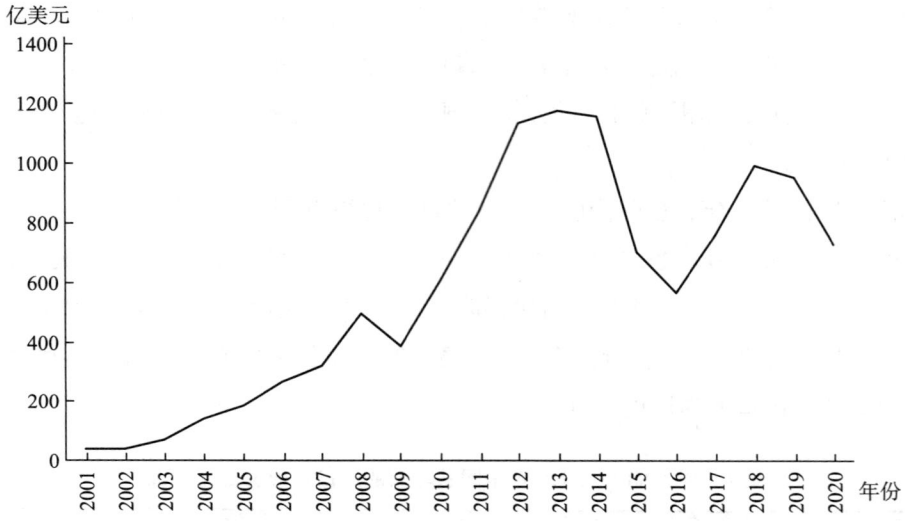

图 9-19　2001—2020 年中国从非洲的进口规模

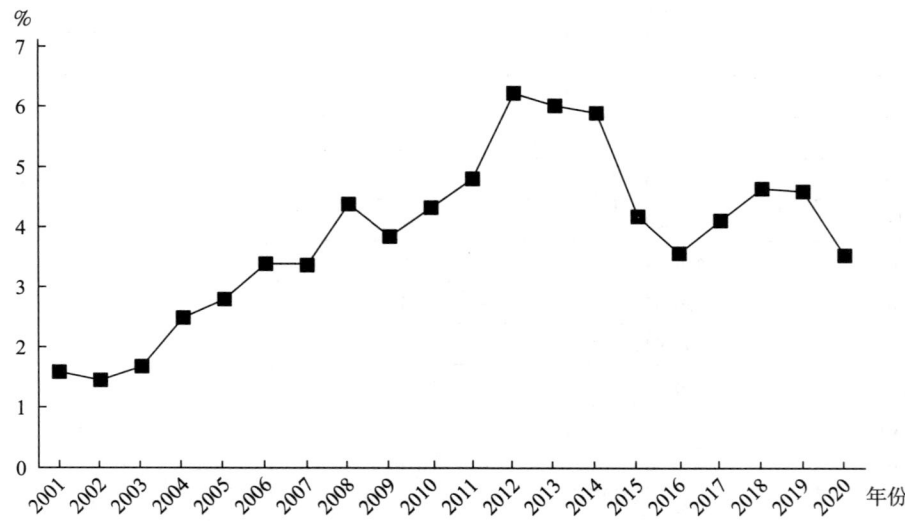

图 9-20　2001—2020 年中国从非洲的进口占中国总进口的比例

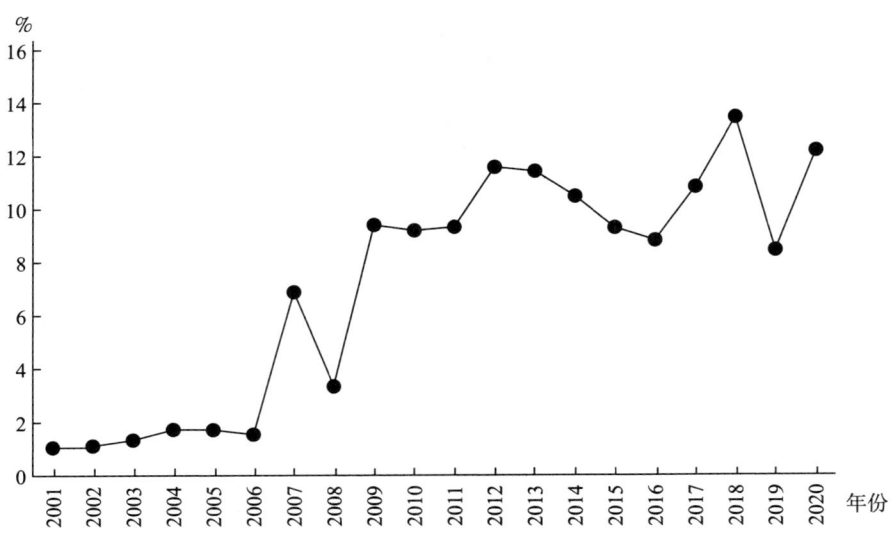

图 9-21　2001—2020 年中国从非洲的进口占非洲总出口的比例

如表 9-19 所示，从非洲地区分布来看，2020 年，中国从南部非洲地区的进口总额最多，占中国从非洲进口总额的 55.95%；中非次之，占比 21.98%；再次是西非、北非、东非，占比分别为 13.42%、6.83%、1.82%。

表 9-19　2020 年中国从非洲各地区的进口规模及占比情况

地区	进口额/亿美元	占中国从非洲总进口的比例/%
南非[①]	406.99	55.95
中非	159.89	21.98
西非	97.60	13.42
北非	49.71	6.83
东非	13.28	1.82

注：①特指南部非洲地区。
数据来源：根据 UN Comtrade 数据库中的统计数据整理而得。

如表 9-20 所示，2020 年，南非、安哥拉、刚果（金）、刚果（布）、赞比亚是中国在非洲的前五大进口来源地，中国从这五个国家的进口规模分别为 205.92 亿美元、145.13 亿美元、70.31 亿美元、33.57 亿美元、33.06 亿美元，从上述五国的进口合计占中国自非洲进口总额的 67.08%，占中国从世界进口总额的 2.37%。其中，中国自南非的进口占中国自非洲进口总额的比例达 28.31%，占中国从世界进口总额的 1%。

表 9-20 2020 年中国从非洲各国的进口规模及占比情况

排名	国家	进口额/亿美元	占中国从非洲进口比例/%	占中国从世界进口比例/%
1	南非	205.92	28.31	1.00
2	安哥拉	145.13	19.95	0.71
3	刚果（金）	70.31	9.66	0.34
4	刚果（布）	33.57	4.61	0.16
5	赞比亚	33.06	4.54	0.16
6	加蓬	32.18	4.42	0.16
7	几内亚	24.76	3.40	0.12
8	尼日利亚	24.53	3.37	0.12
9	加纳	17.41	2.39	0.08
10	毛里塔尼亚	12.28	1.69	0.06
11	赤道几内亚	11.54	1.59	0.06
12	阿尔及利亚	9.97	1.37	0.05
13	埃及	9.06	1.25	0.04
14	津巴布韦	8.74	1.20	0.04
15	利比亚	8.12	1.12	0.04
16	苏丹	7.66	1.05	0.04
17	喀麦隆	7.52	1.03	0.04
18	南苏丹	6.77	0.93	0.03
19	摩洛哥	5.91	0.81	0.03
20	莫桑比克	5.77	0.79	0.03
21	科特迪瓦	5.76	0.79	0.03
22	纳米比亚	5.58	0.77	0.03
23	乍得	4.21	0.58	0.02
24	坦桑尼亚	4.09	0.56	0.02
25	埃塞俄比亚	3.38	0.47	0.02
26	塞内加尔	3.15	0.43	0.02
27	厄立特里亚	2.89	0.40	0.01
28	尼日尔	2.25	0.31	0.01
29	突尼斯	2.23	0.31	0.01
30	马里	1.69	0.23	0.01
31	多哥	1.64	0.23	0.01
32	塞拉利昂	1.59	0.22	0.01
33	肯尼亚	1.51	0.21	0.01
34	马达加斯加	1.39	0.19	0.01
35	利比里亚	0.88	0.12	0.004

续表

排名	国家	进口额/亿美元	占中国从非洲进口比例/%	占中国从世界进口比例/%
36	博茨瓦纳	0.87	0.12	0.004
37	布基纳法索	0.78	0.11	0.004
38	贝宁	0.58	0.08	0.003
39	中非	0.57	0.08	0.003
40	吉布提	0.46	0.06	0.002
41	乌干达	0.40	0.05	0.002
42	卢旺达	0.38	0.05	0.002
43	冈比亚	0.30	0.04	0.001
44	毛里求斯	0.26	0.04	0.001
45	莱索托	0.12	0.02	0.001
46	马拉维	0.12	0.02	0.001
47	索马里	0.08	0.01	0.0004
48	布隆迪	0.08	0.01	0.0004
49	佛得角	0.01	0.002	0.00006
50	斯威士兰	0.005	0.0007	0.00002
51	科摩罗	0.001	0.0002	0.000006
52	圣多美和普林西比	0.0005	0.00006	0.000002
53	塞舌尔	0.0004	0.00005	0.000002
54	几内亚比绍	0.00005	0.000007	0.0000003

数据来源：根据 UN Comtrade 数据库中的统计数据整理而得。

（二）中国从非洲的进口产品结构

表 9-21 是 2020 年中国从非洲进口 22 大类产品的进口额及占比情况。可以发现，2020 年，中国从非洲进口的 22 类产品具有如下特征：

2020 年，"矿产品""贱金属及制品""贵金属及制品""植物产品""木及制品"是中国从非洲进口的前五大产品，进口额分别为 449.80 亿美元、115.98 亿美元、81.84 亿美元、24.70 亿美元、14.14 亿美元，这五大产品的进口总额占中国从非洲进口总额的比例高达 94.36%。其中，中国从非洲进口的"矿产品"占中国从非洲进口总额的比例高达 61.83%，中国从非洲进口的"贱金属及制品"占中国从非洲进口总额的 15.94%，中国从非洲进口的"贵金属及制品"占中国从非洲进口总额的 11.25%；其余 19 类产品的占比均低于 5%。

2020 年，中国从非洲进口的"贵金属及制品"占中国相应产品进口的比例高于 20%，为 25.78%。此外，中国从非洲进口的其他 21 类产品占中国相应产品进口的比例均低于10%。

2020年，中国从非洲进口的"矿产品""贱金属及制品""木及制品""纺织品及原料""纤维素浆；纸张""皮革制品；箱包"等6类产品占非洲相应产品出口总额的比例均超过10%。其中，中国从非洲进口的"矿产品"占非洲相应产品出口总额的比例最高，为31.01%。

表9-21 2020年中国从非洲进口22大类产品的进口额及占比情况

排名	海关分类	产品类别	进口额/亿美元	占中国从非洲进口总额比例/%	占非洲出口至中国总额比例/%	占中国相应产品总进口比例/%	占非洲相应产品总出口比例/%
1	05	矿产品	449.80	61.83	55.28	9.90	31.01
2	15	贱金属及制品	115.98	15.94	30.42	9.82	24.00
3	14	贵金属及制品	81.84	11.25	1.00	25.78	0.47
4	02	植物产品	24.70	3.40	3.80	3.45	5.25
5	09	木及制品	14.14	1.94	0.51	6.99	11.42
6	04	食品、饮料、烟草	10.55	1.45	0.87	3.77	1.74
7	06	化工产品	8.21	1.13	1.89	0.55	3.63
8	11	纺织品及原料	7.89	1.08	1.77	2.69	10.90
9	07	塑料、橡胶	3.71	0.51	0.49	0.43	3.34
10	16	机电产品	3.61	0.50	0.41	0.05	0.79
11	10	纤维素浆；纸张	2.61	0.36	2.13	0.99	18.24
12	01	活动物；动物产品	1.80	0.25	0.71	0.35	3.51
13	08	皮革制品；箱包	0.85	0.12	0.26	1.06	12.62
14	03	动植物油脂	0.77	0.11	0.02	0.69	0.36
15	17	运输设备	0.30	0.04	0.05	0.03	0.08
16	13	陶瓷；玻璃	0.24	0.03	0.27	0.22	7.67
17	18	光学、钟表、医疗设备	0.20	0.03	0.08	0.02	1.62
18	12	鞋靴、伞等轻工产品	0.12	0.02	0.03	0.19	1.51
19	20	家具、玩具、杂项制品	0.08	0.01	0.02	0.12	0.19
20	22	特殊交易品及未分类商品	0.05	0.01	0.00	0.05	0.06
21	21	艺术品、收藏品及古物	0.02	0.00	0.01	0.27	1.39
22	19	武器、弹药及其零件、附件	0.00	0.00	0.00	0.03	0.00

数据来源：根据UN Comtrade数据库中的统计数据整理而得。

第十章　中国从周边国家的进口情况

2021年11月4日，习近平主席在第四届中国国际进口博览会开幕式上强调，中国将增加自周边国家的进口。2019年《中共中央 国务院关于推进贸易高质量发展的指导意见》、2021年3月《中华人民共和国国民经济和社会发展第十四个五年规划和2035年远景目标纲要》和2021年7月《"十四五"商务发展规划》都提出，要扩大与周边国家的贸易规模。基于此，本章分析了入世以来中国从周边国家的进口情况。

一、中国周边国家的界定

本书中中国周边国家指63个中国"大周边"国家，不仅包括与中国陆海直接接壤的20个国家（地理接壤20国），还包括与中国直接接壤国家相邻的43个国家（地理相邻43国），这43个国家包括27个亚洲国家和16个南太平洋独立国家。

其中，与中国陆海直接接壤的20个国家包括：①14个陆上邻国，分别是俄罗斯、哈萨克斯坦、吉尔吉斯斯坦、塔吉克斯坦、蒙古国、朝鲜、越南、老挝、缅甸、印度、不丹、尼泊尔、巴基斯坦、阿富汗；②6个海上邻国，分别是日本、韩国、马来西亚、印度尼西亚、文莱、菲律宾。特别要说明的是，越南和朝鲜在海陆两方面都与中国互为邻国，将这2个国家归类到14个陆上邻国中。

与中国直接接壤国家相邻的43个国家包括：①27个亚洲国家，分别是东帝汶、柬埔寨、泰国、新加坡、马尔代夫、孟加拉国、斯里兰卡、土库曼斯坦、乌兹别克斯坦、阿拉伯联合酋长国、阿曼、巴勒斯坦、巴林、卡塔尔、科威特、黎巴嫩、沙特阿拉伯、土耳其、叙利亚、也门、伊拉克、伊朗、以色列、约旦、阿塞拜疆、格鲁吉亚、亚美尼亚；②16个南太平洋独立国家，分别是澳大利亚、巴布亚新几内亚、斐济、基里巴斯、库克群岛、马绍尔群岛、密克罗尼西亚、瑙鲁、纽埃、帕劳、萨摩亚、所罗门群岛、汤加、图瓦卢、瓦努阿图、新西兰。

二、中国从周边国家的进口规模和进口地位

（一）中国从周边国家的进口规模

中国从周边国家的进口规模整体有所增加。如表10-1和图10-1所示，2001—2020年，中国从周边国家的进口规模从1167.66亿美元增加到10107.95亿美元，年均增长率为12.03%，2020年大约是2001年的8.66倍，并于2018年达到峰值，为10400.24亿美元。从两类周边国家来看，2001—2020年，中国从地理接壤20国的进口规模始终高于中国从地理相邻43国的进口规模。

具体来看，中国从地理接壤20国的进口规模从2001年的911.61亿美元增加到2020年的6624.58亿美元，年均增长率为11.00%；中国从地理相邻43国的进口规模从2001年的256.05亿美元增加到2020年的3483.37亿美元，年均增长率为14.73%。整体来看，2001—2020年，中国从地理接壤20国的进口占中国从周边国家进口总额的比重大约为70%，中国从地理相邻43国的进口占中国从周边国家进口总额的比重大约为30%（见表10-2）。

此外，在中国的63个周边国家中，中国从6个海上邻国的进口规模最大，其次是27个亚洲国家，再次是14个陆上邻国和16个南太平洋独立国家。具体来看，如表10-1和表10-2所示，2001—2020年，中国从6个海上邻国的进口规模从783.50亿美元增加到4804.69亿美元，占中国从周边国家进口总额的比重大约为58%；中国从27个亚洲国家的进口规模从193.13亿美元增加到2187.48亿美元，占中国从周边国家进口总额的比重大约为22%；中国从14个陆上邻国的进口规模从128.12亿美元增加到1819.89亿美元，占中国从周边国家进口总额的比重大约为11%；中国从16个南太平洋独立国家的进口规模从62.92亿美元增加到1295.89亿美元，占中国从周边国家进口总额的比重大约为9%。

表10-1 2001—2020年中国从周边国家的进口规模　　　　　　单位：亿美元

年份	与中国陆海直接接壤的20个国家			与中国直接接壤国家相邻的43个国家			63个周边国家合计
	14个陆上邻国	6个海上邻国	合计	27个亚洲国家	16个南太平洋独立国家	合计	
2001	128.12	783.50	911.61	193.13	62.92	256.05	1167.66
2002	144.16	992.98	1137.14	225.21	68.34	293.55	1430.68
2003	186.84	1436.29	1623.13	345.98	85.93	431.92	2055.05
2004	265.69	1912.62	2178.31	483.65	132.75	616.40	2794.70

续表

年份	与中国陆海直接接壤的20个国家			与中国直接接壤国家相邻的43个国家			63个周边国家合计
	14个陆上邻国	6个海上邻国	合计	27个亚洲国家	16个南太平洋独立国家	合计	
2005	334.21	2188.36	2522.57	628.05	179.34	807.39	3329.96
2006	369.89	2564.65	2934.54	780.34	211.58	991.92	3926.46
2007	476.09	3022.54	3498.62	900.44	279.96	1180.40	4679.03
2008	603.81	3287.56	3891.37	1283.81	400.64	1684.44	5575.81
2009	506.45	2917.12	3423.58	1014.37	424.77	1439.14	4862.72
2010	720.39	4031.85	4752.25	1507.43	659.44	2166.87	6919.12
2011	1011.92	4693.18	5705.10	2109.64	888.35	2997.99	8703.09
2012	1057.46	4568.18	5625.64	2266.61	914.59	3181.20	8806.83
2013	1032.86	4551.68	5584.53	2409.23	1085.60	3494.83	9079.37
2014	1158.71	4543.41	5702.12	2472.13	1091.27	3563.39	9265.51
2015	982.97	4096.39	5079.36	1805.53	823.96	2629.49	7708.85
2016	996.60	3929.46	4926.07	1623.92	801.03	2424.95	7351.02
2017	1295.07	4459.39	5754.46	2012.72	1070.95	3083.66	8838.12
2018	1660.14	5032.88	6693.02	2510.08	1197.14	3707.22	10400.24
2019	1686.09	4713.20	6399.30	2549.45	1357.17	3906.61	10305.91
2020	1819.89	4804.69	6624.58	2187.48	1295.89	3483.37	10107.95

数据来源：UN Comtrade数据库。

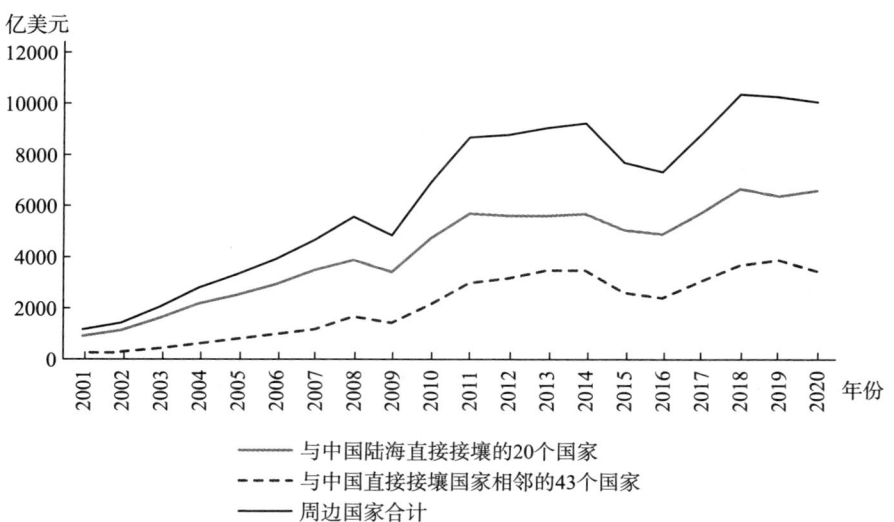

图10-1　2001—2020年中国从周边国家的进口规模

数据来源：UN Comtrade数据库。

表 10-2　2001—2020 年中国从各类周边国家进口占中国从周边国家进口总额的比重　　（%）

年份	与中国陆海直接接壤的 20 个国家			与中国直接接壤国家相邻的 43 个国家		
	14 个陆上邻国	6 个海上邻国	合计	27 个亚洲国家	16 个南太平洋独立国家	合计
2001	10.97	67.10	78.07	16.54	5.39	21.93
2002	10.08	69.41	79.48	15.74	4.78	20.52
2003	9.09	69.89	78.98	16.84	4.18	21.02
2004	9.51	68.44	77.94	17.31	4.75	22.06
2005	10.04	65.72	75.75	18.86	5.39	24.25
2006	9.42	65.32	74.74	19.87	5.39	25.26
2007	10.17	64.60	74.77	19.24	5.98	25.23
2008	10.83	58.96	69.79	23.02	7.19	30.21
2009	10.41	59.99	70.40	20.86	8.74	29.60
2010	10.41	58.27	68.68	21.79	9.53	31.32
2011	11.63	53.93	65.55	24.24	10.21	34.45
2012	12.01	51.87	63.88	25.74	10.38	36.12
2013	11.38	50.13	61.51	26.54	11.96	38.49
2014	12.51	49.04	61.54	26.68	11.78	38.46
2015	12.75	53.14	65.89	23.42	10.69	34.11
2016	13.56	53.45	67.01	22.09	10.90	32.99
2017	14.65	50.46	65.11	22.77	12.12	34.89
2018	15.96	48.39	64.35	24.13	11.51	35.65
2019	16.36	45.73	62.09	24.74	13.17	37.91
2020	18.00	47.53	65.54	21.64	12.82	34.46

数据来源：UN Comtrade 数据库。

（二）中国从周边国家进口占中国进口总额的比重分析

中国从周边国家的进口占中国进口总额的比重相对稳定。如表 10-3 所示，2001—2020 年，中国从周边国家的进口占中国从世界进口总额的比重维持在 50% 左右，2001 年为 47.94%，2020 年为 49.17%。此外，从不同类型周边国家来看，2001—2020 年，中国从地理接壤 20 国的进口占中国从世界进口总额的比重有所下降，从 37.43% 下降至 32.23%，降低了 5.2 个百分点；中国从地理相邻 43 国的进口占中国从世界进口总额的比重有所上升，从 10.51% 上升到 16.95%，上升了 6.44 个百分点。更详细地，2001—2020 年，中国从 6 个海上邻国的进口占中国从世界进口总额的比重有所下降，从 32.17% 下降至 23.37%，降低了 8.8 个百分点；中国从 14 个陆上邻国、27 个亚洲国家、16 个南太平洋独立国家的进口占中国从世界进口总额的比重都有所增加，分别增加了 3.59 个百分点、2.71 个百分点、3.72 个百分点。

表 10-3 2001—2020 年中国从周边国家进口占中国进口总额的比重　　（%）

年份	与中国陆海直接接壤的 20 个国家			与中国直接接壤国家相邻的 43 个国家			周边国家合计
	14 个陆上邻国	6 个海上邻国	合计	27 个亚洲国家	16 个南太平洋独立国家	合计	
2001	5.26	32.17	37.43	7.93	2.58	10.51	47.94
2002	4.88	33.64	38.52	7.63	2.32	9.94	48.47
2003	4.53	34.80	39.32	8.38	2.08	10.46	49.79
2004	4.73	34.08	38.81	8.62	2.37	10.98	49.80
2005	5.06	33.16	38.22	9.52	2.72	12.23	50.46
2006	4.67	32.40	37.08	9.86	2.67	12.53	49.61
2007	4.98	31.61	36.59	9.42	2.93	12.35	48.94
2008	5.33	29.03	34.36	11.34	3.54	14.87	49.23
2009	5.04	29.01	34.05	10.09	4.22	14.31	48.36
2010	5.16	28.88	34.04	10.80	4.72	15.52	49.56
2011	5.80	26.92	32.72	12.10	5.10	17.20	49.92
2012	5.82	25.12	30.94	12.47	5.03	17.50	48.44
2013	5.30	23.34	28.64	12.36	5.57	17.92	46.56
2014	5.91	23.19	29.10	12.62	5.57	18.19	47.29
2015	5.85	24.39	30.24	10.75	4.91	15.66	45.90
2016	6.28	24.75	31.02	10.23	5.04	15.27	46.29
2017	7.02	24.19	31.21	10.92	5.81	16.72	47.93
2018	7.78	23.57	31.35	11.76	5.61	17.36	48.71
2019	8.15	22.78	30.93	12.32	6.56	18.88	49.81
2020	8.85	23.37	32.23	10.64	6.30	16.95	49.17

数据来源：UN Comtrade 数据库。

（三）中国在周边国家出口市场中的地位分析

中国在周边国家出口市场中的地位显著提升。如表 10-4 和图 10-2 所示，2001—2019 年，中国的进口占周边国家出口总额的比重显著增加，从 6.02% 上升到 17.14%，上升了 11.12 个百分点，其中 2017 年达到最大值 17.46%；中国进口占地理接壤 20 国出口的比重也有所增加，从 7.23% 上升到 16.72%，上升了 9.49 个百分点，其中 2017 年达到最大值 17.44%；中国进口占地理相邻 43 国出口的比重也有所增加，从 3.89% 上升到 17.76% 的最大值，上升了 13.87 个百分点。从中国进口占 4 类周边国家出口的比重来看，与 2001 年相比，2019 年，中国进口占 16 个南太平洋独立国家出口的比重增加最多，上升了 31.76 个百分点，中国进口占 6 个海上邻国出口的比重增加次之，上升了 11.65 个百分点，中国进口占 27 个亚洲国家和 14 个陆上邻国出口的比重分别上升了 10.23 个百分点和 7.29 个百分点。

表 10-4　2001—2019 年中国占周边国家出口总额的比重　　　　　　　　（%）

年份	与中国陆海直接接壤的 20 个国家			与中国直接接壤国家相邻的 43 个国家			周边国家总计
	14 个陆上邻国	6 个海上邻国	总计	27 个亚洲国家	16 个南太平洋独立国家	总计	
2001	5.19	7.73	7.23	3.59	5.51	3.89	6.02
2002	5.63	9.69	8.88	4.15	6.23	4.48	7.30
2003	6.09	12.52	11.15	5.51	7.58	5.82	9.27
2004	5.89	13.51	11.76	5.35	9.27	5.84	9.49
2005	6.21	13.80	11.81	6.38	10.84	6.96	9.95
2006	6.24	14.57	12.33	6.67	11.39	7.28	10.33
2007	6.13	14.66	12.15	6.45	12.85	7.24	10.17
2008	6.08	15.40	12.34	6.33	12.60	7.08	9.97
2009	6.97	17.34	14.13	7.52	18.04	9.01	12.00
2010	8.22	18.38	15.29	8.36	21.96	10.24	13.13
2011	8.98	18.77	15.47	9.01	25.14	11.15	13.52
2012	9.51	18.50	15.43	9.86	26.35	11.96	13.88
2013	8.86	18.96	15.28	10.50	32.90	13.44	14.45
2014	9.39	18.66	15.36	12.92	31.33	15.59	15.46
2015	9.46	18.93	15.74	11.83	29.64	14.41	15.22
2016	10.49	18.37	15.79	11.21	30.67	14.19	15.18
2017	11.97	20.26	17.44	14.35	32.90	17.50	17.46
2018	12.73	19.80	17.12	12.80	33.76	15.79	16.58
2019	12.48	19.38	16.72	13.81	37.27	17.76	17.14

数据来源：CEPII 数据库。

注：由于 UN Comtrade 数据库中数据不全，本表使用 CEPII 数据库。CEPII 数据库的数据更新到 2019 年，故在此分析 2001—2019 年中国进口占周边国家出口总额的比重。下同。

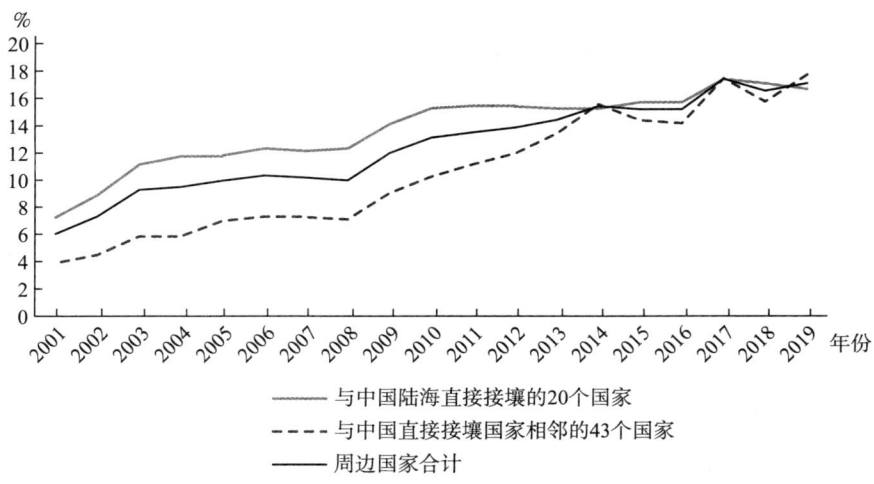

图 10-2　2001—2019 年中国占周边国家出口总额的比重

数据来源：CEPII 数据库。

（四）中国进口占各个周边国家出口的比重情况

从中国进口占各个周边国家出口的比重来看（见表 10-5），2001 年，中国进口占蒙古国出口的比重高达 43.07%，占朝鲜、也门、阿曼和韩国出口的比重均高于 10%，分别为 17.30%、15.15%、13.36% 和 11.72%；2019 年，中国进口占 6 个国家出口的比重高于 50%，分别是土库曼斯坦（83.17%）、蒙古国（81.42%）、朝鲜（74.01%）、所罗门群岛（65.06%）、也门（60.99%）和阿曼（50.41%），中国进口占 11 个国家出口的比重处于 20%~50%，占 13 个国家出口的比重处于 10%~20%，占 33 个国家出口的比重低于 10%。此外，与 2001 年相比，2019 年，除吉尔吉斯斯坦、巴林、不丹和纽埃之外，中国进口占 59 个国家出口的比重都有所上升，其中，中国进口占土库曼斯坦出口的比重上升最多，上升了 83.11 个百分点。

表 10-5　2001 年和 2019 年中国占周边国家各自出口总额的比重　　　　（%）

2019 年排名	国家	2001 年	2019 年	2019 年与 2001 年之差
1	土库曼斯坦	0.06	83.17	83.11
2	蒙古国	43.07	81.42	38.35
3	朝鲜	17.30	74.01	56.71
4	所罗门群岛	6.77	65.06	58.29
5	也门	15.15	60.99	45.85
6	阿曼	13.36	50.41	37.05

续表

2019年排名	国家	2001年	2019年	2019年与2001年之差
7	伊朗	6.47	49.15	42.68
8	澳大利亚	5.71	39.39	33.68
9	老挝	2.20	29.25	27.05
10	新西兰	4.72	27.38	22.66
11	伊拉克	0.64	25.97	25.33
12	巴布亚新几内亚	5.75	25.53	19.78
13	缅甸	4.78	25.49	20.71
14	韩国	11.72	24.72	13.00
15	沙特阿拉伯	2.34	22.52	20.18
16	科威特	3.08	21.07	17.99
17	东帝汶	0.00	20.01	20.01
18	菲律宾	3.97	19.80	15.83
19	日本	7.91	18.56	10.65
20	印度尼西亚	4.64	15.53	10.89
21	越南	7.27	15.03	7.76
22	俄罗斯	5.40	14.42	8.92
23	新加坡	5.14	14.36	9.22
24	马来西亚	4.65	13.55	8.90
25	乌兹别克斯坦	0.37	13.45	13.08
26	哈萨克斯坦	7.29	12.94	5.65
27	马尔代夫	0.06	12.13	12.07
28	卡塔尔	3.20	12.04	8.84
29	泰国	5.03	12.01	6.98
30	塔吉克斯坦	1.55	10.13	8.58
31	瓦努阿图	0.54	9.88	9.34
32	密克罗尼西亚	0.01	9.18	9.17
33	以色列	1.72	9.02	7.30
34	巴基斯坦	6.74	7.60	0.86
35	阿联酋	1.32	6.61	5.29
36	亚美尼亚	0.04	6.60	6.56
37	文莱	4.07	6.45	2.38
38	约旦	2.96	6.03	3.06
39	印度	2.91	5.40	2.49
40	柬埔寨	1.49	5.23	3.74
41	库克群岛	1.56	3.99	2.43

续表

2019年排名	国家	2001年	2019年	2019年与2001年之差
42	阿塞拜疆	0.12	3.87	3.74
43	马绍尔群岛	0.00	3.81	3.81
44	斐济	0.05	3.50	3.45
45	斯里兰卡	0.17	3.47	3.30
46	格鲁吉亚	0.32	3.42	3.10
47	吉尔吉斯斯坦	4.37	2.99	-1.38
48	尼泊尔	0.61	2.24	1.63
49	孟加拉国	0.25	2.22	1.97
50	基里巴斯	0.00	2.08	2.08
51	巴林	3.00	1.54	-1.46
52	土耳其	0.74	1.50	0.76
53	阿富汗	0.23	1.30	1.06
54	萨摩亚	0.00	1.22	1.22
55	汤加	0.05	0.81	0.76
56	黎巴嫩	0.24	0.73	0.49
57	叙利亚	0.0002	0.35	0.35
58	帕劳	0.00	0.25	0.25
59	图瓦卢	0.00	0.15	0.15
60	巴勒斯坦	0.09	0.11	0.02
61	瑙鲁	0.00	0.07	0.07
62	不丹	0.06	0.02	-0.04
63	纽埃	0.00	0.00	0.00

数据来源：CEPII数据库。

此外，如表10-6所示，2020年，中国进口在5个周边国家出口总额中的比重高于20%，分别是澳大利亚（40.84%）、缅甸（31.75%）、新西兰（27.75%）、韩国（25.85%）和日本（22.05%）；在11个周边国家出口总额中的比重处于10%~20%，分别是印度尼西亚（19.46%）、文莱（17.69%）、越南（17.37%）、马来西亚（16.15%）、卡塔尔（15.17%）、菲律宾（15.06%）、俄罗斯（14.58%）、格鲁吉亚（14.27%）、新加坡（13.77%）、泰国（12.86%）和亚美尼亚（11.53%）；在15个周边国家出口总额中的比重低于10%，分别是乌兹别克斯坦（9.06%）、以色列（8.45%）、巴基斯坦（8.40%）、印度（6.90%）、柬埔寨（6.15%）、塔吉克斯坦

(4.79%)、沙特阿拉伯(4.41%)、阿塞拜疆(3.15%)、阿联酋(2.39%)、斯里兰卡(2.35%)、吉尔吉斯斯坦(2.32%)、约旦(2.12%)、土耳其(1.69%)、科威特(1.49%)和黎巴嫩(0.47%)。

表10-6　2020年对中国出口占周边国家各自出口总额的比重　　　　　　　(%)

排名	国家	中国占周边国家各自出口总额的比重
1	澳大利亚	40.84
2	缅甸	31.75
3	新西兰	27.75
4	韩国	25.85
5	日本	22.05
6	印度尼西亚	19.46
7	文莱	17.69
8	越南	17.37
9	马来西亚	16.15
10	卡塔尔	15.17
11	菲律宾	15.06
12	俄罗斯	14.58
13	格鲁吉亚	14.27
14	新加坡	13.77
15	泰国	12.86
16	亚美尼亚	11.53
17	乌兹别克斯坦	9.06
18	以色列	8.45
19	巴基斯坦	8.40
20	印度	6.90
21	柬埔寨	6.15
22	塔吉克斯坦	4.79
23	沙特阿拉伯	4.41
24	阿塞拜疆	3.15
25	阿联酋	2.39
26	斯里兰卡	2.35
27	吉尔吉斯斯坦	2.32
28	约旦	2.12
29	土耳其	1.69
30	科威特	1.49
31	黎巴嫩	0.47

数据来源：UN Comtrade 数据库。

注：截至2021年11月18日，在UN Comtrade数据库中，仅能得到2020年31个周边国家对中国出口的数据。

三、中国从周边国家的进口地区结构

(一) 基于 8 类周边国家的分析

根据地理位置的不同,本书将中国 63 个周边国家划分为俄罗斯、东北亚 4 国①、东南亚 11 国②、南亚 8 国③、中亚 5 国④、西亚 15 国⑤、外高加索 3 国⑥和 16 个南太平洋独立国家 8 类。2001—2020 年,中国从各类周边国家的进口情况见表 10-7 和表 10-8,具体情况如下:

第一,中国始终从东北亚 4 国进口最多。2001—2020 年,中国从东北亚 4 国的进口规模从 665.70 亿美元增加到 3526.81 亿美元,年均增长率为 9.17%,占中国从周边国家进口总额的比重虽然从 57.01% 降至 34.89%,但是一直高于 30%。

第二,东南亚 11 国是中国在周边国家的第二大进口来源地。2001—2020 年,中国从东南亚 11 国的进口规模从 232.15 亿美元增加到 3008.73 亿美元,年均增长率为 14.44%,占中国从周边国家进口总额的比重从 19.88% 上升到 29.77%。

第三,中国从南亚 8 国、中亚 5 国和外高加索 3 国的进口相对较少。2001—2020 年,中国从南亚 8 国的进口占中国从周边国家进口总额的比重始终低于 4%,中国从中亚 5 国的进口占中国从周边国家进口总额的比重始终低于 3%,中国从外高加索 3 国的进口占中国从周边国家进口总额的比重始终低于 0.2%;2020 年,中国从南亚 8 国、中亚 5 国和外高加索 3 国的进口占中国从周边国家进口总额的比重分别为 2.39%、1.72% 和 0.15%。

表 10-7 2001—2020 年中国从 8 类周边国家的进口规模　　　　单位:亿美元

年份	东北亚4国	东南亚11国	南亚8国	中亚5国	西亚15国	俄罗斯	外高加索3国	16个南太平洋独立国家
2001	665.70	232.15	23.13	10.17	93.92	79.59	0.09	62.92
2002	825.28	311.97	28.83	14.44	97.64	84.07	0.12	68.34
2003	1179.55	473.28	48.85	20.11	149.58	97.28	0.45	85.93

---

① 东北亚 4 国分别是朝鲜、韩国、蒙古国、日本。
② 东南亚 11 国分别是东帝汶、菲律宾、柬埔寨、老挝、马来西亚、缅甸、泰国、文莱、新加坡、印度尼西亚、越南。
③ 南亚 8 国分别是阿富汗、巴基斯坦、不丹、马尔代夫、孟加拉国、尼泊尔、斯里兰卡、印度。
④ 中亚 5 国分别是哈萨克斯坦、吉尔吉斯斯坦、塔吉克斯坦、乌兹别克斯坦、土库曼斯坦。
⑤ 西亚 15 国分别是阿联酋、阿曼、巴勒斯坦、巴林、卡塔尔、科威特、黎巴嫩、沙特阿拉伯、土耳其、叙利亚、也门、伊拉克、伊朗、以色列、约旦。
⑥ 外高加索 3 国分别是阿塞拜疆、格鲁吉亚、亚美尼亚。

续表

年份	东北亚4国	东南亚11国	南亚8国	中亚5国	西亚15国	俄罗斯	外高加索3国	16个南太平洋独立国家
2004	1576.08	629.67	83.62	28.28	222.26	121.27	0.77	132.75
2005	1782.69	749.94	107.25	34.98	316.59	158.90	0.27	179.34
2006	2070.12	895.38	114.27	43.20	415.99	175.54	0.37	211.58
2007	2396.38	1085.09	159.01	69.69	491.46	196.89	0.55	279.96
2008	2650.24	1170.03	214.68	82.27	818.33	238.33	1.30	400.64
2009	2356.21	1067.14	151.92	68.77	579.37	212.83	1.70	424.77
2010	3188.20	1546.78	229.64	135.82	898.36	259.14	1.75	659.44
2011	3634.61	1930.22	261.11	210.21	1372.29	403.63	2.66	888.35
2012	3530.07	1958.69	226.14	246.39	1486.74	441.38	2.83	914.59
2013	3517.56	1995.59	210.05	270.33	1599.94	396.68	3.61	1085.60
2014	3609.99	2082.41	201.87	209.59	1649.28	415.94	5.17	1091.27
2015	3237.72	1944.76	169.63	150.54	1044.90	332.59	4.76	823.96
2016	3108.05	1963.07	148.47	120.78	879.55	322.60	7.46	801.03
2017	3502.45	2359.52	193.86	145.59	1142.37	413.90	9.48	1070.95
2018	3915.23	2690.93	224.09	191.04	1585.44	588.87	7.50	1197.14
2019	3515.59	2816.97	213.08	202.76	1582.98	602.57	14.80	1357.17
2020	3526.81	3008.73	241.74	173.74	1273.71	571.81	15.52	1295.89

数据来源：UN Comtrade 数据库。

表10-8　2001—2020年中国从8类周边国家进口占中国从周边国家进口总额的比重　（%）

年份	东北亚4国	东南亚11国	南亚8国	中亚5国	西亚15国	俄罗斯	外高加索3国	16个南太平洋独立国家
2001	57.01	19.88	1.98	0.87	8.04	6.82	0.01	5.39
2002	57.68	21.81	2.02	1.01	6.82	5.88	0.01	4.78
2003	57.40	23.03	2.38	0.98	7.28	4.73	0.02	4.18
2004	56.40	22.53	2.99	1.01	7.95	4.34	0.03	4.75
2005	53.53	22.52	3.22	1.05	9.51	4.77	0.01	5.39
2006	52.72	22.80	2.91	1.10	10.59	4.47	0.01	5.39
2007	51.22	23.19	3.40	1.49	10.50	4.21	0.01	5.98
2008	47.53	20.98	3.85	1.48	14.68	4.27	0.02	7.19
2009	48.45	21.95	3.12	1.41	11.91	4.38	0.03	8.74
2010	46.08	22.36	3.32	1.96	12.98	3.75	0.03	9.53
2011	41.76	22.18	3.00	2.42	15.77	4.64	0.03	10.21

续表

年份	东北亚4国	东南亚11国	南亚8国	中亚5国	西亚15国	俄罗斯	外高加索3国	16个南太平洋独立国家
2012	40.08	22.24	2.57	2.80	16.88	5.01	0.03	10.38
2013	38.74	21.98	2.31	2.98	17.62	4.37	0.04	11.96
2014	38.96	22.47	2.18	2.26	17.80	4.49	0.06	11.78
2015	42.00	25.23	2.20	1.95	13.55	4.31	0.06	10.69
2016	42.28	26.70	2.02	1.64	11.97	4.39	0.10	10.90
2017	39.63	26.70	2.19	1.65	12.93	4.68	0.11	12.12
2018	37.65	25.87	2.15	1.84	15.24	5.66	0.07	11.51
2019	34.11	27.33	2.07	1.97	15.36	5.85	0.14	13.17
2020	34.89	29.77	2.39	1.72	12.60	5.66	0.15	12.82

数据来源：UN Comtrade 数据库。

（二）基于4类周边区域和组织的分析

中国的63个周边国家包含东盟10国、RCEP成员国和44个"一带一路"沿线国家[①]。从表10-9可以看出：

第一，中国从东盟、RCEP和"一带一路"沿线国家的进口规模整体上都有所增加。2001—2020年，中国从东盟的进口规模从232.15亿美元增加到3008.72亿美元的历史最高值，年均增长率为14.44%，2020年大约是2001年的12.96倍；2012—2020年，中国从RCEP的进口规模从6328.08亿美元增加到7753.96亿美元，年均增长率为2.57%，并于2020年达到7753.96亿美元的历史最高值；2014—2020年，中国从44个"一带一路"沿线国家的进口规模从4615.27亿美元增加到5335.34亿美元，年均增长率为2.45%，并于2019年达到5495.82亿美元的历史最高值。

第二，中国从东盟、RCEP和44个"一带一路"沿线国家的进口占中国从周边国家进口总额的比重整体均呈上升态势。2001—2020年，中国从东盟的进口占中国从周边国家进口总额的比重从19.88%上升到29.77%，大约上升了10个百分点；2012—2020年，从RCEP的进口占中国从周边国家进口总额的比重从71.85%上升到76.71%，上升了4.86个百分点；2014—2020年，从44个"一带一路"沿线国家进口

[①] 44个"一带一路"沿线国家分别是阿富汗、巴基斯坦、不丹、俄罗斯、哈萨克斯坦、吉尔吉斯斯坦、老挝、蒙古国、缅甸、尼泊尔、塔吉克斯坦、印度、越南、菲律宾、马来西亚、文莱、印度尼西亚、阿联酋、阿曼、阿塞拜疆、巴勒斯坦、巴林、东帝汶、格鲁吉亚、柬埔寨、卡塔尔、科威特、黎巴嫩、马尔代夫、孟加拉国、沙特阿拉伯、斯里兰卡、泰国、土耳其、土库曼斯坦、乌兹别克斯坦、新加坡、叙利亚、亚美尼亚、也门、伊拉克、伊朗、以色列、约旦。

占中国从周边国家进口总额的比重从49.81%上升到52.78%，上升了2.97个百分点。

第三，东盟、RCEP和"一带一路"沿线国家在中国从周边国家进口中占据重要位置。2020年，中国从RCEP、44个"一带一路"沿线国家、东盟的进口占中国从周边国家进口的比重均高于25%，分别为76.71%、52.78%和29.77%。

第四，中国从东盟、RCEP和44个"一带一路"沿线国家的进口占中国进口总额的比重整体均呈上升态势。2001—2020年，中国从东盟的进口占中国进口总额的比重从9.53%上升到14.64%，上升了5.11个百分点；2012—2020年，从RCEP的进口占中国进口总额的比重从34.80%上升到37.72%，上升了2.92个百分点；2014—2020年，从44个"一带一路"沿线国家的进口占中国进口总额的比重从23.56%上升到25.96%，上升了2.4个百分点。

表10-9 中国从周边国家中的东盟、RCEP、44个"一带一路"沿线国家的进口规模

年份	东盟			RCEP			44个"一带一路"沿线国家		
	进口额/亿美元	占中国从周边国家进口总额的比重/%	占中国从世界进口总额的比重/%	进口额/亿美元	占中国从周边国家进口总额的比重/%	占中国从世界进口总额的比重/%	进口额/亿美元	占中国从周边国家进口总额的比重/%	占中国从世界进口总额的比重/%
2001	232.15	19.88	9.53	—	—	—	—	—	—
2002	311.97	21.81	10.57	—	—	—	—	—	—
2003	473.28	23.03	11.47	—	—	—	—	—	—
2004	629.67	22.53	11.22	—	—	—	—	—	—
2005	749.94	22.52	11.36	—	—	—	—	—	—
2006	895.27	22.80	11.31	—	—	—	—	—	—
2007	1085.09	23.19	11.35	—	—	—	—	—	—
2008	1170.03	20.98	10.33	—	—	—	—	—	—
2009	1067.14	21.95	10.61	—	—	—	—	—	—
2010	1546.78	22.36	11.08	—	—	—	—	—	—
2011	1930.21	22.18	11.07	—	—	—	—	—	—
2012	1958.68	22.24	10.77	6328.08	71.85	34.80	—	—	—
2013	1995.59	21.98	10.23	6520.85	71.82	33.44	—	—	—
2014	2082.40	22.47	10.63	6684.06	72.14	34.12	4615.27	49.81	23.56
2015	1944.75	25.23	11.58	5919.77	76.79	35.25	3685.13	47.80	21.94
2016	1963.07	26.70	12.36	5789.88	78.76	36.46	3478.16	47.32	21.90
2017	2359.51	26.70	12.80	6836.98	77.36	37.08	4316.39	48.84	23.41
2018	2690.90	25.87	12.60	7702.22	74.06	36.08	5351.28	51.45	25.06
2019	2816.73	27.33	13.61	7588.49	73.63	36.68	5495.82	53.33	26.56
2020	3008.72	29.77	14.64	7753.96	76.71	37.72	5335.34	52.78	25.96

数据来源：UN Comtrade数据库。

(三) 基于 63 个周边国家各自的分析

中国从周边国家的进口呈现多元化局面。表 10-10 和表 10-11 分别是 2001 年、2020 年中国从 63 个周边国家的进口规模情况。具体来看：

首先，中国进口的周边国家数量有所增加。2001 年，中国从 55 个周边国家进口，2020 年，中国从 62 个周边国家进口。

其次，中国从前十大周边国家进口来源地的进口占中国从周边国家进口总额的比重有所下降。2001 年，中国在周边国家的前十大进口来源地依次是日本、韩国、俄罗斯、马来西亚、澳大利亚、新加坡、泰国、印度尼西亚、沙特阿拉伯和伊朗，上述十国进口合计占中国从周边国家进口总额的比重为 89.60%。2020 年，中国在周边国家的前十大进口来源地依次是日本、韩国、澳大利亚、越南、马来西亚、俄罗斯、泰国、沙特阿拉伯、印度尼西亚和新加坡，上述十国进口合计占中国从周边国家进口总额的 82.00%。

最后，与 2001 年相比，2020 年，中国从 14 个周边国家的进口占中国从周边国家进口总额的比重有所下降，其余 48 个周边国家的占比有所上升。下降的 14 个国家分别是日本（-19.34 个百分点）、韩国（-2.93 个百分点）、俄罗斯（-1.16 个百分点）、新加坡（-1.27 个百分点）、伊朗（-1.44 个百分点）、巴基斯坦（-0.29 个百分点）、也门（-0.32 个百分点）、巴林（-0.05 个百分点）、朝鲜（-0.14 个百分点）、塔吉克斯坦（-0.0002 个百分点）、吉尔吉斯斯坦（-0.03 个百分点）、尼泊尔（-0.002 个百分点）、不丹（-0.00001 个百分点）和巴勒斯坦（-0.00004 个百分点）。上升的 48 个国家中，中国从越南的进口占中国从周边国家进口总额的比重上升最多，从 2001 年的 0.87% 上升到 2020 年的 7.76%，上升了 6.89 个百分点，占中国进口总额的比重上升也最多，从 2001 年的 0.42% 上升到 2020 年的 3.82%，上升了 3.4 个百分点；其次是澳大利亚，中国从澳大利亚的进口占中国从周边国家进口总额的比重上升了 6.71 个百分点，占中国进口总额的比重上升了 3.36 个百分点。

表 10-10　2001 年中国从 63 个周边国家进口规模情况

排名	国家	进口额/亿美元	占中国从周边国家进口总额的比重/%	占中国从世界进口总额的比重/%
1	日本	427.87	36.64	17.57
2	韩国	233.77	20.02	9.60
3	俄罗斯	79.59	6.82	3.27
4	马来西亚	62.04	5.31	2.55
5	澳大利亚	54.26	4.65	2.23

续表

排名	国家	进口额/亿美元	占中国从周边国家进口总额的比重/%	占中国从世界进口总额的比重/%
6	新加坡	51.28	4.39	2.11
7	泰国	47.14	4.04	1.94
8	印度尼西亚	38.88	3.33	1.60
9	沙特阿拉伯	27.16	2.33	1.12
10	伊朗	24.24	2.08	1.00
11	菲律宾	19.45	1.67	0.80
12	印度	16.99	1.46	0.70
13	阿曼	16.10	1.38	0.66
14	越南	10.11	0.87	0.42
15	哈萨克斯坦	9.61	0.82	0.39
16	新西兰	7.37	0.63	0.30
17	巴基斯坦	5.82	0.50	0.24
18	以色列	4.83	0.41	0.20
19	也门	4.51	0.39	0.19
20	科威特	4.50	0.39	0.18
21	阿联酋	4.48	0.38	0.18
22	卡塔尔	3.77	0.32	0.15
23	蒙古国	2.39	0.21	0.10
24	土耳其	2.31	0.20	0.09
25	朝鲜	1.67	0.14	0.07
26	文莱	1.48	0.13	0.06
27	缅甸	1.34	0.11	0.06
28	巴布亚新几内亚	1.22	0.10	0.05
29	巴林	0.78	0.07	0.03
30	伊拉克	0.73	0.06	0.03
31	约旦	0.48	0.04	0.02
32	吉尔吉斯斯坦	0.42	0.04	0.02
33	柬埔寨	0.35	0.03	0.01
34	孟加拉国	0.17	0.01	0.01
35	斯里兰卡	0.10	0.01	0.004
36	乌兹别克斯坦	0.08	0.01	0.003

续表

排名	国家	进口额/亿美元	占中国从周边国家进口总额的比重/%	占中国从世界进口总额的比重/%
37	老挝	0.07	0.01	0.003
38	所罗门群岛	0.06	0.005	0.002
39	塔吉克斯坦	0.05	0.005	0.002
40	尼泊尔	0.05	0.004	0.002
41	阿塞拜疆	0.04	0.004	0.002
42	格鲁吉亚	0.03	0.003	0.001
43	黎巴嫩	0.03	0.002	0.001
44	土库曼斯坦	0.01	0.001	0.001
45	亚美尼亚	0.01	0.001	0.0005
46	瓦努阿图	0.003	0.0003	0.0001
47	斐济	0.002	0.0002	0.0001
48	阿富汗	0.002	0.0001	0.0001
49	库克群岛	0.001	0.0001	0.00005
50	马尔代夫	0.001	0.0001	0.00004
51	巴勒斯坦	0.001	0.00004	0.00002
52	不丹	0.0002	0.00001	0.00001
53	叙利亚	0.0001	0.00001	0.00001
54	汤加	0.0001	0.00001	0.000005
55	密克罗尼西亚	0.0001	0.00001	0.000004
56	东帝汶	0	0	0
57	基里巴斯	0	0	0
58	瑙鲁	0	0	0
59	马绍尔群岛	0	0	0
60	帕劳	0	0	0
61	图瓦卢	0	0	0
62	萨摩亚	0	0	0
63	纽埃	0	0	0

数据来源：UN Comtrade 数据库。

表10-11　2020年中国从63个周边国家进口规模情况

排名	国家	进口额/亿美元	占中国从周边国家进口总额的比重/%	占中国从世界进口总额的比重/%
1	日本	1748.68	17.30	8.51
2	韩国	1727.56	17.09	8.40

续表

排名	国家	进口额/亿美元	占中国从周边国家进口总额的比重/%	占中国从世界进口总额的比重/%
3	澳大利亚	1148.37	11.36	5.59
4	越南	784.75	7.76	3.82
5	马来西亚	747.33	7.39	3.64
6	俄罗斯	571.81	5.66	2.78
7	泰国	480.98	4.76	2.34
8	沙特阿拉伯	390.33	3.86	1.90
9	印度尼西亚	373.69	3.70	1.82
10	新加坡	315.51	3.12	1.53
11	印度	208.58	2.06	1.01
12	菲律宾	193.07	1.91	0.94
13	伊拉克	192.53	1.90	0.94
14	阿联酋	168.69	1.67	0.82
15	阿曼	155.52	1.54	0.76
16	新西兰	120.63	1.19	0.59
17	科威特	107.07	1.06	0.52
18	哈萨克斯坦	97.39	0.96	0.47
19	卡塔尔	82.71	0.82	0.40
20	伊朗	64.02	0.63	0.31
21	缅甸	63.42	0.63	0.31
22	以色列	62.85	0.62	0.31
23	土库曼斯坦	60.71	0.60	0.30
24	蒙古国	50.09	0.50	0.24
25	土耳其	37.16	0.37	0.18
26	巴布亚新几内亚	22.83	0.23	0.11
27	巴基斯坦	21.23	0.21	0.10
28	老挝	20.63	0.20	0.10
29	柬埔寨	14.98	0.15	0.07
30	乌兹别克斯坦	14.83	0.15	0.07
31	文莱	14.36	0.14	0.07
32	孟加拉国	8.00	0.08	0.04
33	亚美尼亚	7.72	0.08	0.04
34	阿塞拜疆	6.83	0.07	0.03
35	也门	6.78	0.07	0.03
36	约旦	4.26	0.04	0.02

续表

排名	国家	进口额/亿美元	占中国从周边国家进口总额的比重/%	占中国从世界进口总额的比重/%
37	所罗门群岛	3.55	0.04	0.02
38	斯里兰卡	3.18	0.03	0.02
39	巴林	1.46	0.01	0.01
40	格鲁吉亚	0.97	0.01	0.005
41	阿富汗	0.55	0.01	0.003
42	朝鲜	0.48	0.005	0.002
43	塔吉克斯坦	0.45	0.004	0.002
44	吉尔吉斯斯坦	0.35	0.003	0.002
45	黎巴嫩	0.32	0.003	0.002
46	斐济	0.24	0.002	0.001
47	尼泊尔	0.16	0.002	0.001
48	瓦努阿图	0.08	0.001	0.0004
49	马绍尔群岛	0.08	0.001	0.0004
50	密克罗尼西亚	0.07	0.001	0.0004
51	马尔代夫	0.06	0.001	0.0003
52	库克群岛	0.03	0.0003	0.0001
53	叙利亚	0.01	0.0001	0.0001
54	东帝汶	0.01	0.0001	0.0001
55	萨摩亚	0.01	0.0001	0.00003
56	汤加	0.002	0.00002	0.00001
57	基里巴斯	0.002	0.00002	0.00001
58	瑙鲁	0.001	0.00001	0.000004
59	不丹	0.0003	0.000003	0.000002
60	图瓦卢	0.0001	0.000001	0.000001
61	巴勒斯坦	0.0001	0.000001	0.0000004
62	帕劳	0.0001	0.000001	0.0000004
63	纽埃	0	0	0

数据来源：UN Comtrade 数据库。

第十一章　进口贸易新业态新模式的发展情况

2020年8月，国务院办公厅印发《关于进一步做好稳外贸稳外资工作的意见》，指出要发展贸易新业态新模式，新增市场采购贸易试点，支持跨境电商平台、跨境物流发展和海外仓建设等，加大对外贸综合服务企业的信用培育力度。2021年7月，《国务院办公厅关于加快发展外贸新业态新模式的意见》围绕跨境电商、市场采购、外贸综合服务企业、保税维修、离岸贸易、海外仓等6种新业态新模式提出多重支持举措。新业态新模式是我国外贸发展的有生力量，也是国际贸易发展的重要趋势，加快发展外贸新业态新模式，有利于推动对外贸易高质量发展，培育参与国际经济合作和竞争新优势，对于服务构建新发展格局具有重要作用。基于此，在积极扩大进口的背景下，本章聚焦进口贸易，分析中国进口贸易新业态新模式的发展现状，具有十分重要的现实意义。

一、数字贸易进口

（一）数字贸易的定义及特征

1. 数字贸易的定义

2013年7月，美国最早对"数字贸易"做出正式概念界定。美国国际贸易委员会（USITC）认为，数字贸易是指通过互联网传输货物或服务的商业活动，主要包括数字内容、社交媒介、搜索引擎、其他产品和服务4大类。2017年8月，USITC对数字贸易的内涵进行更新，认为数字贸易是指通过互联网及智能手机、网络连接传感器等相关设备交付的产品和服务，涉及互联网基础设施及网络、云计算服务、数字内容、电子商务、工业应用、通信服务6种类型的数字产品和服务。此后，经济合作与发展组织（OECD）和世界贸易组织区分了广义的数字贸易和狭义的数字贸易。广义的数字贸易指通过互联网和互联网技术进行订购、生产或交付的产品和服务，主要包括数字订购贸易（电子商务）、数字交付服务（数字服务贸易）、数字中介平台赋能贸易等3个部分。狭义的数字贸易指通过数字化交付的服务贸易，其交易标的以无形的服务、信息、数据为主,不包括在线订购的货物和有数字对应物的实体货物。

一部分学者比较赞同广义数字贸易的内涵,认为数字贸易是以现代信息网络为载体,通过信息通信技术的有效使用实现传统实体货物、数字产品与服务、数字化知识与信息的高效交换,进而推动消费互联网向产业互联网转型并最终实现制造业智能化的新型贸易活动,是传统贸易在数字经济时代的拓展与延伸。另一部分学者比较赞同狭义数字贸易的内涵,认为数字贸易是以数字技术为内在驱动力,以信息通信网络为主要交付形式,以服务和数据为主要标的的跨境交易活动。

2. 数字贸易的特征

数字贸易以数据为生产要素,以数字服务为核心,以数字交付为特征,具有虚拟化、平台化、集约化、普惠化、个性化和生态化的属性,正在成为数字经济的重要组成部分和全球贸易发展的重要趋势。与传统贸易相比,数字贸易的优势主要表现为:①有效降低了各个贸易环节的成本支出;②有效减少了佣金中间商对贸易参与主体资质审查所需的征信、审查等中间环节,提高了贸易效率;③实现了生态系统智能互联,有效协调和配置了资源;④弱化了信息不对称,降低了中小企业参与贸易的门槛;⑤能够及时满足消费者的个性化需求。未来,数字贸易将成为国际贸易与国内商务的主流,发展数字贸易是我国扩大对外开放、构建更高水平开放型经济和新发展格局的关键。

(二) 中国数字贸易进口的发展现状

我国拥有超大规模的国内市场,内需潜力巨大,数据资源丰富,发展数字贸易的巨大潜力亟待释放。据《2021年全球数字贸易发展数据解读》[1]统计,2020年我国数字贸易进口的发展现状主要可概括为以下几个方面:

1. 数字贸易进口规模不断增大

2018—2020年,我国数字贸易进口额从3934.6亿元增加到6658.2亿元,2020年我国数字贸易进口规模同比增长38.3%。

2. 数字贸易进口规模占服务进口总额的比重逐渐增大

2018—2020年,数字贸易出口额占服务出口总额的比重从34.2%增加到40.8%;数字贸易进口规模占服务进口总额的比重从11.3%增加到25.3%,占比不断增加,2020年数字贸易进口占服务进口总额的比重大约是2019的1.8倍(见表11-1)。

---

[1] 中心发布《2021年全球数字贸易发展数据解读》[EB/OL]. 国家工业信息安全发展研究中心,[2021-08-03]. http://www.cics-cert.org.cn/web_root/webpage/articlecontent_101001_14224349770767441 93.html. 这里"数字贸易"的定义是以数字技术为内在驱动力,以信息通信网络为主要交付形式,以服务和数据为主要标的的跨境交易活动。

表 11-1 2018—2020 年中国数字贸易的整体发展情况

年份	数字贸易出口		数字贸易进口	
	金额/亿元	占服务出口总额的比重/%	金额/亿元	占服务进口总额的比重/%
2018	6046.9	34.2	3934.6	11.3
2019	7265.3	37.1	4815.8	13.9
2020	7893.5	40.8	6658.2	25.3

数据来源：中心发布《2021 年全球数字贸易发展数据解读》[EB/OL]. 国家工业信息安全发展研究中心，[2021-08-03]. http://www.cics-cert.org.cn/web_root/webpage/articlecontent_101001_14224349770764193.html.

注：数字贸易规模测算主要基于融合法，利用商务部发布的我国服务贸易统计数据和两化融合平台上的企业数据计算得来。

3. 各细分领域的数字贸易进口规模逐年扩大，新模式新业态不断涌现

从规模上看，2020 年，电信、计算机和信息服务进口规模为 2145.9 亿元，在所有细分领域中最大；其次是其他商业服务，进口规模为 1990.4 亿元；加工服务的进口规模为 9 亿元，在所有细分领域中最小。从数字化程度来看，2020 年，电信、计算机和信息服务的融合比达到 100%，是"已完全实现数字化融合"的服务贸易类别；其次是知识产权使用费，融合比为 59.8%；加工服务的数字化程度最低，融合比为 35.8%；个人、文化和娱乐服务以及维护和维修费用虽然进口规模不大，但是数字化程度在各服务贸易类别中名列前茅（见表 11-2）。

表 11-2 2019—2020 年中国数字贸易细分领域进口发展情况

类别	2019 年		2020 年	
	金额/亿元	融合比/%	金额/亿元	融合比/%
电信、计算机和信息服务	1855.6	100	2145.9	100
个人、文化和娱乐服务	132	46.90	187.1	55.30
保险服务	366.4	49.30	446.8	53
金融服务	62.7	36.8	74.5	37.2
其他商业服务	1100.4	32	1990.4	53.8
知识产权使用费	1197.6	50.5	1646	59.8
维护和维修费用	90.2	48	158.6	58.5
加工服务	10.9	54	9	35.8

数据来源：中心发布《2021 年全球数字贸易发展数据解读》[EB/OL]. 国家工业信息安全发展研究中心，[2021-08-03]. http://www.cics-cert.org.cn/web_root/webpage/articlecontent_101001_14224349770764193.html.

注：融合比表示数字化融合的程度，数值越大，表明数字化融合的程度越高。

(三) 中国数字贸易的政策环境

随着新一轮科技革命和产业变革的深入发展，数据已经成为重要的生产要素，成为推动经济发展质量变革、效率变革、动力变革的重要因素，数字经济将是经济发展的重要动力。数字贸易是数字经济的重要组成部分，正成为推动传统贸易转型升级、国际贸易增长的核心力量和发展方向，国家政府也更加重视数字贸易的发展问题。近年来，数字贸易相关政策梳理如表11-3所示。

表11-3 数字贸易相关政策梳理

	时间	部门	政策及通知	具体内容
1	2020-06-01		中共中央、国务院印发海南自由贸易港建设总体方案	聚焦平台载体，提升产业能级，以物联网、人工智能、区块链、数字贸易等为重点发展信息产业。
2	2020-08-12		商务部关于印发全面深化服务贸易创新发展试点总体方案的通知（商服贸发〔2020〕165号）	大力发展数字贸易，完善数字贸易政策，优化数字贸易包容审慎监管，探索数字贸易管理和促进制度；探索构建数字贸易国内国际双循环相互促进的新发展格局，积极组建国家数字贸易专家工作组机制，为试点地区创新发展提供咨询指导。
3	2020-10-25		国务院办公厅关于推进对外贸易创新发展的实施意见（国办发〔2020〕40号）	加快贸易数字化发展。大力发展数字贸易，推进国家数字服务出口基地建设，鼓励企业向数字服务和综合服务提供商转型。支持企业不断提升贸易数字化和智能化管理能力。建设贸易数字化公共服务平台，服务企业数字化转型。
4	2021-04-19		商务部等20部门关于推进海南自由贸易港贸易自由化便利化若干措施的通知（商自贸发〔2021〕58号）	支持海南自由贸易港积极发展数字贸易。支持建设好海南生态软件园国家数字服务出口基地，集聚创新资源和企业。
5	2021-06-16		第8届中国国际服务贸易交易会将于2021年9月在北京举行	聚焦行业热点和发展趋势，突出数字经济和数字贸易，重点设置9个专题，包括电信、计算机和信息服务、金融服务、文旅服务、教育服务、体育服务、供应链及商务服务、工程咨询与建筑服务、健康卫生服务等。
6	2021-09-05		2021年服贸会"数字贸易发展趋势和前沿高峰论坛"成功举办	随着现代信息通信技术的推广应用和数字经济的快速发展，以数据为生产要素、数字服务为核心、数字交付为特征的数字贸易蓬勃兴起，数字贸易正在成为数字经济的重要组成部分和全球贸易发展的重要趋势。

二、跨境电商进口

（一）中国跨境电商进口的发展历程

1. 定义

《中国电子商务报告2014》明确提出了跨境电子商务的定义：跨境电子商务通常是指分属不同关境的交易主体，通过电子商务手段达成交易并完成支付、办理运输等一系列过程的商品交换活动，包括企业间的交易、网络零售等形式[①]。在此基础上，中国电子商务研究中心进一步提出了跨境电商进口的含义：跨境电商进口指国内电商企业将国外商品销售给国内的个人消费者，通过电商平台达成交易并支付结算，进而通过跨境物流送达商品、完成交易的商业活动。从狭义上说，跨境电商进口只涵盖了B2C模式，从广义上说，跨境电商进口涵盖了B2C、B2B、C2C模式。

2. 发展阶段

跨境电商进口的发展阶段大致可以划分为代购时代、海淘时代和跨境进口时代。2005年，代购时代开始。这是中国跨境电商进口的发展初期，消费者主要通过海外买手、职业代购购买进口产品，消费群体还比较小众，跨境网购普及度不高。这样的消费模式周期长、价格高，产品的质量难以保证。2007年，海淘时代开始。消费者逐渐开始通过跨境电商平台购买国外产品，跨境电商平台的数量缓慢增加。2014年，跨境进口时代正式开始。国家政策上的支持使得跨境电商的存在有了法律上的依据，跨境网购越来越普及，跨境电商进口也越来越规范。更多的消费者开始选择通过跨境电商平台购买别国生产的产品，跨境电商进口走向常态化。

（二）中国跨境电商进口发展现状

1. 交易规模

2000—2020年，虽然跨境电商出口交易规模一直大于跨境电商进口交易规模，但得益于国内消费的升级和积极扩大进口政策的推动，中国跨境电商进口交易规模不断增加。

从交易规模的变化来看，中国跨境电商进口划分为缓慢增长、迅速增长和稳定发展阶段。①缓慢增长阶段。2000—2011年，我国跨境电商进口的交易额从2亿元增长为1500亿元，跨境电商进口交易额占进口总额的比重从0.01%上升为1.33%，增长较

---

① 商务部电子商务和信息化司. 中国电子商务报告2014 [R/OL]. 商务部电子商务和信息化司, [2015 – 08 – 17]. http://dzsws.mofcom.gov.cn/article/ztxx/ndbg/201508/20150801082449.shtml.

为缓慢。②迅速增长阶段。2012—2017 年，跨境电商进口交易额从 2400 亿元增长为 17600 亿元，跨境电商进口交易额占中国进口总额的比重从 2.09% 上升为 14.10%，增长较为迅速。③稳定发展阶段。2018—2020 年，跨境电商进口交易额从 1.9 万亿元增长为 2.8 万亿元，跨境电商进口交易额占中国进口总额的比重从 13.49% 上升为 19.55%，增长较为稳定。2020 年，跨境电商进口交易额同比增长 13.48%。2021 年上半年，跨境电商进口交易额为 1.37 万亿元，占进口总额的 16.67%（见表 11-4）。

中国跨境电商零售进口[①]规模也在不断增加，于 2020 年突破 1000 亿元。2017—2020 年，跨境电商零售进口商品总额从 566 亿元增长为 1000 亿元[②]，2020 年同比增长 8.9%[③]。

表 11-4 2000—2021 年中国跨境电商的交易规模及占贸易额的比重

年份	跨境电商出口贸易		跨境电商进口贸易	
	跨境电商出口交易规模/亿元	跨境电商出口占总出口额的比重/%	跨境电商进口交易规模/亿元	跨境电商进口占总进口额的比重/%
2000	498	2.41	2	0.01
2001	989	4.49	11	0.05
2002	1666	6.18	34	0.14
2003	2450	6.75	50	0.15
2004	3230	6.58	70	0.15
2005	4171	6.66	129	0.24
2006	4825	6.22	175	0.28
2007	5952	6.36	248	0.34
2008	6650	6.62	350	0.44
2009	7990	9.74	510	0.74

---

① 跨境电商零售进口的定义来源于《关于完善跨境电子商务零售进口监管有关工作的通知》《商务部 发展改革委 财政部 海关总署 税务总局 市场监管总局关于完善跨境电子商务零售进口监管有关工作的通知》（商财发〔2018〕486 号）。跨境电商零售进口，是指中国境内消费者通过跨境电商第三方平台经营者自境外购买商品，并通过"网购保税进口"（海关监管方式代码 1210）或"直购进口"（海关监管方式代码 9610）运递进境的消费行为。

② 商务部电子商务和信息化司. 中国电子商务报告 2019 [R/OL]. 商务部电子商务和信息化司，[2020-07-02]. http://dzsws.mofcom.gov.cn/article/ztxx/ndbg/202007/20200702979478.shtml.

③ 《中国跨境电商零售进口规模突破千亿元》中国跨境电商零售进口规模突破千亿元 [EB/OL]. 中国驻新加坡大使馆经济商务处，[2021-06-23]. http://sg.mofcom.gov.cn/article/ziranziyuan/zgjj/202106/20210603160629.shtml.

续表

年份	跨境电商出口贸易		跨境电商进口贸易	
	跨境电商出口交易规模/亿元	跨境电商出口占总出口额的比重/%	跨境电商进口交易规模/亿元	跨境电商进口占总进口额的比重/%
2010	10100	9.44	900	0.95
2011	15500	12.58	1500	1.33
2012	18600	14.38	2400	2.09
2013	27000	19.69	4500	3.72
2014	35700	24.81	6300	5.23
2015	45000	31.88	9000	8.63
2016	55000	39.73	12000	11.43
2017	63000	41.09	17600	14.10
2018	71000	43.25	19000	13.49
2019	80325	44.79	24675	17.35
2020	97000	56.27	28000	19.55
2021年上半年	46800	47.51	13700	16.67

数据来源：跨境电商数据来源于跨境电商数据库（http://www.100ec.cn/Index/base_kj.html），贸易额数据来源于国家统计局。

注：表中跨境电商进口贸易数据涵盖了B2C、B2B、C2C模式下的跨境电商进口。

2. 用户分布

中国跨境电商进口的用户分布主要呈现以下特征。

第一，用户规模不断壮大。互联网基础设施的发展和完善、国内消费的升级、物流速度的不断提高使我国跨境电商进口的用户数量不断壮大。2014—2020年，中国跨境电商进口的用户规模从1500万人增加到1.4亿人，2020年的跨境电商进口用户规模大约是2014年的9倍多。2020年，跨境电商进口的用户规模同比增长12%。2021年上半年，中国跨境电商进口的用户规模为1.48亿人，到2021年底用户规模预计将达到1.6亿人（见图11-1）。

第二，用户数量增长率整体呈现出"先升后降"的过程。2014—2016年，由于我国跨境电商进口的用户规模基数小，增长较快，增长率不断上升；2016—2020年，我国跨境电商进口的用户规模已增长到一定程度，虽然整体规模仍然不断壮大，但增长率开始降低。2020年，跨境电商进口的用户数量增长率达到历史最低点（见图11-1）。

3. 产品种类和来源地分布

跨境电商进口呈现出两大特征：交易产品向多品类延伸、交易对象向多区域拓展。

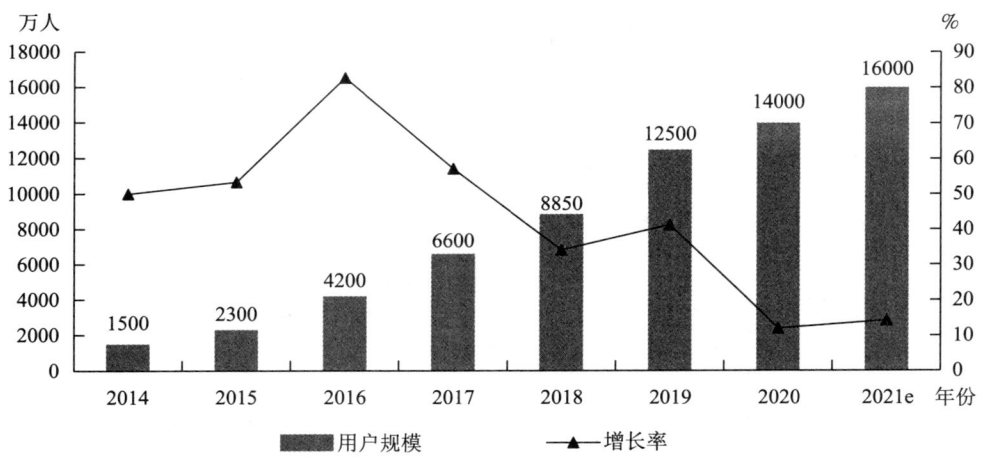

图 11-1 2014—2021 年跨境电商进口用户规模

数据来源：网经社电子商务研究中心，网经社跨境电商台. 2021 年（上）中国跨境电商市场数据报告 [R/OL]. 网经社，[2021-08-02]. https://www.100ec.cn/zt/2021skjdsbg/.

从交易产品的种类来看，跨境电商进口的商品品类最初主要集中在奶粉、纸尿裤、健康食品、化妆品等，之后逐渐拓展到高档消费品、家用电器等，目前已拓展到户外、玩具等更多的商品。

从交易对象的区域来看，中国跨境电商进口呈现出"多市场多渠道布局"的鲜明特点，从刚开始的日、韩、英、美、澳等市场，延伸到德国、法国、加拿大、意大利和西班牙等地的国家。日本、美国、韩国和欧洲等地的发达国家是我国跨境电商的主要进口来源地。2020 年，中国通过跨境电商平台从日本、韩国等国家的进口有所增加[①]；2021 年，中国 53.7% 的跨境电商用户会选择购买日本和韩国的产品，45.6% 的用户会购买欧洲的产品，42.6% 的用户会购买美国的产品[②]。

（三）中国跨境电商进口的政策环境

随着数字贸易的快速发展，作为典型数字贸易的跨境电商进口是全球化时代的产物，是世界市场资源配置的重要载体，有利于传统外贸企业的转型和升级，对降低进口成本、维持进口稳定增长具有深远的意义。近年来，在积极扩大进口的背景下，随着跨境电商进口的爆发式增长，国家出台了一系列支持和规范跨境电商进口的政策。跨境电商进口相关政策梳理如表 11-5 所示。

---

① 网经社电子商务研究中心，网经社跨境电商台. 2020 年度中国跨境电商市场数据报告 [R/OL]. 网经社，[2021-05-18]. http://www.100ec.cn/zt/2020kjdsbg/.

② 艾媒咨询：《2020-2021 中国进口跨境电商行业研究报告》[EB/OL]. 网经社，[2021-03-08]. http://www.100ec.cn/detail--6586404.html.

表 11 – 5　跨境电商进口相关政策梳理

政策分类	发布时间	政策文件	相关内容
扩大跨境电商零售进口试点范围	2018 – 07 – 24	国务院关于同意在北京等 22 个城市设立跨境电子商务综合试验区的批复（国函〔2018〕93 号）	同意在北京市、呼和浩特市、沈阳市、长春市、哈尔滨市、南京市、南昌市、武汉市、长沙市、南宁市、海口市、贵阳市、昆明市、西安市、兰州市、厦门市、唐山市、无锡市、威海市、珠海市、东莞市、义乌市等 22 个城市设立跨境电子商务综合试验区，名称分别为中国（城市名）跨境电子商务综合试验区，具体实施方案由城市所在地省级人民政府分别负责印发。
	2020 – 01 – 17	商务部、发展改革委、财政部、海关总署、税务总局、市场监管总局关于扩大跨境电商零售进口试点的通知（商财发〔2020〕15 号）	将石家庄等 50 个城市（地区）及海南全岛纳入跨境电商零售进口试点范围。本次扩大试点后，跨境电商零售进口试点范围将从 37 个城市扩大至海南全岛和其他 86 个城市（地区），覆盖 31 个省、自治区、直辖市。
	2020 – 04 – 07	国务院常务会议	在已设立 59 个跨境电商综合试验区基础上，再新设 46 个跨境电商综合试验区。推广促进跨境电商发展的有效做法，同时实行对综试区内跨境电商零售出口货物按规定免征增值税和消费税、企业所得税核定征收等支持政策，研究将具备条件的综试区所在城市纳入跨境电商零售进口试点范围，支持企业共建共享海外仓。
	2021 – 03 – 18	商务部、发展改革委、财政部、海关总署、税务总局、市场监管总局关于扩大跨境电商零售进口试点、严格落实监管要求的通知（商财发〔2021〕39 号）	将跨境电商零售进口试点扩大至所有自贸试验区、跨境电商综试区、综合保税区、进口贸易促进创新示范区、保税物流中心（B 型）所在城市（及区域）。
优化对跨境电商进口等新型贸易业态的监管	2014 – 07 – 23	海关总署关于跨境贸易电子商务进出境货物、物品有关监管事宜的公告（总署公告〔2014〕56 号）	为做好跨境贸易电子商务（以下简称电子商务）进出境货物、物品监管工作，促进电子商务健康发展，现就电子商务进出境货物、物品监管问题提出要求。
	2016 – 11 – 15	商务部新闻发言人关于延长跨境电商零售进口监管过渡期的谈话	我国对跨境电商零售进口有关监管要求给予一年的过渡期，即继续按照试点模式进行监管，对天津、上海、杭州、宁波、郑州、广州、深圳、重庆、福州、平潭等 10 个试点城市经营的网购保税商品"一线"进区时暂不核验通关单，暂不执行化妆品、婴幼儿配方奶粉、医疗器械、特殊食品（包括保健食品、特殊医学用途配方食品等）的首次进口许可批件、注册或备案要求；对所有地区的直购模式也暂不执行上述商品的首次进口许可批件、注册或备案要求；对所有地区的直购模式也暂不执行上述商品的首次进口许可批件、注册或备案要求。

续表

政策分类	发布时间	政策文件	相关内容
优化对跨境电商进口等新型贸易业态的监管	2017-09-20	国务院常务会议	将跨境电商零售进口监管过渡期政策再延长一年至2018年底，即继续对天津、上海、杭州、宁波、郑州、广州、深圳、重庆、福州、平潭等10个试点城市（地区）跨境电商零售进口商品暂按照个人物品监管。
调整跨境电商零售进口商品清单	2019-12-24	财政部、发展改革委、工业和信息化部、生态环境部、农业农村部、商务部等关于调整扩大跨境电子商务零售进口商品清单的公告（财政部公告2019年第96号）	为落实国务院关于调整扩大跨境电子商务零售进口商品清单的要求，促进跨境电子商务零售进口的健康发展，现将《跨境电子商务零售进口商品清单（2019年版）》予以公布，自2020年1月1日起实施。本清单实施后，《财政部等13个部门关于调整跨境电子商务零售进口商品清单的公告（2018年第157号）》所附的清单同时废止。
实行跨境电商零售进口新税制	2016-03-24	财政部、海关总署、国家税务总局关于跨境电子商务零售进口税收政策的通知（财关税〔2016〕18号）	自2016年4月8日起，跨境电子商务零售进口商品按照货物征收关税和进口环节增值税、消费税，购买跨境电子商务零售进口商品的个人作为纳税义务人，实际交易价格（包括货物零售价格、运费和保险费）作为完税价格，电子商务企业、电子商务交易平台企业或物流企业可作为代收代缴义务人。
	2018-11-29	财政部、海关总署、税务总局关于完善跨境电子商务零售进口税收政策的通知（财关税〔2018〕49号）	将跨境电子商务零售进口商品的单次交易限值由人民币2000元提高至5000元，年度交易限值由人民币20000元提高至26000元。

第十二章 "入世"20年中国货物进口发展及其影响

加入世界贸易组织是中国对外开放史上的一个里程碑事件，标志中国改革开放进入历史新阶段。2001年12月11日，中国正式成为世界贸易组织的第143个成员，2021年是中国加入世界贸易组织20周年。在第四届中国国际进口博览会开幕式上，习近平主席总结中国加入世界贸易组织20年来取得的成绩，强调"加入世界贸易组织以来，中国不断扩大开放，激活了中国发展的澎湃春潮，也激活了世界经济的一池春水"。自加入世界贸易组织以来，我国积极践行自由贸易理念，全面履行货物贸易领域开放承诺，大幅降低进口关税，显著削减非关税壁垒，全面放开外贸经营权，大力发展进口贸易，让世界各国更好分享中国经济增长、消费繁荣带来的红利，展现了大国担当，实现了中国和世界的双赢。在"入世"20周年之际，本章对中国进口的政策演变、基本情况、对国内外经济的贡献进行了分析。

一、"入世"20年中国进口政策的演变

（一）"进口主要服务出口"阶段：2001—2011年

加入WTO以来，中国按照"入世"承诺逐步降低关税税率，截至2010年，货物贸易降税承诺已经全部履行完毕，关税总水平由2001年的15.3%降至9.8%[1]。在这个阶段，我国作为"世界工厂"，对外贸易竞争优势逐渐显现，出口成为中国经济增长不可缺少的引擎，进口主要是为了满足国内企业生产和出口需求，我国总体上鼓励先进技术、设备及关键零部件和国内短缺能源资源品的进口，限制最终消费品的进口。2000年，《中共中央关于制定国民经济和社会发展第十个五年计划的建议》明确提出，努力扩大商品和服务领域出口规模，增加国内急需的关键技术装备和重要资源的进口。2006年中央经济工作会议指出，在保持出口和利用外资合理增长的同时，积极扩大进

---

[1] 中国与世界贸易组织[EB/OL]. 中国政府网，[2018-06-28]. http：//www.gov.cn/xinwen/2018-06/28/content_5301884.htm.

口。这是中国政府第一次明确提出"积极扩大进口",凸显出中国外贸政策做出重大战略调整。此后,中国采取了完善进口税收政策、加大对促进进口的金融支持、建立和完善进口促进体系、扩大自非洲等最不发达国家进口等一系列扩大进口的政策举措,使得进口显著地带动了我国出口和经济发展。从 2007 年起,广交会由"中国出口商品交易会"更名为"中国进出口商品交易会",设立进口展区,正式成为中国进出口贸易双向促进平台。

(二)"更加重视进口"阶段：2012—2017 年

2012 年 11 月,党的十八大报告明确指出,适应经济全球化新形势,必须实行更加积极主动的开放战略,要坚持出口和进口并重,全面提高开放型经济水平。这是我国政府第一次明确提出要重视进口贸易对经济发展的贡献,扩大进口贸易。这表明改革开放三十多年来的出口导向型的贸易政策,正在被"有进有出"的平衡贸易政策所取代。其后,中国政府陆续制定了若干重视进口的政策文件,如 2013 年的《国务院办公厅关于促进进出口稳增长、调结构的若干意见》、2014 年的《国务院办公厅关于加强进口的若干意见》、2015 年的《国务院办公厅关于促进进出口稳定增长的若干意见》《国务院关于加快培育外贸竞争新优势的若干意见》、2016 年的《国务院关于促进外贸回稳向好的若干意见》和 2017 年的《对外贸易发展"十三五"规划》。总的来看,在这一阶段,中国进一步优化了进口产品结构,继续积极扩大先进技术、关键零部件、国内短缺资源品和节能环保产品进口,同时适度增加与人民群众生活密切相关的一般消费品进口。

(三)"积极主动扩大进口"阶段：2018 年至今

在此阶段,中国政府把积极扩大进口摆在了前所未有的重要位置。2018 年 4 月,习近平主席在博鳌亚洲论坛年会上宣布,主动扩大进口是中国扩大开放的四项重大举措之一。2018 年 7 月,《关于扩大进口促进对外贸易平衡发展的意见》指出,在稳定出口的同时,主动扩大进口,充分发挥进口对提升消费、调整结构、发展经济、扩大开放的重要作用。2019 年,《中共中央 国务院关于推进贸易高质量发展的指导意见》提出,积极扩大进口,适时进一步降低进口关税和制度性成本,激发进口潜力,优化进口结构。2018 年、2019 年和 2020 年,李克强总理在政府工作报告中均强调,要积极扩大进口。另外,2017 年 5 月 14 日,习近平主席在首届"一带一路"国际合作高峰论坛上宣布,中国将从 2018 年起举办中国国际进口博览会。中国国际进口博览会是世界上第一个以进口为主题的大型展会,已经成为中国进口第一促进平台。2018—2021 年,中国国际进口博览会成功举办了四届,成交额逐年增加。

二、"入世"20 年中国进口发展的基本情况

(一) 中国进口规模整体表现为增加的态势

如表 12-1 和图 12-1 所示,2001—2020 年,中国进口规模从 2435.53 亿美元跃升到 20566.75 亿美元,2020 年是 2001 年的 8.5 倍左右,年均增长率达 11.88%,高于同期全球货物进口 5.53% 的年均增速。中国进口规模的变化大致经历了三个阶段:①高速增长阶段。2001—2008 年,中国进口规模从 2435.53 亿美元逐年攀升至 11325.62 亿美元,年均增长率高达 24.55%。②缓慢增长阶段。由于全球金融危机爆发,2009 年中国进口规模有所下降,但 2010—2014 年恢复增长趋势,从 13962.47 亿美元逐年增加到 19592.35 亿美元,年均增长 8.84%。③波动上升阶段。2015—2020 年,中国进口规模从 16795.64 亿美元增加到 20566.75 亿美元,年均增长 4.13%,并于 2018 年达到历史最高值 21357.48 亿美元。

(二) 中国在全球进口贸易中的地位显著提升

如表 12-1 和图 12-2 所示,2001—2020 年,中国进口占全球进口贸易的份额总体呈现上升态势。2001 年,中国进口占全球进口贸易的份额仅为 3.80%,2020 年,这一份额跃升至 11.54%,创历史新高。同时,中国进口规模在全球进口贸易中的排名也有所攀升。具体来看,2001 年,中国位居全球第 6 大进口贸易国;2003 年,中国超越日本和法国,成为全球第四大进口贸易国;2004 年,中国超越英国,成为全球第三大进口贸易国;2009 年,中国超越德国成为全球第二大进口贸易国,仅次于美国;截至 2020 年,中国已经连续 12 年稳居全球第二大进口贸易国的地位。

表 12-1 2001—2020 年中国进口规模及在全球进口贸易中的地位

年份	进口额/亿美元	占全球进口贸易的份额/%
2001	2435.53	3.80
2002	2951.70	4.43
2003	4127.60	5.31
2004	5612.29	5.92
2005	6599.53	6.12
2006	7914.61	6.40
2007	9561.15	6.70
2008	11325.62	6.87

续表

年份	进口额/亿美元	占全球进口贸易的份额/%
2009	10059.23	7.91
2010	13962.47	9.04
2011	17434.84	9.46
2012	18184.05	9.75
2013	19499.89	10.28
2014	19592.35	10.28
2015	16795.64	10.04
2016	15879.26	9.80
2017	18437.93	10.25
2018	21357.48	10.77
2019	20784.09	10.78
2020	20566.75	11.54

数据来源：中国海关总署和 WTO 数据库。

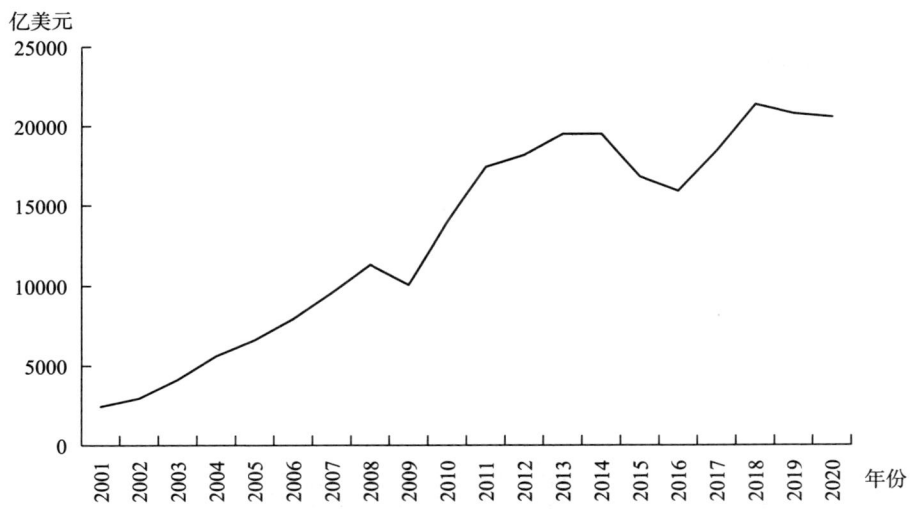

图 12-1　2001—2020 年中国进口贸易规模

数据来源：中国海关总署。

（三）进口贸易主体更加分散

"入世" 20 年间，中国进口贸易主体结构呈现三大变化（见表 12-2 和图 12-3）。一是国有企业占比整体表现为下降的态势。2001—2020 年，国有企业进口占比从 42.51% 降至 22.29%，下降了 20.22 个百分点。与此同时，国有企业在中国进口主体中的地位

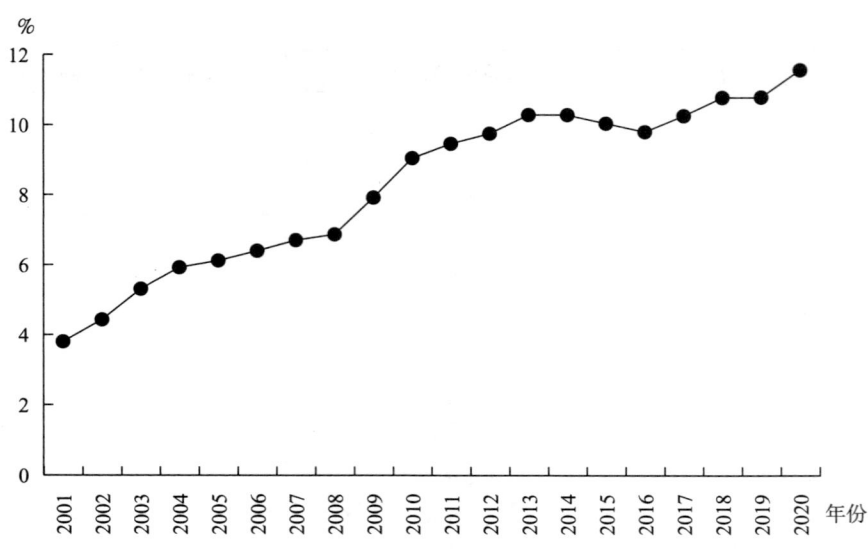

图 12-2 2001—2020 年中国进口占全球进口贸易的份额

数据来源：WTO 数据库。

也有所下降，2001—2012 年是中国第二大进口主体，2013—2020 年是中国第三大进口主体。二是外商投资企业始终是中国第一大进口主体。2001—2020 年，外商投资企业进口占比一直高于 40%。其中，2001—2006 年，中国加工贸易蓬勃发展，外商投资企业进口占比逐年上升，从 51.66% 增加到 59.70%，达到峰值；受金融危机影响，2008—2020 年外商投资企业进口占比整体表现为下降的态势，从 54.69% 降至 42.10%，下降了 12.59 个百分点。三是其他企业（包括民营企业）进口占比整体表现为上升的态势。2001—2020 年，其他企业（包括民营企业）进口占比从 5.84% 大幅增加到 35.61%，上升了 29.77 个百分点，并且在 2013 年取代国有企业成为中国第二大进口主体。

表 12-2　2001—2020 年中国不同性质企业进口占比情况　　　　　　　　（%）

年份	国有企业	外商投资企业	其他企业（包括民营企业）
2001	42.51	51.66	5.84
2002	38.78	54.29	6.93
2003	34.51	56.16	9.32
2004	31.43	57.77	10.80
2005	29.87	58.69	11.43
2006	28.46	59.70	11.85
2007	28.27	58.59	13.14
2008	31.24	54.69	14.07

续表

年份	国有企业	外商投资企业	其他企业（包括民营企业）
2009	28.69	54.22	17.10
2010	27.76	52.86	19.39
2011	28.30	49.60	22.10
2012	27.24	47.91	24.84
2013	25.59	44.86	29.55
2014	25.06	46.41	28.52
2015	24.28	49.41	26.32
2016	22.73	48.54	28.73
2017	23.76	46.80	29.44
2018	25.63	43.64	30.73
2019	25.85	41.30	32.85
2020	22.29	42.10	35.61

数据来源：中国海关总署。

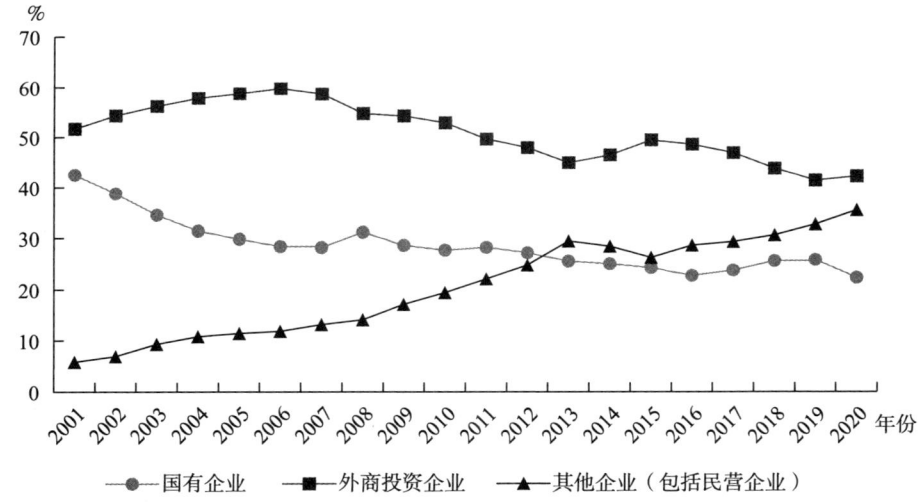

图 12-3 2001—2020 年中国不同性质企业进口占比情况

数据来源：中国海关总署。

（四）进口产品结构发生一定调整

初级品进口所占比例大幅上升，中间品进口所占比例大幅下降。本节将进口产品划分成初级品、中间品、资本品、消费品四类①。由表 12-3 和图 12-4 可知，"入世"

---

① 裴长洪．进口贸易结构与经济增长：规律与启示［J］．经济研究，2013，48（7）：4-19．

20 年间，中国进口产品结构表现出四个变化。一是以机械及运输设备为代表的资本品一直是中国第一大进口产品，占中国总进口的比重始终保持在 40% 左右，并于 2003 年达到 46.72% 的峰值，表明中国对国外的先进技术和机械设备一直存在较大需求。二是初级品进口占比显著提升，从 2001 年的 18.78% 增加到 2020 年的 32.94%，上升了 14.16 个百分点。尤其是 2006 年以来，初级品进口占比大幅提升，超越中间品，成为中国第二大进口产品。这表明，伴随着我国经济的快速发展，我国对国外的能源和矿产品的需求十分旺盛。三是中间品占比大幅下降，从 2001 年的 30.40% 降至 2020 年的 18.56%，下降了 11.84 个百分点。四是消费品进口占比相对较小。2001—2020 年，中国消费品进口占比从 6.19% 增加到 7.10%，仅上升了 0.91 个百分点，占比始终低于 10%。

表 12-3　2001—2020 年中国不同类型产品进口占比情况　　　　　　　　　（%）

年份	初级品	中间品	资本品	消费品
2001	18.78	30.40	43.94	6.19
2002	16.69	29.65	46.42	6.71
2003	17.63	27.35	46.72	8.00
2004	20.89	24.85	45.05	8.93
2005	22.38	24.08	44.01	9.22
2006	23.64	21.98	45.11	9.01
2007	25.42	22.01	43.14	9.15
2008	32.00	19.99	39.01	8.62
2009	28.81	21.85	40.54	8.47
2010	31.07	20.12	39.35	8.13
2011	34.66	19.01	36.17	7.33
2012	34.92	17.89	35.91	7.51
2013	33.75	17.34	36.42	7.12
2014	33.02	18.66	36.96	7.13
2015	28.11	18.12	40.63	8.02
2016	27.78	18.01	41.43	7.94
2017	31.44	17.84	39.86	7.29
2018	32.86	17.56	39.31	6.73
2019	35.12	17.26	37.85	6.94
2020	32.94	18.56	40.31	7.10

数据来源：国家统计局。

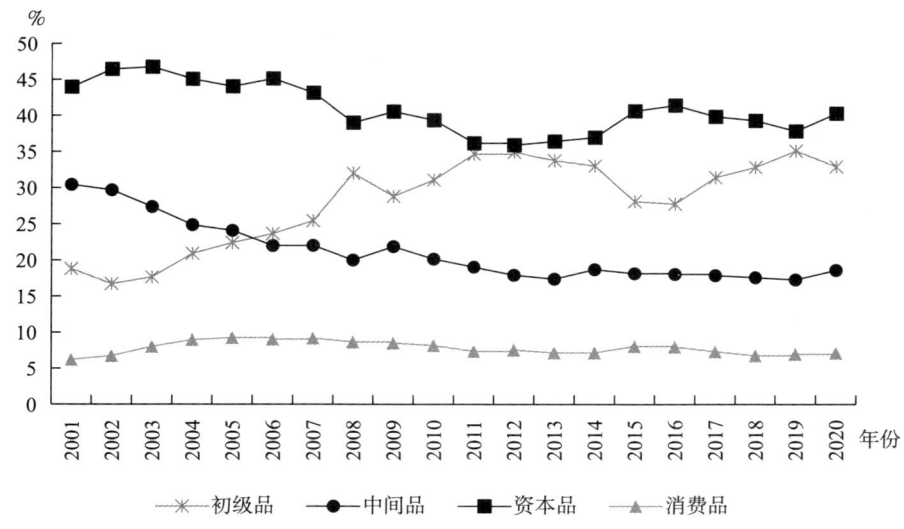

图 12-4 2001—2020 年中国不同类型产品进口占比情况

数据来源：国家统计局。

（五）进口市场多元化趋势更加明显

一是中国进口来源地数量有所增加。据 UN Comtrade 数据库数据，2001 年，中国同 181 个国家（地区）发生进口贸易，2020 年，中国进口来源地增加到 217 个。

二是自前十大进口来源地的进口占中国总进口的比重逐渐下降（见表 12-4）。2020 年，前十大进口来源地占中国总进口的比重为 58.32%，较 2001 年的 68.83% 下降了 10.51 个百分点。此外，"入世" 20 年，日本、韩国、美国、澳大利亚、德国和马来西亚长期位居中国前十大进口来源地，中国从巴西、越南和俄罗斯等新兴市场的进口占中国总进口的比重有所上升，表明中国在积极拓展其他进口市场。

三是中国从东盟的进口比重显著提升（见表 12-5）。"入世" 20 年，中国从东盟的进口占中国总进口的比重从 2001 年的 9.53% 增加到 2020 年的 14.64%，上升了 5.11 个百分点。同期中国从欧盟、美国、日本和韩国 4 大贸易伙伴的进口占中国总进口的比重分别下降了 2.08 个、4.14 个、9.06 个、1.20 个百分点。可以看出，中国一直以来积极倡导的进口市场多元化战略取得了显著成效，并且逐渐增加了从东盟、俄罗斯和巴西等新兴市场和发展中国家的进口。

表 12-4 2001—2020 年中国前十大进口来源地及占比 （%）

排名	2001 年		2010 年		2020 年	
	国家或地区	占比	国家或地区	占比	国家或地区	占比
1	日本	17.57	日本	12.66	中国台湾	9.76
2	中国台湾	11.22	韩国	9.91	日本	8.51

续表

排名	2001年		2010年		2020年	
	国家或地区	占比	国家或地区	占比	国家或地区	占比
3	美国	10.76	中国台湾	8.29	韩国	8.40
4	韩国	9.60	美国	7.36	美国	6.62
5	德国	5.65	德国	5.32	澳大利亚	5.59
6	中国香港	3.87	澳大利亚	4.38	德国	5.12
7	俄罗斯	3.27	马来西亚	3.61	巴西	4.09
8	马来西亚	2.55	巴西	2.73	越南	3.82
9	澳大利亚	2.23	泰国	2.38	马来西亚	3.64
10	新加坡	2.11	沙特阿拉伯	2.35	俄罗斯	2.78

数据来源：UN Comtrade 数据库。

表 12-5　2001—2020 年中国从前五大贸易伙伴进口占比情况　　　　　（%）

年份	东盟	欧盟	美国	日本	韩国
2001	9.53	14.66	10.76	17.57	9.60
2002	10.57	13.05	9.24	18.11	9.68
2003	11.47	12.84	8.22	17.96	10.45
2004	11.22	12.49	7.97	16.81	11.09
2005	11.36	11.15	7.39	15.21	11.64
2006	11.31	11.41	7.49	14.62	11.34
2007	11.35	11.61	7.27	14.01	10.85
2008	10.33	11.71	7.20	13.30	9.90
2009	10.61	12.71	7.73	13.02	10.20
2010	11.08	12.06	7.36	12.66	9.91
2011	11.07	12.11	7.06	11.16	9.33
2012	10.77	11.66	7.36	9.78	9.28
2013	10.23	11.28	7.87	8.32	9.39
2014	10.63	12.46	8.17	8.32	9.70
2015	11.58	12.43	8.85	8.51	10.39
2016	12.36	13.11	8.51	9.17	10.01
2017	12.80	13.29	8.38	8.99	9.63
2018	12.60	12.82	7.31	8.45	9.58
2019	13.61	13.36	5.96	8.29	8.39
2020	14.64	12.58	6.62	8.51	8.40

数据来源：UN Comtrade 数据库。

(六) 一般贸易进口的主导地位更加凸显

"入世" 20 年,中国进口贸易方式结构变化表现在三个方面(见表 12-6 和图 12-5)。一是一般贸易进口始终占据主导地位。2001—2020 年,一般贸易进口占比从 46.58% 增加到 2020 年的 60.43%,大约上升了 14 个百分点。其中,2001—2007 年,一般贸易进口占比大体不变,保持在 45% 左右;2008—2020 年,一般贸易进口占比始终高于 50%,总体呈上升态势,从 50.51% 增加到 60.43%,大约上升了 10 个百分点。

二是加工贸易占比大幅下降。2001—2020 年,加工贸易进口占比从 38.58% 降至 19.62%,大约下降了 19 个百分点。其中,2001—2007 年,加工贸易进口占比大体不变,保持在 40% 左右。2008—2020 年,加工贸易进口占比整体表现为减少的态势,从 33.41% 降至 19.62%,下降了 13.79 个百分点;与一般贸易进口占比的差距逐渐扩大,从低于一般贸易进口占比 8.00 个百分点扩大至 40.81 个百分点。究其原因可能是,受 2008 年全球金融危机的冲击,中国经济发展方式由粗放型转变为集约型,产业结构得以优化升级,一些低端制造业开始退出中国市场,同时东南亚地区分流了中国部分低端制造业订单,于是中国一般贸易进口占比稳步提升,而加工贸易进口占比逐年下降。

三是其他贸易方式占比有所增加。2001—2020 年,其他贸易方式占比从 14.84% 增加到 19.94%。此外,2020 年,其他贸易方式占比高于加工贸易占比 0.32 个百分点,其他贸易方式首次超越加工贸易成为中国第二大进口贸易方式。

表 12-6 2001—2020 年中国不同贸易方式进口占比情况 (%)

年份	一般贸易	加工贸易	其他贸易
2001	46.58	38.58	14.84
2002	43.74	41.40	14.86
2003	45.47	39.47	15.07
2004	44.21	39.50	16.29
2005	42.37	41.51	16.11
2006	42.10	40.62	17.28
2007	44.84	38.54	16.62
2008	50.51	33.41	16.08
2009	53.13	32.04	14.83
2010	55.00	29.90	15.10
2011	57.78	26.95	15.27
2012	56.19	26.46	17.35

续表

年份	一般贸易	加工贸易	其他贸易
2013	56.91	25.49	17.60
2014	56.63	26.76	16.61
2015	54.97	26.61	18.42
2016	56.63	24.99	18.38
2017	58.81	23.42	17.76
2018	59.65	22.03	18.32
2019	60.50	20.09	19.40
2020	60.43	19.62	19.94

数据来源：中国海关总署。

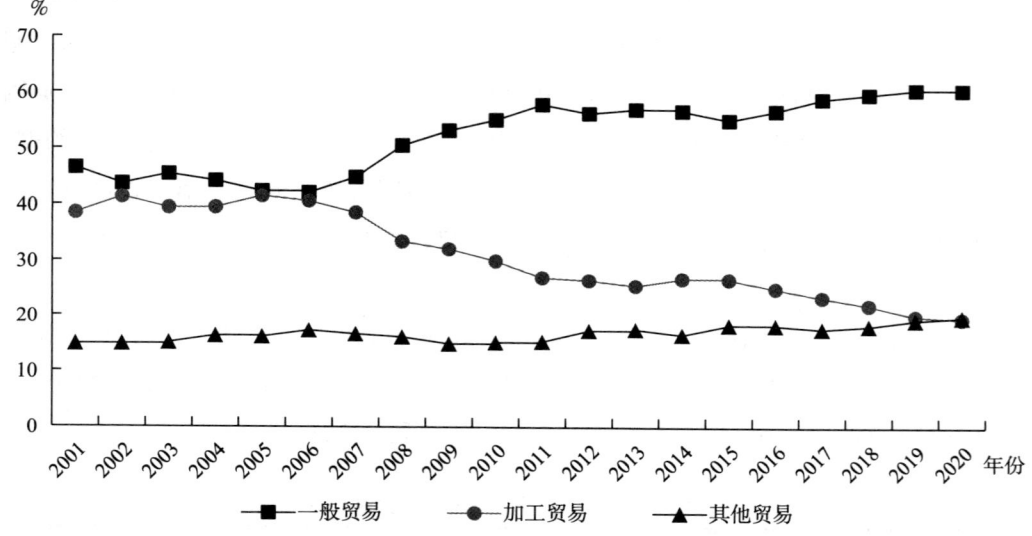

图 12-5　2001—2020 年中国不同贸易方式进口占比情况

数据来源：中国海关总署。

（七）进口关税大幅下降

如表 12-7 所示，"入世" 20 年间，中国关税总水平从 2001 年的 15.3% 降至 2020 年的 7.5%，下降了 7.8 个百分点，降幅高达 51%。按照"入世"承诺，中国分阶段降低关税，2001—2005 年，中国关税总水平从 15.3% 降至 9.9%，基本达到了"入世"承诺水平；2007—2017 年，中国关税总水平稳定在 9.8%。2010 年 1 月 1 日，中国货物降税承诺全部履行完毕，关税总水平降至 9.8%，工业品平均税率降至 8.9%，农产品平均税率降至 15.2%[①]。2018 年 11 月 1 日起，中国降低了 1585 个税目的进口关税，

---

① 财政部负责人解读入世降税承诺 2010 年全部兑现 [EB/OL]. 中国政府网，[2009-12-16]. http://www.gov.cn/govweb/jrzg/2009-12/16/content_1488287.htm.

至此，关税总水平由 9.8% 降至 7.5%[①]。

表 12-7　2001—2020 年中国关税总水平变化情况　　　　　　　　　　　（%）

年份	关税总水平
2001	15.3
2002	12
2003	11.3
2004	10.4
2005	9.9
2006	9.9
2007	9.8
2008	9.8
2009	9.8
2010	9.8
2011	9.8
2012	9.8
2013	9.8
2014	9.8
2015	9.8
2016	9.8
2017	9.8
2018	7.5
2019	7.5
2020	7.5

数据来源：《中国财政年鉴 2020》。

三、"入世" 20 年中国进口对国内经济的贡献

（一）扩大进口推动了中国经济稳定发展

国家统计局数据显示，"入世" 20 年间，中国进口依存度始终保持在 14% 以上，并于 2005 年达到 29% 的历史峰值，意味着进口贸易为我国经济增长注入了强劲动力。我国经济增长已步入结构性减速过程，进口作为供给管理的重要手段，有利于改善经济增长的潜在条件（裴长洪，2013）。先进技术设备和零部件进口具有技术外溢效应，

[①] 我国降低部分商品的最惠国税率　关税总水平降至 7.5%［EB/OL］. 中国政府网，［2018-09-30］. http：//www.gov.cn/guowuyuan/2018-09/30/content_ 5327246.htm.

国内企业通过引进、消化、吸收和再创新能够提高自身的技术水平。以我国的高铁建设为例，在高铁研发初期，IGBT 芯片主要从德国和日本进口，经过多年科研攻关和实践操作，中车株洲电力机车研究所有限公司成功研发出了 IGBT 芯片，实现了 IGBT 芯片国产化，给中国自主研发的"复兴号"动车组供给牵引动力①。能源、矿产品、大豆等初级品进口能够弥补国内供给不足，保障我国资源供应，进而促进经济稳步增长。例如，我国钢铁生产企业大量进口铁矿石、铜矿砂、镍矿砂等矿产资源，满足了我国国内钢铁产业的正常生产需求，有效地保障了我国钢铁产业的快速发展。

（二）扩大进口促进了中国产业结构的调整

扩大进口是中国主动开放市场的表现，有利于构建开放型经济体制；扩大进口也提高了国内市场竞争程度，有助于中国产业结构调整。具体来看：首先，进口竞争会倒逼企业创新。随着进口竞争的加剧，国内生产率较高的生产企业会加大研发投入，不断提高生产效率，逐渐降低生产成本并提高产品质量，最终扩大自身的市场份额；而行业内生产率较低的企业将逐渐被市场淘汰出局。其次，进口竞争有利于企业改善资源配置。随着进口产品的大量涌入，企业将调整产品范围，集中力量生产竞争力较强的"核心"产品，减少不具有比较优势的"边缘"产品的生产，最终提高生产效率和竞争力。最后，随着进口的逐渐扩大，中国建立了许多与之相配套的机构和平台，如中国国际进口博览会、进口贸易促进创新示范区等，推动了中国产业结构的优化升级。

（三）扩大进口增加了中国国内就业规模

中间品进口能够降低企业成本，不但有利于企业扩张国内销售市场，而且有利于国内企业扩大出口规模，从而带动国内就业。2018 年中国有进口记录的企业数量为 21.1 万家②，2019 年中国有进出口实绩的外贸企业为 49.9 万家③，2020 年有进出口实绩的企业为 53.1 万家④。外贸企业的快速发展显著缓解了国内就业压力、提高了从业者的收入水平。尤其是电子设备制造和纺织服装行业中的大型龙头外贸企业，不仅带

---

① 中车株洲所 IGBT 亮相复兴号高铁 [EB/OL]. 电子发烧友网，[2017 - 07 - 02]. http://www.elecfans.com/article/90/156/2017/0701528953.html.

② 新闻办就 2018 年全年进出口情况举行新闻发布会 [EB/OL]. 中国政府网，[2019 - 01 - 14]. http://www.gov.cn/xinwen/2019 - 01/14/content_5357666.htm#1.

③ 国新办举行 2019 年进出口情况新闻发布会图文实录 [EB/OL]. 中华人民共和国国务院新闻办公室，[2020 - 01 - 14]. http://www.scio.gov.cn/xwfbh/xwbfbh/wqfbh/42311/42414/wz42416/Document/1671741/1671741.htm.

④ 国务院新闻办就 2020 年全年进出口情况举行发布会 [EB/OL]. 中国政府网，[2021 - 01 - 14]. http://www.gov.cn/xinwen/2021 - 01/14/content_5579875.htm.

动了当地就业，还为流动人口创造了大量就业机会。例如，苹果手机在国内的主要代工厂——郑州富士康工厂，2017年已经成为我国第二大进口企业，订单旺季高峰时期，该工厂员工可达30万名①。

（四）扩大进口促进了中国出口增长

首先，进口保障出口。当国内生产的机器设备或关键零部件难以满足高科技成套设备的生产标准时，国内企业可以进口核心零部件，经过加工组装后出口到国际市场。如中国手机出口依赖于从国外进口的芯片。其次，进口激发出口潜力。中间品和资本品进口能够提高国内企业的生产率，提高出口产品质量，以满足国外消费者的高质量需求，因此扩大了国内企业的出口规模。以我国的家电行业为例，尽管在20世纪70年代，我国已经能够生产彩色电视机，但是由于产量、质量、性能落后，很难拓展国际市场。随着中国进口的扩大，家电行业积极创新，凭借后发优势快速发展，已达到国际先进技术水平，成为中国一大出口产业。

（五）扩大进口缓解了中国与其他国家的经贸关系

"入世"20年间，我国持续扩大的贸易顺差引起了越来越多的贸易摩擦，恶化了中国对外贸易环境。中国主动扩大进口缩减了贸易顺差，促进了进出口贸易平衡发展，减轻了外部压力，缓和了我国与主要贸易伙伴之间的贸易紧张关系，降低了贸易纠纷风险。2012年至今，中国制定了一系列扩大进口的政策措施，2016年、2017年和2018年中国贸易顺差连续三年持续下降。2018年7月，国务院办公厅转发商务部等部门《关于扩大进口促进对外贸易平衡发展意见的通知》，要求在稳定出口的同时进一步扩大进口，促进对外贸易平衡发展。2020年，中美双方正式签署第一阶段经贸协议，通过扩大从美国的进口缓解中美经贸摩擦。

（六）消费品进口提高了中国国内消费者的福利水平

一方面，消费品进口增加了中国国内供给的产品种类，丰富了消费者的选择，更好地满足了人民群众个性化、多样化和高品质的消费需求。据测算，中国每年可以从进口商品种类增长中获得338亿~417亿元的福利增加②。另一方面，消费品进口能够培育国内消费者对新商品的需求，有利于国内新产业的兴起和成长。中国国内尚不存在的新产品的进口能够刺激国内消费者的新需求，国内企业就将生产相似或更新颖的

---

① 李魁文. 改革开放40周年中国对外贸易发展报告［M］. 北京：中国海关出版社，2018.
② 魏浩，付天. 中国货物进口贸易的消费者福利效应测算研究——基于产品层面大型微观数据的实证分析［J］. 经济学（季刊），2016，15（4）：1683–1714.

商品，引致国内相关新兴产业的发展。例如，进口的新能源汽车带动了国内新能源汽车产业的发展。作为纯电动汽车的典型生产企业，特斯拉使国内企业意识到了国内巨大的新能源汽车需求，纷纷加入生产纯电动汽车的行列，中国已成为新能源汽车最大的生产国。

四、"入世"20年中国进口对世界经济的贡献

(一) 中国进口助推世界经济增长

中国进口为全球提供了庞大市场，拉动了全球经济增长。"入世"20年间，中国逐渐成为许多国家的主要出口目的地，显著促进了中国进口来源地的经济增长。UN Comtrade 数据库数据显示，2020年，中国是韩国、日本、澳大利亚和加拿大的第一大出口目的地，是印度的第二大出口目的地，是美国的第三大出口目的地。另外，自2008年以来，中国一直是最不发达国家的第一大出口市场，已经吸收了最不发达国家25%的出口。中国最大限度地向最不发达国家开放市场，不仅给予同中国建交的最不发达国家97%税目产品零关税待遇①，而且积极推进进口贸易便利化进程，为参展进博会的最不发达国家企业给予免费展馆和投资支持等多种优惠措施，显著提振了最不发达国家的经济增长。另外，中国进口有利于建设开放型世界经济。贸易保护主义不利于世界经济发展，积极扩大进口作为中国主动开放市场一大举措，能够对冲贸易保护主义和"逆全球化"的负向影响，也是中国维护世界贸易自由化的一大表现。中国经济增长韧性十足，巨大的消费和需求潜力能够进一步扩大进口空间，预计未来10年中国累计商品进口额有望超过22万亿美元②。中国作为"世界市场"，将继续以进口形式为贸易伙伴扩大出口创造巨大市场空间，为世界经济持续稳定增长做出贡献。

(二) 中国进口稳定世界市场

一是中国进口对全球进口增量的贡献较大。"入世"20年间，中国进口增速明显高于全球水平和美国、德国、日本等发达国家的水平，中国进口对全球进口贸易增长的贡献率也高于美国、德国、日本等发达国家。可见，中国为世界进口贸易的发展贡献了巨大的力量，成为世界进口贸易的"中流砥柱"。根据WTO统计数据，2001—2020年，全球、中国、美国、德国和日本进口的年均增速分别为5.53%、11.88%、3.83%、4.73%和3.19%，中国、美国、德国和日本进口对全球进口增量的贡献分别

---

① 中国给予已建交最不发达国家97%产品零关税 [EB/OL]. 人民网, [2015-04-23]. http://politics.people.com.cn/n/2015/0423/c70731-26889072.html.
② 习近平：在第三届中国国际进口博览会开幕式上的主旨演讲 [N]. 人民日报, 2020-11-05 (002).

为 15.89%、10.77%、6% 和 2.5%①。

二是中国进口能够助力世界经济复苏。尤其在国际金融危机和新冠肺炎疫情期间，中国的进口遏制了世界进口贸易的急剧下滑，对世界经济企稳复苏发挥了极其重要的带动作用。受金融危机影响，2009 年，世界进口贸易同比下降 22.93%，美国进口贸易同比下降 26.01%，中国进口贸易仅同比下降 11.18%；受新冠肺炎疫情冲击，2020 年，世界进口贸易同比下降 7.63%，美国进口贸易同比下降 8.78%，中国进口贸易仅同比下降 1.09%②。此外，在新冠肺炎疫情期间，中国进口对世界经济发展的稳定器作用更加凸显。中国率先控制住疫情，实现进口增长。一方面，中国企业会减少从疫情严重国家的进口，转而从其他国家进口；另一方面，一些国家或许会减少对受疫情影响严重的国家的出口，而增加对中国的出口。中国进口从这两方面带动了进口来源地的经济增长，促进了世界经济复苏。

（三）中国进口为世界创造就业岗位

中国为世界各国提供了更广阔的出口市场，为世界创造了大量就业机会。从中国货物进口来看，按照每 100 亿美元进口可以为世界直接创造 10 万个就业机会计算③，2001 年，中国进口为世界直接创造了约 244 万个就业机会；2010 年，中国进口为世界直接创造了约 1396 万个就业机会；2020 年，中国进口为世界直接创造了约 2057 万个就业机会。除了直接创造就业之外，中国进口还可以为进口来源地创造间接就业。有关数据表明，2015 年，中国货物进口为世界新增了 2000 多万个就业岗位，间接带动了 6000 万人就业④。从中国服务进口来看，中国服务进口每年为非洲国家创造近 40 万个就业岗位，为 "一带一路" 沿线国家创造近 300 万个就业岗位；据世界银行及联合国国际劳工组织数据测算，2019 年中国服务进口给贸易伙伴提供超过 1800 万个就业机会⑤。

---

①② 根据 WTO 数据统计整理。
③ 徐秀军. 当之无愧的世界经济发展重要引擎 [N]. 人民日报，2014 - 02 - 23 (005).
④ 万相昱，张涛. 中国的经济增长为世界经济作出了重要贡献 [J]. 红旗文稿，2017 (13)：20 - 22.
⑤ 中华人民共和国商务部. 中国服务进口报告 2020 [R/OL]. 商务部，[2020 - 11]. http://images.mofcom.gov.cn/aqygzj/202012/20201208091427471.pdf.

第十三章　新冠肺炎疫情背景下中国进口发展的新机遇和新挑战

2020年初，新冠肺炎疫情在全球暴发并迅速传播，对我国经济和社会各个领域造成巨大冲击。尽管疫情在国内已得到有效控制，但是，国外疫情形势仍然起伏不定。疫情背景下，各国经贸关系空前紧张。当前，中国作为世界第二大进口国，进口贸易已成为满足国内生产、消费需求的重要方式，是推动我国经济增长、技术进步和资源获取的重要渠道，更是扩大对外开放水平、推动经济全球化发展的体现。即使我国疫情得到有效控制，经济与对外贸易逐渐恢复稳定增长，但在全球经济下行、逆全球化思潮涌起的背景下，叠加海外疫情形势严峻复杂的影响，我国进口贸易的发展状况在未来一段时期仍存在极大的不确定性。在多重外部因素影响下，未来我国进口贸易态势、进口产品结构和来源地可能产生明显调整。本章首先分析了新冠肺炎疫情对世界进口和中国进口的影响，其次总结了疫情背景下我国进口贸易发展的新机遇和新挑战，最后针对当前我国进口贸易发展提出了政策建议。

一、新冠肺炎疫情对世界进口的影响

新冠肺炎疫情在全球迅速蔓延，冲击了原有的世界经济结构和增长方式，给世界各国经济发展带来了巨大的负面影响。为应对疫情带来的不利影响，各国相继推出贸易限制性政策，更加剧了世界进口贸易的不稳定性。具体分析如下：

（一）货物进口规模呈"V"形态势，服务进口规模大幅下降

2020年初，新冠肺炎疫情在全世界范围内广泛传播，部分国家为维护本国安全与经济稳定，采取了诸如提高关税、关闭边境口岸等限制进出口贸易的措施。在供给和需求动力不足、国际物流成本升高以及贸易壁垒增加等多重因素共同作用下，世界进口规模大幅下降。如图13-1所示，2020年，世界货物贸易进口规模整体呈现"V"形态势，第一季度货物贸易进口额大幅下降，第二季度达到谷底，同比下降20.61%，第三季度逆势反弹，其后世界进口规模逐渐恢复到疫情前水平。2020年，世界货物和

服务进口总额达 22.49 万亿美元，同比下降 10.85%，其中，货物贸易进口总额为 17.81 万亿美元，同比下降 7.63%，服务贸易进口总额为 4.68 万亿美元，同比下降 21.29%①。可见，在疫情影响下，服务贸易进口形势更加严峻。

在世界经济一体化发展背景下，各主要经济体相互依存、相互关联，形成"牵一发而动全身"的局面，新冠肺炎疫情影响了国家之间的贸易联系与经济发展。如表 13-1 所示，世界前五大进口贸易国的货物进口和服务进口均呈现大幅波动趋势，在疫情较为严峻的 2020 年第二季度，各国平均进口额降幅最大。但是综合来看，货物贸易进口在 2020 年第三季度和第四季度均表现出回升之势，除日本外，各经济体的进口在 2020 年第四季度同比增长率均转正，体现出经济体之间货物贸易关系的韧性。与此同时，疫情也严重冲击了全球服务贸易进口，如表 13-1 所示，各主要经济体服务贸易进口额最高降幅达 19.67% ~35.1%，虽然在 2021 年第一季度略有回暖，但是由于疫情仍在全球范围内蔓延，服务进口贸易发展态势仍然不容乐观。

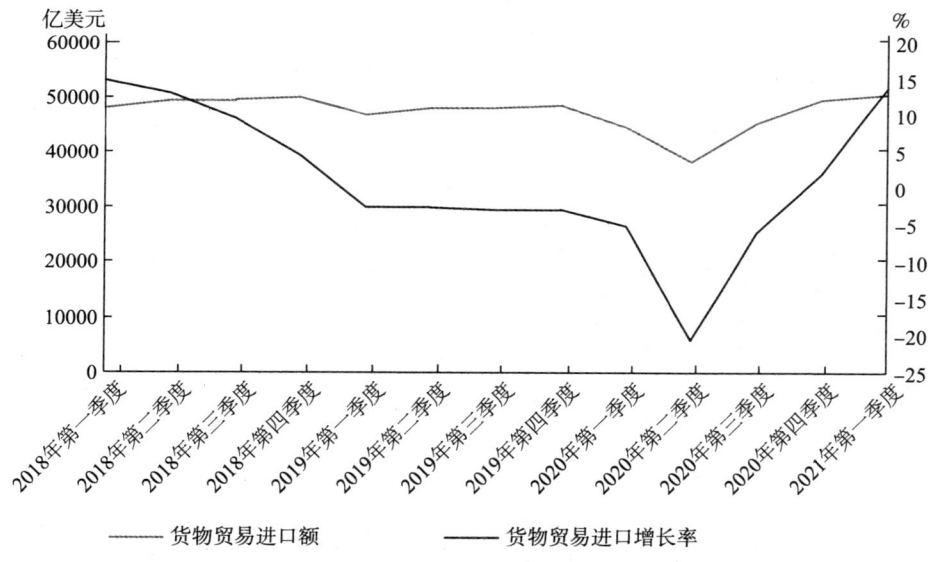

图 13-1　2018—2021 年世界货物贸易进口总额和进口增长率

数据来源：根据 WTO 数据库中的统计数据整理而得。

---

① 数据来源：WTO 数据库。

表 13-1　2020—2021 年主要经济体进口贸易总额与增长率

国家	年份	季度	货物贸易		服务贸易	
			进口额/亿美元	增长率/%	进口额/亿美元	增长率/%
美国	2020	第一季度	5851	-4.94	1306	-5.58
		第二季度	5249	-19.80	1004	-34.21
		第三季度	6291	-4.54	1076	-29.87
		第四季度	6684	4.70	1217	-17.07
	2021	第一季度	6568	12.26	1173	-10.14
中国	2020	第一季度	4639	-3.13	1015	-17.38
		第二季度	4663	-9.64	855	-31.52
		第三季度	5537	3.09	978	-25.94
		第四季度	5733	4.94	964	-20.87
	2021	第一季度	5947	28.20	944	-6.90
日本	2020	第一季度	1680	-6.25	530	-0.28
		第二季度	1519	-13.93	516	-8.89
		第三季度	1487	-18.91	445	-18.94
		第四季度	1668	-8.26	477	-12.72
	2021	第一季度	1760	4.73	486	-8.30
德国	2020	第一季度	3011	-5.52	837	-1.51
		第二季度	2489	-19.36	621	-31.26
		第三季度	2947	-2.25	814	-19.67
		第四季度	3257	6.75	816	-17.24
	2021	第一季度	3372	11.99	753	-10.05
英国	2020	第一季度	1562	-13.66	587	-3.54
		第二季度	1211	-23.14	469	-29.89
		第三季度	1695	-7.11	497	-35.10
		第四季度	1880	7.47	497	-26.16
	2021	第一季度	1547	-0.97	488	-16.80

数据来源：根据 WTO 数据库中的统计数据整理而得。

（二）进口价格波动幅度加大，不同产品价格波动存在差异

新冠肺炎疫情肆虐全球，海运物流体系持续"梗阻"，在"订舱难""一箱难求"的影响下，国际运输价格飙升。与此同时，疫情扰乱了国际市场供求秩序，供给和需求不匹配现象导致部分产品价格波动幅度增大。如图 13-2 所示，2020 年 5 月以来，波罗的海干散货运价指数（BDI）一路飙升，2021 年 8 月，BDI 为 4132，与疫情前期的 2019 年 12 月相比，上涨幅度达 279.08%。外贸企业饱受高昂的海运成本带来的困

扰，水涨船高的国际运输价格不断蚕食企业的微薄利润，企业面临亏损的风险，一些中小企业甚至不得不放弃海外市场，进一步冲击了世界进口贸易发展。

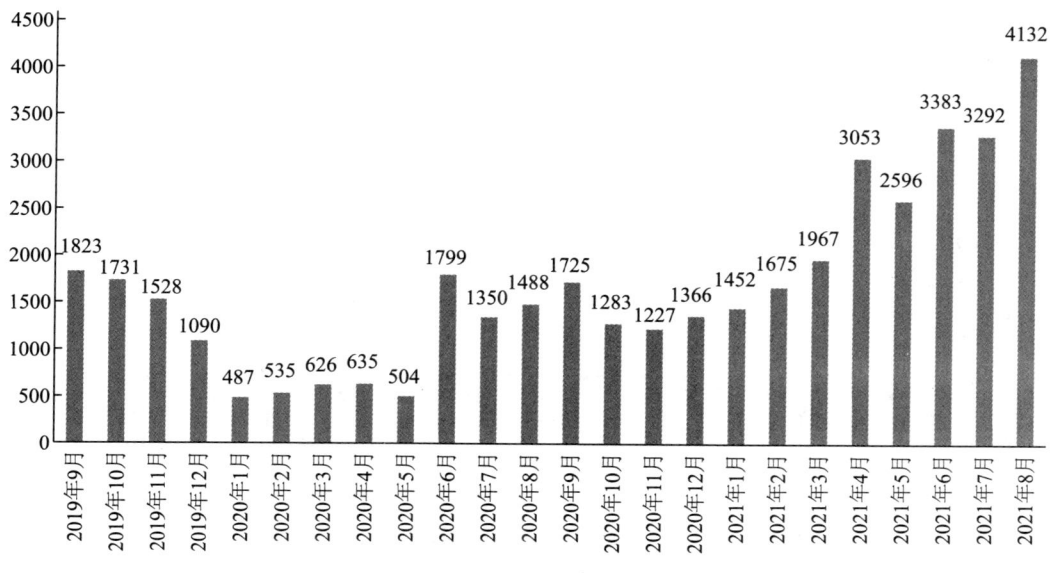

图 13-2　2019—2021 年波罗的海干散货运价指数

数据来源：根据 WIND 数据库中的统计数据整理而得。

如图 13-3 所示，以世界制成品进口价格为例，疫情暴发之前，世界制成品进口价格波幅基本处于上下 0.5% 的范围内，较为稳定。2020 年新冠肺炎疫情在全球迅速蔓延后，世界制成品进口价格波动加剧，大约在上下 2% 的范围波动，而且，制成品进口价格整体呈现上升态势。2020 年 12 月，制成品进口价格环比增长 2.2%。联合国粮农组织（FAO）表示，2020 年谷物价格指数平均为 102.7，较 2019 年上升 6.6%，创 2014 年以来年均指数的新高。2020 年小麦、大米和玉米的世界进口价格分别同比上涨 5.6%、8.6% 和 76%，对全球农产品进口提出巨大挑战。

表 13-2 统计了世界市场大宗商品价格指数。与 2019 年相比，2020 年能源、非能源和贵金属三类产品的世界价格指数增幅分别为 -31.63%、2.98% 和 26.65%。不同产品价格变化率呈现较大差异的原因是，疫情导致供给端和需求端产生变化，加大了世界市场对农产品等非能源类产品的需求；人们为了规避世界市场风险，增加了对贵金属的投资，导致了此类商品价格的高升；疫情严峻时期，人们足不出户，线下活动大大减少，降低了对能源类商品的需求。总的来看，新冠肺炎疫情加剧了世界市场商品价格的波动，冲击了供给和需求，导致世界市场供求不匹配的现象和问题突出，在复杂多变的国际环境下，世界进口贸易仍然面临不确定性。

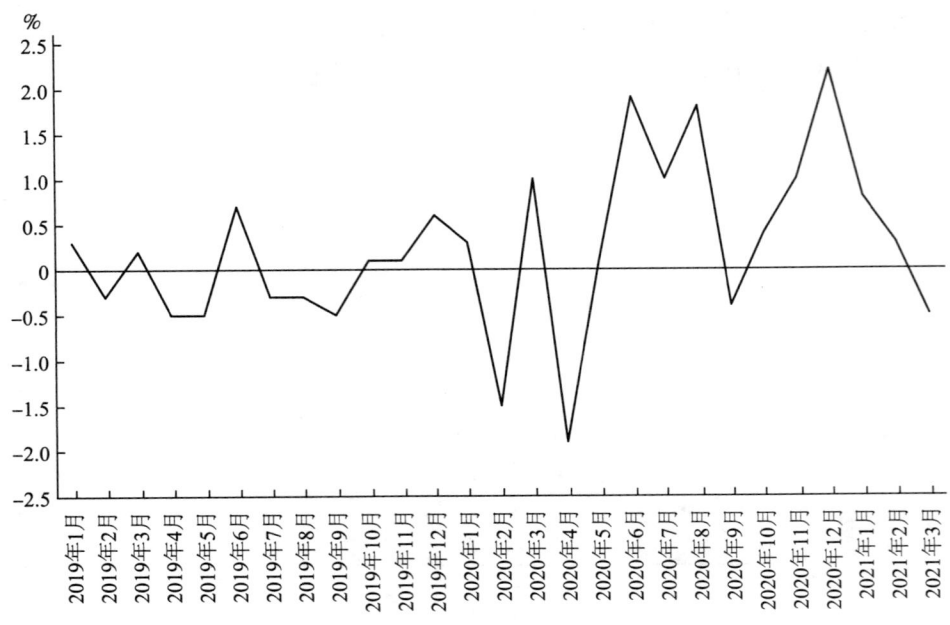

图 13-3　2019—2021 年世界制成品进口价格波动状况

数据来源：根据 WTO 数据库中的统计数据整理而得。

表 13-2　2019—2020 年世界市场大宗商品价格指数及增长率

商品类别			2019 年	2020 年	增长率/%
能源			75.93	51.91	-31.63
非能源	综合		81.68	84.11	2.98
	农产品	综合	83.31	87.13	4.59
		饮料	76.13	80.39	5.60
		食品	86.98	92.48	6.32
		原材料	78.05	77.56	0.63
	化肥类		81.38	73.20	-10.05
	金属与矿物		78.36	79.15	1.01
贵金属			105.44	133.54	26.65

数据来源：根据世界银行数据库统计得出。

（三）疫情冲击全球产业链体系，进口不确定性加剧

为应对疫情冲击以及保障国家公共卫生安全，各国纷纷采取停工停产、"封城、封国"以及禁航禁运等防疫措施。防疫措施虽然能够有效控制疫情进一步扩散，但也阻断了国家之间的人流、物流，破坏了已有的全球产业链体系，暴露出全球产业链、供

应链的脆弱性[①]。一方面，停工停产导致供应链中断，受疫情影响程度较低的地区也因零部件、原材料等缺供、断供问题而不得不停工、缓工。疫情打破了原有的产业链体系，国际分工与合作的高效率生产优势瞬间转变为生产劣势，贸易不确定性因素凸显。另一方面，新冠肺炎疫情加剧了贸易保护主义、单边主义势力，全球产业链呈现出逆全球化、区域化和内向化发展趋势。疫情对制造业生产、需求和物流运输等方面产生了不同程度的负面冲击，为保障产业链的稳定性和可控性，部分跨国企业逐步将原有的全球分工体系转向国内或相邻国家。总的来看，部分产品的进口随时面临被迫中断的风险，产业链"回流"更是削弱了各国之间的贸易联系，加大了世界进口贸易发展的障碍，提高了世界进口贸易发展的不确定性。

（四）货物贸易进口复苏强劲，服务贸易进口反弹滞后

货物贸易进口具有韧性，经历了短暂下降之后迅速反弹，而服务贸易进口额仍呈现出较为显著的下降趋势，并未表现出明显的回升态势。2021年8月世界贸易组织公布的数据显示，全球商品贸易指数同比上升超20%，达到2016年7月以来的最高水平，其中空运指数、原材料指数、集装箱船运指数等均高于平均商品贸易增长水平；2021年上半年，欧盟货物贸易进口额同比增长13.9%，其中从中国进口的商品同比增长15.5%，展现了货物贸易的复苏态势，体现出了货物进口贸易的韧性。但是，以旅行等为代表的服务贸易进口的表现则不容乐观，如表13-3所示，2020年全球旅行服务进口占总服务进口的比重为12.49%，同比下降47.41%，各经济体的旅行服务进口均受到了严重冲击。

在疫情影响下，货物贸易进口和服务贸易进口表现出差异性的主要原因是，诸多防疫措施（如居家隔离、宵禁、暂停商业性活动场所营业以及禁航禁运等）禁止或限制了人们的互动与接触，导致全球服务贸易供给和需求大幅萎缩，对跨境旅行服务和交通服务等传统服务业直接造成负面冲击[②]。并且，新冠肺炎疫情改变了人们的生活方式，减少了休闲、娱乐等服务需求。而人们生活和工作对商品的需求弹性较小，货物进口得以恢复。

---

① 祝坤福，高翔，杨翠红，等. 新冠肺炎疫情对全球生产体系的冲击和我国产业链加速外移的风险分析[J]. 中国科学院院刊，2020，35（3）：283-288.
② 蒙英华. "新冠肺炎疫情"冲击对我国服务贸易的影响研究[J]. 上海对外经贸大学学报，2021，28（3）：60-72+124.

表 13-3 2018—2020 年世界旅行服务进口占总服务进口的比重   （%）

国家	2018 年	2019 年	2020 年
世界	24.37	23.75	12.49
澳大利亚	50.40	49.93	16.91
加拿大	28.62	29.51	13.25
法国	17.84	19.13	12.08
美国	22.42	22.88	7.81
德国	25.44	24.81	13.26
中国	52.74	50.37	34.29
印度	17.17	17.55	10.82
意大利	23.69	24.61	11.67
日本	9.93	9.70	2.767

数据来源：根据世界银行数据库统计得出。

（五）全球疫情基本稳定，世界进口贸易发展长期向好

虽然从短期来看，新冠肺炎疫情在一定程度上冲击了全球贸易体系，导致世界进口贸易受到阻碍，但是从长期来看，世界进口贸易发展向好的趋势不会改变。首先，当前全球疫情已基本稳定，新冠疫苗接种逐步推开，各国疫苗接种率不断提升，截至 2021 年 10 月 11 日，全球接种新冠疫苗已超 64.8 亿剂，全球每百人平均接种 82.34 剂①。当前背景下，疫情稳定是世界进口贸易发展的重要因素。其次，当前人们对新冠肺炎疫情有了更充分的了解与应对措施，与疫情暴发初期相比，当前人们对疫情的预期能力、适应能力和共存能力均有所提升，工作和生活逐渐恢复正常，为世界进口贸易发展提供了动力保障。最后，进口贸易稳定发展是一国经济进步的重要动力，世界进口贸易发展是经济全球化发展的必然趋势，世界各国加强贸易联系仍是国际社会的发展趋势。

二、新冠肺炎疫情对中国进口的影响

（一）进口规模：先降后升，创历史新高

疫情对我国货物进口产生强烈的负面冲击。根据中国海关总署数据，2020 年我国总进口规模达 2.43 万亿美元，比 2019 年下降 5.55%，其中，商品进口规模为 2.06 万亿美元，同比下降 1.1%，服务进口规模为 0.38 万亿美元，同比下降 24.12%。如图 13-4 所示，2019 年 12 月，我国总进口规模达 2381.41 亿美元，2020 年 1 月降至

---

① 数据来源：WHO 数据（https：//www.who.int）。

1955.66亿美元,并于2020年2月降至谷底(1701.68亿美元)。在经历了短暂的低谷之后,2020年5月,中国进口规模逆势回升,并一路稳步向上,逐渐达到并超过疫情前水平。2021年1—8月,中国总进口金额为1.73万亿美元,创历史同期新高。货物进口规模的迅速反弹主要得益于中国政府对疫情的有效控制,疫情趋稳为中国进口贸易发展带来了机遇。从具体产品来看,如表13-4所示,我国受疫情影响较为严重的领域主要集中在高度依赖国外供给的行业,如石油和天然气等矿产品,以及木制品、纺织制品、机床和飞机等产品。以车辆及航空器等运输设备的进口为例,2020年进口规模同比下降11.3%,其中航空器、航天器及其零件进口规模2020年同比下降50.7%,2020年第一季度同比下降74.8%。从技术品的进口来看,2020年第一季度自动数据处理设备、光电技术、航空航天技术和电动载人汽车进口分别同比下降39%、18.9%、54%和33%。部分技术品进口的大幅下降在一定程度上对我国相关技术领域的发展产生了不利影响①。从2021年货物进口走势来看,受疫情影响较大的产品的进口情况有了很大的改观。

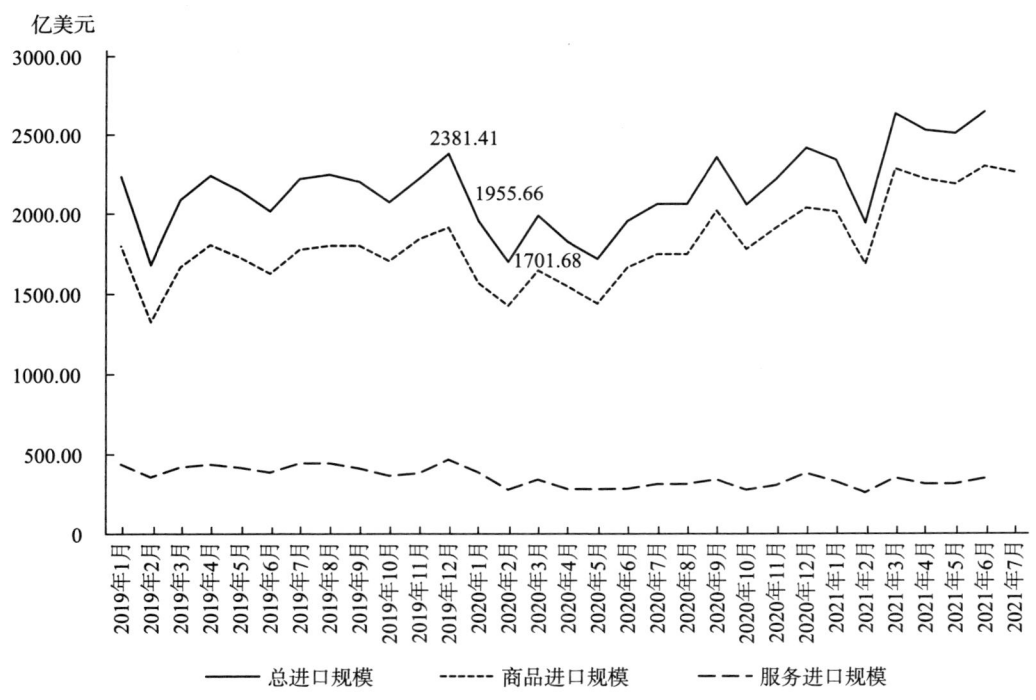

图13-4 2019—2021年中国进口贸易规模

数据来源:根据中国海关总署统计数据整理而得。

---

① 数据来源:中国海关总署(http://www.customs.gov.cn/customs/syx/index.html)。

与货物进口相比,疫情对我国服务进口贸易的负向冲击更大,餐饮业、出境购物和旅游等人员直接接触的传统服务业受到"灭顶之灾"。如表 13-5 所示,疫情暴发以来,服务贸易进口规模迅速下跌,截至 2021 年第二季度仍远低于疫情前水平,其中,旅行服务贸易进口规模跌幅最明显,旅行服务贸易进口由 2019 年第三季度的 662 亿美元下降至 2021 年第二季度的 236 亿美元,是服务贸易进口整体下滑的主要因素。

表 13-4 重点商品进口额和进口增长率

序号	商品类别			2020 年进口额/亿元	同比增长/%	2021 年 1—8 月进口额/亿元	同比增长/%
1	农产品			11832	14.5	9544	24.5
	其中:肉类(包括杂碎)			2132	60.2	1438	-1.8
	干、鲜瓜果及坚果			802	3.3	722	27.5
	粮食			3524	21.7	3268	51.8
	大豆			2743	12.5	2331	32.4
	食用植物油			515	17.7	490	42.3
2	铁矿砂及其精矿			8229	17.8	8612	68.3
3	铜矿砂及其精矿			2372	1.5	2342	52.1
4	煤及褐煤			1411	-12.1	1108	1.8
5	原油			12218	-26.8	10517	23.2
6	成品油			818	-30.4	685	13.9
7	天然气			2315	-19.4	1905	20.0
8	医药材及药品			2580	4.2	1854	8.6
9	肥料			200	-17.4	117	-13.4
10	美容化妆品及洗护用品			1400	29.7	1022	21.2
11	初级形状的塑料			3628	-1.2	2590	12.8
12	天然及合成橡胶(包括乳胶)			732	5.6	502	14.2
13	原木及锯材			1113	-10.3	812	11.2
14	纸浆			1088	-7.6	869	21.4
15	纺织纱线、织物及其制品			953	-9.7	675	5.6
16	钢材			1165	19.8	765	6.1
17	未锻轧铜及铜材			2988	33.4	2169	17.5
18	机电产品			65625	4.8	47526	17.7
	其中:机床			458	-17.4	358	17.6
	自动数据处理设备及其零部件			3709	8.0	2748	14.8
	二极管及类似半导体器件			1623	3.6	1247	23.5

续表

序号	商品类别	2020年进口额/亿元	同比增长/%	2021年1—8月进口额/亿元	同比增长/%
18	集成电路	24207	14.8	17552	16.5
	汽车（包括底盘）	3242	-3.5	2390	38.6
	汽车零配件	2246	0.6	1679	20.7
	空载重量超过2吨的飞机	484	-55.5	461	195.9
	液晶显示板	1321	-7.7	926	10.2
	医疗仪器及器械	871	1.3	926	10.2
19	高新技术产品	47160	7.2	34284	17.7

数据来源：根据中国海关总署统计数据整理而得。

表13-5 中国服务贸易及子项目进口额 单位：亿美元

项目	2019年第三季度	2019年第四季度	2020年第一季度	2020年第二季度	2020年第三季度	2020年第四季度	2021年第一季度	2021年第二季度
货物贸易	5040	5210	4420	4424	5273	5563	5752	6481
服务贸易	1320	1218	1015	855	978	964	944	985
加工服务	0.76	0.88	1.19	0.92	1.53	1.37	1.44	1.67
维护和维修服务	10.52	10.34	6.1	9.19	8.63	9.66	7.3	9.93
运输服务	283	271	220	215	257	255	263	302
旅行服务	662	574	461	244	314	293	269	236
建设服务	23	25	22	18	19	23	24	23
保险和养老金服务	23	32	22	33	38	31	28	40
金融服务	5.72	7.16	5.35	7.83	9.08	9.49	8.35	9.62
知识产权使用费	87	81	73	101	104	99	98	118
电信、计算机和信息服务	70	68	80	84	78	88	103	99
其他商业服务	128	133	106	130	129	140	124	132
个人、文化和娱乐服务	10.78	10.97	6.85	7.16	7.14	8.93	6.45	9.69
别处未提及的政府服务	14.86	4.73	11.17	5.1	13.87	5.45	11.71	4.97

数据来源：国家外汇管理局（http://www.safe.gov.cn/）。

（二）进口价格：波动幅度变大，总体呈现两极化趋势

2020年，受新冠肺炎疫情冲击，中国进口产品价格呈现两极化走势。以中国海关总署统计的重点进口产品为例，如表13-6所示，2020年，平均进口价格降幅较大的产品是"煤及褐煤""原油""成品油""天然气""医药材及药品""肥料""纸浆"

"钢材""机床""空载重量超过2吨的飞机"同比降幅分别为13.43%、31.48%、24.99%、23.51%、24.36%、13.50%、18.02%、27.15%、53.33%和31.03%;2020年,进口价格涨幅较大的产品有"肉类(包括杂碎)""干、鲜瓜果及坚果""粮食""食用植物油""铁砂矿及其精矿""美容化妆品及洗护用品""二极管及类似半导体器件""汽车(包括底盘)",同比涨幅分别达60.19%、12.34%、21.72%、14.18%、7.49%、29.17%、6.34%和9.25%。

进口价格变化反映了疫情期间供给和需求的相对变动。在疫情暴发、迅速蔓延和逐渐稳定的不同阶段,进口价格变化表现出不同的特点。停工停产、居家隔离等防疫政策使得中国对石油与天然气等矿产品的需求猛烈下降;随着疫情稳定和世界市场经济逐渐复苏,需求不断增加,进口价格逐渐回升。以原油进口价格为例,如图13－5所示,原油进口价格走势大致分为三个阶段。第一阶段是2020年疫情暴发之前,原油价格居于高位,稳定波动;第二阶段是2020年1—5月,进口价格迅速下降,由3405.82元/吨跌至1389.55元/吨;第三阶段是2020年5月至今,随着我国疫情得到有效控制,生产、生活逐渐恢复正常,国内对原油的需求增加,原油进口价格也日益增加,由2020年5月的1389.55元/吨增加至2021年8月的3465.68元/吨,2021年8月的原油进口价格大约是2020年5月的2.5倍。

表13－6 重点商品进口价格和同比增长率

序号	商品名称	单位	2019年	2020年		2021年1—8月	
			进口价格/万元	进口价格/万元	同比增长/%	进口价格/万元	同比增长/%
1	肉类(包括杂碎)	万吨	13425	21506	60.19	21657	－1.81
2	干、鲜瓜果及坚果	万吨	10952	12304	12.34	13659	14.20
3	粮食	万吨	2030	2471	21.72	2877	15.11
4	大豆	万吨	2753	2734	－0.69	3492	28.25
5	食用植物油	万吨	4590	5241	14.18	6634	25.59
6	铁矿砂及其精矿	万吨	654	703	7.49	1146	76.29
7	铜矿砂及其精矿	万吨	10628	10896	2.52	15077	45.83
8	煤及褐煤	万吨	536	464	－13.43	567	16.73
9	原油	万吨	3288	2253	－31.48	3071	40.08
10	成品油	万吨	3846	2885	－24.99	3858	34.90
11	天然气	万吨	2977	2277	－23.51	2413	0.07
12	医药材及药品	吨	156	118	－24.36	121	－1.60
13	肥料	万吨	2178	1884	－13.50	1905	－3.50

续表

序号	商品名称	单位	2019年 进口价格/万元	2020年 进口价格/万元	2020年 同比增长/%	2021年1—8月 进口价格/万元	2021年1—8月 同比增长/%
14	美容化妆品及洗护用品	吨	24	31	29.17	33	13.39
15	初级形状的塑料	万吨	9944	8929	-10.21	11512	31.48
16	天然及合成橡胶（包括乳胶）	万吨	10546	9795	-7.12	11661	20.09
17	原木及锯材	万立方米	1279	1187	-7.19	1324	8.42
18	纸浆	万吨	4333	3552	-18.02	4356	19.69
19	钢材	万吨	7905	5759	-27.15	8251	32.88
20	未锻轧铜及铜材	吨	4.50	4.47	-0.67	6.11	42.88
21	机床	台	90	42	-53.33	48	-15.50
22	二极管及类似半导体器件	亿个	2809	2987	6.34	2545	-16.45
23	集成电路	亿个	47356	44540	-5.95	41721	-8.24
24	汽车（包括底盘）	万辆	318038	347460	9.25	356960	8.15
25	空载重量超过2吨的飞机	架	45283	31232	-31.03	32876	9.70
26	液晶显示板	万个	74	70	-5.41	81	14.03

数据来源：根据中国海关总署统计数据整理而得。

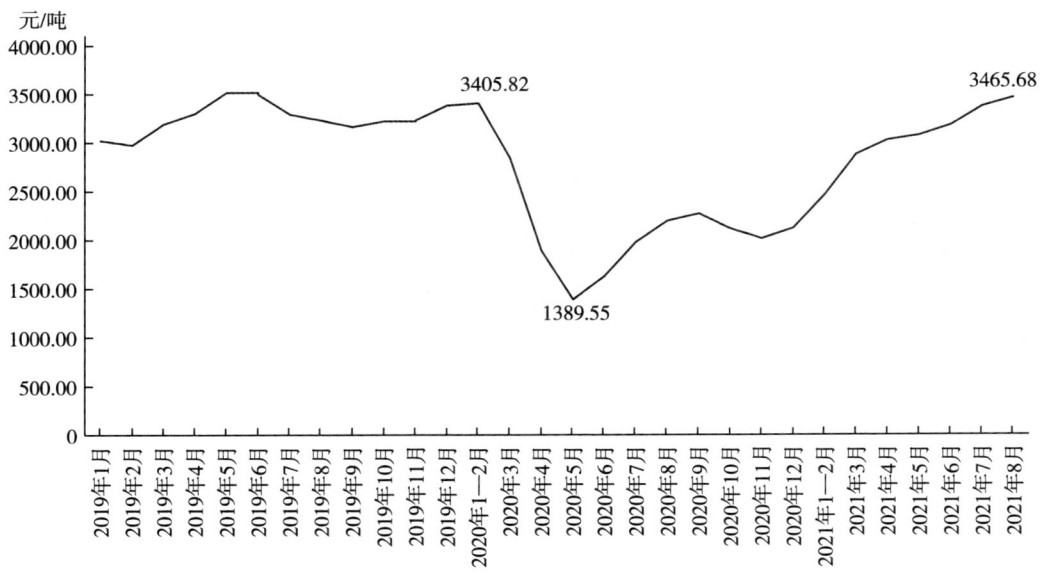

图13-5　2019—2021年原油中国进口价格走势

数据来源：根据中国海关总署统计数据整理而得。

(三)进口主体:私营企业进口具有较大的韧性,整体保持正向增长

自新冠肺炎疫情暴发以来,私营企业表现出强劲活力,进口增长率最高、进口额占比不断提升。在疫情冲击较为严重的时期,私营企业进口贸易仍保持积极稳定增长,释放出强劲的外贸发展活力。2020 年,私营企业进口额为 4.83 万亿元,同比增长 9.89%,占我国外贸总进口额的比重为 33.79%,比 2019 年提升了 3.11 个百分点。与此同时,国有企业进口额为 3.17 万亿元,同比下降 14.18%,外商投资企业进口额为 5.99 万亿元,同比增长 1.24%[①]。

在疫情期间,私营企业充分发挥自主灵活的优势,根据市场变化方向调整生产与经营活动,敏锐捕捉市场机会。2021 年上半年,私营企业进口增速高于整体增速 7.5 个百分点,展现出更强的进口活力与韧性。如图 13-6 所示,2020 年第一季度,虽然国有企业、外商投资企业和私营企业的进口额均有下滑,但是,私营企业与外资企业进口规模的差距逐渐缩小,且有超越外商投资企业的势头。另外,从进口增长率角度分析,如图 13-7 所示,在疫情冲击下,2020 年第一季度和第二季度,私营企业仍然保持了较高水平的正向增长率,而国有企业和外商投资企业的进口增长率均为负,体现出了私营企业进口贸易的韧性,以及更强的应对市场风险的能力。

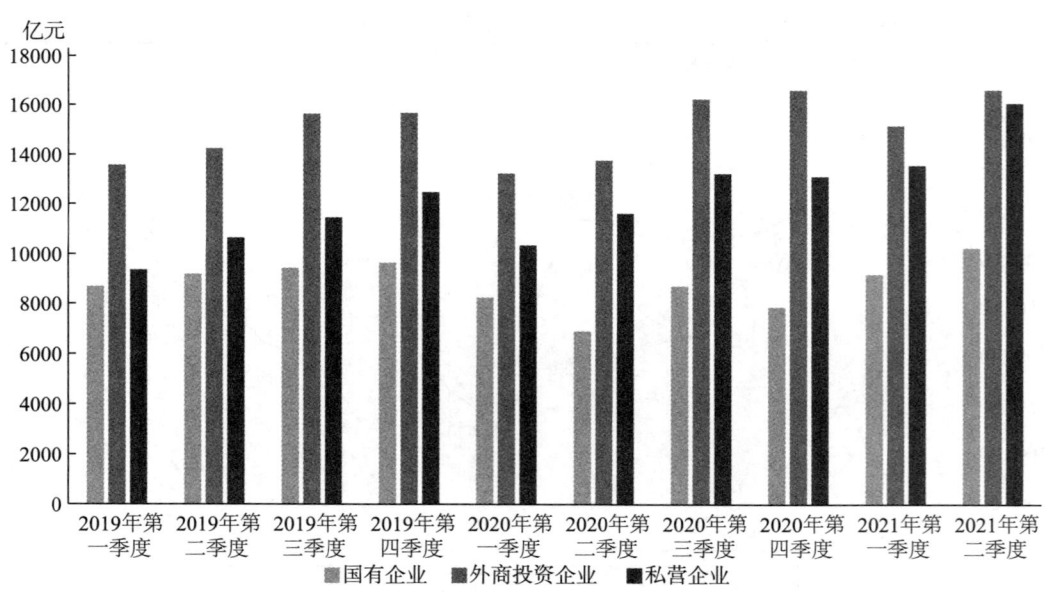

图 13-6 2019—2021 年不同类型企业的进口额

数据来源:根据中国海关总署统计数据整理而得。

---

① 数据来源:中国海关总署(http://www.customs.gov.cn)。

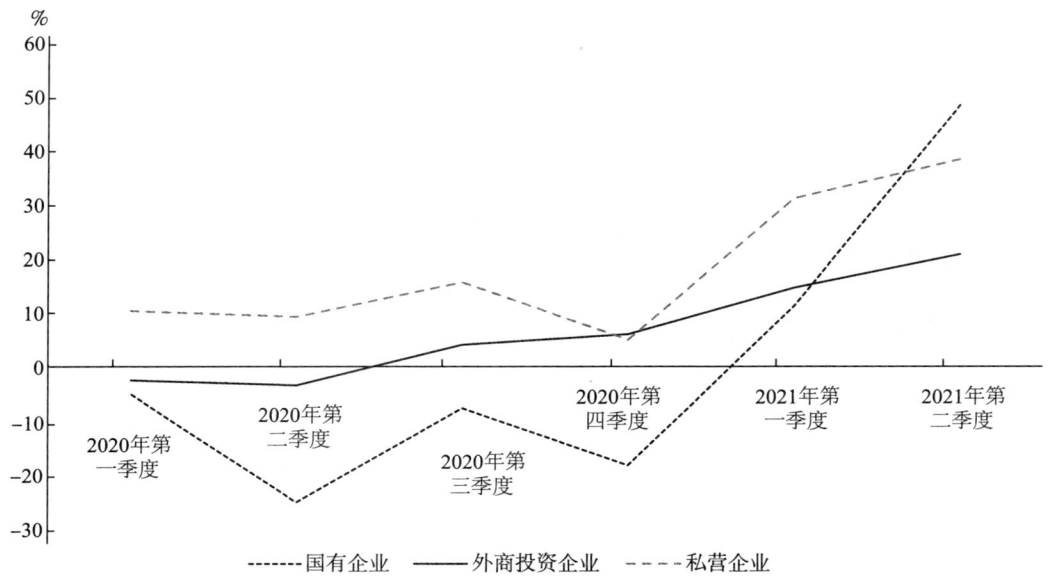

图 13-7 2020—2021 年不同类型企业的进口增长率

数据来源：根据中国海关总署统计数据整理而得。

（四）进口来源地结构：从美国进口增加，东盟等地区的份额提升

在新冠肺炎疫情冲击下，我国进口来源地结构有所变化。总体来看，我国从东盟等发展中国家或地区的进口比重显著提升，说明在疫情叠加贸易保护主义的背景下，中国进口贸易呈现出更加偏向于东盟等地区的趋势。

具体来看，如表 13-7 和表 13-8 所示，与疫情前相比，在中国大陆总进口中所占份额提升较大的地区有中国台湾、美国、东盟等。进一步来看，从美国的进口占我国总进口的份额由 2019 年的 5.91% 提升到 2021 年前 8 个月的 6.71%。中国从美国的进口份额的提升，一方面体现出了中美第一阶段经贸协议的成效，另一方面中美良好的经贸关系符合两国经济社会发展的需要。从东盟的进口占我国总进口的份额由 2019 年的 13.59% 提升到 2021 年前 8 个月的 14.36%。面对疫情冲击，我国与东盟国家广泛开展抗疫经贸合作，有力地维护了区域产业链的稳定、推动了双边贸易发展[①]。从"一带一路"沿线国家的进口占我国总进口的份额在经历了短暂下降后逆势回升，由 2019 年的 28.02% 提升到 2021 年前 8 个月的 28.26%。中欧班列开行数量大幅提升、中国与"一带一路"沿线国家经贸关系韧性强等是双边经贸关系稳定的重要因素。

---

① 谭砚文，李丛希，陈志钢. 新冠肺炎疫情对中国与东盟区域农产品供应链的影响及对策 [J]. 农业经济问题，2020（10）：113-121.

与疫情前相比,在中国总进口中所占份额下降较大的地区有欧盟、日本、韩国等地区。进一步地,2019年至2021年前8个月,从欧盟的进口占中国总进口的份额由12.16%降至11.91%,从日本的进口占中国总进口的份额由8.27%降至7.82%,从韩国的进口占中国总进口的份额由8.35%降至7.80%,从英国、加拿大和非洲的进口占中国总进口的份额分别由1.15%、1.35%和4.59%降至0.96%、1.15%和3.97%。

表13-7 从重点国家或地区的进口额占中国总进口的份额情况 （%）

地区	2019年	2020年	2021年1—8月	2020年与2019年之差
中国台湾	8.34	9.75	9.14	1.41
东盟	13.59	14.63	14.36	1.04
越南	3.1	3.81	3.29	0.71
美国	5.91	6.55	6.71	0.64
欧盟	12.16	12.57	11.91	0.41
巴西	3.84	4.1	4.42	0.26
日本	8.27	8.5	7.82	0.23
印度尼西亚	1.64	1.82	2.12	0.18
马来西亚	3.46	3.64	3.6	0.18
印度	0.87	1.02	1.15	0.15
拉丁美洲	7.96	8.08	8.5	0.12
泰国	2.22	2.34	2.4	0.12
荷兰	0.54	0.62	0.53	0.08
韩国	8.35	8.41	7.8	0.06
德国	5.06	5.12	4.61	0.06
意大利	1.03	1.08	1.19	0.05
新西兰	0.6	0.59	0.65	-0.01
菲律宾	0.97	0.94	0.9	-0.03
中国香港	0.44	0.34	0.39	-0.1
法国	1.57	1.44	1.46	-0.13
新加坡	1.69	1.54	1.49	-0.15
俄罗斯联邦	2.94	2.78	2.78	-0.16
英国	1.15	0.96	0.96	-0.19
澳大利亚	5.84	5.6	6.47	-0.24
南非	1.25	1	1.26	-0.25
加拿大	1.35	1.07	1.15	-0.28
"一带一路"沿线国家	28.02	27.72	28.26	-0.3
非洲	4.59	3.54	3.97	-1.05

数据来源:根据中国海关总署统计数据整理而得。

表 13-8 中国从重点国家或地区的进口额情况　　　　　　　　　单位：亿元

国家/地区	2019 年	2020 年	2021 年 1—8 月	2020 年与 2019 年之差
中国台湾	11934	13873	10258	1939
东盟	19456	20807	16104	1351
越南	4433	5414	3696	981
美国	8454	9319	7524	865
欧盟	17415	17874	13363	459
巴西	5501	5834	4954	333
日本	11837	12090	8772	253
印度尼西亚	2349	2587	2381	238
马来西亚	4955	5171	4033	216
印度	1239	1445	1285	206
泰国	3181	3332	2696	151
荷兰	773	884	599	111
拉丁美洲	11402	11496	9536	94
意大利	1476	1536	1331	60
德国	7242	7278	5174	36
韩国	11960	11957	8747	-3
新西兰	864	836	724	-28
菲律宾	1393	1335	1012	-58
中国香港	626	482	437	-144
法国	2247	2048	1640	-199
新加坡	2426	2185	1666	-241
俄罗斯联邦	4208	3960	3119	-248
英国	1648	1370	1074	-278
南非	1784	1422	1412	-362
澳大利亚	8362	7964	7258	-398
加拿大	1937	1518	1286	-419
"一带一路"沿线国家	40120	39433	31700	-687
非洲	6573	5035	4453	-1538

数据来源：根据中国海关总署统计数据整理而得。

三、新冠肺炎疫情背景下中国进口贸易面临的新机遇

（一）新冠肺炎疫情加速了我国数字贸易特别是跨境电商进口的发展

新冠肺炎疫情暴发以来，越来越多的活动由线下转至线上，数字化、网络化和智

能化转型进程加快,线上交易、云端订单管理以及非接触式物流运输等贸易优势凸显,可见,新冠肺炎疫情加速了企业数字化转型进程①。据中国海关总署统计,2020年跨境电商进出口规模达1.69万亿元,与2019年相比增长31.1%,远高于同期1.9%的全国外贸增速;2021年上半年,跨境电商进出口8867亿元,同比增长28.6%。2021年7月国务院发布的《关于加快发展外贸新业态新模式的意见》指出,新业态新模式是我国外贸发展的新生力量,也是国际贸易发展的重要趋势。

长期以来,得益于市场需求扩大、政策红利以及生产率提升等因素,部分企业尚未形成数字化转型的意识,仍以"粗放式"增长为主。突如其来的疫情使企业管理者认识到采用数字化生产、销售和管理方式的重要性,为不少行业推进数字贸易带来转型动力。一方面,疫情使全球消费呈现出从线下转至线上的趋势,部分企业开通线上贸易渠道,大大提升了电商渗透率;另一方面,在疫情背景下,复工复产的需要使得线上办公、远程管理成为企业的首要选择,数字化转型升级成为企业应对疫情冲击、提升企业经营绩效的重要渠道。在全球新冠肺炎疫情大流行环境下,民众的生活方式、产品需求以及企业的生产方式等均发生变化,传统贸易方式的劣势凸显,互联网、大数据、人工智能等成为企业的重要生产资料,以跨境电商为代表的外贸新业态成为传统贸易企业破局蜕变的重要渠道。

(二) 新冠肺炎疫情推动了我国进口贸易区域化发展的趋势

新冠肺炎疫情叠加贸易保护主义势力,美国不断鼓吹与华"脱钩"论,鼓励相关产业回流美国;同时,日韩等国的产业链、供应链也遭到负面冲击,鼓励在华产业回流或迁往别处。世界各国更加重视安全因素在全球生产布局中的重要性。因此,在国际单边主义势力增长和疫情冲击的双重压力下,全球产业链和供应链的本土化、区域化和地区化趋势明显。

疫情加速了各经济体的"脱钩",各国在考虑国际分工合作、产业转移时,会更注重在区域内建立更安全、更稳定的供应链,从而加剧了产业链区域化,甚至次区域化的发展趋势,推动了我国进口贸易的集中化、区域化。例如,RCEP的签署表明东亚各国充分认识到了疫情之下加强合作的重要意义,为东亚各国之间的经贸合作提供新的机遇和平台;"一带一路"沿线国家合作优势不断凸显,成为推动各国经济复苏的重要力量。在疫情持续的背景下,各国为加强经贸合作,促进经济复苏,保障供应链、产业链顺畅,将会推动区域经济一体化发展,区域化经贸合作关系将为我国未来进口贸

---

① 刘斌,潘彤. 新冠疫情背景下中国对外贸易的现状分析、趋势研判与政策建议[J]. 国际贸易,2021(7):29-35.

易带来机遇。对中国来说,疫情导致中国扩大了从周边地区特别是东盟的进口。疫情暴发以来,我国与东盟之间的贸易额逆势增长,2020年,双边贸易总额为4.73万亿元,同比增长7%;2021年1—8月,双边贸易总额3.59万亿元,同比增长22.8%[①]。

(三)新冠肺炎疫情全球蔓延引致的订单转移促使我国进口大幅增加

新冠肺炎疫情在全球持续蔓延,部分地区生产能力受限、物流运输受阻,大量订单被转移至生产能力较强的国家或地区。得益于疫情控制得当,中国率先实现复工复产。凭借自身生产能力较强等优势,国内企业充分利用良好的生产条件,积极调整产业布局,成为国际市场供给的重要生产源头,有力保障了国际供应链的正常运转。在国际疫情凶猛蔓延阶段,各国政府加强疫情防控,封锁和限制措施导致各地区生产受限,无法按时交货的订单面临违约风险,从而导致大批海外订单回流、转移至生产能力恢复较好的中国,大大促进了中国各类产品进口的增长。

2021年5月,东南亚国家的疫情并未得到有效控制,导致经济陷入停滞状态、工厂无法如期开工。一些大型出口企业由于无法保证按时交货,不得不取消订单;一些零售商为了确保货物供给有序运转,将许多原本在东南亚国家生产的订单转移至中国。特别是纺织业,中国作为全球最大的纺织品生产国,劳动密集型产业优势明显。跨国企业在考虑订单转移问题时,基于生产能力和疫情恢复情况,选择中国企业作为供应商,中国企业的"应急订单"爆满、进出口剧增。总之,中国率先控制住疫情,为出口服务的进口大幅增加,中国通过稳定出口有力保障了国际市场供给。

(四)新冠肺炎疫情促使我国进口企业拓展新的进口来源地

长期以来,我国政府高度重视进口市场多元化,一直强调优化国际市场布局,积极开拓进口来源地,分散进口,防范进口风险。但是,对于企业来说,开拓新进口来源地是需要成本的,也是需要动力的。在全球疫情形势复杂严峻的局势之下,世界市场供需错配,多国面临生产与需求不平衡的状况。我国进口企业为了确保进口稳定,维持正常的生产和经营,在已有进口来源地由于疫情原因无法保障供给的时候,积极寻求新的合作伙伴,千方百计开辟新的进口渠道。可见,疫情导致的供需紊乱,虽然不利于世界市场的稳定,但在一定程度上有利于促使我国企业调整进口市场结构,积极拓展新进口市场。

---

① 数据来源:中国海关总署(http://www.customs.gov.cn)。

四、新冠肺炎疫情背景下中国进口贸易面临的新挑战

（一）国际疫情形势仍然复杂严峻，进口面临的不确定性增加

当前，新冠肺炎疫情在全球的蔓延并未出现消退趋势，相反，随着全球感染者数量不断攀升，关闭边境、限制人员流动等防疫抗疫行为仍是当前国际社会广泛采取的举措，各国防疫措施不断根据疫情发展进行动态调整。国际疫情形势复杂严峻的态势对我国进口贸易形成巨大挑战，增加了我国进口贸易的不确定性。

具体来看，首先，我国进口企业面临海外订单无法如期交付的风险。疫情冲击下，各国为限制民众聚集性活动，普遍采取宵禁、封城以及停工停产的防疫措施，直接对企业的生产和销售等行为产生负面影响，从而影响了进口来源地企业对我国的出口。其次，我国进口企业面临成本增加的风险。国际航线关闭、贸易限制和约束增加等导致贸易成本增加，疫情反复导致世界市场供需不匹配问题突出，增大了进口产品价格波动幅度，尤其加大了我国中小企业的进口风险，严重影响了我国进口贸易的稳定性。最后，疫情反复打击市场信心，导致人们消费倾向不稳定，加大我国进口企业亏损风险。

（二）产业链"脱钩"趋势明显，进口结构可能面临重大调整

我国制造业主要以产品内分工的形式融入全球产业链，进口的中间品通常技术含量较高、可替代性较差，对国际市场进口的依赖性较大。受疫情冲击，各国中间品供应企业可能出现断供、缺供，部分半导体零部件、元器件及汽车零部件等产品供给困难，我国进口贸易受阻[①]，尤其是我国从欧美日韩等地的中间品进口受阻，导致产业链"脱钩"趋势明显。

在当前世界经济增长疲软、逆全球化思潮涌现的背景下，新冠肺炎疫情更是成为一些国家特别是发达国家实施"脱钩"的武器和借口，加剧了全球民族主义、封闭主义思想的兴起，将可能从根本上动摇经济全球化发展、国际分工的方向和根基，导致保护主义、单边主义势力兴起，从而加速全球产业链、价值链的断裂[②]。长期来看，跨国企业今后在进行全球产业链、价值链重构时，可能不仅考虑利益或市场等方面，更会强调产业链的安全性、稳定性和韧性，从而将上下游相关产业布局在国内或母国周边地区，从而导致产业链回流、内向化、区域化趋势日益明显。由于欧美等发达地区

---

① 刘志彪，陈柳. 疫情冲击对全球产业链的影响、重组与中国的应对策略［J］. 南京社会科学，2020（5）：15－21.

② 张慧慧. 新冠疫情对我国国际贸易的影响及对策分析［J］. 商业经济，2020（8）：58－59，92.

的大型跨国企业往往是全球产业链布局的决策者，产业链回流以及区域化发展的趋势一旦产生，我国可能会面临全球产业链中"去中国化"风险，给我国进口贸易带来重大冲击，不仅会导致我国进口产品结构的重大调整——我国用于加工贸易的中间品进口可能会大大减少，还会改变我国进口来源地结构——我国可能会大幅增加从跨国公司新布局地区的进口。

（三）部分进口产品缺乏可替代性产品，缺供、断供等风险日益凸显

当前，我国资源能源、粮食、关键技术性产品等的进口来源地缺乏可替代性，进口依赖程度较高，在短期内也难以寻找到其他可能进口渠道，一旦疫情较大程度地影响到相关产品的进口，出现缺供、断供问题，就会对我国相关产业及上下游产业造成致命冲击。以能源产品为例，2020年，我国原油对外贸易依存度为73.5%，同比提升2.7个百分点；天然气对外依存度为43.2%，同比增长0.2个百分点；我国原油和天然气对外依存度不断攀升，并预计2021年均有进一步提升的趋势①。从原油产品进口来看，中东地区、俄罗斯和美国是我国原油前三大进口来源地。长期以来，中东欧地区争斗不休、中美经贸摩擦不断，尤其在新冠肺炎疫情之下，石油断供、缺供以及供需不平衡问题突出。随着我国原油进口需求不断扩大，对外依存度不断加深带来的石油安全问题凸显。从粮食产品进口来看，我国大豆长期高度依赖进口，2020年我国大豆对外依存度高达84.8%。巴西、美国和阿根廷是我国大豆的主要进口来源地。受当地疫情形势严峻、供需失衡和运输成本增加等多重因素影响，大豆进口价格暴涨，对我国相关产业的稳定性造成严重冲击②。

（四）国际运输价格猛涨，进口运输成本增加

当前我国进口贸易以海洋运输、铁路运输和航空运输为主。受疫情影响，各国加强对外贸易管制措施，我国与疫情形势较为严峻的国家之间的航班和车次均大幅减少，国际运力供不应求，导致跨境运输价格猛增。暴涨的国际运输价格在一定程度上对国内进口企业造成巨大压力，特别是严重依赖进口零部件的生产企业，往往被迫承受高昂的物流成本。进口成本增加、盈利水平降低以及海关监管加强导致的货物交货期延长都对企业运营造成了严重不利影响。

全球疫情暴发使得全球供应链、产业链运行效率低下，进而导致跨国物流运输供

---

① 中国石油集团国家高端智库研究中心，中国石油集团经济技术研究院. 2020年国内外油气行业发展概述及2021年展望 [EB/OL]，[2021-03]. http://etri.cnpc.com.cn/etri/zkgd/202103/2893e70da3a74cfe89171f8b07f29087.shtml.
② 赵川，宋艳. 新冠肺炎疫情对中国粮食价格的冲击及应对策略——以大豆为例 [J]. 价格月刊，2021（3）：8-14。

给减少；而我国疫情得到有效控制后，复工复产加速，我国生产力恢复。因此，外部有效运力供给减少与我国进口需求增加的矛盾突出，根据目前国际疫情走势，估计这一矛盾在短期内无法有效解决。长期来看，随着新冠疫苗在全球的接种率不断提升，覆盖范围不断扩大，欧美等主要经济体的贸易体系恢复正常运转后，将逐步缓解当前国际物流链条的"梗阻"现象，在一定程度上有利于缓解我国进口运输压力。

第十四章　中国积极扩大进口的政策建议与展望

一、中国积极扩大进口的政策建议

（一）坚定支持和维护多边贸易体制，全面提高对外开放水平

当前，新冠肺炎疫情仍在全球肆虐，全球经济增长乏力，防疫抗疫之路艰难曲折，国际秩序愈加深刻复杂。面对挑战，坚定支持和维护多边主义是对抗全球疫情大流行以及促进全球经济复苏的有效路径。保持当前国际贸易回升势头，需要各国加强疫情合作、共享防疫抗疫经验与方法，努力恢复与稳定全球产业链、供应链。我国政府更需要坚定捍卫多边贸易体制，加强与其他国家的通力合作，共同面对、应对全球威胁与挑战，坚决反对与抵制霸权主义、单边主义与逆全球化思潮，以实际行动维护多边贸易体制。今后，我国应坚定不移地建设开放型经济，全面提高对外开放水平，坚持实施更大范围、更宽领域、更深层次的对外开放，提升我国在世界市场上的话语权，与双边、多边区域经济体建立良好合作关系，提升参与国际贸易规则制定和谈判的能力，积极承担大国责任，共享经济发展成果。

（二）加强对进口企业的各种支持，建立进口风险预警机制

新冠肺炎疫情给世界各国的经济发展蒙上了阴影，令我国进出口贸易承受巨大压力。在全球贸易保护主义思潮涌起叠加新冠肺炎疫情冲击的背景下，我国政府应加大对进口企业的财政补助力度，改善进口企业融资渠道，缓解进口企业财务负担，特别是要加强对中小进口企业的帮扶政策，保障企业正常运转。对于疫情或其他因素导致的海外订单违约问题，政府应积极向进口企业提供援助与支持，通过法律途径维护进口企业的正当权利，避免其经济损失。对于进口产品受阻的企业，政府要积极帮助进口企业寻找国内外相关替代产品。对于需要开拓新进口来源地的企业，政府可以通过财政补助等措施，帮扶进口企业渡过难关。相关政府部门应与相关单位通力合作，建立进口风险预警机制，通过及时发布海外疫情进展、相关进口来源地产业政策变化以及国际航线港口运输调整等相关信息，降低企业进口市场的信息不对称性，让企业了

解进口来源地相关行业发展的动态,提醒进口企业做好进口贸易应急方案与措施,及时调整生产和经营方向,提升应对风险能力。另外,我国还应严防进口货物将海外新冠病毒携带入境的风险,尤其是进口冷链产品,应加大对进口冷冻品的消杀力度,严格防控新冠病毒以物为传播载体进入我国境内的风险。

(三)坚定不移地推动进口市场多元化战略,降低进口风险

新冠肺炎疫情扰乱了世界贸易秩序,打破了全球产业链、供应链的稳定性。在此背景下,为避免更大损失,特别是在逆全球化思潮背景下,我国应着力开拓新的进口来源地,鼓励探索新兴进口市场,避免重要产品进口过于集中于少数市场、单一市场的风险。我国应坚定不移地推动进口市场多元化战略,从进口来源地结构、产品品种及质量等多个维度有策略地推动进口多元化,增加可替代产品的进口,分散进口风险。在实施进口市场多元化战略的时候,要充分发挥"一带一路"倡议、《区域全面经济伙伴关系协定》的积极作用,发挥进口企业市场主体的作用,鼓励进口企业巩固拓展与其他伙伴国的经贸关系,切实实施进口多元化战略。

(四)简化进口企业的通关流程,提升进口贸易便利化水平

为减少疫情给国内进口企业带来的不利影响,确保进口产品更便捷高效地进入中国市场,政府应强化相关部门与海关总署的合作机制,简化进口产品审批程序和通关流程,为进口企业提供更加便利的服务。从企业进口订货环节来看,政府应更注重进口单证的标准化、优化与简化,采用国际标准优化进口单证格式、目录和数量等,简化进口单证烦琐的处理程序,提高双方交易效率。从企业进口运输环节来看,不仅要简化船只进港报告手续,协调各海港之间的工作,提升港口管理效率,还要建设国际物流信息平台,减少企业进口运输需求和国际物流供给之间的信息不对称性,运用大数据、互联网技术等手段加强进口物流环节管控,提高企业进口物流时效。从企业进口通关环节来看,要提升通关一体化水平,建立与完善单一窗口通关系统,降低进口辅助性文件和单据检验要求,并且,相关部门应构建受疫情影响严重的重点进口产品临时通关平台,确保重点产品进口便捷、顺畅与高效。从企业进口结算环节来看,相关部门应深化结算体制改革,简化结算程序与规则,完善结算相关手续等措施,与境外银行建立支付网络关系,推动人民币跨境支付结算,促进金融机构结算服务便利化。

(五)积极建设进口贸易信息展示平台,提升进口企业的数字化水平

新冠肺炎疫情暴发后,数字贸易、跨境电商等线上活动在维持经济与贸易基本运转中起到了重要作用,"宅家式"跨境购物需求对我国跨境电商进口提出了更高的要求。为了加快外贸新业态新模式发展,并缓解疫情下企业进口的压力,国家政府及相

关部门应积极推进进口贸易信息展示平台建设，聚合境外各供应商产品信息，提供公开高效的进口贸易指南信息，搭建线上进口贸易洽谈合作平台等；并加强构建线上交易服务平台，尤其是区域性特色跨境电商进口平台，如中国—东盟跨境电商进口交易平台、"一带一路"沿线国家进口贸易交易平台等，为国内企业和消费者提供线上进口通道。当前，国际社会仍缺乏整体的、系统的和规范化的全球跨境电商规则体系，我国政府及相关部门应进一步加强在跨境电商国际规则制定方面的努力，积极参与并尽可能主导跨境电商国际规则的制定。对进口企业来说，应积极推进自身数字化转型，实施进口贸易全流程数字化，充分利用当前进口贸易数字化公共服务平台，利用智慧化管理系统对从海外采购、物流运输、仓储与生产管理到销售等环节进行数字化洞察和分析，提升企业进口管理效率和市场敏锐度，从而真正释放数字化、网络化和智慧化对进口贸易的驱动作用。另外，政府、企业以及有关部门应更加注重数字化人才的培养与引进，将更多高端应用型人才投入市场，以实现进口企业数字化的持久发展。

（六）着力打造进口贸易运输新通道，保障进口产品流入通道顺畅

当前，海运成本较高、要素国际流动不畅以及我国在国际物流供应链中缺乏主导性等问题突出，我国应更加注重提升国际物流供应链自主性，实现国际物流通道布局的多样化和分散化，保障进口产品流入通道顺畅，从而降低国际运输受阻给企业进口带来的压力。具体来看，一方面，我国应着力打造进口贸易运输新通道，开设进口运输新路线，协调和增加中欧班列、中越班列和西部陆海新通道货运班列等运输班次，提升国际物流运输供应链自主性和进口贸易运输能力。对于进口缓滞运输产品，鼓励和援助有实力的进口企业建立海外原料集采、直采和仓储管理基地。从企业角度来看，进口企业与港航运输企业应建立长期合作机制，缓和运输价格波动以保障进口安全与稳定。另一方面，政府及有关部门应着力疏通重点进口来源地、重点进口产品的运输通道，如打通中国与东盟、"一带一路"沿线国家以及 RCEP 成员国等重点地区的进口运输通道，针对重点进口产品千方百计开通临时运输班次和路线，确保重点产品进口运输通道顺畅。

二、中国进口展望

当前和今后一段时期，国际环境日趋复杂，新冠肺炎疫情影响广泛深远，世界经济陷入低迷，国际经济政治格局复杂多变，世界进入动荡变革期，各种不稳定性、不确定性因素明显增加，单边主义、保护主义、霸权主义对世界经济发展构成威胁。在这样的背景下，根据自身经济发展的需要、经济发展新阶段的需要和重大战略部署的

需要,我国政府提出并持续实施积极扩大进口政策。进口是联通国内国际两个市场、两种资源的重要渠道和纽带,中国进口将成为支撑世界经济发展的长期因素。

(一) 中国积极扩大进口的基本政策不会变

对外开放是我国的基本国策,我国对外开放的大门将越开越大,为积极扩大进口提供了政策保障。在"十四五"时期,我国将坚定不移贯彻创新、协调、绿色、开放、共享的新发展理念,坚持稳中求进工作总基调,以推动高质量发展为主题,以深化供给侧结构性改革为主线,以改革创新为根本动力,以满足人民日益增长的美好生活需要为根本目的,坚持实施更大范围、更宽领域、更深层次对外开放,全面提高对外开放水平,推动贸易和投资自由化便利化,依托我国超大规模市场优势,积极扩大进口。在新时期,我国将构建以国内大循环为主体、国内国际双循环相互促进的新发展格局。新发展格局不是封闭的国内循环,而是开放的国内国际双循环。进口作为连接国内循环和国际循环的重要纽带,将在构建新发展格局中起到积极的促进作用。

近年来,我国一直在推动由商品和要素流动型开放向规则等制度型开放的转变,建设更高水平开放型经济新体制。国家政府已经明确提出,要围绕实行高水平对外开放深化改革,不断深化商品、服务、资金、人才等要素流动型开放,稳步推进规则、规制、管理、标准等制度建设,完善市场准入和监管、产权保护、信用体系等方面的法律制度,加快营造市场化、法治化、国际化的营商环境,在外商投资准入、跨境服务贸易、进口环节管理服务等方面,构建与国际通行规则相衔接的制度体系和监管模式。毫无疑问,制度型开放、更高水平开放型经济新体制的推进,不仅将通过更完善、更安全的制度保障直接有利于扩大进口,还将通过优化营商环境、扩大利用外资规模等途径间接有利于扩大进口。

(二) 中国积极扩大进口是长期持续行为

中国一直奉行互利共赢的开放战略。中国不断扩大对外开放,不仅发展了自己,也造福了世界。开放带来进步,封闭必然落后,这是中国改革开放以来的事实,也是积累的宝贵经验。改革开放 40 多年的实践充分证明,改革开放是党和人民大踏步赶上时代的重要法宝,是坚持和发展中国特色社会主义的必由之路,是决定当代中国命运的关键一招,也是决定实现"两个一百年"奋斗目标、实现中华民族伟大复兴的关键一招。

国际经济联通和交往仍是世界经济发展的客观要求。中国的发展离不开世界,世界的繁荣也需要中国。当前,我国经济发展已由高速增长阶段转向高质量发展阶段。只有顺应历史潮流,积极应变,主动求变,才能与时代同行。在高速增长阶段,进口的作用主要体现在生产领域，资源、能源、原材料、中间品等的进口直接服务国内企业生产。在高质量发展阶段，进口仍然会发挥不可替代的作用，而且可能会越来越大、越来越凸显，不仅体现在生产领域，也会体现在消费领域。随着一国经济规模的扩大，国内消费水平会提升、消费结构会升级，增加进口、优化进口结构是一个必然趋势，中国也不例外。

随着我国在世界经济中的地位持续上升，我国同世界经济的联系会更加紧密，为其他国家提供的市场将更加广阔，必将成为吸引国际商品和要素资源的巨大引力场。这个过程就是我国提高对外开放水平的过程，也是我国持续扩大进口的过程。凡是愿意同我国合作的国家、地区和企业，我国都愿意与其积极开展合作，加快形成全方位、多层次、多元化的开放合作格局。国家已经明确表示，中国真诚向世界各国开放市场，中国主动扩大进口，不是权宜之计，而是面向世界、面向未来、促进共同发展的长远考量。

（三）中国积极扩大进口的市场潜力巨大

我国已经进入高质量发展阶段，社会主要矛盾已经转化为人民日益增长的美好生活需要和不平衡不充分的发展之间的矛盾，人均国内生产总值达到 1 万美元，城镇化率超过 60%，中等收入群体超过 4 亿人，人民对美好生活的要求不断提高，国内市场空间广阔、潜力巨大。基于此，中国将顺应国内消费升级趋势，采取更加积极有效的政策措施，促进居民收入增加、消费能力增强，培育中高端消费新增长点，持续释放国内市场潜力，扩大进口空间。另外，中国将继续推动京津冀协同发展、长江经济带发展、长三角区域一体化发展、粤港澳大湾区建设，并将制定黄河流域生态保护和高质量发展的新国家战略，增强开放联动效应。这也将为持续进口、长期进口提供巨大的市场基础。

我国的进口需求是多样化的。《中华人民共和国国民经济和社会发展第十四个五年规划和 2035 年远景目标纲要》明确提出"降低进口关税和制度性成本，扩大优质消费品、先进技术、重要设备、能源资源等进口，促进进口来源多元化"。可以预测，今后我国不仅会扩大货物贸易进口，也会扩大服务进口，扩大先进技术、设备和零部件进口，鼓励国内有需求的资源性产品进口，支持日用消费品、医药和康复、养老护理等设备进口，促进研发设计、节能环保、环境服务等生产性服务进口。

特别要指出的是，以前的进口主要是服务生产的，特别是用于加工贸易的，生产的产品主要是用于出口的；在构建新发展格局的背景下，今后，我国会进口更多的消费品，直接服务国内消费者，基于进口的生产也将更多地用于国内消费。也就是说，在生产性进口稳定发展的同时，服务国内市场的消费性进口会大大增加，成为进口增加的潜在源泉之一。由于中国国内市场具有超大规模优势，因此，进口具有很大的潜在增长空间。

（四）中国积极扩大进口的举措持续推进

从内部举措来看，中国将进一步降低关税，继续削减进口环节制度性成本，持续提高进口贸易便利化水平，加快改善国内营商环境，积极支持跨境电商零售进口业务，继续办好中国国际进口博览会，大力培育一批国家进口贸易促进创新示范区，加快自由贸易试验区深化改革，加快海南自由贸易港建设。以降低关税为例，自2001年加入世界贸易组织以来，我国坚持履行降低关税承诺，大幅降低进口关税，到2010年货物降税承诺全部履行完毕，达到并超过了世界贸易组织对发展中成员的要求，2020年我国进口关税总水平低于绝大多数发展中国家的关税水平。今后我国将不定期动态调整部分产品的进口关税。

从外部举措来看，中国将与更多国家商签高标准自由贸易协定，加快中欧投资协定、中日韩自由贸易协定、中国—海合会自由贸易协定谈判进程，在继续扩大从发达经济体等传统市场进口的同时，将着力深化从"一带一路"沿线国家的进口，拓展从亚洲、非洲、拉美等市场的进口。以自由贸易协定为例，到目前为止，我国已经达成19项自由贸易协定，和26个国家和地区签署了这些协定，下一步，我国将实施自由贸易区提升战略，签署更多的自由贸易协定，升级现有的自由贸易协定，加紧形成一个立足周边、辐射"一带一路"、面向全球的高标准自由贸易区网络。自由贸易区网络的完善和提升将拉近中国和自贸区伙伴之间的经贸关系，提高区域一体化发展程度，降低货物贸易关税，扩大服务贸易开放部门，对中国进口是一个重大利好。

从举措内容来看，国家政府将致力于推动外贸领域制度创新、管理创新、服务创新、业态创新、模式创新，拓展外贸发展空间，提升外贸运行效率，加快发展外贸新业态新模式，支持外贸领域的线上综合服务平台、数字化公共服务平台等建设，不断完善跨境电商发展支持政策，深化贸易外汇收支便利化试点，便利跨境电商进出口退换货管理，优化跨境电商零售进口商品清单，稳步开展跨境电商零售进口药品试点工作。总的来看，我国将多措并举，全面、持续推进进口，激发进口潜力，扩大进口规模，优化进口结构。

（五）中国积极扩大进口的展会平台增多

我国不断建设各类展会平台以促进进口。中国进出口商品交易会、中国国际进口博览会、中国国际服务贸易交易会和中国国际消费品博览会是我国目前四大国家级展会平台。这四大展会平台的侧重点各不相同，又互为支撑。广交会是进出口双向商品交易平台。进博会是专门聚焦货物和部分服务进口的展会。服贸会是专门为服务贸易搭建的国家级、国际性、综合型大规模展会，是中国促进服务贸易进口的主要展会。消博会是国际消费精品全球展示交易平台，是中国消费品进口的主要展会。可见，这四大展会平台涉及了货物贸易进口、服务贸易进口、生活消费品进口、生产性产品进口，共同构成了中国不同类型产品进口的支撑平台。

《中华人民共和国国民经济和社会发展第十四个五年规划和2035年远景目标纲要》明确提出"办好中国国际进口博览会、中国进出口商品交易会、中国国际服务贸易交易会等展会"。其中，进博会不仅要年年办下去，而且要办出水平、办出成效、越办越好。可以预测，今后，随着这四大展会平台的进一步发展和完善，展会平台的集聚效应、外溢效应、规模效应、示范效应等必将日益凸显，对中国进口的促进作用也必将更加显著。

总的来看，在未来的一段时期，中国将持续积极扩大进口，实现国内外市场联通、要素资源共享，既能推动中国经济高质量发展、更好满足国内消费需求、服务中国企业发展，又能让中国市场成为世界的市场、共享的市场、大家的市场，为世界提供共同发展的机遇，为国际社会注入更多正能量，使中国成为全球共同开放的重要推动者、世界经济增长的稳定动力源。

附录1 2019中国进口排行榜

为了让国内外各方全面了解2019年我国进口贸易发展的态势和变化，我们编制了《2019中国进口排行榜》，从省份进口、城市进口、进口来源国、行业进口、直属海关进口、高新技术产业开发区进口、经济技术开发区进口、保税区进口等视角对中国进口情况进行了分析。

一、2019中国省份进口排行榜

广东省是2019年我国进口规模排名第一的省份，进口规模是4070.04亿美元，占全国进口总额的19.59%。2019年，前五大进口省份依次为广东省、北京市、上海市、江苏省和山东省，这五个省份的进口占全国进口的70%左右。2018年前五大进口省份同样依次为广东省、北京市、上海市、江苏省和山东省。

河北省是2019年我国进口规模增加最多的省份。2019年广东省、江苏省、上海市、天津市、辽宁省、吉林省、河南省、贵州省、甘肃省、西藏自治区、海南省和青海省12个省份进口额减少，其中广东省、江苏省和上海市分别减少了约310亿美元、252亿美元、136亿美元；其他省份的进口额均有所增加，其中，河北省进口额增加最多，增加了约37.6亿美元。

从进口规模排名来看，与2018年相比，2019年位次提高的省份是青海省、福建省、陕西省、江西省、重庆市、新疆维吾尔自治区、河北省和安徽省，均提高了1位；位次下降的有黑龙江省、河南省、天津市、甘肃省、西藏自治区和吉林省，分别下降了2、2、1、1、1、1位。

从各省进口占全国总进口的份额来看，进口份额增加最多的5个省份为北京市、山东省、浙江省、河北省和四川省；进口份额下降最多的5个省份为广东省、江苏省、天津市、上海市和辽宁省。

附表1-1 2019中国省份进口排行榜（31个省份）

位次	省份	进口额/亿美元	得分/分	该省份进口占全国总进口的比重/%
1	广东省	4070.04	100	19.59
2	北京市	3411.60	84	16.42
3	上海市	2948.89	72	14.20
4	江苏省	2346.97	58	11.30
5	山东省	1348.49	33	6.49
6	浙江省	1126.40	28	5.42
7	福建省	729.48	18	3.51
8	天津市	628.55	15	3.03
9	辽宁省	598.29	15	2.88
10	四川省	416.73	10	2.01
11	广西壮族自治区	304.63	7.48	1.47
12	重庆市	301.66	7.41	1.45
13	安徽省	283.34	6.96	1.36
14	河南省	282.54	6.94	1.36
15	陕西省	238.28	5.85	1.15
16	河北省	236.60	5.81	1.14
17	黑龙江省	220.33	5.41	1.06
18	湖北省	211.50	5.20	1.02
19	云南省	186.71	4.59	0.90
20	湖南省	183.49	4.51	0.88
21	江西省	147.19	3.62	0.71
22	吉林省	141.98	3.49	0.68
23	内蒙古自治区	104.46	2.57	0.50
24	山西省	92.76	2.28	0.45
25	海南省	81.66	2.01	0.39
26	新疆维吾尔自治区	56.66	1.39	0.27
27	甘肃省	36.06	0.89	0.17
28	贵州省	18.33	0.45	0.09
29	宁夏回族自治区	13.28	0.33	0.06
30	青海省	2.47	0.06	0.01
31	西藏自治区	1.62	0.04	0.01

数据来源：根据中国海关总署数据整理计算。

二、2019 中国城市进口排行榜

深圳市是 2019 年我国进口规模排名第一的城市，进口规模为 1893.56 亿美元，占全国进口总额的 9.12%。2019 年，前五大进口城市依次为深圳市、苏州市、东莞市、广州市和宁波市，与 2018 年前五大进口城市的排名一致。

广州市是 2019 年我国进口规模增加最多的城市。与 2018 年相比，2019 年进口规模增加最多的 5 个城市为广州市、青岛市、崇左市、成都市和武汉市，分别增加了 51.7 亿美元、39.9 亿美元、26.8 亿美元、26.3 亿美元和 24.1 亿美元，进口额下降最多的 5 个城市是苏州市、深圳市、大连市、东莞市和惠州市，分别下降了 202 亿美元、182 亿美元、80 亿美元、78 亿美元和 42 亿美元。

2019 年各城市进口占全国总进口份额增加最多的 5 个城市是广州市、青岛市、成都市、崇左市和武汉市；份额下降最多的 5 个城市是苏州市、深圳市、大连市、东莞市和惠州市。

附表 1-2 2019 中国城市进口排行榜（前 50 强）

位次	城市	进口额/亿美元	得分/分	该城市进口占全国总进口的比重/%
1	深圳市	1893.56	100	9.12
2	苏州市	1270.47	67	6.12
3	东莞市	750.66	40	3.61
4	广州市	687.67	36	3.31
5	宁波市	464.74	25	2.24
6	厦门市	418.35	22	2.01
7	青岛市	364.94	19.27	1.757
8	成都市	364.33	19.24	1.754
9	大连市	351.19	18.55	1.691
10	杭州市	287.87	15.20	1.386
11	无锡市	273.15	14.43	1.315
12	南京市	264.38	13.96	1.273
13	西安市	219.49	11.59	1.057
14	郑州市	209.33	11.06	1.008
15	珠海市	182.31	9.63	0.878
16	烟台市	170.24	8.99	0.820
17	佛山市	159.67	8.43	0.769

续表

位次	城市	进口额/亿美元	得分/分	该城市进口占全国总进口的比重/%
18	武汉市	156.10	8.24	0.752
19	大庆市	144.62	7.64	0.696
20	惠州市	128.99	6.81	0.621
21	长春市	122.91	6.49	0.592
22	合肥市	120.12	6.34	0.578
23	南通市	116.82	6.17	0.562
24	沈阳市	109.73	5.80	0.528
25	福州市	105.06	5.55	0.506
26	昆明市	95.85	5.06	0.461
27	潍坊市	95.28	5.03	0.459
28	长沙市	87.34	4.61	0.421
29	崇左市	86.16	4.55	0.415
30	常州市	85.94	4.54	0.414
31	防城港市	81.96	4.33	0.395
32	石家庄市	75.91	4.01	0.365
33	威海市	69.89	3.69	0.336
34	济南市	69.62	3.68	0.335
35	太原市	67.84	3.58	0.327
36	中山市	66.51	3.51	0.320
37	唐山市	63.86	3.37	0.307
38	铜陵市	63.03	3.33	0.303
39	南昌市	60.26	3.18	0.290
40	南宁市	55.62	2.94	0.268
41	连云港市	54.62	2.88	0.263
42	江门市	42.01	2.22	0.202
43	海口市	35.65	1.88	0.172
44	温州市	31.53	1.665	0.152
45	鹰潭市	31.44	1.660	0.151
46	湛江市	29.66	1.567	0.143
47	芜湖市	26.85	1.418	0.129
48	金华市	26.75	1.413	0.129
49	马鞍山市	26.70	1.410	0.129
50	乌鲁木齐市	25.85	1.365	0.124

数据来源：根据中国海关总署数据整理计算。

三、2019 中国进口来源地排行榜

韩国是 2019 年我国第一大进口来源地,进口额达 1736 亿美元,占我国总进口的 8.36%。2019 年,我国前五大进口来源地分别为韩国、中国台湾、日本、美国和澳大利亚,这五大进口来源地进口合计占中国总进口的 36.71%。2018 年,我国前五大进口来源地分别为韩国、日本、中国台湾、美国和德国,这五大进口来源地进口合计占中国总进口的 41.45%。

澳大利亚是 2019 年我国进口规模增加最多的国家。与 2018 年相比,2019 年我国从澳大利亚、马来西亚、沙特阿拉伯、阿根廷和爱尔兰的进口增加较多,分别增加了 156 亿美元、86 亿美元、82 亿美元、38 亿美元和 25 亿美元。从占中国进口份额来看,与 2018 年相比,2019 年我国从澳大利亚、沙特阿拉伯、马来西亚、阿根廷和爱尔兰的进口所占份额增加最多。

附表 1-3 2019 中国进口来源地排行榜(前 60 强)

位次	进口来源地	进口额/亿美元	得分/分	占全国总进口的比重/%
1	韩国	1735.75	100	8.36
2	中国台湾	1730.02	99.67	8.33
3	日本	1717.62	99	8.27
4	美国	1297.81	71	5.91
5	澳大利亚	1227.14	70	5.85
6	德国	1214.32	61	5.06
7	巴西	1051.08	46	3.84
8	马来西亚	954.99	41	3.46
9	越南	797.98	37	3.09
10	俄罗斯	718.28	35	2.94
11	沙特阿拉伯	641.34	31	2.61
12	泰国	610.53	27	2.22
13	新加坡	541.82	20	1.695
14	印度尼西亚	461.58	20	1.640
15	法国	352.15	19	1.569
16	加拿大	340.61	16	1.356
17	瑞士	325.81	15.706	1.313
18	智利	281.58	15.114	1.263
19	南非	272.62	14.935	1.248
20	英国	262.34	13.768	1.151

续表

位次	进口来源地	进口额/亿美元	得分/分	占全国总进口的比重/%
21	伊拉克	259.23	13.753	1.149
22	安哥拉	238.97	13.628	1.139
23	意大利	238.72	12.336	1.031
24	菲律宾	236.54	11.641	0.973
25	阿曼	214.12	11.268	0.942
26	印度	202.05	10.363	0.866
27	阿联酋	195.58	8.789	0.734
28	秘鲁	179.87	8.748	0.731
29	墨西哥	152.55	8.260	0.690
30	爱尔兰	151.84	7.751	0.648
31	科威特	143.37	7.746	0.647
32	伊朗	134.55	7.740	0.647
33	新西兰	134.45	7.235	0.605
34	荷兰	134.34	6.456	0.540
35	哈萨克斯坦	125.58	5.336	0.446
36	瑞典	112.06	5.268	0.440
37	中国香港	92.62	5.234	0.437
38	卡塔尔	91.43	5.015	0.419
39	土库曼斯坦	90.85	5.004	0.418
40	西班牙	87.05	4.956	0.414
41	奥地利	86.86	4.392	0.367
42	阿根廷	86.03	4.258	0.356
43	比利时	76.23	3.953	0.330
44	缅甸	73.91	3.680	0.308
45	哥伦比亚	68.62	3.667	0.306
46	蒙古国	63.87	3.646	0.305
47	刚果（布）	63.65	3.486	0.291
48	斯洛伐克	63.29	3.438	0.287
49	以色列	60.50	2.969	0.248
50	丹麦	59.68	2.856	0.239
51	委内瑞拉	51.54	2.799	0.234
52	利比亚	49.58	2.766	0.231
53	加蓬	48.58	2.673	0.223
54	芬兰	48.01	2.672	0.223
55	捷克	46.39	2.666	0.223

续表

位次	进口来源地	进口额/亿美元	得分/分	占全国总进口的比重/%
56	乌克兰	46.39	2.600	0.217
57	刚果（金）	46.28	2.551	0.213
58	波兰	45.14	2.271	0.190
59	挪威	44.29	2.247	0.188
60	匈牙利	39.41	2.158	0.180

数据来源：根据中国海关总署数据整理计算。

四、2019 中国行业进口排行榜

机电产品是 2019 年我国第一大进口产品。2019 年，进口规模最大的行业是"电机、电气设备及其零件；录音机及放声机、电视图像、声音的录制和重放设备及其零件、附件"，进口额达 4974 亿美元，占全国总进口的 23.95%。

2019 年，我国前五大进口行业依次为"电机、电气设备及其零件；录音机及放声机、电视图像、声音的录制和重放设备及其零件、附件""矿物燃料、矿物油及其蒸馏产品；沥青物质；矿物蜡""核反应堆、锅炉、机械器具及零件""矿砂、矿渣及矿灰""光学、照相、电影、计量、检验、医疗或外科用仪器及设备、精密仪器及设备；上述物品的零件、附件"。这五大进口行业进口合计占全国总进口的 62.47%。

附表 1-4 2019 中国行业进口排行榜（96 个行业）

位次	HS 2 位码行业	进口额/亿美元	得分/分	该行业进口占全国总进口的比重/%
1	电机、电气设备及其零件；录音机及放声机、电视图像、声音的录制和重放设备及其零件、附件	4974	100	23.95
2	矿物燃料、矿物油及其蒸馏产品；沥青物质；矿物蜡	3461	70	16.66
3	核反应堆、锅炉、机械器具及零件	1903	38	9.16
4	矿砂、矿渣及矿灰	1651	33	7.95
5	光学、照相、电影、计量、检验、医疗或外科用仪器及设备、精密仪器及设备；上述物品的零件、附件	987	20	4.75
6	车辆及其零件、附件，但铁道及电车道车辆除外	751	15	3.62
7	塑料及其制品	716	14	3.45

续表

位次	HS 2 位码行业	进口额/亿美元	得分/分	该行业进口占全国总进口的比重/%
8	天然或养殖珍珠、宝石或半宝石、贵金属、包贵金属及其制品；仿首饰；硬币	603	12.1	2.90
9	有机化学品	575	11.6	2.77
10	铜及其制品	406	8.2	1.96
11	含油子仁及果实；杂项子仁及果实；工业用或药用植物；稻草、秸秆及饲料	401	8.1	1.93
12	药品	336	6.8	1.62
13	钢铁	234	4.7	1.13
14	木及木制品；木炭	220	4.4	1.06
15	航空器、航天器及其零件	193	3.9	0.931
16	木浆及其他纤维状纤维素浆；纸及纸板的废碎品	191	3.83	0.918
17	肉及食用杂碎	188	3.79	0.907
18	杂项化学产品	175	3.52	0.842
19	精油及香膏；芳香料制品及化妆盥洗品	161	3.24	0.777
20	鱼、甲壳动物、软体动物及其他水生无脊椎动物	154	3.10	0.742
21	橡胶及其制品	154	3.09	0.740
22	食用水果及坚果；甜瓜或柑橘属水果的果皮	117	2.34	0.562
23	无机化学品；贵金属、稀土金属、放射性元素及其同位素的有机及无机化合物	104	2.08	0.499
24	动、植物油、脂及其分解产品；精制的食用油脂；动、植物蜡	99.3	2.00	0.478
25	钢铁制品	98.6	1.98	0.475
26	棉花	92.3	1.86	0.444
27	盐；硫黄；泥土及石料；石膏料、石灰及水泥	81.4	1.64	0.392
28	玻璃及其制品	75.9	1.53	0.365
29	谷物、粮食粉、淀粉或乳的制品；糕饼点心	72.1	1.45	0.347
30	乳品；蛋品；天然蜂蜜；其他食用动物产品	63.5	1.28	0.306
31	饮料、酒及醋	58.2	1.17	0.280
32	铝及其制品	58.0	1.17	0.279
33	鞋靴、护腿和类似品及其零件	56.3	1.13	0.271
34	镍及其制品	55.6	1.12	0.268
35	纸及纸板；纸浆、纸或纸板制品	52.7	1.06	0.254
36	谷物	50.6	1.02	0.243
37	鞣料浸膏及染料浸膏；鞣酸及其衍生物；染料、颜料及其他色料；油漆及清漆；油灰及其他类似胶粘剂；墨水、油墨	50.3	1.01	0.242

续表

位次	HS 2 位码行业	进口额/亿美元	得分/分	该行业进口占全国总进口的比重/%
38	肥皂、有机表面活性剂、洗涤剂、润滑剂、人造蜡、调制蜡、光洁剂、蜡烛及类似品、塑型用膏、"牙科用蜡"及牙科用熟石膏制剂	47.2	0.949	0.227
39	非针织或非钩编的服装及衣着附件	44.8	0.900	0.216
40	钟表及其零件	41.1	0.827	0.198
41	皮革制品；鞍具及挽具；旅行用品、手提包及类似容器；动物肠线（蚕胶丝除外）制品	39.9	0.801	0.192
42	食品工业的残渣及废料；配制的动物饲料	39.7	0.798	0.191
43	杂项食品	36.9	0.741	0.177
44	蛋白类物质；改性淀粉；胶；酶	36.8	0.740	0.177
45	生皮（毛皮除外）及皮革	36.6	0.736	0.176
46	针织或钩编的服装及衣着附件	36.5	0.734	0.176
47	肥料	35.4	0.712	0.171
48	家具；寝具、褥垫、弹簧床垫、软坐垫及类似的填充制品；未列名灯具及照明装置；发光标志、发光名牌及类似品；活动房屋	35.2	0.708	0.170
49	贱金属工具、器具、利口器、餐匙、餐叉及其零件	35.1	0.705	0.169
50	羊毛、动物细毛或粗毛；马毛纱线及其机织物	32.2	0.648	0.155
51	其他贱金属、金属陶瓷及其制品	31.1	0.626	0.150
52	化学纤维长丝	28.7	0.577	0.138
53	照相及电影用品	27.1	0.544	0.130
54	玩具、游戏品、运动用品及其零件、附件	25.3	0.508	0.122
55	书籍、报纸、印刷图画及其他印刷品；手稿、打字稿及设计图纸	23.6	0.475	0.114
56	杂项制品	23.6	0.474	0.114
57	化学纤维短纤	22.6	0.454	0.109
58	船舶及浮动结构体	22.1	0.444	0.106
59	锌及其制品	21.0	0.421	0.101
60	贱金属杂项制品	19.0	0.383	0.0917
61	烟草及烟草代用品的制品	19.0	0.383	0.0917
62	石料、石膏、水泥、石棉、云母及类似材料的制品	17.7	0.356	0.0853
63	浸渍、涂布、包覆或层压的纺织物；工业用纺织制品	16.9	0.340	0.0813
64	糖及糖食	16.0	0.323	0.0773
65	食用蔬菜、根及块茎	15.7	0.315	0.0754
66	蔬菜、水果、坚果或植物其他部分的制品	15.0	0.301	0.0720

续表

位次	HS 2 位码行业	进口额/亿美元	得分/分	该行业进口占全国总进口的比重/%
67	针织物及钩编织物	13.7	0.276	0.0660
68	制粉工业产品；麦芽；淀粉；菊粉；面筋	13.2	0.266	0.0636
69	陶瓷产品	12.8	0.257	0.0616
70	絮胎、毡呢及无纺织物；特种纱线；线、绳、索、缆及其制品	12.4	0.250	0.0598
71	其他植物纺织纤维；纸纱线及其机织物	10.6	0.213	0.0509
72	毛皮、人造毛皮及其制品	10.2	0.205	0.0491
73	咖啡、茶、马黛茶及调味香料	9.52	0.191	0.0458
74	其他动物产品	8.56	0.172	0.0412
75	艺术品、收藏品及古物	8.40	0.169	0.0405
76	可可及可可制品	8.11	0.163	0.0390
77	铁道及电车道机车、车辆及其零件；铁道及电车道轨道固定装置及其零件、附件；各种机械（包括电动机械）交通信号设备	7.16	0.144	0.0345
78	乐器及其零件、附件	5.28	0.106	0.0254
79	活动物	4.98	0.100	0.0240
80	其他纺织制成品；成套物品；旧衣着及旧纺织品；碎织物	4.77	0.096	0.0230
81	特种机织物；簇绒织物；花边；装饰毯；装饰带；刺绣品	4.54	0.091	0.0219
82	虫胶；树胶、树脂及其他植物液、汁	4.13	0.083	0.0199
83	肉、鱼、甲壳动物、软体动物及其他水生无脊椎动物的制品	3.94	0.079	0.0190
84	铅及其制品	3.70	0.074	0.0178
85	已加工羽毛、羽绒及其制品；人造花；人发制品	3.20	0.064	0.0154
86	活树及其他活植物；鳞茎、根及类似品；插花及装饰用簇叶	2.70	0.054	0.0130
87	锡及其制品	1.59	0.032	0.0077
88	编结用植物材料；其他植物产品	1.44	0.029	0.0069
89	帽类及其零件	1.30	0.026	0.0063
90	地毯及纺织材料的其他铺地制品	1.20	0.024	0.0058
91	炸药；烟火制品；火柴；引火合金；易燃材料制品	1.13	0.023	0.0055
92	蚕丝	0.57	0.011	0.0027
93	软木及软木制品	0.41	0.008	0.0020
94	稻草、秸秆、针茅或其他编结材料制品；篮筐及柳条编结品	0.19	0.004	0.0009
95	雨伞、阳伞、手杖、鞭子、马鞭及其零件	0.16	0.003	0.0008
96	武器、弹药及其零件、附件	0.10	0.002	0.0005

数据来源：根据中国海关总署数据整理计算。

五、2019 中国直属海关进口排行榜

上海海关是 2019 年我国第一大进口海关,进口规模达 3804.45 亿美元,占全国总进口的 18.32%。2019 年前五大进口海关分别是上海海关、深圳海关、南京海关、青岛海关和黄埔海关,这五大海关进口合计占全国总进口的 53.6%;前十大进口海关进口合计占全国总进口的 71.96%。

附表 1-5 2019 中国直属海关进口排行榜(42 个关别)

位次	海关	进口额/亿美元	得分/分	该海关进口占全国总进口的比重/%
1	上海海关	3804.45	100	18.32
2	深圳海关	2580.68	68	12.42
3	南京海关	1897.09	50	9.13
4	青岛海关	1645.39	43	7.92
5	黄埔海关	1204.98	32	5.80
6	天津海关	1091.38	29	5.25
7	宁波海关	724.27	19.0	3.49
8	广州海关	709.93	18.7	3.42
9	大连海关	683.32	18.0	3.29
10	北京海关	606.01	15.9	2.92
11	杭州海关	558.20	14.7	2.69
12	成都海关	477.81	12.6	2.30
13	南宁海关	441.02	11.59	2.12
14	厦门海关	439.67	11.56	2.12
15	石家庄海关	415.31	10.92	2.00
16	济南海关	318.46	8.37	1.53
17	郑州海关	268.66	7.06	1.29
18	重庆海关	250.45	6.58	1.21
19	湛江海关	234.28	6.16	1.13
20	乌鲁木齐海关	218.60	5.75	1.05
21	拱北海关	211.82	5.57	1.02
22	西安海关	210.11	5.52	1.01
23	合肥海关	204.28	5.37	0.98
24	福州海关	192.54	5.06	0.93
25	武汉海关	179.28	4.71	0.86
26	哈尔滨海关	173.81	4.57	0.84

续表

位次	海关	进口额/亿美元	得分/分	该海关进口占全国总进口的比重/%
27	昆明海关	158.77	4.17	0.76
28	沈阳海关	140.55	3.69	0.68
29	长沙海关	131.34	3.45	0.63
30	海口海关	122.17	3.21	0.59
31	南昌海关	108.20	2.84	0.52
32	呼和浩特海关	80.09	2.11	0.39
33	长春海关	76.81	2.02	0.37
34	汕头海关	53.68	1.41	0.26
35	江门海关	49.49	1.30	0.24
36	满洲里海关	34.58	0.91	0.17
37	太原海关	31.85	0.84	0.15
38	兰州海关	19.04	0.50	0.092
39	贵阳海关	10.92	0.29	0.053
40	银川海关	8.98	0.24	0.043
41	西宁海关	1.51	0.04	0.007
42	拉萨海关	1.20	0.03	0.006

数据来源：根据中国海关总署数据整理计算。

六、2019 中国高新技术产业开发区进口排行榜

在本书统计的 46 个高新技术产业开发区中，成都高新技术产业开发区是 2019 年我国进口最多的高新技术产业开发区，进口规模为 309.43 亿美元，占全国总进口的 1.49%，占 46 个高新技术产业开发区进口总额的 33.18%。全国进口最多的五个高新技术产业开发区分别是成都高新技术产业开发区、无锡高新技术产业开发区、广州高新技术产业开发区、苏州高新技术产业开发区和惠州高新技术产业开发区，这五大高新技术产业开发区进口合计占全国总进口的 3.8%，占 46 个高新技术产业开发区进口总额的 85%。成都高新技术产业开发区的进口规模是排名第 5 的惠州高新技术产业开发区的 4.8 倍，是排名第 10 的合肥高新技术产业开发区的 30 倍。

附表1-6 2019中国高新技术产业开发区进口排行榜

位次	高新技术产业开发区	进口额/亿美元	得分/分	该高新技术产业开发区进口额占46个高新技术产业开发区进口额的比重/%	该高新技术产业开发区进口额占全国总进口额的比重/%
1	成都高新技术产业开发区	309.43	100	33.18	1.49
2	无锡高新技术产业开发区	246.64	80	26.45	1.19
3	广州高新技术产业开发区	95.02	31	10.19	0.457
4	苏州高新技术产业开发区	74.53	24	7.99	0.359
5	惠州高新技术产业开发区	64.02	21	6.86	0.308
6	南昌高新技术产业开发区	29.08	9.40	3.12	0.140
7	昆明高新技术产业开发区	27.78	8.98	2.98	0.134
8	长沙高新技术产业开发区	17.17	5.55	1.84	0.0827
9	绵阳高新技术产业开发区	11.47	3.71	1.23	0.0552
10	合肥高新技术产业开发区	10.26	3.32	1.10	0.0494
11	宁波高新技术产业开发区	8.62	2.78	0.924	0.0415
12	杭州高新技术产业开发区	5.03	1.62	0.539	0.0242
13	大庆高新技术产业开发区	4.93	1.59	0.529	0.0237
14	沈阳高新技术产业开发区	3.89	1.26	0.417	0.0187
15	长春高新技术产业开发区	3.80	1.23	0.407	0.0183
16	南宁高新技术产业开发区	3.31	1.07	0.355	0.0159
17	常州高新技术产业开发区	2.78	0.897	0.298	0.0134
18	东莞松山湖高新技术产业开发区	2.75	0.887	0.294	0.0132
19	襄阳高新技术产业开发区	2.28	0.738	0.245	0.0110
20	青岛高新技术产业开发区	1.58	0.511	0.170	0.0076
21	贵阳高新技术产业开发区	1.32	0.427	0.142	0.0064
22	乌鲁木齐高新技术产业开发区	1.13	0.364	0.121	0.0054
23	蚌埠高新技术产业开发区	0.938	0.303	0.101	0.0045
24	重庆高新技术产业开发区	0.864	0.279	0.0926	0.0042
25	太原高新技术产业开发区	0.777	0.251	0.0833	0.0037
26	郑州高新技术产业开发区	0.668	0.216	0.0716	0.0032
27	芜湖高新技术产业开发区	0.501	0.162	0.0537	0.0024
28	洛阳高新技术产业开发区	0.445	0.144	0.0477	0.0021
29	株洲高新技术产业开发区	0.384	0.124	0.0411	0.0018
30	益阳高新技术产业开发区	0.287	0.093	0.0308	0.0014
31	新余高新技术产业开发区	0.261	0.084	0.0280	0.0013
32	吉林高新技术产业开发区	0.178	0.057	0.0190	0.0009

续表

位次	高新技术产业开发区	进口额/亿美元	得分/分	该高新技术产业开发区进口额占46个高新技术产业开发区进口额的比重/%	该高新技术产业开发区进口额占全国总进口额的比重/%
33	鞍山高新技术产业开发区	0.169	0.055	0.0182	0.00082
34	鹰潭高新技术产业开发区	0.0800	0.026	0.0086	0.00039
35	马鞍山慈湖高新技术产业开发区	0.0599	0.019	0.0064	0.00029
36	石家庄高新技术产业开发区	0.0544	0.018	0.0058	0.00026
37	保定高新技术产业开发区	0.0479	0.015	0.0051	0.00023
38	湘潭高新技术产业开发区	0.0370	0.012	0.0040	0.00018
39	泸州高新技术产业开发区	0.0230	0.00742	0.0025	0.00011
40	包头高新技术产业开发区	0.0127	0.00410	0.0014	0.00006
41	景德镇高新技术产业开发区	0.0090	0.00292	0.0010	0.00004
42	衡阳高新技术产业开发区	0.0088	0.00285	0.000945	0.00004
43	乐山高新技术产业开发区	0.0052	0.00169	0.000562	0.00003
44	福州高新技术产业开发区	0.0034	0.00110	0.000366	0.00002
45	宝鸡高新技术产业开发区	0.00176	0.000569	0.000189	0.00001
46	常德高新技术产业开发区	0.00004	0.000013	0.000004	0.0000002

数据来源：根据中国海关总署数据整理计算。

七、2019中国经济技术开发区进口排行榜

在本书统计的64个经济技术开发区中，天津经济技术开发区是2019年我国进口最多的经济技术开发区，进口规模为197.17亿美元，占全国总进口的0.95%，占64个经济技术开发区进口总额的17.18%。全国进口规模最大的5个经济技术开发区分别是天津经济技术开发区、北京经济技术开发区、宁波经济技术开发区、广州经济技术开发区和大连经济技术开发区，这五大经济技术开发区进口合计占全国总进口的3.1%，占64个经济技术开发区进口总额的56%左右。天津经济技术开发区的进口规模是排名第10的杭州经济技术开发区的5倍，是排名第20的芜湖经济技术开发区的15.5倍。

附表1-7 2019中国经济技术开发区进口排行榜（本书统计的64个）

位次	经济技术开发区	进口额/亿美元	得分/分	该经济技术开发区进口额占64个经济技术开发区进口额的比重/%	该经济技术开发区进口额占全国总进口额的比重/%
1	天津经济技术开发区	197.17	100	17.18	0.95
2	北京经济技术开发区	140.33	71	12.23	0.68

续表

位次	经济技术开发区	进口额/亿美元	得分/分	该经济技术开发区进口额占64个经济技术开发区进口额的比重/%	该经济技术开发区进口额占全国总进口额的比重/%
3	宁波经济技术开发区	108.23	55	9.43	0.52
4	广州经济技术开发区	103.90	53	9.06	0.50
5	大连经济技术开发区	93.84	48	8.18	0.45
6	青岛经济技术开发区	55.49	28.1	4.84	0.267
7	烟台经济技术开发区	55.13	28.0	4.80	0.265
8	合肥经济技术开发区	49.74	25.2	4.34	0.239
9	太原经济技术开发区	42.92	21.8	3.74	0.207
10	杭州经济技术开发区	39.31	19.9	3.43	0.189
11	南通经济技术开发区	26.78	13.6	2.33	0.129
12	连云港经济技术开发区	20.63	10.5	1.80	0.0993
13	南昌经济技术开发区	17.13	8.69	1.49	0.0825
14	滁州经济技术开发区	14.93	7.57	1.301	0.0719
15	秦皇岛经济技术开发区	14.92	7.56	1.300	0.0718
16	成都经济技术开发区	14.61	7.41	1.273	0.0703
17	武汉经济技术开发区	14.23	7.22	1.240	0.0685
18	武汉吴家山经济技术开发区	14.23	7.22	1.240	0.0685
19	沈阳经济技术开发区	13.38	6.78	1.166	0.0644
20	芜湖经济技术开发区	12.69	6.43	1.106	0.0611
21	福州经济技术开发区	12.41	6.30	1.082	0.0598
22	上海闵行经济技术开发区	12.11	6.14	1.055	0.0583
23	湛江经济技术开发区	10.89	5.52	0.949	0.0524
24	长沙经济技术开发区	10.01	5.08	0.872	0.0482
25	长春经济技术开发区	9.84	4.99	0.858	0.0474
26	蒙自经济技术开发区	9.57	4.85	0.834	0.0461
27	哈尔滨经济技术开发区	7.67	3.89	0.668	0.0369
28	乌鲁木齐经济技术开发区	7.02	3.56	0.612	0.0338
29	陕西航天经济技术开发区	3.40	1.72	0.296	0.0164
30	宜宾临港经济技术开发区	2.12	1.07	0.184	0.0102
31	池州经济技术开发区	1.54	0.78	0.134	0.00741
32	大同经济技术开发区	1.43	0.72	0.125	0.00688
33	赣州经济技术开发区	1.17	0.59	0.102	0.00561
34	铜陵经济技术开发区	0.941	0.48	0.0820	0.00453
35	黄石经济技术开发区	0.701	0.36	0.0611	0.00338

续表

位次	经济技术开发区	进口额/亿美元	得分/分	该经济技术开发区进口额占64个经济技术开发区进口额的比重/%	该经济技术开发区进口额占全国总进口额的比重/%
36	荆州经济技术开发区	0.667	0.34	0.0581	0.00321
37	昆明经济技术开发区	0.615	0.31	0.0536	0.00296
38	石河子经济技术开发区	0.556	0.282	0.0484	0.00267
39	宁波杭州湾经济技术开发区	0.552	0.280	0.0481	0.00266
40	九江经济技术开发区	0.464	0.236	0.0405	0.00224
41	马鞍山经济技术开发区	0.443	0.225	0.0386	0.00213
42	银川经济技术开发区	0.377	0.191	0.0328	0.00181
43	拉萨经济技术开发区	0.294	0.149	0.0256	0.00142
44	常德经济技术开发区	0.293	0.148	0.0255	0.00141
45	宁国经济技术开发区	0.291	0.148	0.0254	0.00140
46	浏阳经济技术开发区	0.275	0.139	0.0240	0.00132
47	襄阳经济技术开发区	0.273	0.139	0.0238	0.00132
48	金华经济技术开发区	0.266	0.135	0.0232	0.00128
49	温州经济技术开发区	0.259	0.132	0.0226	0.00125
50	安庆经济技术开发区	0.251	0.128	0.0219	0.00121
51	井冈山经济技术开发区	0.250	0.127	0.0218	0.00120
52	湘潭经济技术开发区	0.214	0.108	0.0186	0.00103
53	绵阳经济技术开发区	0.189	0.096	0.0165	0.000911
54	六安经济技术开发区	0.179	0.091	0.0156	0.000861
55	宜春经济技术开发区	0.117	0.059	0.0102	0.000562
56	万州经济技术开发区	0.105	0.053	0.00912	0.000504
57	上海经济技术开发区	0.0521	0.026	0.00454	0.000251
58	西宁经济技术开发区	0.0497	0.025	0.00433	0.000239
59	曲靖经济技术开发区	0.0073	0.00370	0.00064	0.000035
60	淮南经济技术开发区	0.0042	0.00210	0.00036	0.000020
61	广元经济技术开发区	0.0033	0.00167	0.00029	0.000016
62	晋中经济技术开发区	0.0011	0.00056	0.000097	0.000005
63	长寿经济技术开发区	0.0009	0.000467	0.000080	0.000004
64	昆明嵩明杨林经济技术开发区	0.0004	0.000213	0.000037	0.000002

数据来源：根据中国海关总署数据整理计算。

八、2019 中国保税区进口排行榜

在本书统计的 10 个保税区中,上海外高桥保税区是 2019 年我国进口最多的保税区,进口规模为 968.55 亿美元,占全国总进口的 4.66%,占 10 个保税区进口总额的 67.03%。全国进口规模最大的 5 个保税区分别是上海外高桥保税区、深圳福田保税区、宁波保税区、天津港保税区和广州保税区,这五大保税区进口合计占全国总进口的 6.71%,占 64 个经济技术开发区进口总额的 96% 左右。上海外高桥保税区的进口规模是排名第 10 的汕头保税区的 907 倍。与 2018 年相比,上海外高桥保税区进口额增加最多,增加了 37 亿美元;深圳福田保税区进口额减少最多,减少了 72 亿美元。

附表 1-8　2019 中国保税区进口排行榜(本书统计的 10 个)

位次	保税区	进口额/亿美元	得分/分	该保税区进口额占10个保税区进口额的比重/%	该保税区进口额占全国总进口额的比重/%
1	上海外高桥保税区	968.55	100	67.03	4.66
2	深圳福田保税区	254.75	26	17.63	1.23
3	宁波保税区	77.29	7.98	5.35	0.372
4	天津港保税区	73.59	7.60	5.09	0.354
5	广州保税区	19.19	1.98	1.33	0.092
6	厦门象屿保税区	19.07	1.97	1.32	0.092
7	珠海保税区	17.57	1.81	1.22	0.085
8	大连保税区	12.10	1.25	0.838	0.058
9	福州保税区	1.82	0.19	0.126	0.0088
10	汕头保税区	1.07	0.11	0.074	0.0051

数据来源:根据中国海关总署数据整理计算。

附录2 2020中国进口排行榜

2020年，尽管受到新冠肺炎疫情影响，中国扩大开放的步伐仍在加快，扩大对外开放的系列举措全面落实，如期举办了第三届进博会。为了让国内外各方全面了解2020年我国进口贸易发展的态势和变化，我们继续编制了《2020中国进口排行榜》，从省份进口、城市进口、进口来源国、行业进口、直属海关进口、高新技术产业开发区进口、经济技术开发区进口、经济特区进口、保税区进口等视角对中国进口情况进行了分析。

一、2020中国省份进口排行榜

广东省是2020年我国进口规模排名第一的省份，进口规模为3952.64亿美元，占全国进口总额的19.23%。2020年，前五大进口省份依次为广东省、上海市、北京市、江苏省和山东省，这五个省份的进口占全国总进口的65.4%。2019年前五大进口省份依次为广东省、北京市、上海市、江苏省和山东省。

浙江省是2020年我国进口规模增加最多的省份。2020年，北京市、广东省、江苏省、天津市、辽宁省、黑龙江省、上海市、山东省、吉林省、贵州省、宁夏回族自治区、云南省、西藏自治区、青海省14个省份进口额减少，其中，北京市、广东省和江苏省分别减少了约704亿美元、427亿美元、134亿美元；其他省份的进口额均有所增加，其中，浙江省进口额增加最多，增加了约133.7亿美元。

从进口排名来看，与2019年相比，2020年位次提高的省份是河北省、湖南省、福建省、河南省、上海市、重庆市、湖北省、江西省、青海省、新疆维吾尔自治区、安徽省和海南省，其中，河北省和湖南省进口排名均提升了2位，其余省份进口排名均提升了1位；位次下降的有黑龙江省、广西壮族自治区、吉林省、北京市、山西省、天津市、西藏自治区、甘肃省和云南省，其中，广西壮族自治区和吉林省进口排名分别下降了4、3位，其余省份进口排名均下降了1位。

从各省进口占全国总进口的份额来看，与2019年相比，2020年进口份额增加最多的 5 个省份为浙江省、四川省、福建省、河南省和河北省，分别增加了 0.85 个百分点、0.56 个百分点、0.53 个百分点、0.47 个百分点和 0.4 个百分点；与 2019 年相比，2020 年进口份额下降最多的 5 个省份为北京市、广东省、天津市、辽宁省和黑龙江省，分别下降了 2.81 个百分点、1.28 个百分点、0.45 个百分点、0.35 个百分点和 0.2 个百分点。

附表 2-1 2020 中国省份进口排行榜（31 个省份）

位次	省份	进口额/亿美元	得分/分	该省份进口占全国总进口的比重/%
1	广东省	3952.64	100	19.23
2	上海市	3050.82	77	14.84
3	北京市	2680.25	68	13.04
4	江苏省	2464.91	62	11.99
5	山东省	1294.12	33	6.30
6	浙江省	1246.67	32	6.06
7	福建省	802.61	20	3.90
8	天津市	615.71	16	3.00
9	辽宁省	561.26	14	2.73
10	四川省	495.54	13	2.41
11	河南省	376.19	9.5	1.83
12	重庆市	336.48	8.5	1.64
13	安徽省	324.62	8.2	1.58
14	广西壮族自治区	310.99	7.9	1.51
15	河北省	273.28	6.9	1.33
16	陕西省	266.25	6.7	1.30
17	湖北省	230.23	5.8	1.12
18	湖南省	226.74	5.7	1.10
19	黑龙江省	169.94	4.3	0.83
20	云南省	168.06	4.3	0.82
21	江西省	157.29	4.0	0.77
22	吉林省	142.89	3.6	0.70
23	内蒙古自治区	100.24	2.5	0.49
24	海南省	95.25	2.4	0.46
25	山西省	91.35	2.3	0.44
26	新疆维吾尔自治区	55.51	1.4	0.27
27	甘肃省	41.51	1.1	0.20
28	贵州省	16.75	0.4	0.08

续表

位次	省份	进口额/亿美元	得分/分	该省份进口占全国总进口的比重/%
29	宁夏回族自治区	5.27	0.1	0.03
30	青海省	1.53	0.04	0.007
31	西藏自治区	1.22	0.03	0.006

数据来源：根据中国海关总署数据整理计算。

二、2020中国城市进口排行榜

深圳市是2020年我国进口规模排名第一的城市，进口规模为1955亿美元，占全国进口总额的9.51%。2020年，前五大进口城市依次为深圳市、苏州市、东莞市、广州市和宁波市，与2019年前五大进口城市的排名一致。

无锡市是2020年我国进口规模增加最多的城市。与2019年相比，2020年进口规模增加最多的5个城市为无锡市、苏州市、郑州市、成都市和厦门市，分别增加了92.3亿美元、84.3亿美元、82.6亿美元、76.0亿美元和64.2亿美元；与2019年相比，2020年进口规模下降最多的5个城市是广州市、大庆市、大连市、佛山市和东莞市，分别减少了94.7亿美元、42.0亿美元、36.8亿美元、25.2亿美元和25.1亿美元。

从各城市进口占全国总进口的份额来看，与2019年相比，2020年进口份额增加最多的5个城市是苏州市、无锡市、郑州市、深圳市和成都市，进口份额分别增加了0.47个百分点、0.46个百分点、0.41个百分点、0.39个百分点和0.38个百分点；与2019年相比，2020年进口份额下降最多的5个城市为广州市、大庆市、大连市、佛山市和珠海市，分别下降了0.43个百分点、0.20个百分点、0.16个百分点、0.11个百分点和0.09个百分点。

附表2-2 2020中国城市进口排行榜（前50强）

位次	城市	进口额/亿美元	得分/分	该城市进口占全国总进口的比重/%
1	深圳市	1954.97	100	9.51
2	苏州市	1354.79	69	6.59
3	东莞市	725.61	37	3.53
4	广州市	593.01	30	2.88
5	宁波市	488.32	25	2.38
6	厦门市	482.52	25	2.35
7	成都市	440.31	23	2.14
8	青岛市	365.98	19	1.78

续表

位次	城市	进口额/亿美元	得分/分	该城市进口占全国总进口的比重/%
9	无锡市	365.42	19	1.78
10	杭州市	323.25	17	1.57
11	大连市	314.34	16	1.53
12	郑州市	291.96	15	1.42
13	南京市	280.65	14	1.37
14	西安市	245.32	13	1.19
15	武汉市	185.52	9.49	0.903
16	烟台市	181.37	9.28	0.882
17	珠海市	162.15	8.29	0.789
18	合肥市	146.91	7.51	0.715
19	佛山市	134.52	6.88	0.654
20	长春市	128.84	6.59	0.627
21	南通市	120.68	6.17	0.587
22	惠州市	115.98	5.93	0.564
23	长沙市	112.69	5.76	0.548
24	沈阳市	108.98	5.57	0.530
25	福州市	103.57	5.30	0.504
26	大庆市	102.64	5.25	0.499
27	潍坊市	99.38	5.08	0.483
28	日照市	98.28	5.03	0.478
29	唐山市	97.22	4.97	0.473
30	济南市	90.40	4.62	0.440
31	常州市	89.74	4.59	0.437
32	崇左市	87.39	4.47	0.425
33	昆明市	83.15	4.25	0.404
34	石家庄市	80.33	4.11	0.391
35	南宁市	74.43	3.81	0.362
36	太原市	70.85	3.62	0.345
37	防城港市	67.46	3.45	0.328
38	铜陵市	66.82	3.42	0.325
39	威海市	64.82	3.32	0.315
40	南昌市	63.17	3.23	0.307
41	中山市	56.94	2.91	0.277
42	连云港市	55.06	2.82	0.268
43	温州市	45.23	2.31	0.220

续表

位次	城市	进口额/亿美元	得分/分	该城市进口占全国总进口的比重/%
44	江门市	43.87	2.24	0.213
45	营口市	41.10	2.10	0.200
46	海口市	37.49	1.92	0.182
47	金华市	36.76	1.88	0.179
48	湛江市	36.23	1.85	0.176
49	芜湖市	35.61	1.82	0.173
50	岳阳市	33.90	1.73	0.165

数据来源：根据中国海关总署数据整理计算。

三、2020 中国进口来源地排行榜

中国台湾是2020年我国第一大进口来源地，进口额达2006.64亿美元，占我国总进口的9.76%。2020年，我国前五大进口来源地分别为中国台湾、日本、韩国、美国和澳大利亚，这五大进口来源地进口合计占中国总进口的38.82%。2019年，前五大进口来源地分别为韩国、中国台湾、日本、美国和澳大利亚，这五大进口来源地进口合计占中国总进口的36.71%。

中国台湾是2020年我国进口规模增加最多的地区。与2019年相比，2020年我国从中国台湾、越南、美国、巴西和挪威的进口规模增加较多，分别增加了276亿美元、143亿美元、121亿美元、43亿美元和34亿美元。从占中国进口的份额来看，与2019年相比，2020年我国从中国台湾、越南、美国、巴西和日本的进口份额增加较多，分别增加了1.43个百分点、0.73个百分点、0.65个百分点、0.25个百分点和0.24个百分点。

附表2-3 2020中国进口来源地排行榜（前60强）

位次	进口来源地	进口额/亿美元	得分/分	该进口来源地进口占全国总进口的比重/%
1	中国台湾	2006.64	100	9.76
2	日本	1748.74	87.1	8.51
3	韩国	1727.60	86.1	8.40
4	美国	1349.08	67.2	6.56
5	澳大利亚	1148.37	57.2	5.59
6	德国	1052.61	52.5	5.12

续表

位次	进口来源地	进口额/亿美元	得分/分	该进口来源地进口占全国总进口的比重/%
7	巴西	840.84	41.9	4.09
8	越南	784.75	39.1	3.82
9	马来西亚	747.33	37.2	3.64
10	俄罗斯	571.81	28.5	2.78
11	泰国	480.98	24.0	2.34
12	沙特阿拉伯	390.33	19.5	1.90
13	印度尼西亚	373.70	18.6	1.82
14	新加坡	315.52	15.7	1.53
15	法国	296.90	14.8	1.44
16	智利	287.49	14.3	1.40
17	意大利	222.48	11.1	1.08
18	加拿大	218.79	10.9	1.06
19	印度	208.58	10.4	1.01
20	南非	205.93	10.3	1.00
21	英国	197.63	9.849	0.96
22	菲律宾	193.07	9.622	0.94
23	伊拉克	192.53	9.595	0.94
24	瑞士	173.80	8.661	0.85
25	阿联酋	168.69	8.407	0.82
26	墨西哥	159.96	7.971	0.78
27	阿曼	155.52	7.750	0.76
28	安哥拉	145.13	7.233	0.71
29	秘鲁	141.48	7.051	0.69
30	爱尔兰	140.44	6.999	0.68
31	荷兰	127.87	6.372	0.62
32	新西兰	120.63	6.012	0.59
33	科威特	107.07	5.336	0.52
34	西班牙	103.46	5.156	0.50
35	哈萨克斯坦	97.39	4.854	0.474
36	瑞典	94.68	4.718	0.461
37	卡塔尔	82.71	4.122	0.402
38	比利时	78.39	3.907	0.381
39	乌克兰	77.91	3.882	0.379

续表

位次	进口来源地	进口额/亿美元	得分/分	该进口来源地进口占全国总进口的比重/%
40	挪威	72.74	3.625	0.354
41	刚果(金)	70.31	3.504	0.342
42	中国香港	69.84	3.480	0.340
43	阿根廷	68.05	3.391	0.331
44	奥地利	66.41	3.310	0.323
45	斯洛伐克	64.31	3.205	0.313
46	伊朗	64.02	3.190	0.311
47	缅甸	63.42	3.160	0.309
48	以色列	62.85	3.132	0.306
49	土库曼斯坦	60.71	3.026	0.295
50	丹麦	60.08	2.994	0.292
51	捷克	51.33	2.558	0.250
52	蒙古国	50.09	2.496	0.244
53	波兰	43.20	2.153	0.210
54	厄瓜多尔	43.09	2.147	0.210
55	哥伦比亚	42.98	2.142	0.209
56	匈牙利	42.82	2.134	0.208
57	芬兰	41.92	2.089	0.204
58	土耳其	37.17	1.852	0.181
59	刚果(布)	33.57	1.673	0.163
60	赞比亚	33.06	1.648	0.161

数据来源：根据中国海关总署数据整理计算。

四、2020中国行业进口排行榜

机电产品是2020年我国第一大进口产品。2020年，进口规模最大的行业是"电机、电气设备及其零件；录音机及放声机、电视图像、声音的录制和重放设备及其零件、附件"，进口额达5487.43亿美元，占全国总进口的26.69%。2019年此行业同样是我国进口规模最大的行业，其进口占全国总进口的23.95%。

2020年，我国前五大进口行业依次为："电机、电气设备及其零件；录音机及放声机、电视图像、声音的录制和重放设备及其零件、附件""矿物燃料、矿物油及其蒸馏产品；沥青物质；矿物蜡""核反应堆、锅炉、机械器具及零件""矿砂、矿渣及矿灰""光学、照相、电影、计量、检验、医疗或外科用仪器及设备、精密仪器及设备；上述物品的零件、附件"，与2019年我国前五大进口行业排名完全相同。2020年，这五大进口行业进口合计占全国总进口的62.63%。

附表2-4 2020中国行业进口排行榜（98个行业）

位次	HS 2位码行业	进口额/亿美元	得分/分	该行业进口占全国总进口的比重/%
1	电机、电气设备及其零件；录音机及放声机、电视图像、声音的录制和重放设备及其零件、附件	5487.43	100	26.69
2	矿物燃料、矿物油及其蒸馏产品；沥青物质；矿物蜡	2675.56	49	13.02
3	核反应堆、锅炉、机械器具及零件	1919.64	35	9.34
4	矿砂、矿渣及矿灰	1800.16	33	8.76
5	光学、照相、电影、计量、检验、医疗或外科用仪器及设备、精密仪器及设备；上述物品的零件、附件	990.97	18	4.82
6	车辆及其零件、附件，但铁道及电车道车辆除外	739.74	13	3.60
7	塑料及其制品	710.41	13	3.46
8	铜及其制品	485.49	8.85	2.36
9	有机化学品	455.58	8.30	2.22
10	含油子仁及果实；杂项子仁及果实；工业用或药用植物；稻草、秸秆及饲料	449.63	8.19	2.19
11	钢铁	368.21	6.71	1.79
12	药品	349.19	6.36	1.70
13	天然或养殖珍珠、宝石或半宝石、贵金属、包贵金属及其制品；仿首饰；硬币	317.50	5.79	1.54
14	肉及食用杂碎	302.72	5.52	1.47
15	精油及香膏；芳香料制品及化妆盥洗品	204.94	3.73	1.00
16	木及木制品；木炭	201.87	3.68	0.98
17	杂项化学产品	188.36	3.43	0.92
18	木浆及其他纤维状纤维素浆；纸及纸板的废碎品	169.06	3.08	0.82
19	橡胶及其制品	161.31	2.94	0.78
20	鱼、甲壳动物、软体动物及其他水生无脊椎动物	123.72	2.25	0.60
21	食用水果及坚果；甜瓜或柑橘属水果的果皮	120.16	2.19	0.58
22	动、植物油、脂及其分解产品；精制的食用油脂；动、植物蜡	112.54	2.05	0.55

续表

位次	HS 2 位码行业	进口额/亿美元	得分/分	该行业进口占全国总进口的比重/%
23	无机化学品；贵金属、稀土金属、放射性元素及其同位素的有机及无机化合物	110.34	2.01	0.54
24	特殊交易品及未分类商品	109.07	1.99	0.53
25	航空器、航天器及其零件	95.31	1.74	0.46
26	钢铁制品	94.82	1.73	0.46
27	谷物	93.25	1.70	0.45
28	棉花	82.79	1.509	0.403
29	铝及其制品	81.42	1.484	0.396
30	玻璃及其制品	78.54	1.431	0.382
31	谷物、粮食粉、淀粉或乳的制品；糕饼点心	73.31	1.336	0.357
32	纸及纸板；纸浆、纸或纸板制品	72.89	1.328	0.355
33	乳品；蛋品；天然蜂蜜；其他食用动物产品	72.89	1.328	0.355
34	盐；硫黄；泥土及石料；石膏料、石灰及水泥	68.86	1.255	0.335
35	鞋靴、护腿和类似品及其零件	59.70	1.088	0.290
36	饮料、酒及醋	50.90	0.928	0.248
37	肥皂、有机表面活性剂、洗涤剂、润滑剂、人造蜡、调制蜡、光洁剂、蜡烛及类似品、塑型用膏、"牙科用蜡"及牙科用熟石膏制剂	50.25	0.916	0.244
38	鞣料浸膏及染料浸膏；鞣酸及其衍生物；染料、颜料及其他色料；油漆及清漆；油灰及其他类似胶粘剂；墨水、油墨	48.27	0.880	0.235
39	皮革制品；鞍具及挽具；旅行用品、手提包及类似容器；动物肠线（蚕胶丝除外）制品	48.16	0.878	0.234
40	食品工业的残渣及废料；配制的动物饲料	47.98	0.874	0.233
41	非针织或非钩编的服装及衣着附件	47.49	0.865	0.231
42	杂项食品	44.68	0.814	0.217
43	钟表及其零件	44.68	0.814	0.217
44	镍及其制品	42.18	0.769	0.205
45	蛋白类物质；改性淀粉；胶；酶	39.32	0.717	0.191
46	针织或钩编的服装及衣着附件	35.15	0.641	0.171
47	其他贱金属、金属陶瓷及其制品	34.07	0.621	0.166
48	贱金属工具、器具、利口器、餐匙、餐叉及其零件	31.09	0.567	0.151
49	肥料	29.07	0.530	0.141

303

续表

位次	HS 2 位码行业	进口额/亿美元	得分/分	该行业进口占全国总进口的比重/%
50	家具；寝具、褥垫、弹簧床垫、软坐垫及类似的填充制品；未列名灯具及照明装置；发光标志、发光名牌及类似品；活动房屋	29.03	0.529	0.141
51	照相及电影用品	28.98	0.528	0.141
52	生皮（毛皮除外）及皮革	27.28	0.497	0.133
53	糖及糖食	26.36	0.480	0.128
54	玩具、游戏品、运动用品及其零件、附件	23.05	0.420	0.112
55	羊毛、动物细毛或粗毛；马毛纱线及其机织物	22.90	0.417	0.111
56	化学纤维长丝	22.18	0.404	0.108
57	书籍、报纸、印刷图画及其他印刷品；手稿、打字稿及设计图纸	22.06	0.402	0.107
58	船舶及浮动结构体	21.74	0.396	0.106
59	锌及其制品	19.92	0.363	0.097
60	食用蔬菜、根及块茎	19.57	0.357	0.095
61	杂项制品	18.99	0.346	0.092
62	石料、石膏、水泥、石棉、云母及类似材料的制品	18.31	0.334	0.089
63	贱金属杂项制品	18.12	0.330	0.088
64	化学纤维短纤	16.27	0.297	0.079
65	絮胎、毡呢及无纺织物；特种纱线；线、绳、索、缆及其制品	14.84	0.270	0.072
66	浸渍、涂布、包覆或层压的纺织物；工业用纺织制品	14.66	0.267	0.071
67	其他纺织制成品；成套物品；旧衣着及旧纺织品；碎织物	14.44	0.263	0.070
68	制粉工业产品；麦芽；淀粉；菊粉；面筋	14.40	0.262	0.070
69	陶瓷产品	13.46	0.245	0.065
70	蔬菜、水果、坚果或植物其他部分的制品	13.44	0.245	0.065
71	咖啡、茶、马黛茶及调味香料	12.38	0.226	0.060
72	烟草及烟草代用品的制品	11.67	0.213	0.057
73	针织物及钩编织物	10.22	0.186	0.050
74	其他植物纺织纤维；纸纱线及其机织物	8.11	0.148	0.039
75	可可及可可制品	7.76	0.141	0.038
76	其他动物产品	7.64	0.139	0.037

续表

位次	HS 2 位码行业	进口额/亿美元	得分/分	该行业进口占全国总进口的比重/%
77	铁道及电车道机车、车辆及其零件；铁道及电车道轨道固定装置及其零件、附件；各种机械（包括电动机械）交通信号设备	7.16	0.131	0.035
78	艺术品、收藏品及古物	6.69	0.122	0.033
79	活动物	6.35	0.116	0.031
80	毛皮、人造毛皮及其制品	5.43	0.099	0.026
81	乐器及其零件、附件	4.44	0.081	0.022
82	锡及其制品	4.11	0.075	0.020
83	虫胶；树胶、树脂及其他植物液、汁	3.71	0.068	0.018
84	肉、鱼、甲壳动物、软体动物及其他水生无脊椎动物的制品	3.53	0.064	0.017
85	特种机织物；簇绒织物；花边；装饰毯；装饰带；刺绣品	3.32	0.060	0.016
86	已加工羽毛、羽绒及其制品；人造花；人发制品	3.15	0.057	0.015
87	活树及其他活植物；鳞茎、根及类似品；插花及装饰用簇叶	2.44	0.044	0.012
88	帽类及其零件	1.92	0.035	0.009
89	编结用植物材料；其他植物产品	1.29	0.024	0.006
90	铅及其制品	1.21	0.022	0.006
91	炸药；烟火制品；火柴；引火合金；易燃材料制品	0.93	0.017	0.005
92	地毯及纺织材料的其他铺地制品	0.79	0.014	0.004
93	蚕丝	0.48	0.0088	0.002
94	软木及软木制品	0.35	0.0064	0.002
95	稻草、秸秆、针茅或其他编结材料制品；篮筐及柳条编结品	0.16	0.0030	0.001
96	武器、弹药及其零件、附件	0.11	0.0019	0.001
97	雨伞、阳伞、手杖、鞭子、马鞭及其零件	0.09	0.0016	0.000
98	跨进电商 B2B 简化申报商品	0.00	0.0000	0.000

数据来源：根据中国海关总署数据整理计算。

注：2019 年中国行业进口排行榜未统计第 98 章特殊交易品及未分类商品，2020 年，中国海关在进出口商品类章总值表中新增第 99 章跨境电商 B2B 简化申报商品，因此，2020 年中国行业进口排行榜中比 2019 年新增 2 个行业。

五、2020 中国直属海关进口排行榜

上海海关是 2020 年我国第一大进口海关，进口规模达 3906.84 亿美元，占全国总进口的 19.01%。2020 年前五大进口海关分别是上海海关、深圳海关、南京海关、青岛海关和黄埔海关，与 2019 年我国前五大进口海关排名相同。2020 年，前五大海关进口合计占全国总进口的 54.46%；前十大进口海关进口合计占全国总进口的 71.81%。

附表 2-5　2020 中国直属海关进口排行榜（42 个关别）

位次	海关	进口额/亿美元	得分/分	该海关进口占全国总进口的比重/%
1	上海海关	3906.84	100	19.01
2	深圳海关	2535.83	64.9	12.34
3	南京海关	2074.78	53.1	10.09
4	青岛海关	1482.15	37.9	7.21
5	黄埔海关	1195.79	30.6	5.82
6	天津海关	1026.82	26.3	5.00
7	广州海关	653.89	16.7	3.18
8	大连海关	644.37	16.5	3.13
9	宁波海关	639.24	16.4	3.11
10	北京海关	595.69	15.2	2.90
11	杭州海关	566.05	14.5	2.75
12	成都海关	476.66	12.2	2.32
13	南宁海关	443.61	11.4	2.16
14	石家庄海关	419.30	10.7	2.04
15	厦门海关	386.45	9.9	1.88
16	郑州海关	354.41	9.1	1.72
17	济南海关	294.71	7.5	1.43
18	重庆海关	282.50	7.2	1.37
19	西安海关	247.13	6.3	1.20
20	合肥海关	233.16	6.0	1.13
21	拱北海关	217.71	5.6	1.06
22	福州海关	211.29	5.4	1.03
23	湛江海关	196.72	5.0	0.957
24	武汉海关	186.84	4.8	0.909
25	乌鲁木齐海关	169.33	4.3	0.824

续表

位次	海关	进口额/亿美元	得分/分	该海关进口占全国总进口的比重/%
26	长沙海关	135.27	3.5	0.658
27	哈尔滨海关	134.45	3.4	0.654
28	昆明海关	132.62	3.4	0.645
29	沈阳海关	130.20	3.3	0.633
30	南昌海关	123.62	3.2	0.601
31	海口海关	118.13	3.0	0.575
32	长春海关	79.24	2.0	0.385
33	呼和浩特海关	66.39	1.7	0.323
34	江门海关	56.18	1.4	0.273
35	汕头海关	46.47	1.2	0.226
36	满洲里海关	32.76	0.84	0.159
37	太原海关	28.76	0.74	0.140
38	兰州海关	16.44	0.42	0.080
39	贵阳海关	11.49	0.29	0.056
40	银川海关	1.76	0.05	0.009
41	西宁海关	0.60	0.02	0.003
42	拉萨海关	0.48	0.01	0.002

数据来源：根据中国海关总署数据整理计算。

六、2020中国高新技术产业开发区进口排行榜

在本书统计的51个高新技术产业开发区中，成都高新技术产业开发区是2020年我国进口最多的高新技术产业开发区，进口规模为391.52亿美元，占全国总进口的1.90%，占51个高新技术产业开发区进口总额的37.87%。2020年，全国进口最多的五个高新技术产业开发区分别是成都高新技术产业开发区、无锡高新技术产业开发区、苏州高新技术产业开发区、广州高新技术产业开发区和惠州高新技术产业开发区。与2019年相比，苏州高新技术产业开发区排名上升1位，广州高新技术产业开发区排名下降1位。2020年，前五大高新技术产业开发区进口合计占全国总进口的4.4%，占51个高新技术产业开发区进口总额的87.5%。成都高新技术产业开发区的进口规模是排名第5的惠州高新技术产业开发区的8倍，是排名第10的绵阳高新技术产业开发区的50倍。

附表 2-6 2020 中国高新技术产业开发区进口排行榜（本书统计的 51 个）

位次	高新技术产业开发区	进口额/亿美元	得分/分	该高新技术产业开发区进口额占 51 个高新技术产业开发区进口额的比重/%	该高新技术产业开发区进口额占全国总进口额的比重/%
1	成都高新技术产业开发区	391.52	100	37.87	1.90
2	无锡高新技术产业开发区	260.72	67	25.22	1.27
3	苏州高新技术产业开发区	132.30	34	12.80	0.64
4	广州高新技术产业开发区	71.11	18	6.88	0.35
5	惠州高新技术产业开发区	48.88	12	4.73	0.24
6	长沙高新技术产业开发区	26.57	6.8	2.57	0.13
7	昆明高新技术产业开发区	25.93	6.6	2.51	0.13
8	合肥高新技术产业开发区	12.88	3.3	1.25	0.063
9	宁波高新技术产业开发区	9.61	2.5	0.93	0.047
10	绵阳高新技术产业开发区	7.78	2.0	0.75	0.038
11	郴州高新技术产业开发区	6.31	1.6	0.61	0.031
12	大庆高新技术产业开发区	5.10	1.3	0.49	0.025
13	沈阳高新技术产业开发区	4.62	1.2	0.45	0.022
14	南宁高新技术产业开发区	3.94	1.0	0.38	0.019
15	长春高新技术产业开发区	3.17	0.81	0.31	0.015
16	杭州高新技术产业开发区	3.06	0.78	0.30	0.015
17	东莞松山湖高新技术产业开发区	3.04	0.78	0.29	0.015
18	常州高新技术产业开发区	2.57	0.66	0.25	0.013
19	青岛高新技术产业开发区	2.05	0.52	0.20	0.0100
20	襄阳高新技术产业开发区	1.66	0.42	0.16	0.0081
21	哈尔滨高新技术产业开发区	1.56	0.40	0.15	0.0076
22	贵阳高新技术产业开发区	1.42	0.36	0.14	0.0069
23	蚌埠高新技术产业开发区	1.34	0.34	0.13	0.0065
24	珠海高新技术产业开发区	0.94	0.24	0.09	0.0046
25	重庆高新技术产业开发区	0.80	0.20	0.08	0.0039
26	太原高新技术产业开发区	0.79	0.20	0.08	0.0039
27	洛阳高新技术产业开发区	0.78	0.20	0.08	0.0038
28	株洲高新技术产业开发区	0.71	0.18	0.07	0.0034
29	郑州高新技术产业开发区	0.65	0.17	0.06	0.0032
30	芜湖高新技术产业开发区	0.57	0.14	0.05	0.0028
31	鹰潭高新技术产业开发区	0.37	0.094	0.04	0.0018
32	乌鲁木齐高新技术产业开发区	0.25	0.064	0.02	0.0012

续表

位次	高新技术产业开发区	进口额/亿美元	得分/分	该高新技术产业开发区进口额占51个高新技术产业开发区进口额的比重/%	该高新技术产业开发区进口额占全国总进口额的比重/%
33	新余高新技术产业开发区	0.20	0.051	0.02	0.0010
34	鞍山高新技术产业开发区	0.18	0.047	0.02	0.0009
35	吉林高新技术产业开发区	0.17	0.043	0.02	0.0008
36	益阳高新技术产业开发区	0.070	0.018	0.01	0.0003
37	石家庄高新技术产业开发区	0.060	0.015	0.01	0.0003
38	湘潭高新技术产业开发区	0.051	0.013	0.005	0.0002
39	泸州高新技术产业开发区	0.033	0.0084	0.003	0.0002
40	景德镇高新技术产业开发区	0.028	0.0070	0.003	0.0001
41	衡阳高新技术产业开发区	0.020	0.0052	0.002	0.00010
42	保定高新技术产业开发区	0.020	0.0051	0.002	0.00010
43	马鞍山慈湖高新技术产业开发区	0.018	0.0046	0.002	0.00009
44	长治高新技术产业开发区	0.015	0.0038	0.001	0.00007
45	乐山高新技术产业开发区	0.011	0.0027	0.001	0.00005
46	宝鸡高新技术产业开发区	0.008	0.0021	0.001	0.00004
47	福州高新技术产业开发区	0.003	0.0007	0.0003	0.00001
48	包头高新技术产业开发区	0.002	0.0005	0.0002	0.00001
49	淮南高新技术产业开发区	—	—	—	—
50	常德高新技术产业开发区	—	—	—	—
51	青海高新技术产业开发区	—	—	—	—

数据来源：根据中国海关总署数据整理计算。

注：与2019年相比，2020年统计的高新技术产业开发区的统计缺少南昌高新技术产业开发区，新增哈尔滨、珠海、郴州、长治高新技术产业开发区；此外，2019年淮南以及青海高新技术产业开发区进口情况无统计数据，没有放入排行榜中，因此2019年统计的高新技术产业开发区的数量为46个。

七、2020中国经济技术开发区进口排行榜

在本书统计的74个经济技术开发区中，天津经济技术开发区是2020年我国进口最多的经济技术开发区，进口规模为196.29亿美元，占全国总进口的0.95%，占74个经济技术开发区进口总额的15.98%。2020年，全国进口规模最大的5个经济技术开发区分别是天津经济技术开发区、青岛经济技术开发区、北京经济技术开发区、广州经济技术开发区和宁波经济技术开发区。与2019年相比，青岛经济技术开发区排名上升了4位，北京经济技术开发区和宁波经济技术开发区排名分别下降了1、2位。2020

年，前五大经济技术开发区进口合计占全国总进口的3.34%，占74个经济技术开发区进口总额的55.9%。天津经济技术开发区的进口规模是排名第10的杭州经济技术开发区的4倍，是排名第20的上海闵行经济技术开发区的16.8倍。

附表2-7 2020中国经济技术开发区进口排行榜（本书统计的74个）

位次	经济技术开发区	进口额/亿美元	得分/分	该经济技术开发区进口额占74个经济技术开发区进口额的比重/%	该经济技术开发区进口额占全国总进口额的比重/%
1	天津经济技术开发区	196.29	100	15.98	0.95
2	青岛经济技术开发区	152.69	77.8	12.43	0.74
3	北京经济技术开发区	144.15	73.4	11.74	0.70
4	广州经济技术开发区	102.30	52.1	8.33	0.50
5	宁波经济技术开发区	90.59	46.2	7.38	0.44
6	大连经济技术开发区	69.84	35.6	5.69	0.34
7	烟台经济技术开发区	51.17	26.1	4.17	0.25
8	合肥经济技术开发区	49.90	25.4	4.06	0.24
9	太原经济技术开发区	49.14	25.0	4.00	0.24
10	杭州经济技术开发区	48.97	24.9	3.99	0.24
11	南通经济技术开发区	27.47	14.0	2.24	0.13
12	连云港经济技术开发区	19.79	10.1	1.61	0.096
13	秦皇岛经济技术开发区	17.86	9.1	1.45	0.087
14	湛江经济技术开发区	17.33	8.8	1.41	0.084
15	武汉经济技术开发区	16.24	8.3	1.32	0.079
16	芜湖经济技术开发区	14.58	7.4	1.19	0.071
17	长沙经济技术开发区	12.90	6.6	1.05	0.063
18	成都经济技术开发区	12.65	6.4	1.03	0.062
19	长春经济技术开发区	12.10	6.2	0.99	0.059
20	上海闵行经济技术开发区	11.66	5.9	0.95	0.057
21	蒙自经济技术开发区	11.36	5.8	0.92	0.055
22	南昌经济技术开发区	11.28	5.7	0.92	0.055
23	福州经济技术开发区	11.23	5.7	0.91	0.055
24	沈阳经济技术开发区	10.79	5.5	0.88	0.053
25	陕西航天经济技术开发区	9.09	4.6	0.74	0.044
26	哈尔滨经济技术开发区	7.64	3.9	0.62	0.037

续表

位次	经济技术开发区	进口额/亿美元	得分/分	该经济技术开发区进口额占74个经济技术开发区进口额的比重/%	该经济技术开发区进口额占全国总进口额的比重/%
27	乌鲁木齐经济技术开发区	6.48	3.3	0.53	0.032
28	重庆经济技术开发区	6.42	3.3	0.52	0.031
29	滁州经济技术开发区	6.33	3.2	0.52	0.031
30	万州经济技术开发区	3.83	2.0	0.31	0.019
31	赣州经济技术开发区	3.81	1.9	0.31	0.019
32	浏阳经济技术开发区	2.97	1.5	0.24	0.014
33	宜宾临港经济技术开发区	2.43	1.2	0.20	0.012
34	池州经济技术开发区	1.67	0.850	0.14	0.0081
35	九江经济技术开发区	1.39	0.708	0.11	0.0068
36	常德经济技术开发区	1.25	0.635	0.10	0.0061
37	井冈山经济技术开发区	1.17	0.595	0.095	0.0057
38	宁波杭州湾经济技术开发区	1.09	0.554	0.089	0.0053
39	黄石经济技术开发区	0.89	0.454	0.073	0.0043
40	昆明经济技术开发区	0.88	0.450	0.072	0.0043
41	荆州经济技术开发区	0.86	0.437	0.070	0.0042
42	廊坊经济技术开发区	0.76	0.386	0.062	0.0037
43	铜陵经济技术开发区	0.74	0.376	0.060	0.00359
44	银川经济技术开发区	0.68	0.346	0.055	0.00330
45	马鞍山经济技术开发区	0.58	0.296	0.047	0.00283
46	汉中经济技术开发区	0.50	0.254	0.041	0.00243
47	拉萨经济技术开发区	0.49	0.249	0.040	0.00237
48	西宁经济技术开发区	0.48	0.242	0.039	0.00231
49	大同经济技术开发区	0.46	0.234	0.037	0.00223
50	石河子经济技术开发区	0.44	0.224	0.036	0.00214
51	金华经济技术开发区	0.31	0.156	0.025	0.00149
52	宁国经济技术开发区	0.27	0.139	0.022	0.00133
53	绵阳经济技术开发区	0.27	0.136	0.022	0.00130
54	安庆经济技术开发区	0.23	0.119	0.019	0.00114
55	宜春经济技术开发区	0.22	0.113	0.018	0.00108
56	湖州经济技术开发区	0.22	0.111	0.018	0.00106
57	温州经济技术开发区	0.18	0.093	0.015	0.00089
58	营口经济技术开发区	0.17	0.088	0.014	0.00084
59	湘潭经济技术开发区	0.16	0.080	0.013	0.00077

续表

位次	经济技术开发区	进口额/亿美元	得分/分	该经济技术开发区进口额占74个经济技术开发区进口额的比重/%	该经济技术开发区进口额占全国总进口额的比重/%
60	长寿经济技术开发区	0.15	0.077	0.012	0.00073
61	襄阳经济技术开发区	0.079	0.040	0.0064	0.00038
62	六安经济技术开发区	0.050	0.025	0.0040	0.00024
63	上海经济技术开发区	0.049	0.025	0.0040	0.00024
64	淮南经济技术开发区	0.011	0.006	0.0009	0.00005
65	萍乡经济技术开发区	0.011	0.006	0.0009	0.00005
66	晋中经济技术开发区	0.0044	0.002	0.0004	0.00002
67	曲靖经济技术开发区	0.0041	0.002	0.0003	0.00002
68	昆明嵩明杨林经济技术开发区	0.0019	0.0010	0.0002	0.00001
69	广元经济技术开发区	0.00086	0.0004	0.0001	0.00000
70	上饶经济技术开发区	0.00001	0.0000	0.0000	0.00000
71	曹妃甸经济技术开发区	—	—	—	—
72	日照经济技术开发区	—	—	—	—
73	珠海经济技术开发区	—	—	—	—
74	格尔木昆仑经济技术开发区	—	—	—	—

数据来源：根据中国海关总署数据整理计算。

注：与2019年相比，2020年统计的经济技术开发区缺少武汉吴家山经济技术开发区，新增重庆、营口、珠海、湖州、日照、廊坊、格尔木昆仑经济技术开发区；此外，2019年曹妃甸、萍乡、上饶以及汉中经济技术开发区进口情况无统计数据，没有放入排行榜中，因此2019年统计的经济开发区的数量只有64个。

八、2020中国保税区进口排行榜

在本书统计的11个保税区中，上海外高桥保税区是2020年我国进口最多的保税区，进口规模为1004.76亿美元，占全国总进口的4.89%，占11个保税区进口总额的65.03%。2020年，全国进口规模最大的5个保税区分别是上海外高桥保税区、深圳福田保税区、宁波保税区、天津港保税区和张家港保税区。与2019年相比，前四大进口保税区排名相同，张家港保税区取代广州保税区成为第五大进口保税区。2020年，前五大保税区进口合计占全国总进口的7.19%，占11个保税区进口总额的95.6%。上海外高桥保税区的进口规模是排名第11的汕头保税区的1005倍。与2019年相比，2020年上海外高桥保税区进口额增加最多，增加了36亿美元；珠海保税区进口额减少最多，减少了4.4亿美元。

附表2-8 2020中国保税区进口排行榜(本书统计的11个)

位次	保税区	进口额/亿美元	得分/分	该保税区进口额占11个保税区进口额的比重/%	该保税区进口额占全国总进口额的比重/%
1	上海外高桥保税区	1004.76	100	65.03	4.89
2	深圳福田保税区	272.62	27.13	17.65	1.33
3	宁波保税区	104.69	10.42	6.78	0.51
4	天津港保税区	64.11	6.38	4.15	0.31
5	张家港保税区	31.14	3.10	2.02	0.15
6	广州保税区	20.88	2.08	1.35	0.10
7	厦门象屿保税区	19.12	1.90	1.24	0.093
8	珠海保税区	13.17	1.31	0.85	0.064
9	大连保税区	11.07	1.10	0.72	0.054
10	福州保税区	2.41	0.24	0.16	0.012
11	汕头保税区	1.0002	0.0995	0.06	0.005

数据来源:根据中国海关总署数据整理计算。

注:与2019年相比,2020年新增张家港保税区。

参考文献

[1] "十四五"规划主要发展目标解读｜为何设立能源综合生产能力指标[N/OL]. 经济日报,[2021-03-18]. https://baijiahao.baidu.com/s?id=1694530770820109882&wfr=spider&for=pc.

[2]《中国跨境电商零售进口规模突破千亿元》中国跨境电商零售进口规模突破千亿元[EB/OL]. 中国驻新加坡大使馆经济商务处,[2021-06-23]. http://sg.mofcom.gov.cn/article/ziranziyuan/zgjj/202106/20210603160629.shtml.

[3] 2020年中国服务进出口总额达45642.7亿元[N/OL]. 人民日报(海外版),[2021-02-09]. http://www.gov.cn/xinwen/2021-02/09/content_5586245.htm.

[4] 艾媒咨询:《2020—2021中国进口跨境电商行业研究报告》[EB/OL]. 网经社,[2021-03-08]. http://www.100ec.cn/detail--6586404.html.

[5] 财政部负责人解读入世降税承诺2010年全部兑现[EB/OL]. 中国政府网,[2009-12-16]. http://www.gov.cn/govweb/jrzg/2009-12/16/content_1488287.htm.

[6] 陈克新. 三大因素推动中国大宗商品需求旺盛[N]. 证券日报,2016-08-13(A03).

[7] 大宗商品价格指数九月第三周(9月13日至9月19日)[EB/OL]. 中国国际电子商务网,[2021-09-23]. http://www.ec.com.cn/article/yjfx/zsfb/202109/895_1.html.

[8] 第129届广交会进口展展后报告[R/OL]. 中国进出口商品交易会,[2021]. https://cief.cantonfair.org.cn/cn/international/postshowreport129.pdf?_ga=2.69596051.2072309114.1630827508-1212956853.163014057.

[9] 冯其予,郑杨. 第128届网上广交会落幕云上办会尽显外贸活力[EB/OL]. 中国政府网,[2020-10-25]. http://www.gov.cn/xinwen/2020-10/25/content_5553974.htm.

[10] 关于"十二五"期间实施积极的机电产品进口促进战略的若干意见[EB/OL]. 商务部,[2011-03-04]. http://www.mofcom.gov.cn/article/b/e/201103/20110307451529.shtml.

[11] 国际司负责同志解读金砖国家领导人第十二次会晤经贸成果［EB/OL］. 商务部，［2020－11－18］. http://www.mofcom.gov.cn/article/ae/sjjd/202011/20201103016711.shtml.

[12] 国务院新闻办就2020年全年进出口情况举行发布会［EB/OL］. 中国政府网，［2021－01－14］. http://www.gov.cn/xinwen/2021－01/14/content_5579875.htm.

[13] 国新办举行2019年进出口情况新闻发布会图文实录［EB/OL］. 中华人民共和国国务院新闻办公室，［2020－01－14］. http://www.scio.gov.cn/xwfbh/xwbfbh/wqfbh/42311/42414/wz42416/Document/1671741/1671741.htm.

[14] 金砖国家［EB/OL］. 外交部. https://www.fmprc.gov.cn/web/gjhdq_676201/gjhdqzz_681964/jzgj_682158/jbqk_682160/.

[15] 李克强详解加入RCEP对我国的机遇和挑战［EB/OL］. 中国政府网，［2021－02－04］. http://www.gov.cn/xinwen/2021－02/04/content_5584920.htm.

[16] 李魁文. 改革开放40周年中国对外贸易发展报告［M］. 北京：中国海关出版社，2018.

[17] 粮食进口！新高！［EB/OL］. 湖北省粮食行业协会，［2020－12－08］. http://www.hblx.org.cn/qhblx/vip_doc/19117686.html.

[18] 林丽鹂. 专家学者热议我国扩大农产品进口为丰富百姓餐桌提供更多选择［EB/OL］. 人民网，［2018－05－22］. http://finance.people.com.cn/n1/2018/0522/c1004－30004188.html.

[19] 刘斌，潘彤. 新冠疫情背景下中国对外贸易的现状分析、趋势研判与政策建议［J］. 国际贸易，2021（7）：29－35.

[20] 刘志彪，陈柳. 疫情冲击对全球产业链的影响、重组与中国的应对策略［J］. 南京社会科学，2020（5）：15－21.

[21] 马帅. 2015年机电产品进出口分析［J］. 电器工业，2016（3）：32－34.

[22] 农业部农产品贸易办公室，农业部农业贸易促进中心. 2016中国农产品贸易发展报告［M］. 北京：中国农业出版社，2016.

[23] 农业农村部就当前及元旦春节期间我国粮食和主要农产品市场形势、生产形势等情况举行新闻发布会［EB/OL］. 农业农村部，［2020－12－24］. http://www.moa.gov.cn/hd/zbft_news/sjqjwglshzyncpxs.

[24] 裴长洪. 进口贸易结构与经济增长：规律与启示［J］. 经济研究，2013，48（7）：4－19.

[25] 邱海峰. "云端"广交会，魅力依然足［EB/OL］. 人民网，［2020－06－

23]. http://society.people.com.cn/n1/2020/0623/c1008-31756015.html.

[26] 全国首位、历史新高……海南自贸港这些成绩你可知道？[EB/OL]. 海南自由贸易港微信公众号，[2021-06-23]. https://mp.weixin.qq.com/s/pNiVF8eKszz3sFIOGuvBA.

[27] 全球最大自贸区诞生，有何深意？——商务部副部长兼国际贸易谈判副代表王受文谈 RCEP 正式签署[EB/OL]. 商务部，[2020-11-16]. http://fta.mofcom.gov.cn/article/rcep/rcepjd/202011/43617_1.html.

[28] 商务部：近几个月我国集成电路进口保持增长的主要原因是市场需求回暖[EB/OL]. 新浪财经，[2020-09-10]. https://baijiahao.baidu.com/s?id=1677432274389740769&wfr=spider&for=pc.

[29] 商务部：美联储加息可能引发商品和金融市场新震荡[EB/OL]. 搜狐网，[2015-11-06]. https://www.sohu.com/a/39974062_114984.

[30] 商务部电子商务和信息化司. 中国电子商务报告 2014[R/OL]. 商务部电子商务和信息化司，[2015-08-17]. http://dzsws.mofcom.gov.cn/article/ztxx/ndbg/201508/20150801082449.shtml.

[31] 商务部电子商务和信息化司. 中国电子商务报告 2019[R/OL]. 商务部电子商务和信息化司，[2020-07-02]. http://dzsws.mofcom.gov.cn/article/ztxx/ndbg/202007/20200702979478.shtml.

[32] 商务部国际司负责人介绍金砖国家第十次经贸部长会议成果[EB/OL]. 商务部，[2020-07-24]. http://www.mofcom.gov.cn/article/ae/sjjd/202007/20200702985875.shtml.

[33] 商务部国际司负责同志解读《区域全面经济伙伴关系协定》（RCEP）之二[EB/OL]. 商务部，[2020-11-16]. http://fta.mofcom.gov.cn/article/rcep/rcepjd/202011/43619_1.html.

[34] 商务部首次发布《中国服务进口报告 2018》[EB/OL]. 商务部，[2018-11-12]. http://www.mofcom.gov.cn/article/ae/ai/201811/20181102805397.shtml.

[35] 商务部条法司负责人就中欧签署地理标志协定答记者问[EB/OL]. 商务部，[2020-09-15]. http://www.mofcom.gov.cn/article/ae/sjjd/202009/20200903001173.shtml.

[36] 商务部外贸司负责人谈 2020 年全年我国对外贸易情况[EB/OL]. 商务部，[2021-01-14]. http://www.mofcom.gov.cn/article/ae/sjjd/202101/20210103031081.shtml.

[37] 商务部亚洲司负责人解读中韩经贸联委会第 24 次会议成果[EB/OL]. 商务部，[2020-08-03]. http://www.mofcom.gov.cn/article/ae/sjjd/202008/20200802

988801. shtml.

[38] 商务部召开 2020 年商务工作及运行情况新闻发布会 [EB/OL]. 商务部, [2021-01-29]. http://www.mofcom.gov.cn/xwfbh/20210129.shtml.

[39] 谭砚文, 李丛希, 陈志钢. 新冠肺炎疫情对中国与东盟区域农产品供应链的影响及对策 [J]. 农业经济问题, 2020 (10): 113-121.

[40] 陶凤, 吕银玲. 全面反弹前三季度累计进出口首次转正 [EB/OL]. 和讯网, [2020-10-13]. http://news.hexun.com/2020-10-13/202220889.html.

[41] 童威远. "三农"工作重心转移, 乡村产业振兴如何继续推进? [EB/OL]. 新华财经, [2021-02-05]. https://www.cnfin.com/upload-xh08/2021/0205/aab67a6c61fe48c1b1c9cb5b0619da8f.pdf.

[42] 万宝瑞. 加快提升农业竞争力 [N]. 人民日报, 2016-02-14 (005).

[43] 万相昱, 张涛. 中国的经济增长为世界经济作出了重要贡献 [J]. 红旗文稿, 2017 (13): 20-22.

[44] 汪文正. 进出口贸易回稳向好 [N]. 人民日报 (海外版), 2020-11-14 (003).

[45] 王俊岭. 2020 年中国服务进出口总额达 45642.7 亿元 [EB/OL]. 中国政府网, [2021-02-09]. http://www.gov.cn/xinwen/2021-02/09/content_5586245.htm.

[46] 网经社电子商务研究中心, 网经社跨境电商台. 2020 年度中国跨境电商市场数据报告 [R/OL]. 网经社, [2021-05-18]. http://www.100ec.cn/zt/2020kjdsbg//.

[47] 魏浩. 中国进口贸易发展存在问题与对策探讨 [J]. 人民论坛, 2015 (11): 76-78.

[48] 魏浩. 进口定价权、进口价格与不同类型商品的进口战略——基于微观产品数据的实证分析 [J]. 世界经济与政治论坛, 2016 (01): 80-105.

[49] 魏浩. 知识产权保护强度与中国的高新技术产品进口 [J]. 数量经济技术经济研究, 2016, 33 (12): 23-41.

[50] 魏浩. 中国反制美国大豆进口的应对战略与启示 [J]. 人民论坛·学术前沿, 2018 (16): 34-39.

[51] 魏浩. 《2019 中国进口发展报告》正式发布 中国扩大进口, 让世界共享中国商机 [J]. 中国对外贸易, 2020 (01): 18-20.

[52] 魏浩. 《2019 中国进口排行榜》: 广东进口规模居全国第一 韩国为中国第一大进口来源地 [J]. 中国对外贸易, 2020 (01): 21-23.

[53] 魏浩. 积极扩大进口的战略意义与政策建议 [J]. 人民论坛, 2020 (23):

95 – 97.

［54］魏浩.《2020 中国进口发展报告》：进口是连接国内循环和国际循环的关键纽带［J］. 中国对外贸易，2021（05）：42 – 43.

［55］魏浩. 释放进博会综合效应 助力世界经济复苏［N］. 经济参考报，2021 – 11 – 04（001）.

［56］魏浩. 用好进口贸易发展的"成都经验"［N］. 中国经济时报，2021 – 11 – 08（003）.

［57］魏浩.《2021 中国进口发展报告》正式发布：中国对世界进口增长做出巨大贡献［J］. 中国对外贸易，2021（12）：29 – 31.

［58］魏浩. 中国进口发展的新机遇、新挑战与应对策略［J］. 人民论坛·学术前沿，2022（01）：46 – 64.

［59］魏浩，白明浩，郭也. 融资约束与中国企业的进口行为［J］. 金融研究，2019（02）：98 – 116.

［60］魏浩，付天. 中国货物进口贸易的消费者福利效应测算研究——基于产品层面大型微观数据的实证分析［J］. 经济学（季刊），2016，15（04）：1683 – 1714.

［61］魏浩，耿园. 进口商品技术水平与中国工业经济发展方式转变［J］. 学术研究，2016（09）：93 – 103，178.

［62］魏浩，耿园，项松林. 中国进出口技术结构及其国际比较研究［J］. 国际商务（对外经济贸易大学学报），2015（04）：5 – 16.

［63］魏浩，郭也. 中国进口增长的三元边际及其影响因素研究［J］. 国际贸易问题，2016（02）：37 – 49.

［64］魏浩，郭也，巫俊. 中国市场、进口贸易与世界经济增长［J］. 世界经济与政治论坛，2021（03）：26 – 53.

［65］魏浩，郭也，周丽群. 中国货物贸易进口的产品结构和比较优势测算［J］. 国际贸易，2019（05）：27 – 37.

［66］魏浩，李明翀.《2020 中国进口排行榜》正式发布［J］. 中国对外贸易，2020（11）：11 – 15.

［67］魏浩，李明翀.《2021 中国进口排行榜》正式发布［J］. 中国对外贸易，2021（11）：20 – 25.

［68］魏浩，李晓庆. 中国进口贸易的技术结构及其影响因素研究［J］. 世界经济，2015，38（08）：56 – 79.

［69］魏浩，李晓庆. 进口贸易对劳动力市场影响研究进展［J］. 经济学动态，

2017（04）：133-141.

［70］魏浩，李晓庆. 进口投入品与中国企业的就业变动［J］. 统计研究，2018，35（01）：43-52.

［71］魏浩，李晓庆. 知识产权保护与中国企业进口产品质量［J］. 世界经济，2019，42（06）：143-168.

［72］魏浩，连慧君，巫俊. 中美贸易摩擦、美国进口冲击与中国企业创新［J］. 统计研究，2019，36（08）：46-59.

［73］魏浩，连慧君，张雨. 中国高技术产品进口的基本态势与应对策略［J］. 国际贸易，2020（12）：20-28，40.

［74］魏浩，连慧君. 来自美国的进口竞争与中国制造业企业就业［J］. 财经研究，2020，46（08）：4-18.

［75］魏浩，连慧君. 进口竞争与中国企业出口产品质量［J］. 经济学动态，2020（10）：44-60.

［76］魏浩，林薛栋. 进出口产品质量测度方法的比较与中国事实——基于微观产品和企业数据的实证分析［J］. 财经研究，2017，43（05）：89-101.

［77］魏浩，林薛栋. 进口产品质量与中国企业创新［J］. 统计研究，2017，34（06）：16-26.

［78］魏浩，林薛栋. 进口贸易自由化与异质性企业创新——来自中国制造企业的证据［J］. 经济经纬，2017，34（06）：44-50.

［79］魏浩，刘佩鑫. 中国大宗商品进口价格过快上涨的原因、影响与对策［J］. 改革，2021（12）：81-93.

［80］魏浩，王超男. 中国跨境电商进口发展存在的问题与对策［J］. 国际贸易，2021（11）：44-50，69.

［81］魏浩，王超男，李明珩. 进口结构与经济增长：来自全球的证据［J］. 世界经济与政治论坛，2020（04）：77-103.

［82］魏浩，巫俊. 中国从"一带一路"沿线国家进口贸易发展的现状与对策［J］. 人民论坛·学术前沿，2017（09）：67-73.

［83］魏浩，巫俊. 知识产权保护与中国工业企业进口［J］. 经济学动态，2018（03）：80-96.

［84］魏浩，巫俊. 知识产权保护、进口贸易与创新型领军企业创新［J］. 金融研究，2018（09）：91-106.

［85］魏浩，杨明明. 入世以来中国进口发展的历程与展望［J］. 人民论坛，2022

(01): 71-75.

[86] 魏浩, 袁然. 国际人才流入与中国进口贸易发展 [J]. 世界经济与政治论坛, 2017 (01): 112-133.

[87] 魏浩, 张昊. 贸易协定对中国进出口价格波动影响的实证分析 [J]. 国际贸易问题, 2018 (08): 1-10.

[88] 魏浩, 张瑞, 王徽. 进口专业化与中国工业行业的经济增长 [J]. 国际商务 (对外经济贸易大学学报), 2018 (01): 1-11.

[89] 魏浩, 张文倩. 多维进口与中国地区经济增长 [J]. 经济与管理研究, 2020, 41 (09): 29-46.

[90] 魏浩, 张文倩. 出口目的地进口关税、人民币汇率与中国企业"稳出口" [J]. 经济管理, 2021, 43 (01): 18-34.

[91] 魏浩, 赵田园. 进口商品价格对国内消费价格的传递效应研究——基于商品分类视角和面板数据的实证分析 [J]. 国际贸易问题, 2019 (01): 28-40.

[92] 我国降低部分商品的最惠国税率关税总水平降至7.5% [EB/OL]. 中国政府网, [2018-09-30]. http://www.gov.cn/guowuyuan/2018-09/30/content_5327246.htm.

[93] 我国已与26个国家和地区签署19个自贸协定 [EB/OL]. 中国自由贸易区服务网, [2021-08-24]. http://fta.mofcom.gov.cn/article/fzdongtai/202108/45627_1.html.

[94] 我国允许进口粮食国家名单出炉, 粮食危机下中国进口大幅增长 [EB/OL]. 腾讯网, [2021-01-11]. https://xw.qq.com/partner/vivoscreen/20210111A0B1KU/20210111A0B1KU00?vivoRcdMark=1.

[95] 吴宇, 刘欣. 商务部: 未来五年中国服务进口有望达2.5万亿美元 [EB/OL]. 中国政府网, [2020-11-06]. http://www.gov.cn/xinwen/2020-11/06/content_5558435.htm.

[96] 习近平: 在第三届中国国际进口博览会开幕式上的主旨演讲 [N]. 人民日报, 2020-11-05 (002).

[97] 习近平在第十七届中国—东盟博览会和中国—东盟商务与投资峰会开幕式上致辞 [EB/OL]. 中国政府网, [2020-11-27]. http://www.gov.cn/xinwen/2020-11/27/content_5565309.htm.

[98] 消费促进司负责人谈2020年11月份我国消费市场情况 [EB/OL]. 商务部, [2020-12-24]. http://www.mofcom.gov.cn/article/i/jyjl/l/202012/20201203025618.shtml.

[99] 新冠疫情对全球产业链和我国主要进出口行业的影响分析及政策建议 [EB/

OL］．搜狐网，［2020-03-19］．https：//www.sohu.com/a/381329187_618573.

［100］新闻办就2018年全年进出口情况举行新闻发布会［EB/OL］．中国政府网，［2019-01-14］．http：//www.gov.cn/xinwen/2019-01/14/content_5357666.htm#1.

［101］徐秀军．当之无愧的世界经济发展重要引擎［N］．人民日报，2014-02-23（005）.

［102］余淼杰．加工贸易、企业生产率和关税减免——来自中国产品面的证据［J］．经济学（季刊），2011，10（4）：1251-1280.

［103］张怀水．国务院：扩大进口促进对外贸易平衡发展［EB/OL］．每日经济新闻网，［2018-07-10］．http：//www.nbd.com.cn/articles/2018-07-09/1233362.html.

［104］赵川，宋艳．新冠肺炎疫情对中国粮食价格的冲击及应对策略——以大豆为例［J］．价格月刊，2021（3）：8-14.

［105］振兴国产大豆意义重大［EB/OL］．搜狐网，［2021-03-21］．https：//www.sohu.com/a/456632199_120181630.

［106］中车株洲所IGBT亮相复兴号高铁［EB/OL］．电子发烧友网，［2017-07-02］．http：//www.elecfans.com/article/90/156/2017/0701528953.html.

［107］中国给予已建交最不发达国家97%产品零关税［EB/OL］．人民网，［2015-04-23］．http：//politics.people.com.cn/n/2015/0423/c70731-26889072.html.

［108］中国国际进口博览局．2020（第三届）中国国际进口博览会企业商业展展后报告［R/OL］．中国国际进口博览会，［2020-11-10］．https：//www.ciie.org/resource/static/zbh/default/assets-2019/download/Report_on_the_Business_Exhibition_ZH.pdf.

［109］中国商务部与新加坡等国经贸主管部门关于致力于新冠肺炎疫情期间确保供应链联通的部长联合声明［EB/OL］．商务部，［2020-07-02］．http：//www.mofcom.gov.cn/article/ae/ai/202007/20200702979438.shtml.

［110］中国石油集团国家高端智库研究中心，中国石油集团经济技术研究院．2020年国内外油气行业发展概述及2021年展望［EB/OL］．中国石油经济技术研究院，［2021-03］．http：//etri.cnpc.com.cn/etri/zkgd/202103/2893e70da3a74cfe89171f8b07f29087.shtml.

［111］中国与世界贸易组织［EB/OL］．中国政府网，［2018-06-28］．http：//www.gov.cn/xinwen/2018-06/28/content_5301884.htm.

［112］中国—中东欧国家合作［EB/OL］．外交部．https：//www.fmprc.gov.cn/web/gjhdq_676201/gjhdqzz_681964/zgzdogjhz/1206x0_679932//.

［113］中华人民共和国商务部．中国服务进口报告2020［R/OL］．商务部，［2020-11］．http：//images.mofcom.gov.cn/aqygzj/202012/20201208091427471.pdf.

[114] 中心发布《2021年全球数字贸易发展数据解读》[EB/OL]. 国家工业信息安全发展研究中心,[2021-08-03]. http://www.cics-cert.org.cn/web_root/webpage/articlecontent_101001_1422434977076744193.html.

[115] 周强,徐弘毅. 第124届广交会开幕进口展水平稳步提升[EB/OL]. 中国政府网,[2018-10-15]. http://www.gov.cn/xinwen/2018-10/15/content_5330880.htm.

[116] 祝坤福,高翔,杨翠红,等. 新冠肺炎疫情对全球生产体系的冲击和我国产业链加速外移的风险分析[J]. 中国科学院院刊,2020,35(3):283-288.

后　记

2017年5月14日，国家主席习近平在"一带一路"国际合作高峰论坛上宣布：中国将从2018年起举办中国国际进口博览会。为了服务积极扩大进口这一国家重大战略、服务中国国际进口博览会这一重大活动，自2018年以来，我们连续4年撰写并发布《中国进口发展报告》。我们出版的《2019中国进口发展报告》一书荣获商务部"全国商务发展研究成果奖"。在出版《2019中国进口发展报告》的基础上，我们继续出版了这本《2021中国进口发展报告》。《中国进口发展报告》得到了北京师范大学经济与工商管理学院的资助，同时也是国家社会科学基金重大项目"中国主动扩大进口问题研究"（19ZDA068）的阶段性成果。

在《2019中国进口发展报告》的后记里，我们介绍了《2018中国进口发展报告》《2019中国进口发展报告》的研究进展以及发布情况，在此，将简单介绍《2020中国进口发展报告》《2021中国进口发展报告》的研究进展以及发布情况。

2020年上半年，我申请的"2020中国进口发展报告"获批国家高端智库重点研究课题，按照商务部相关部门的要求，撰写并提交了报告，报告得到了高度认可。报告的相关内容在《人民日报》、《光明日报》、《人民日报》（海外版）、《新华日报》等媒体上发表，相关内容被人民网、光明网等主流官方网站转载。

2021年11月，《2021中国进口发展报告》由北京师范大学经济与工商管理学院、北京师范大学中国教育与社会发展研究院联合发布。《2021中国进口发展报告》的相关内容，体现在《经济参考报》、《中国社会科学报》、《中国经济时报》、《国际商报》、《南方日报》、《中国贸易报》、《成都商报》、《上海证券报》、《中国对外贸易》、*China's Foreign Trade*等媒体和期刊上的大约15篇署名文章和观点中；我接受了凤凰卫视采访；报告在新华社、新华财经等各类媒体客户端的浏览量大约300多万次；报告全文或核心观点被人民网、光明网、新华网、中国国际进口博览会官方网站、中国经济网、中国社会科学网、中国一带一路网、中国商业新闻网等中央主流网站转载，充分彰显了报告的影响力和关注度。

在报告的撰写过程中，北京师范大学经济与工商管理学院戚聿东院长、孙志军书记一直给予帮助和支持。李晓西教授、李实教授、李翀教授、赖德胜教授、胡必亮教授、张琦教授等一直给予关心和支持。隆国强副主任、霍建国院长、林桂军副校长、李钢副院长、洪俊杰副校长、张为付副校长、盛斌院长、唐宜红院长、余淼杰书记、陆毅教授、张二震教授、于津平教授、马野青教授等专家在不同时期、不同方面一直给予支持。北京师范大学中国教育与社会发展研究院宋珊萍执行院长，北京师范大学智库管理办公室李文主任，南京大学长江产业经济研究院刘志彪院长、徐宁副院长也给予了大力支持。另外，《人民日报》、《光明日报》、《经济日报》、《人民日报》（海外版）、《经济参考报》、《中国社会科学报》、《国际商报》、光明网、新华网、新华财经等媒体机构的领导和朋友也都给予了各种帮助。在此一并表示感谢。

  本书由我负责拟定大纲、统稿、修改和定稿。本书研究工作的具体分工如下：第一章初稿由魏浩撰写，第二章、第三章、第四章初稿由涂悦撰写，第五章、第六章初稿由詹俊岩、刘佩鑫撰写，第七章、第八章、第九章、第十章初稿由杨明明撰写，第十一章初稿由王超男撰写，第十二章初稿由魏浩、杨明明撰写，第十三章初稿由魏浩、周亚如撰写，第十四章初稿由魏浩撰写。在全部初稿完成以后，首先由我对初稿进行了修改和补充，其次由杨明明和周亚如对书稿进行了校对，最后由我对全部书稿进行了统稿和定稿。

  书中难免存在一些不足之处，恳请读者批评指正。积极扩大进口已经成为国家重大发展战略，我们将继续聚焦中国进口领域的研究，为中国经济发展贡献自己的力量。

魏　浩

2022 年 3 月于北京师范大学